U0127859

浙江大学中国语文研究中心

中国语言学前沿丛书

08

语言考辨与佛经鉴别

方一新　主编

商务印书馆
The Commercial Press

图书在版编目 (CIP) 数据

语言考辨与佛经鉴别 / 方一新主编 . — 北京：商务印书馆 , 2023
（中国语言学前沿丛书）
ISBN 978-7-100-22902-9

Ⅰ . ①语… Ⅱ . ①方… Ⅲ . ①佛经—语言学—考辨—中国—古代 Ⅳ . ① B948 ② H028

中国国家版本馆 CIP 数据核字（2023）第 172585 号

中国语言学前沿丛书
语言考辨与佛经鉴别
方一新　主编

———————————————————

商 务 印 书 馆 出 版
（北京王府井大街 36 号　邮政编码 100710）
商 务 印 书 馆 发 行
北京虎彩文化传播有限公司印刷
ISBN　978-7-100-22902-9

———————————————————

2023 年 10 月第 1 版　　　开本　880×1240　1/32
2023 年 10 月第 1 次印刷　　印张　17⅛

定价：118.00 元

总　序

王云路

　　"中国语言学前沿丛书"是浙江大学中国语文研究中心近期的重要工作。中心的前身是浙江大学周有光语言文字学研究中心,于2015年5月成立,经过六年的建设,基本完成了以"周有光语言文字学"整理与研究为主题的使命。为了适应新形势和中长期可持续发展的需要,实现向语言文字学相关领域拓展和纵深发展的目标,2020年12月,中心正式更名为"浙江大学中国语文研究中心"。

　　语言文字是一个国家、一个民族的灵魂。考察中华文明发展与演变的历史,我们会清楚地看到语言文字研究所起到的巨大的、基础性的作用。语言文字不仅仅是情感交流的工具,更是文化传承的载体,是国家繁荣发展的根基,是民族身份的象征和标志。现在是研究语言文字的大好时机,近年召开的全国语言文字工作会议体现了国家对语言文字工作的高度重视。我们汉语研究者应该更多地立足和回应社会需求,更加积极有为地投身语言文字研究和文化建设。

　　有鉴于此,我们中心新的发展目标是:响应国家以语言文字凝聚文化自信、增进民族认同的号召,充分发挥浙江大学语言学研究重镇的影响力,汇聚全国语言学研究力量,强化语言学全方位的学术研究、交流与合作,着力构建具有中国特色和国际视野的语言学理论体系,打造具有前沿性、权威性、引领性的语言学研究品牌。为此,中心决定启动以学术传承为基调的"浙大学派语言学丛书"和以学术发展为基调的"中国语言学前沿丛书"两个项目。现在出版的"中国语言学前沿丛书"第一辑,正是这一规划的首批成果。

中国语言学是一门古老的学科。传统的中国语言学根据汉语汉字是形音义结合体的特点,形成了训诂学、文字学和音韵学三个学科,统称为"小学"。正如马提索夫所说:"世界上没有别的语言像汉语研究得这么深,研究的时间有那么长。"(《藏缅语研究对汉语史研究的贡献》)可以说,系统总结、反思汉语言文字一直是中国传统语言学研究的优良传统。19世纪末20世纪初,西方语言学思想传入中国,与传统语言学发生碰撞,有识之士便在比较的视野下,开始对中国传统语言学进行反思与总结。比如章太炎先生在《论语言文字之学》中认为,"小学"这一古称应当改为"语言文字之学":"此语言文字之学,古称小学。……合此三种,乃成语言文字之学。此固非儿童占毕所能尽者,然犹名为小学,则以袭用古称,便于指示,其实当名语言文字之学,方为塙切。"这种观念体现出当时学者对传统语言学现代化的思考与尝试,也标志着中国语言学开始走上现代化的道路。

近二三十年来,语言学研究观念不断拓展、理论不断创新、内涵与外延不断丰富,这些都是我们编纂这套丛书的基础。秉承着梳理、总结与审视学术历史发展的传统,我们也需要回顾这一阶段,总结我国语言学研究又有哪些新的起点、新的成果。推出"中国语言学前沿丛书"正是基于这样的考虑:展现当代中国语言学诸领域专家学者的经典论文,让我们重温经典;集中呈现某个领域的进展,让我们深化对学科本质的认识;引入新思想、新观念,甚至新的学科,让我们视野更开阔。我们的做法是:邀请在自己的研究领域精耕细作、有独到见解的专家,挑选并汇总一批在本领域、本选题研究中具有代表性的学术论文。这既是对既往研究的回顾总结，也是为新开端扬帆蓄力，正所谓承前启后、继往开来。同时，通过集中呈现前沿成果，读者能够了解、掌握该研究方向的最新动态和代表性成果，"辨章学术，考镜源流"，得参考借鉴之利。

　　本丛书编选有三个标准：创新性、前沿性、专题性。这三点同时也是我们编纂这套丛书的目的，更是我们编纂此丛书的难点。编选之难，首先在于鉴别是否具有创新性。陈寅恪先生在陈垣《敦煌劫余录·序》中说："一时代之学术，必有其新材料与新问题。"研究成果必须具备相当的深度和水准，可以代表这一领域的最新进展。学术研究贵在有所创造，周有光先生曾说："学问有两种，一种是把现在的学问传授给别人，像许多大学教授做的就是贩卖学问；第二种是创造新的学问。现在国际上看重的是创造学问的人，不是贩卖学问的人。贩卖学问是好的，但是不够，国际上评论一个学者，要看他有没有创造。"创造绝非无源之水、向壁虚构。创造之可贵，正在于它使得人类已有认知的边界再向前拓展了一步。

　　编选之难，其次在于如何鉴别前沿性。前沿代表了先进性，是最新的经典研究。时至今日，各学科的知识总量呈指数级增长，更兼网络技术飞速发展，人们获取信息的途径日益便利，使人应接不暇。清人袁枚已经感叹："我所见之书，人亦能见；我所考之典，人亦能考。"如今掌握学术动态的难点主要不在于占有具体的资料，而在于如何穿越海量信息的迷雾，辨别、洞察出真正前沿之所在。我们请专业研究者挑选自己本色当行的研究领域的经典成果，自然可以判断是否具有前沿性。

　　编选之难，最后在于如何把握专题性。当前国内的语言学研究正处在信息爆炸的阶段。仅以古代汉语的研究为例，近几十年来，无论在研究材料上还是研究方法上均取得了长足的发展。从材料来说：其一，各种地下材料如简帛、玺印、碑刻等相继出土和公布,这一批"同时资料"由于未经校刻窜乱,即便只有一些断简残篇,也足以掀开历史文献千年层累的帷幕,使人略窥古代文献的本来面目;其二,许多旧日的"边缘"材料被重新审视,尤其是可以反映古代日常生活的农业、医药、法律、宗教、经济、档案、博物等文献受到了普遍关注,因而研究结论会更接近语言事实;其三,还有学者将目光投向域外,从日本、韩国、越南、印度,乃至近代欧美的文献记载观察本土,使得汉语史研究不再是一座孤岛,而是与世界各民族的语言密切联系在了一起。从方法和工具上看:其一,由于方法和手段的先进,从田野调查中获得的材料变得丰富和精准,也成为研究汉语的鲜活证据;其二,随着认识的加深,学者对于材料可靠性的甄别日趋严谨,对于语料的辨伪、校勘、考订时代等工作逐渐成为语言研究中的"规范流程";其三,由于计算机技术的发达,研究者掌握大数据的能力更加强大,接受国际语言学界的新理论更及时、更便捷,交叉融合不同学科的能力也越来越强,借助认知语言学、计算语言学等新兴领域的方法也流行开来。由此,鉴别专题性的工作就变得纷繁复杂了。

曾国藩说得有道理:"用功譬若掘井,与其多掘数井而皆不及泉,何若老守一井,力求及泉,而用之不竭乎?"只有强调专题性,才能够鲜明突出,集中呈现某一专题的最新见解。

学术是相通的,凡是希望有所创见的研究者,不但要熟悉过去已有的学问,对于学界的最新动态也要足够敏锐,要不断地拓展思想的疆界和研究的视野。同时,在日新月异的信息浪潮之中,学术的"前沿"似乎也在一刻不停地向前推进,作为研究者个人,或许更便捷的门径是精读、吃透一些专门的经典成果,以此作为自身研究的路标和导航。这也是我们丛书编纂的目的之一。

　　这是一套开放性、连续性丛书,欢迎中国语言学各领域的学者参与编纂。第一辑我们首先邀请浙江大学中国语文研究中心的专家,让他们从各自的研究领域出发,以独特视角和精心阐释来编辑丛书,每个专题独立成卷。以后会逐步邀请更多学者根据自己的研究专长确定专题,分批出版。各卷内容主要分三部分:一为学术性导言,梳理本研究领域的发展历程,聚焦于其研究内容与特点,并简要说明选文规则;二为主体部分,选编代表性文章;三为相关主题的论文索引。最后一部分不是必选项,看实际需求取舍。我们选编文章时将尽可能保持历史原貌,这也许与今日的要求不尽相同,但保留原貌更有助于读者了解当时的观点。而且,更加真实地再现作者的研究历程和语言研究的发展轨迹,对于历史文献的存留也有特殊的意义。

　　这就是浙江大学中国语文研究中心编纂这套"中国语言学前沿丛书"的缘起与思考,也是我们努力的方向。希望本丛书能够兼具"博学"与"精研",使读者尽可能把握特定领域、范畴的最新进展,并对学界的热点前沿形成初步印象。

　　　　　　　　　　　　　　　2022 年 7 月 22 日于杭州紫金西苑

目　录

前　言

方一新

一

汉译佛经是汉语史研究的宝贵材料，无论是数量还是质量（研究价值），在中古语料里都是罕有其俦的，弥足珍贵，值得重视。自20世纪70年代末80年代初以来，利用汉译佛经进行汉语史研究，尤其是语法史、词汇史研究逐渐升温，到20世纪90年代以后，更是如火如荼，相当热门；相关研究成果迭出，令学界瞩目。

汉译佛经的材料日益受到重视，学者们多有利用，这无疑会有助于更加全面、详尽地研究汉语史，使研究结论更加可信。较之二三十年代前对佛经语料的熟视无睹，这当然是好事。但也不难发现，在利用汉译佛经，特别是早期译经时，有一些不够严谨的情况。一个突出的问题是，不加甄别，轻信大藏经（如《大正藏》）的题署。大藏经题署某某经为后汉某某经师（如安世高）译，或失译附某某录（如后汉录），学者就把该经当作东汉的语料，进行断代研究。立论的前提有问题，其结论也就可想而知了。

著名汉学家、佛教学家许理和（Erik Zürcher）是较早提出需要对佛经语料进行鉴别、筛选的学者之一。他指出："在《大正一切经》（1924—1929，东京出版）中，有不下96种'汉代佛经'。但这些佛经译文是否真的产生于汉代，还大可怀疑。因此，作为研究工作的第一步，还需要对它们进行认真的选择。"（许理和 1977：197）著名佛学家吕澂也是较早提出应该对翻译佛经进行鉴别核实的学者。他在《中国佛学源流略讲》（1979：27）第一讲"佛学的初传"中说："据道安录载，安世高译籍三十五部，四十一卷；支谶较少，可确定的有三部，十四卷，有疑问的九部，十二卷。这是最可靠的著录。后来的目录对两人的译籍又增编了多种，都不可信。"

因此，在利用佛经，特别是早期佛经之前，应该首先确定（或推定）其译者或年代，做必要的语料鉴别和考定的工作。

对早期译经题署方面存在的问题，有不少中外学者都有清醒的认识，提出过卓见。

国外学者中，从 20 世纪二三十年代以来，日本的一批佛教学者，就对汉译佛经的概貌、译者、可疑佛经等进行过翔实的考证，研究相当深入，成果丰硕。代表性人物有小野玄妙《佛教经典总论》（杨白衣译，台北新文丰出版公司，1983）、常盘大定《从后汉到宋齐的译经总录》（日本国书刊行会，1973）、野上俊静等《佛教史概说》（平乐寺书店，1968 年初版，1975 年第 7 版）、中村元《余万居译，中国佛教发展史》（台北天华出版社，1984）、牧田谛亮《疑经研究》（日本京都大学人文科学研究所，1976）、宇井伯寿《译经史研究》（岩波书店，1983）、镰田茂雄《中国佛教通史》（赖昱均译，高雄佛光出版社，1985）等。①

欧美学者里，较早以荷兰著名汉学家许理和为代表。许理和，除

----

① 当然，早期日本、欧美等国外学者在鉴别译经时，较多地倚重文献证据和专名术语方面的证据；从 20 世纪八九十年代以后，由于汉语史研究者对佛经语料的重视，学者们开始更系统地将一般的词汇、语法现象作为鉴别标准，使得从语言角度考辨佛经成为疑经鉴别的重要的研究领域。

了专著《佛教征服中国》，另有 3 篇重要论文，经过学者翻译，先后介绍给了中国读者：1. 1977，《最早的佛经译文中的东汉口语成分》（蒋绍愚译，《语言学论丛》第十四辑，商务印书馆，1987）①。2. 1991，《关于初期汉译佛经的新思考》（顾满林译，《汉语史研究集刊》第四辑，巴蜀书社，2001）。3. 1996，《早期佛经中的口语成分——确定最佳源材料的尝试》（朱冠明译，《〈摩诃僧祇律〉情态动词研究》附录，中国戏剧出版社，2008）。

许理和既是较早提出需要从语言的角度对佛经语料进行考订鉴别的学者，也是对判定哪些是"真正的东汉译经"提出标准的学者。许理和（1991）对早期汉译佛经作了深入研究，指出：首先必须认定哪些是真正的东汉译经。文章提出 5 个标准：1. 道安的《众经目录》可信，东晋支愍度的目录也可参考。2. 尽可能找佐证，包括：1）正文的注释；2）序言和版本记录；3）最早的引用或时代较早的重译本所据的底本。3. 根据以上两条，确认"里程碑式"的译经。4. 用这些"里程碑式"的译经来进行术语和风格的分析。5. 根据第4 点，再考察现存译经中被定为汉代译作的真伪。

许理和的上述观点，尤其是判定东汉译经的几条标准、早期译经的语言特征，以及不同阶段翻译术语和风格不同等，对我们研究、鉴别东汉佛经都有启发，值得重视。

国内学者中，如著名佛学家吕澂、任继愈等，主要根据佛籍著录，从文献学角度提出鉴定汉译佛经，特别是早期汉译佛经的必要性，并做了具体的甄别和考辨工作。

吕澂在《新编汉文大藏经目录·谈新编汉文大藏经目录译本部

---

①　该文后来作了重新翻译，即《最早的佛经译文中的东汉口语成分》，许理和著，蒋绍愚、吴娟译，见朱庆之（编），2009，《佛教汉语研究》，北京：商务印书馆，第75页。

分的编次》（1980）一文中指出："汉文大藏中很多原来失译或缺本新得之书由于考订未当而致误题了译者的，这样的错误大半因仍《长房录》而来。《长房录》博而不精，它常常单凭旧录的记载，即臆断一些失译的书出自某家，以致早期的经师都骤然增加了好多译本，而模糊了各翻译者的真相。以安世高为例，最初《僧祐录》依《道安录》所举译籍不过 35 部 41 卷，其中还有缺本 6 部，疑是出撰述的 4 部。但到了《长房录》就随便增加到 176 部，197 卷（见《长房录》卷 4）。这样大的数目，连长房本人也不敢轻信，所以在他编辑入藏目录时，即将其中一部分归还于失译之内（见《长房录》卷13、14）。……象这样的误题译者的经籍，通过《开元录》而留在现行本的汉文大藏中的，其数很多。"

吕澂（1980：5—7）进而指出，这类因为《长房录》《开元录》的粗疏而产生的错误，加上《大周刊定众经目录》里常引用《达磨郁多罗录》（即《法上录》）随便刊定失译经的译者，在编辑《开元录》时才被发现而作为拾遗编入的书，以及因信题记而误断译人或由猜测即为旧录所载的缺本等而造成的误题译者，"统计其数，近二百种。都要加以考订，或竟予删除。经过这样的刊定，使人对于翻译史的研究，会有不少的便利"。吕澂（1980：6—7）厘正的四大翻译家的译经数量为：安世高，22 部 26 卷；支娄迦谶，8 部 19 卷；支谦，27 部 43 卷；竺法护，85 部 191 卷。①

吕澂（1979：13）在谈到佛学的研究方法时，提到："还要注意下述四点：第一，译者的辨伪。我们所运用的资料，正确或不正确，直接影响到研究成果的正确与否，佛学的研究如此，其他学说的研究

①　赖永海（2010：171—173）主编《中国佛教通史》第 1 卷（主要撰稿人：杨维中）第一章第五节对吕澂先生考辨确定且现存的安世高译经有分析和考订，可以参看。

也如此。因此，研究所用的资料，对它的来源、真伪等，应该首先加以考察。……佛典是翻译的，不但原书有伪托，就是译本也大成问题。"

任继愈（1981：229）主编《中国佛教史》第一卷第四章说："《出三藏记集》据《道安录》记载，安世高共译经三十四部四十卷，至《大唐内典录》增补到一百七十余部一百九十余卷，后经《开元释教录》删订为九十五部一百一十五卷。事实上，在僧祐讲的三十四部四十卷中，道安已经注明一部分为'似世高译'，以后的增补，当是不甚可靠的居多。"

吕澂、任继愈及其他相关论述和考订，从文献学、佛教发展史、佛经汉译史等角度，对可疑的汉文佛典进行了甄别和清理，应该得到汉语史研究者的关注和重视。吕、任二先生的相关研究和论述，与国外日本学者如小野玄妙、常盘大定、宇井伯寿等的研究和论述相似，可以比照合观。

赖永海《中国佛教通史》第 1 卷（主要撰稿人：杨维中）第一章"佛教东传与东汉、三国时期的佛教"第五节"东汉、三国时期的翻译活动"对早期佛经翻译家安世高、支娄迦谶、安玄、康孟详、支谦等人的译经数量亦有所论列和考订，可以参看。

在 20 世纪 80 年代以来的汉语语言学界，有识之士如俞敏、张永言等都曾对可疑佛经进行过考辨，他们利用的是语言学证据，包括语音、语法和词汇。

俞敏（1987：9—11）对早期翻译问题做过研究，他从音韵的角度讨论过几个佛经译名的翻译问题，是最早留意相关问题的学者之一。

张永言（1984）对东汉安世高译经做过论述。在《"为……所见……"和"'香''臭'对举"出现时代的商榷》一文里，针对吴金华《"R 为 A 所见 V"式》(《中国语文》1983 年 3 期)举旧题东汉安世高译《太子慕魄经》语料，指出："今传安世高译经五十馀部有真有伪，为了明确语言史料的时代性，不可不辨。"①已经对旧题安世高译实非其译的情况作了举例。作者提出为了明确语言史料的时代性，必须明辨"安译"真伪的主张，这是颇有见地的。

　　大约从 20 世纪 80 年代末 90 年代初开始，学界已经开始关注译经，尤其是早期译经的译者、年代真伪问题，尝试做鉴别考订工作。从那时起到今天，时贤已经从文献学、语言学等角度对一批可疑佛经进行了甄别和考辨，取得了不少成果。总结已有成果及相关经验，推而广之，使考辨工作更科学、更准确，更具有操作性，无疑是让早期佛经语料鉴别工作可持续发展并再上台阶的重要课题。为此，我们编选了这本论文集，无论是选题，还是论证和结论，它们都具有一定的代表性、典型性，尝试通过这些论文，初步展示近三四十年来，从语言角度考辨汉译佛经译者、年代的相关成果，为学界展现一个从语言角度进行考辨的研究论文的概貌。

二

　　本书共收录论文 26 篇，基本以发表年代为序；时间跨度从 1986 年到 2023 年，经历 38 年不可谓短。

　　论文集的前三篇，分别是梁晓虹、遇笑容和曹广顺的文章。

　　较早从语言（词汇）角度对可疑佛经进行考辨的，是梁晓虹。

---

　　① 《"为…所见…"和"'香''臭'对举"出现时代的商榷》原载《中国语文》1984 年 1 期；收入作者，1999，《语文学论集》（增补本），北京：语文出版社（243—244 页）。

梁晓虹（1986）①主要从词汇角度，对旧题吴康僧会译的《旧杂譬喻经》作了考察。如"专有名词"，选取了"太（泰）山（地狱）""四果""众佑""除馑""缘觉"等几组词语，开了根据语言（词汇）来推断佛经译者、年代的先河。梁文还在文末提到，《旧杂譬喻经》从语体上也跟吴康僧会译的《六度集经》不同，虽未展开，但这一思路还是给人不少启迪的。

较早从语法角度作考察的，可以遇笑容、曹广顺的二文为代表。遇笑容、曹广顺（1998）通过考察《六度集经》《旧杂譬喻经》总括副词"都"、完成貌句式中的完成动词、动词连用格式和疑问句式四项内容后认为："从语言上看，《旧杂譬喻经》与《六度集经》可能不是同一译者所译，但其翻译时间，应当相去不远。"曹广顺、遇笑容（2000）考察了适合作为判定译经翻译年代的三种语言特征，即动词连用格式、处置式、被动式，指出：它们"是魏晋南北朝时期汉语变化最为明显的3种语言现象，也是中古汉语中3种最重要的发展变化"。

结合文献著录、词汇角度（综合类）进行考辨的，有史光辉（2001）、方一新（2003）等。

史光辉《东汉佛经词汇研究》是浙江大学的博士论文，第七章是"东汉疑伪经研究——《大方便佛报恩经》翻译年代考"。论文从文献著录、词汇（1. 源自原典的词语；2. 一般词语；3. 常用词方面）、语法（1. "非也"作独词句的用法；2. 助动词"当"修饰判断词"是"；3. 今……是；4. 用……为）三方面，对旧题"失译附后汉录"的《大方便佛报恩经》进行了考察，认为："我们认为七卷本

_____

① 凡作者名后括注发表年代的，都是收在本书中的文章，不再详列出处。

《大方便佛报恩经》和东汉其他译经在语言上有着明显的差异，其具体翻译年代当不早于三国，其中不少用语与西晋时期佛经的语言更为接近。"（2001：144）

海外学者中，辛岛静志无疑是早期译经审慎的判定者和研究者，他与裘云青《〈列子〉与〈般若经〉》一文认为：《列子·仲尼》善射者矢矢相属章抄袭了无叉罗、竺叔兰公元291年译《放光般若经》"箭箭相拄，不令前堕"的譬喻，因此该章的撰写应在公元291年之后；张湛没有伪造《列子》；《列子》的撰写者可能是张湛的祖父张嶷或父亲张旷。

对支谦所译《大明度经》，学界一般都认同。但美国学者刘易斯·兰卡斯特（Lewis R. Lancaster）则认为《大明度经》"避免音译"（即偏好意译）的特点在支谦的其他作品中完全不典型，并非支谦的译经。兰卡斯特主张《大明度经》第2—27品乃是安玄所为，而第1品及夹注是他人所为的修订本。那体慧《谁译了〈大明度经〉（T225）——证据上的重新考察》（2018）一文认为这一论断缺乏文献依据，且T225第2—27品用语的特点和翻译策略不同于安玄译经，但她也吸收了兰卡斯特的部分结论，认为T225第1品（简称T225A）和第2—30品（简称T225B）出自不同人之手，并指出：1.T225B是T224《道行般若经》的缩略，且出现了一些支谦的特色译法，如把Śākyamuni译作"能儒"，应当出自支谦之手；2.T225A则并不以T224为底本，且多次出现不见于支谦等人译经的用语，其译者不明。

在南朝梁僧祐《出三藏记集》卷二，分别记录了两种《安般守意经》："《安般守意经》一卷（《安录》云：《小安般经》）"；又"《大安般经》一卷"。左冠明《一部"新的"早期汉语佛教注释：

〈大安般守意经〉T. 602 的性质重估》综述了落合俊典、释果晖等研究者的意见，通过比照金刚寺写本与传世本的语言、内容和结构，验之于早期佛经注解、题跋和经录，认为康僧会时代所流传的《安般守意经》即是今天所见金刚寺本，而传世本《大安般守意经》（T. 602）则是后人编集的对金刚寺本的"口解"，这一最新研究结论颇具启发意义。

较年轻的学者中，真大成（2019）从《撰集百缘经》"奴"表自称的角度入手，依据《魏书》《隋书》等史书和北朝译经等材料，认为《撰集百缘经》绝不可能译于"吴"地，而应出于北方，在公元 6世纪初到世纪末这百年间。邵天松（2012）、傅及斯（2021）则依据敦煌写本，分别考辨《佛说现报当受经》和《辩意长者子经》，在语料利用方面较有新意。顾满林（2016）对《中本起经》"晋言"作考察后指出："利用传世的汉文佛经语料，不得不正视影响语料年代判定的诸多复杂因素。"高列过、孟奕辰（2022）发现：《道行般若经》各品"也""耳""乎""耶""为""矣"等语气助词的使用面貌，差异明显，可以分为三个系列：不使用语气助词系列、语气助词高频系列和语气助词低频系列。据此推测该经文本的形成有三种可能：不同的笔受合作完成、几个译者合作以及后代改写。

上述 26 篇论文，如果按其内容、以类（包括方法、材料、视角等）相从的话，可大致分为词汇（4 篇）、语法（5 篇）、综合（7 篇，内有敦煌写经 2 篇）、宏观（5 篇），海外学者（4 篇），综述（1 篇）。

论文集里所收的各类文章，都有自己的创获和贡献，都具有一定的代表性。① 例如，从词汇、语法角度进行研究的，往往是在历史词

---

① 论文集里面的多数论文，在我和高列过《东汉疑伪佛经的语言学考辨研究》（2012）书里已经提到或做过介绍。

汇、语法方面素养精深的学者，或是以佛经考辨为题撰写博士论文的年轻学者。所谓"综合"类者，则在语言考辨之外，也留意文献、佛经著录等相关证据；海外学者这 4 篇本可归入此类，单独作为一类，是想突显国外的相关研究。宏观类是指在语言考辨基础上有所概括、提升，或分析语言考辨的优劣得失，在鉴别标准方面进行总结；或提炼鉴别方法、步骤和原则等，对相关研究具有一定的指导意义。总之，从中大致可以看出自 20 世纪 80 年代以来，从语言角度考辨佛经的整体面貌和相关进展，管窥学界在这方面的成长轨迹和取得的成就。

　　本论文集的选编，要感谢的人很多。首先，要感谢浙江大学中国语文研究中心，把本论文集纳入丛书当中；要感谢论文集的各位作者，不仅慨允把他们的大作收到集子里，还惠予电子文档，以方便排版。其次，在论文集的选编过程中，得到多位友生的大力支持，高列过、卢鹭、孟奕辰三位出力尤多。在联系作者、校对方面则得到了成佳同学的热心帮助。感谢商务印书馆杭州分馆的白中林总编。对上述各位，谨此一并致以衷心的感谢！

参考文献

方一新、高列过，2012，《东汉疑伪佛经的语言学考辨研究》，北京：人民出版社。

赖永海（主编），2010，《中国佛教通史》，南京：江苏人民出版社。

吕澂，1979，《中国佛学源流略讲》，北京：中华书局。

吕澂，1980，《新编汉文大藏经目录》，济南：齐鲁书社。

任继愈（主编），1981，《中国佛教史》，北京：中国社会科学出版社。

史光辉，2001，《东汉佛经词汇研究》，杭州：浙江大学博士论文。

许理和，《关于初期汉译佛经的新思考》［Essays on Buddhism and Chinese Religion in Honour of Prof. Jan Yu‑hua, 中译文见许理和著，顾满林译，《汉语史研究集刊》（第四辑），成都：巴蜀书社，第 286—312 页］。

许理和，《最早的佛经译文中的东汉口语成分》［原载《中国语教师会会报》第 12 卷第 3 期，1977 年 5 月出版；中译文载许理和著，蒋绍愚译，1987，《语言学论丛》（第十四辑），北京：商务印书馆］。

许理和，1996，《早期佛经中的口语成分——确定最佳源材料的尝试》，朱冠明译。见朱冠明，2008，《〈摩诃僧祇律〉情态动词研究》附录，北京：中国戏剧出版社。

俞敏，1987，《上古音学术讨论会上的发言》，《语言学论丛》（第十四辑），北京：商务印书馆。

张永言，1984，《"为……所见……"和"'香''臭'对举"出现时代的商榷》，《中国语文》第 1 期。

从语言上判定《旧杂譬喻经》非康僧会所译[*]

梁晓虹

一、关于康僧会

康僧会是中国三国时代著名僧人，原居康居，世居天竺，后因其父商贾移居交趾（今越南）。自幼受家传天竺佛教文化影响，又因生长在交趾，而交州乃为当时儒学绍隆之区，故其佛教思想中又充满着儒家精神，是中国佛教史上第一位兼有儒、佛、道思想的译师。①

吴赤乌十年（公元 247 年），康僧会北上至建康，相传孙权为其造塔，是为江南有佛寺之始。康僧会是吴地佛教的主要传播者之一（还有一人即著名的支谦），他的传教活动可以说是江南佛教形成的开端。

康僧会又曾制"泥洹呗声，清靡哀亮，一代模式"，② 所以也是中国佛教音乐的创作家。

康僧会除译经外，又注《法镜经》《安般守意经》《道树经》，并制经序，且"辞趣雅便，义旨微密"，③ 被认为是中国南方注经之始。惜注经今佚，惟前二序尚存。

　＊　本文原载《中国语文通讯》1996 年第 40 期。
　①　见仁道斌（编著），《佛教文化辞典》"康僧会条"。
　②　见释慧皎，《高僧传》卷一《康僧会传》。
　③　同上。

二、康僧会的译经

译经时代：当为三国时代。康僧会为中国早期著名译师之一，其前有东汉安世高、支谶等，同期则有支谦等，其后又有西晋译经大家竺法护等。

译经数量：现在一般说有七部（据《高僧录》及《开元录》），即《阿难念佛经》《镜面王经》《查微王经》《梵皇王经》《旧杂譬喻经》《吴品》《六度集经》。《房录》又著录十四部，即除此外，又有《菩萨净行经》《权方便经》《坐禅经》《菩萨二百五法》，再加所注的《法镜经》《安般守意经》《道树经》。《祐录》卷二只著录二部，即《吴品》《六度集经》。然卷十三又列六部，盖据后来传说也。实际上能确定的，只有两部，即《吴品》和《六度集经》，其中《吴品》（凡十品）今缺。后世的道安、支遁、僧睿（叡）、梁武帝序均未言及，故一般认为影响不大。① 现今能确定为康僧会所译之经，实际只能看到《六度集经》一部。

然而，在大藏经中，我们还能查到标有"吴天竺三藏康僧会译"的《旧杂譬喻经》上下两卷。虽然根据前代藏经目录，我们已能知此经非康僧会所译，但因最早道安所编的《综理众经目录》原本已佚，人们最可靠的根据即为南朝梁僧祐的《出三藏记集》（也称《祐录》）。作为我国现存的第一部经目，《祐录》记载了东汉至南朝梁所译经、律、论三藏的目录、序记和译者传记等，有着重要的史料价值。我们要判断早期译经的真伪，它就成为不可缺少的重要材料。但

---

① 参考汤用彤，2008，《汉魏两晋南北朝佛教史》（上册），武汉：武汉大学出版社，第96页。

因与后代的藏经目录时有出入，经常会给后人辨别真伪带来困难，有时其本身也有矛盾之处，如关于康僧会的译经。故仅根据《祐录》，似乎还缺少说服力。我认为，如果能在检阅藏经目录的基础上，再参考语言上的判断，则会对判断一部经的真伪，更有说服力。因为两部经如果确为某人所译，在语言上定会有共同特色。如果忽视这一点，有时倒可能会有或失真或存伪之误。

在此，我想以大藏经中所收的标有康僧会之名的两部译经——《六度集经》和《旧杂譬喻经》为例作一尝试，我们主要从两部经的用词上着眼，又将其分为两大部分，即专有名词和一般用语。

（一）专有名词

所谓专有名词在此当然是指佛教专有名词，通过爬梳比勘，可发现两部经有很大不同。我们以下例说明之。

【太（泰）山（地狱）】这是《六度集经》常用的一个专有名词，出现近四十次，指众生六道轮回中"地狱"，即六道中地位最低、最为痛苦的受罪处。如：

（1）福尽罪来，下入太山、饿鬼、畜生，斯谓之苦。（卷三《布施度无极》3/16/a）

（2）无乱吾心，令恶念生也。志念恶者，死入太山、饿鬼、畜生中。（卷四《戒度无极》3/17/b）

（3）终入太山，烧煮割裂，积六万年，求死不得，呼嗟无救。（卷四《戒度无极》3/20/c）

（4）未奉三尊时，愚惑信邪。吾蹈母首，故太山以火轮烁其首耳。（卷四《戒度无极》3/21/b）

（5）命终魂灵入于太山地狱，烧煮万毒。（卷一《布施度无

极》3/1/a)

（6）妄以手捶，虚以口谤，死入太山。太山之鬼拔出其舌，著于热沙，以牛耕上。又以燃钉钉其五体，求死不得。（卷五《忍辱度无极》3/30/b)

"太（泰）山（地狱）"这个词语，常在中国早期翻译佛典中出现，从东汉安世高到西晋竺法护等人的译经中都可看到，僧祐《出三藏记集》卷四列入"失译杂经录"，后世列入安世高所译的《佛说分别善恶所起经》开篇曾解释曰："何谓五道？一谓天道，二谓人道，三谓饿鬼道，四谓畜生道，五谓泥犁太山地狱道。""泥犁"是Niraya 的音译，"地狱"为其意译，"太山"则是借用中国的东岳泰山。据胡适统计，此经用"太山地狱"这个名词共达十八次之多（姜义华 1993：204—206）。《佛说分别善恶所起经》因属"失译"经类，而属当时"确译"者，"太山地狱"用得最多的，就莫过于康僧会的《六度集经》了，出现近四十次。在此经中，震旦的巍巍东岳泰山，已成为佛教阴森惨楚的地狱代名词。如此可知：康僧会与早期译者一样，在表示 Niraya（地狱）这个概念时，极喜欢借用"太山"，乃至已成为其明显特色之一。而在《旧杂譬喻经》中，此词却无所体现。整篇没有一处用到此词，而只是或直曰"地狱"，或称音译名"泥犁"。

【四果】四果为佛典中的一个专有名词，指信徒修行所达到的四种不同阶段，属小乘声闻乘。"四果"之梵名乃须陀洹果（Srotāpanna）、斯陀含果（Sakṛdāgāmi）、阿那含果（Anāgāmi）、阿罗汉果（Arahat）。旧译多用梵名，后新译家将以前的三果译成预流果、一来果、不还果，阿罗汉果则多仍采用其原音译。但实际上，这在早期译经中很不统一。如须陀洹果，旧译也有意译，作"入流""至流"或"逆流"

的。斯陀含果旧译为"不来"。阿罗汉果的意译就更多，如"杀贼""应供""不生"等。康僧会在《六度集经》中提到"四果"概念时则喜欢译成：

（7）天龙善神有道志者进行，或得沟港①、频来、不还、应真，缘一觉。（卷一《布施度无极》3/2/b）

（8）或有沟港、频来、不还、应真，或有开士，建大弘慈，将导众生者乎？斯福难量，其若海矣，难称，其由地矣。（卷三《布施度无极》3/16/b）

（9）世尊曰：睹世渺能去荣贵、捐五欲者。惟获沟港、频来、不还、应真，缘一觉，无上真正道、最正觉道法御天人师，能觉之耳。（卷四《戒度无极》3/22/b）

（10）又如维蓝布施之多，逮于具戒众多之施，不如饭沟港一；沟港百，不如频来一；频来一，不如不还一；不还百，不如饭应真一人。（卷三《布施度无极》3/12/b）

将须陀洹果译成"沟港"、斯陀含果译为"频来"，可为《六度集经》用语的另一特色。据唐慧琳《一切经音义》卷三十三："沟港，古项反。谓须陀洹也。此言入流或言至流。今言沟港者，取其流水处也。""预流"之"流"，乃圣道之法流也。能预入此流，则为得初果也。"沟港"取之于流，实乃曲折引伸，与其本义已相去较远，故后不流行，乃至现今的佛典辞书上，"四果"条中已不再存此说。然而，在早期译经中，"沟港"表四果之初，的确存在。如：

（11）承佛威神，如应说法，夫人该容，及诸侍女，疑解破恶，得道沟港。（《中本起经》卷下，后汉昙果共康孟详译，4/

---

① "港"字《大正藏》下均注宋本作"巷"。

157/c)

（12）尔时八万天，因缘目揵连，各各自陈：我得沟港。（《义足经》卷下，三国吴支谦译，4/185/b）

（13）比丘……自生念言：是一切无常，一切苦，一切空，一切非常。何贪是？何愿是？已是何有？比丘即在座，得沟港道。（同上）

至于"频来"，据慧琳解释："此应误。宜作顿来也。"① 甚中肯綮。新译作"一来"。在汉语中，"一"后加动词，能表示一次性的、突发的或比较短暂的行为动作。"顿来""一来"，义相关联。

从以上可看出，康僧会译经时，关于"四果"，尚未有较统一的译法。康僧会是偏向于意译的，他没有一次全用音译名的。而在《旧杂譬喻经》中，"四果"出现之处，颇为一致，即只用音译。如：

（14）昔有沙门，已得阿那含道，……（卷上，4/516/a）

（15）于是力士心意开悟，即作沙门，得阿罗汉道。（同上，b）

（16）昔佛坐树下时，佛为无央数人说法，中有得须陀洹，得斯陀含，得阿那含，得罗汉者。如是之等，不可计数。今佛弟子有得罗汉，已过去者，今现在住及当来者，不可记数。有得阿那含、斯陀含、须陀洹，亦尔巨计。（卷下，4/520/c—521/a）

虽是"旧译"，但因"四果"属极为复杂的佛教概念，实际上仍以音译为佳。而事实上，后来也是音译与意译新译并存的。

他如，康僧会在《六度集经》中还喜欢在称佛的同时，间而插用"众佑"，这是如来十号之一，乃梵语 bhagavat 及巴利语 bhagavant

---

① 《一切经音义》，卷三十三。

之旧意译。义为众德助成，众福佑成。西晋以后，新译为"世尊"，取佛具足众德，而为普世所共同尊重恭敬之义。《旧杂譬喻经》中不见有此名，一律称佛。

另外，康僧会又在《六度集经》中多次用了"除馑"一词。"除馑"是梵语 Bhiksu 的意译。根据《释迦谱》七曰："凡夫贪染六尘，犹饿夫饭不知厌足；圣人断贪染六情饥饿，故号出家为除馑。"梵语 Bhiksu 的意译有很多，"除馑"以外，还有如"乞士""除士""熏士""破烦恼"及"怖魔"等。但实际上以上的任何一个意译名词都难以概括梵语 Bhiksu 所含的内容。所以丁福保《佛学大辞典》"苾刍"条曰："以此方无正翻之语，故经论中多存比丘。"唐代的译经大师玄奘曾制定"五不翻"原则，其中就有"含多义故"不翻一条。[①] 康僧会的译经喜用意译，但明显译于《六度集经》后的《旧杂譬喻经》却均用音译"比丘"，实际体现了翻译上的一种进步。

作为早期的译经，《六度集经》的佛学用语是极有特色的。这些特色，有些只为康僧会所有，有些则为早期译经所共同。如：缘觉，康僧会常说成"缘一觉"，"阿罗汉"则又常与意译"应仪""应真"等并用，而这些均不见于《旧杂譬喻经》。

（二）一般名词

用一般名词来作比较，相对来说，比较困难。但我们仍可通过两部经遣词用语的不同，来作一些供参考的研究。

【巨细】康僧会在《六度集经》中极喜欢用"巨细"一词，全经共出现二十多次，已成其特色（梁晓虹 1990），如：

---

① 见周敦义，《翻译名义集序》。

（17）兆民巨细，奔诣宫门。（卷一《布施度无极》3/8/b）

（18）宫人巨细，靡不嘘欷。（卷二《布施度无极》3/10/c）

（19）国人巨细，莫不雅奇。（同上，3/18/c）

（20）群臣巨细，莫不哽咽。（卷五《忍辱度无极》3/24/c）

（21）王后宫人，举国巨细，莫不哀恸。（卷四《戒度无极》3/18/b）

（22）其众巨细，无有孑遗。（卷六《精进度无极》3/34/a）

（23）宗门巨细，各自亲身供养于佛。（卷七《禅度无极》3/43/a）

（24）王帅群僚，民无巨细，驰诣于彼，誊首和解，彼必慈和。（同上，3/44/a）

（25）太子还宫，巨细喜舞。（同上，3/28/c）

（26）王得天医，除一国疾，诸毒都灭，颜如盛华，巨细欣赖。（卷三《布施度无极》3/13/b）

以上"巨细"是"全部""所有"的意思，多跟在一个表示一定范围、定性的名词后，如"兆民""宫人""国人""举国""宗门"等，且后又还多跟"莫不""靡不"等双重否定及否定副词"无"，从而更强调了这个名词的全部范围。有时这个全部的范围是通过上下文来体现的。如（26）中，天医治好了一国人的病，"巨细"就自然指全国的百姓了。（25）说的是太子还宫的事，这关系到国人的利益，"巨细"亦指全国的百姓。"巨细"在此经中用得如此频繁，并不仅是像工具书上所说的指"大和小""大和小的（事情）"。[①] 这种表概括的意思，多用于指人，相当于全部、所有、所有的人。也用

---

① 参见《中文大字典》《汉语大词典》和《现代汉语词典》。

来表事物，但不太多。但是在《旧杂譬喻经》中，却不见"巨细"一次。而且，在需要表示一个概括、全部的范围时，后者喜用"大小"，如：

（27）昔有一国，人民炽盛。男女大小，广为诸恶。（卷下，4/520/b）

（28）诣其王所，皆面称誉。各令大小，人人闻知。（同上，c）

（29）众僧澡讫，以次坐定。长者大小，手下饭具，众味遍设，皆悉备足。（同上，4/521/b）

（30）佛及众僧，各以功德，作神足，来到儿舍饭。父母大小，供养毕讫，行香澡水，如法皆了。（同上，522/b）

以上的"大小"，作为一对相反意义上的形容词，组合在一起，是从大到小的一种概括，也是一种全部的范围。一用"巨细"，一用"大小"，颇为分明。当然两者在词义上并不是完全相等的。

又如《六度集经》中用"大家"表示主人。"大理家""理家"表示世家、大族等有钱人。

（31）是时婢者所属大家夫人甚妒，晨夜令作，初不懈息。（卷二《布施度无极》3/7/c）

（32）国王……睹国富姓居舍妙雅，瓦以金银，服余光道，……曰：斯诸理家，何益于国乎？敕录其财，为军储矣。（卷一《布施度无极》3/3/b）

（33）昔者菩萨为大理家，名曰仙叹，财富无数。（同上，c）

《旧杂譬喻经》中，译者则多用"大姓"表示世家、大族。

（34）昔有大姓家子端正，以金作女像语父母："有女如此者，乃当娶也。"（卷上，4/513/b）

另外，《旧杂譬喻经》中形容词"大"作状语，表示程度，较为多见。如：

(35) 二国不通，从来大久。(卷上，4/510/b)

(36) 尔时有孔雀王，从五百妇孔雀，相随经历诸山。见青雀色大好，便随五百妇，追青雀。(卷上，4/511/a)

(37) 阿难白佛："此龙残杀乃尔所人及诸畜兽，其罪大多，已不计，今复加雹怖万罗汉，雨其衣被，状如溺人，其罪深大，巨复胜记。"(卷下，4/520/a)

(38) 王言："此伎大工歌。"有客辄伎歌。(卷上，4/511/b)

(39) 国王大耻之，而悬鼓城门下。……王闻大欢喜，则请沙门梵志，上殿饭食。(卷上，4/515/c)

(40) 昔有国王，大好道德，常行绕塔百匝。(卷下，4/518/b)

类似的用法，《六度集经》中虽然也有，但不如《旧杂譬喻经》灵活多见。例如，前者"大善""大喜""大饥渴"等结构有见，"大"在动词前作状语，但"大"在形容词前作状语，表示程度，却少见。而后者，篇幅虽短，却明显丰富，例不赘举。

以上，我们对两部经的用语遣词作了简单的分析。可以看出，它们有很大的不同，所以，从这个侧面，我们可以为《旧杂譬喻经》非康僧会所译提供佐证。

当然，我们还可从文体上来看，这两部经非同一人所译。总的说来，《六度集经》所译时代较早，加之译者康僧会的汉语水平又比较高，所以译文典雅流畅，读起来文言气息比较浓。而后者因时代较后，故白话味道较足。这样的差别是很明显的，我们就不再细勘了。

参考文献

姜义华（主编），1993，《胡适学术文集：语言文字研究》，北京：中华
　　书局。

梁晓虹，1990，《六度集经札记》，《古汉语研究》第 3 期。

仁道斌（编著），1991，《佛教文化辞典》，杭州：浙江古籍出版社。

也从语言上看《六度集经》与《旧杂譬喻经》的译者问题[*]

遇笑容　曹广顺

　　《六度集经》和《旧杂譬喻经》是大藏经中所收的两种仅存的康僧会译经。

　　康僧会，南朝梁僧祐《出三藏记集》卷十三、慧皎《高僧传》卷一《译经上》有传。祖籍康居，世居天竺（印度），后迁居交趾（越南）。吴孙权赤乌十年（公元 247 年，一说为赤乌四年［公元 241年］）至建业（南京），建寺译经，传播佛教。吴孙皓天纪四年（公元 280 年）圆寂。康僧会是三国时期重要的佛经翻译家，曾翻译过多种佛经（梁晓虹 1996），传世的，见于大藏经有《六度集经》和《旧杂譬喻经》两种，但根据南朝梁僧祐《出三藏记集》，则只有《六度集经》一种。判定《旧杂譬喻经》是否为康僧会所译（或者说，《旧杂譬喻经》与《六度集经》是否同为一人所译），除考查文献记载之外，还可以根据其语言特点。我们知道，语言是不断发展变化的，不同时期的语言，在语法、词汇上都会显示出不同的特色。同样，在同时期之内，不同的作者对语言的使用也有所不同。通过考查作品的语言，来判定作品的时代和作者，不仅是可行的，而且应该较单纯依赖文献记载更为科学、可靠。对《六度集经》和《旧杂譬喻

　　＊　原文载《古汉语研究》1998 年第 2 期。

经》的作者问题，梁晓虹先生（1996）曾撰文从词汇的角度去证明《旧杂譬喻经》非康僧会所译，材料、立论都翔实可信。但是，根据我们过去从事类似研究的经验（遇笑容 1996），我们觉得语法由于具有较强的系统性和稳定性，更能显示出作者、时代的特色，所以，本文试图通过对两种佛经语法的研究和对比，确定两种译经是否译自一人之手。如果不是一人所译，还可以根据这些语法现象，尝试着探索一下，两种佛经是否是同一时代所译。

我们对比的内容主要是：一、总括副词"都"的使用；二、完成貌句式中完成动词的使用；三、动词连用格式的使用；四、疑问句式的使用。

一、总括副词"都"

《六度集经》中"都"是较常用的一个总括副词，出现 48 次，如：

（1）（王）即自割髀肉，称之令与鸽重等，鸽逾自重，自割如斯，身肉都尽，未与重等。（卷一）

（2）宁都亡诸宝，不失斯珠。（同上）

（3）（菩萨）回身四顾，索可以食虎，以济子命，都无所见。（卷一）

《旧杂譬喻经》中"都"只出现了 3 例①。

（4）贾人……手入鬼腹坚不可出，左手复打亦入，如是两脚及头都入鬼中不能复动。（卷上）

---

① 另有 1 例为："具时共行，都复住。"（卷下）例中"都"疑是"却"字之误。

（5）我曹尼犍种裸身而行，都无问者。（卷下）

（6）即到其国，都赞叹言：贤者所为何乃快耶！（同上）

《六度集经》中除"都"之外，总括副词也用"皆/俱/佥/悉/具/咸"，这些副词中，"皆"使用最多，120余次，"俱"其次，70余次，"都"居第三位，其余的"悉"近 30 次，"具"近 20 次，"咸"近 10 次，使用频率低于"都"。《旧杂譬喻经》中总括副词除"都"之外，还用"皆/俱/悉/咸/了"等，据我们统计，"皆"近 50 次，"俱"近 30 次，"悉"近 20 次，"都/咸/了"均出现 3 次，"都"在《旧杂譬喻经》中的使用频率比"皆"和"俱"少很多，不是一个常用的总括副词。

二、完成貌句式中使用的完成动词

汉代到魏晋南北朝，最常用的完成貌句式是：动词+（宾语）+完成动词。这个句式，可用作完成动词的动词有多个，不同时代、不同的作者会有不同的选择。《六度集经》和《旧杂譬喻经》在完成动词的选择使用上也有区别。

《六度集经》中出现在这个句式中的完成动词有"已/竟/讫/毕"4 个。例如：

（7）夫人产已，还如本时，无所复知。（卷六）

（8）佛说经竟，四辈弟子，天龙鬼神，皆大欢喜。（卷五）

（9）或睹众生寿命终讫，息绝温逝神迁身冷。（卷七）

（10）后日四姓，身诣精舍，稽首毕，一面坐。（卷三）

在我们找到的 22 例中，"已"有 8 例，"竟"有 9 例，"讫"有 5 例，"毕"有 10 例。除"讫"少一些外，其他 3 个在使用频率上差距不大。

《旧杂譬喻经》中出现的完成动词有"已/讫/毕"3个。例如：

（11）须臾梵志起，复内妇着壶中，吞之已，作杖而去。
（卷上）

（12）龙王言：当斋七日，七日讫来语，慎勿令人知也。
（同上）

（13）夫妇俱下地作礼言：少小事道人未曾闻经，愿开解蔽
暗不及。（同上）

《旧杂譬喻经》中我们找到14例完成貌句式，用"已"的10例，
用"讫"和"毕"的各2例。"已"的使用频率远高于另外两个。

三、动词连用格式的使用

动词连用格式是指汉魏时期动补格式产生之前，用于表达依次进
行的动作或动作和动作结果的 Vt+Vt（+O）、Vt+Vi/A（+O）格式。
这种格式的使用是汉语动补格式产生的基础，其特征是出现在格式中
的每一个动词（V）都与宾语（O）构成动宾关系，其中含有的 Vi/
A，均用作使动①。这种格式集中使用于汉代（特别是汉末）到魏晋
南北朝，汉以前这种格式不多见，南北朝以后，随着动补结构的产生
和使用增加，这种格式逐渐消失。

《六度集经》中动词连用格式出现了超过80例，如：

（14）天帝释……因化为地狱，现于其前。（卷一）

---

① 我们把这种格式称为一种广义的"连动式"，对其产生和使用的详细情况，参
阅曹广顺，2000，《试论汉语动态助词的形成过程》，《汉语史研究集刊》第 2 期。格式
中 Vt 表及物动词，Vi 表不及物动词，O 表示宾语，A 表示形容词。

（15）时文殊师利欲往试之，化作年少婆罗门，从异国来诣王宫门。（卷二）

（16）外好内臭，化成屎尿。（卷七）

（17）小妻贪嫉，恚而誓曰：会以重毒鸩杀汝矣。（卷四）

（18）内垢消尽，处在空寂。（卷五）

（19）又入城赁染众采，结其一足，为众技巧，杂技充满。（卷八）

《六度集经》中的动词连用格式有两个值得注意的特点：1. 如果格式中第二个动词是 Vi/A，该格式一般都不带宾语〔例（18）中的"尽"、例（19）中的"满"〕。2. 80 多个例子中有 51 个是表示"变成"义的〔如例（14）（15）（16）〕，所用的动词有："化为/变为/化作/代成" 4 组。其中"化为"最常用，出现 43 次，"变为"其次，4 次，然后是"化作" 3 次、"化成" 1 次。

《旧杂譬喻经》中使用动词连用格式近 30 次，如：

（20）龙化作老翁来，头面着地。（卷上）

（21）钵化成牛头，袈裟化成牛皮。（同上）

（22）鬼便化作端正男子来，头面着道人足。（卷下）

《旧杂譬喻经》中第二动词为 Vi/A 的动词连用格式也不带宾语。表示"变为"义的，有 19 例。所用动词组有："化作/化成/化为/变成/变为/变化为" 6 种。最常用的是"化作" 7 次，以下依次"化成" 6 次，"化为" 2 次，"变成""变为""变化为"各 1 次。与《六度集经》相比，《六度集经》中常用的（"化为" 43 次），在《旧杂譬喻经》中是不常用的（仅 2 次）；《六度集经》中不常用的（"化作" 3 次、"化成" 1 次），却是《旧杂譬喻经》中常用的（"化作" 7 次、"化成" 6 次）。

四、疑问句式的使用

构成汉语疑问句的基本要素，主要是句调、句型和疑问词（包括疑问代词、疑问副词、疑问语气词）。句调在历史研究中无法讨论，句型在两部译经中差别不大，所以，本文主要讨论两种译经中疑问词的使用差别。如果根据疑问对象来分类，其中疑问词的使用主要有以下不同：

（一）问人。在对人进行提问时，《六度集经》用"谁 10/何人 9/孰 4"，部分例句的句末用疑问语气词（乎 10/哉 1）。《旧杂譬喻经》用"谁 7/何人 2/何等 1"，仅 1 例句末用疑问语气词"乎"。《旧杂譬喻经》比《六度集经》少了疑问代词"孰"，且少用疑问语气词。

（23）天地无常，谁能保国者乎？（《六度集经》卷三）

（24）孰能见魂灵之变化乎？（卷八）

（二）问事。问事时《六度集经》主要用"何 55/云何 8/何等 3"，部分例句句末用语气词（"何"与语气词"乎/耶/哉"搭配使用者 22 例）。《旧杂譬喻经》主要用"何 6/何等 5"，有 1 例"何"与语气词"耶"搭配使用。《旧杂譬喻经》和《六度集经》相比较少用语气词，不用疑问代词"云何"。

（25）今所立刹，其福云何？（卷八）

（26）曰：厥乐云何？（同上）

（三）问方式、原因。问方式、原因，《六度集经》较多用的是"何缘 7"，也用"缘何 1/缘 4"等。多数例句句末使用语气词"乎"。《旧杂譬喻经》较多用"何用 11/何以 10/何 8"，"何缘"仅 2 见。句末使用语气词者少见（55 例中有 7 例使用）。

（27）吾何缘在斯乎？（《六度集经》卷五）

（28）汝何因欲之？（《旧杂譬喻经》卷上）

（四）问事件。我们把对一个整个的事件提问称为"问事件"，把对事件的某一部分提问称为"问事"。因此，"问事件"至少包括一般疑问句（两兄各云：以妻济命可乎？）和反复问句（妇问曰：识天子不？）两部分。为叙述方便，我们把一般疑问句中出现在句末的疑问语气词和反复问句中出现在句末的"不"作同样的处理，不讨论其词类的异同。

在问事件时，《六度集经》主要用"乎"，使用超过 100 次，少数例子中"乎"与疑问副词"宁/将"等搭配使用。用"不"仅 3 例，其中 1 例与"宁"搭配使用。《旧杂譬喻经》正好相反，以用"不"为主，共 15 例，其中 6 例与"宁 4/非 1/当 1"搭配使用。用"乎"的只出现了 3 例。

（29）二亲何心而逐之乎？（《六度集经》卷二）

（30）世尊宁闻见乎？（同上　卷七）

（31）汝知是天所从生不？（《旧杂譬喻经》卷下）

（32）天下人容颜宁有如我不？（同上　卷上）

在以上的 4 项内容里，两部译经的译者在疑问代词、语气词的使用上，均有明显的区别。

以上四种语法现象的对比显示：《六度集经》和《旧杂譬喻经》在虚词的使用和某些语法格式、句型的构成上有显著区别，它们可能出自不同译者之手。

如果从语言上看《六度集经》和《旧杂譬喻经》非同一译者所译，而《六度集经》因为见于南朝梁僧祐《出三藏记集》，被认为是出自康僧会之手，那么，《旧杂譬喻经》可能是什么时代翻译的呢？

为此我们调查了与康僧会同时的另一翻译家支谦所译的《撰集百缘经》。以下是《撰集百缘经》（一至四卷）中总括副词、完成貌句式中完成动词、动词连用格式和疑问句式的使用情况：

总括副词　皆 28/都 3/了 3/咸 3/悉 3/具 2/皆悉 6/尽皆 1

完成貌句式中的完成动词　已 145/竟 4/讫 1/已讫 5/讫已 5/已竟 2/讫竟 1

动词连用格式　第二动词位置上出现了 A，并带有宾语，如：

（33）尔时太子，……寻作大坑，盛满中火，欲自投身。（卷四）

表示"变为"义时，最常用"变成"10 次，也用"成为/化作"，各 1 次。

疑问句式的使用

问人　谁 2/阿谁 1/何人 1

问事　何 42/云何 9/何等 1/化为 1

问方式、原因　云何 9/何故 2/何 1

问事件　不 20（5 例分别与"颇/叵/为"搭配使用）/耶 7（2 例与"将"搭配使用）/为 1/乎 2

把《撰集百缘经》的材料与《六度集经》《旧杂譬喻经》的加以比较，我们发现：

（一）总括副词的使用可能与译者的习惯（我们把方言差异也包括在"习惯"之内）有关，不用"都"可以帮助确定《旧杂譬喻经》与《六度集经》不是同一个译者所译。从以往对副词发展历史的研究看，《六度集经》大量使用副词"都"，是一个很特殊的情况。"都"的广泛使用是在宋代之后，宋以前，像魏晋南北朝时期的《世说新语》、晚唐五代的《敦煌变文集》等文献中，副词"都"的使用频率都很低。《六度集经》的翻译时代在三国，其中出现的主要语言现象，也符合那个时代的特征，这使我们怀疑"都"在汉语史中的发展，或许有过地域差异。也就是说，《六度集经》中"都"出现较多，有可能是译者使用的方言里，副词"都"发展较当时"共同语"快的反映。

（二）完成动词较早用"讫/毕"，稍晚用"已/竟"。三种译经大体上属后一种，《撰集百缘经》《旧杂譬喻经》中"已"均占很大优势；《六度集经》中"已/竟"合起来，也有明显优势，但仍有从"讫/毕"向"已/竟"过渡的痕迹。

（三）动词连用式三种译经情况基本相同，虽在表同一语义时选择的词汇有所不同，但都出现了较多的例句；同时，都没有出现在第二动词位置上的及物动词不及物化（及物动词不能与宾语构成动宾关系），或不能用作使动的不及物动词、形容词出现在第一动词之后、宾语之前的情况。这表明三部佛经翻译时间，应均在汉代之后，南北朝及唐代之前。

（四）疑问句中在问事件时都使用了"不"，但都不用"无/磨"；出现了疑问副词"颇/叵/将/为"等与"不/乎"搭配使用的例子。这也显示出唐代以前的特点。

综上所述：从语言上看，《旧杂譬喻经》与《六度集经》可能不是同一译者所译，但其翻译时间，应当相去不远。

本文试图从语言上判定《六度集经》和《旧杂譬喻经》是否为同一译者所译，作为语言研究，特别是汉语史研究的对象，判定作品的写作、翻译时代，同样非常重要。所以，我们希望通过对某些语言现象的对比，在判定《六度集经》和《旧杂譬喻经》非同一译者所译的同时，进一步判定它们是否为同一时代所译，进而尝试通过这种研究，逐渐为佛经翻译年代的判定，建立一些语言上的判别标准。

参考文献

梁晓虹，1996，《从语言上判定〈旧杂譬喻经〉非康僧会所译》，《中国语文通讯》第 40 期。

遇笑容，1996，《从语法结构探讨〈儒林外史〉的作者问题》，《中国语文》第 5 期。

从语言的角度看某些早期译经的翻译年代问题
——以《旧杂譬喻经》为例[*]

曹广顺　　遇笑容

一

佛教译经是中国古代文化的重要文献，历来为研究者所重视。但佛经的翻译从汉代起，直至明清，由于各种原因，许多早期译经的翻译年代、作者，都有模糊不清之处，给研究、使用造成困难。

作为一种历史文献，每一种译经都应该在语言上有其特征，反映某一时代、作者的语言习惯。因此，我们有可能根据语言特征来研究译经的翻译年代问题[①]。

二

要从语言上判定译经的翻译年代问题，就必须首先找出可以作为标准使用的语言特征。而这种特征，如我们曾指出的（曹广顺

---

　　*　原文载《汉语史研究集刊》2000年第三辑。本文曾在美国伯克利加州大学赵元任汉语研究中心第5届年会上宣读过，与会的许多先生都提过很好的意见，谨此致谢。
　　①　在这方面已经有一些研究成果，较重要的如荷兰许理和《最早的佛经译文中的东汉口语成分》。

1987），必须是规律性强、普遍性好的。规律性强是说它在汉语的历史发展中可以看出清晰、整齐的线索；普遍性好则是希望这些线索被广泛使用，在不同的文献中都有所反映。

我们把魏晋南北朝时期的译经看作是早期译经，根据上述原则，以下 3 种语言现象可以作为判定标准使用：

（一）动词连用格式

动词连用式是两汉广为使用的一种动词并列结构，由两个或两个以上的动词组成，如：

（1）会暮，楼船攻败越人。（《史记·南越列传》）

（2）以天降之福，吏卒良，马强力，以夷灭越氏，尽斩杀降下之。（同上《匈奴列传》）

（3）汉矢且尽，广乃令士持满毋发。（同上《李将军列传》）

从《史记》及以后的文献看，两汉这种动词连用格式的使用规律是：

在带宾语的情况下，用在第二动词位置上的可以是及物动词，也可以是使动用法的不及物动词或形容词；宾语分别和前面的两个（或多个）动词构成动宾关系〔如例（1）（2）〕。

东汉以后上述规律逐渐消失，像例（3）那样的"V 满"之后，开始出现处所宾语或处所加一般宾语，如：

（4）我今观汝形体，臭秽充满其中。（《撰集百缘经》吴支谦译）

（5）寻往彼河，盛满瓶水，掷虚空中。（同上）

继而出现了带一般宾语的例子，如：

（6）诸天玉女，各持金瓶，<u>盛满</u>香汁。（《过去现在因果经》南朝宋求那跋陀罗译）

到隋朝的译经中，"V 满""V 尽"等带宾语的例子已经较多见，上述规律基本不存在了。

（二）处置式

处置式的产生过程，大致有 3 个阶段：汉代和汉代以前，只有使用介词"以"的广义的处置式（梅祖麟 1990），如：

（7）天子不能<u>以</u>天下与人。（《孟子·万章上》）

南北朝前后，出现了使用介词"将"的例子，但例子少见：

（8）<u>将</u>缣来比素，新人不如故。（《古诗源·古诗·上山采蘼芜》）

隋唐广泛使用"将"，"把"也开始出现：

（9）汝私偷窃，<u>将</u>我圣夫，向何处置？（《佛本行集经》隋阇那崛多译）

（10）汝今<u>把</u>我心中所爱如意圣夫，将何处置？（同上）

（三）被动式

被动式的发展过程，也有 3 个阶段：汉代表示被动的介词以用"见"等为主，"被"字少见，且"被"字句中，"被"字之后一般都没有施动者，如：

（11）为诸外道，数数呵责，或<u>被</u>鞭打，舍之而去。（《撰集百缘经》吴支谦译）

南北朝前后，"被"字句使用增多，一般都有"被"字之后出现施动者的例子出现，如：

（12）其财物被淫女人悉夺取之。（《生经》西晋竺法护译）

到隋唐的一些文献中，"被"字句开始成为被动表达的主要句式，出现频率开始高于"为"字句。

<h1 style="text-align:center">三</h1>

《旧杂譬喻经》是大藏经中所收两种吴康僧会译经之一，因其不见于南朝梁僧祐《出三藏记集》，一般认为可能不是康僧会所译。

评价历史文献的价值，时代和作者是两个基本因素，在这两者之间，时代比作者可能还要重要。因此，我们希望能够在判别《旧杂譬喻经》是否康僧会所译之前，首先用我们以上提出的标准，看一下它可能是什么时代翻译的。以下是我们对 7 种魏晋南北朝译经中 3 种语言现象的统计：

（一）动词连用式（V 满）（详见表1）

表1

佛经	V 满	V 满 P	V 满 PO	V 满 O
撰集百缘经		+ （5）	+ （4）	
六度集经	+ （1）			
旧杂譬喻经	+ （1）			
生经			+ （2）	
过去现在因果经	+ （1）	+ （4）		+ （1）
众经撰杂譬喻经				
佛本行集经	+ （10）	+ （5）		+ （6）

表中显示，"V 满"之后带宾语的例子始见于南朝宋时期的译经

《过去现在因果经》，魏晋的一组佛经中都没有"V 满 0"的例子，《旧杂譬喻经》的情况应在魏晋一组中。

（二）处置式

《旧杂譬喻经》只有用"以"构成的广义处置式，没有用"将"构成的处置式。隋朝的《佛本行集经》中"将"字构成的处置式已出现较多（40 余例），并出现了 1 例"把"字句（例 10）。其他几种佛经中，过去研究者经常举出的是以下几例：

（13）佛知王意，寻即变身，化作乾达婆王，将天乐神般遮尸弃。（《撰集百缘经》）

（14）于彼国中，有一比丘，常行劝他，一万岁中，将诸比丘处处供养。（同上）

（15）时远方民，将一大牛，肥盛有力，卖与此城中人。（《生经》）

例（13）"般遮尸弃"是神的名字，自 Pancasikha 直译而来，将"弃"看作动词是误解了译文。例（14）（15）的前后文中，"将"字多次出现，都是表示"携带"义的动词，这两句里，作"携带"义理解也并非完全不可。因此，如果我们不考虑这两例，则隋朝以前的译经中"将"字构成的处置式基本上还没有出现；把这两例考虑进去，魏晋时期"将"字句也极少见。无论哪种情况，《旧杂譬喻经》中处置式使用，都表明它应该是属于翻译时期较早的译经。

（三）被动式

被动式我们从"被"字句、"为（见）"字句的出现频率、所占比例和"被"字后是否出现施动者，这两个方面来考查（详见表2）。

表 2

佛经	"为（见）"字句	"被"字句
撰集百缘经	26/87%	4/13%
六度集经	27/87%	4/13%
旧杂譬喻经	13/81%	3/19%
生经	22/69%	10/31%
过去现在因果经	17/89%	2/11%
众经撰杂譬喻经	13/69%	4/31%
佛本行集经	57/29%	138/71%

以上几种译经除《过去现在因果经》稍有例外，其他发展线索清楚，两种三国译经"被"字句都占 20% 以内，晋和南北朝的两种占 30%，隋朝的《佛本行集经》中"被"字句用例超过了"为"字句。《旧杂譬喻经》接近第一组（三国）。（详见表 3）

表 3

佛经	被 V	被 NV	被 N 之所 V	被 N 所 V
撰集百缘经	4			
六度集经	4			
旧杂譬喻经	3			
生经	6	4		
过去现在因果经	1	1		
众经撰杂譬喻经	3	1		
佛本行集经	36	67	17	18

"被"字句中施动者出现的情况也可以分为三种，三国的两种

"被"字后没有出现施动者，晋和南北朝的三种"被"字之后有施动者出现，隋朝的一种不仅有了"被 NV"，还发展出了"被 N 之所 V"和"被 N 所 V"。显然，《旧杂譬喻经》应在第一组之内。

　　动词连用格式、处置式和被动式是魏晋南北朝时期汉语变化最为明显的 3 种语言现象，也是中古汉语中 3 种最重要的发展变化，这些变化的出现和完成，对近现代汉语的形成起了重要作用。这 3 种语言现象是汉语中重要的表达形式，在各种文献中都会有所反映。它们的出现与否、出现的频率差异，应该是作品时代特征的有力标志。根据以上的分析，我们有理由推测《旧杂譬喻经》的翻译年代，应该大体上与《撰集百缘经》和《六度集经》相近，也是三国前后的作品。

四

　　根据语言特征不仅可以判定作品的写作、翻译年代，还可以在一定程度上判定作者。根据大藏经，《旧杂譬喻经》和《六度集经》都是康僧会的译经。但因《旧杂譬喻经》不见于南朝梁僧祐的《出三藏记集》，历来有人怀疑它不是出自康僧会之手（梁晓虹 1996），对此我们也有专文讨论（遇笑容、曹广顺 1998）。我们注意到，同一时代的作者，在表达上还是会有语言习惯的差异。在第三节中我们已经证明，《旧杂譬喻经》的翻译时代应与《撰集百缘经》《六度集经》相去不远。但同是动词连用格式，在表示"变成"义时，《旧杂譬喻经》常用"化作"（7 次），少用"化为"（2 次）；《六度集经》则常用"化为"（43 次），少用"化作"（3 次）。同样表示总括，在副词的使用上仍有不同。《旧杂譬喻经》中很少使用"都"，只有 3 次；

《六度集经》中"都"就比较常用，出现了49次，用法也比《旧杂譬喻经》中丰富。同样表示完成，在"动词+宾语+完成动词"的句式中，《旧杂譬喻经》完成动词多用"已"（10次），不用"竟"；《六度集经》则多用"毕"（10次）、"竟"（9次）。在疑问句中，同样是问事件，《旧杂譬喻经》句末多用"不"，少用疑问语气词"乎"；《六度集经》则相反，主要用疑问语气词"乎"，用"不"的极少见。这些表达相同语义时的词汇、句型差异，表明这两部作品可能不是同一译者所译。换言之，如《六度集经》是康僧会翻译的作品，《旧杂譬喻经》中的表达习惯就证明它不是出自康僧会之手。联系我们第三节中所讨论过的时代特征，可以推测它应是三国前后的另一译者所译。

五

用语言标准给古代文献断代或判定作者，是一种较可靠并行之有效的办法，已经有许多学者做过有益的尝试。在这种研究中，最重要也是最困难的，应是选定语言标准。这些标准必须普遍性好、规律性强，只有如此，它们才可能广泛使用，才可能得出准确、可靠的结论。而找出普遍性好、规律性强的标准，则依赖于我们对文献的深入了解，对汉语史的深入研究。当我们对汉语的历史发展有了一个清楚的认识，对不同时期的语言特征有了一个准确的了解时，这些认识和了解就会变成普遍性好、规律性强的断代标准。把这些标准运用到佛经断代研究中去，可以让大家更科学准确地研究、利用它，从而帮助和促进整个佛学研究的发展。

参考文献

曹广顺，1987，《试说"就"和"快"在宋代的使用及有关的断代问题》，《中国语文》第 4 期。

梁晓虹，1996，《从语言上判定〈旧杂譬喻经〉非康僧会所译》，《中国语文通讯》第 12 期。

梅祖麟，1990，《唐宋处置式的来源》，《中国语文》第 3 期。

许理和，1987，《最早的佛经译文中的东汉口语成分》，蒋绍愚译，《语言学论丛》（第十四辑），北京：商务印书馆。

遇笑容、曹广顺，1998，《也从语言上看〈六度集经〉与〈旧杂譬喻经〉的译者问题》，《古汉语研究》第 2 期。

翻译佛经语料年代的语言学考察
——以《大方便佛报恩经》为例[*]

方一新

《大方便佛报恩经》，七卷。南朝梁僧祐《出三藏记集》卷四归于"失译杂经录"，隋法经等撰《众经目录》题署失译，隋唐经录如《历代三宝记》《开元释教录》等题署为后汉失译（附后汉录）。^① 学者经常引用此经，把它作为东汉的语料来用。然则此经究竟是否东汉时人所译，颇有值得怀疑之处。笔者曾在《〈大方便佛报恩经〉语汇研究》（见方一新 2001）一文中对其翻译年代问题提出怀疑，有所考订；友生史光辉博士也写过《〈大方便佛报恩经〉翻译时代考》（见史光辉 2001），从文献著录、词汇、语法等方面对该经的翻译年代作了考辨，证据充分，结论可信。对《大方便佛报恩经》的年代问题，笔者始终很感兴趣，一向比较留意；近来又有若干发现，或许对考订该经的翻译年代有些帮助。故不揣梼昧，尝试从语法、词汇的某些角度，对其翻译年代进行推定，权且当作《〈大方便佛报恩经〉语汇研究》的续篇。^② 管窥蠡测，未必有当，敬请方家教正。

---

* 本文原载于《古汉语研究》2003 年第 3 期。

① 关于《大方便佛报恩经》的历代佛经目录问题，史光辉（2001）有详考，请参看。

② 本文所引据的《大方便佛报恩经》系日本《大正新修大藏经》本，该经在第三卷。

一、语法方面

（一）判断句

判断词"是"的起源问题，国内外已经有许多先生讨论过，现在基本认同"是字句"可上溯至战国，汉代已有较多的例子。参看唐钰明（1992）、汪维辉（1998）。

尽管系词"是"在汉代，特别是东汉使用已经较为普遍，但东汉时否定式则相对罕见，汪维辉（1998）曾经举过3个（凡4见）"不是"的例子："不是愚痴食人施也，何况能多行？"（《禅行法想经》，15/181/c）"为不是大佑人者，是以若欲往诣佛师友者。"（《法镜经》，12/21/b）"其法不是弊魔及魔天之所灭，亦不是天中天弟子所灭。"（《阿閦佛国经》，11/761/b）

和"不是"相似的有"非是"，我们调查了早期佛典"非是"的用例。发现在30部东汉译经中，① 只有少数几个例子："须菩提白佛言：泥洹是限，非是诸法。"（《道行般若经》卷六，8/456/a）"父母言：是故正道，可从是行。其子言：非是正道。"（《佛说阿阇世王经》卷下，15/403/a）② 从魏晋开始，用例渐多，而《大方便佛报恩

---

① 这30种东汉译经是：安世高译《长阿含十报法经》《佛说人本欲生经》《一切流摄守因经》《四谛经》《本相猗致经》《是法非法经》《漏分布经》《普法义经》《五阴譬喻经》《转法轮经》《八正道经》《七处三观经》《九横经》《大安般守意经》《阴持入经》《禅行法想经》《道地经》《佛说法受尘经》，支娄迦谶译《道行般若经》、《阿閦佛国经》、《佛说遗日摩尼宝经》、《般舟三昧经》（两种）、《文殊师利问菩萨署经》、《佛说忇真陀罗所问如来三昧经》、《佛说阿阇世王经》、《佛说内藏百宝经》，昙果、竺大力译《修行本起经》，康孟详、昙果译《中本起经》，支曜译《成具光明定意经》。

② 另外，还见到一个疑似的例子："亦无是我所，亦非是我所。"（后汉支娄迦谶译《佛说遗日摩尼宝经》）

经》等几部有问题佛经（加＊号）的出现次数比东汉译经要多，详见表1：

表 1

经名	非是	总页数	每页出现次数
道行般若经（东汉）	1	117	0.0085
佛说阿阇世王经（东汉）	1	38	0.026
＊大方便佛报恩经（失译）	4	92	0.043
＊兴起行经（失译）	2	28	0.071
大明度经（三国）	3	69	0.043
菩萨本缘经（三国）	2	41	0.049
撰集百缘经（三国）	7	113	0.062
生经（西晋）	4	96	0.042
普曜经（西晋）	6	137	0.044
大庄严论经（姚秦）	16	288	0.056
中阿含经（东晋）	57	866	0.066
菩萨本行经（失译）	7	33	0.212
佛本行集经（隋）	59	694	0.085

因此，从"是"字判断句的否定形式"非是"看，从东汉至魏晋至南北朝，呈现逐渐增多的趋势，早期用例很少，至南北朝、隋朝，则有较大程度的增加。而《大方便佛报恩经》《兴起行经》的出现次数和三国西晋时期的译经相近。

（二）被动句

《大方便佛报恩经》的被动句凡38例，共有7种形式，都有介词、助动词作为区别标志，即：1. 为……V；2. 为……所V；
3. ……所V；4. 为……之所V；5. ……之所V；6. 见V；7. 被V。

1. 为……V，这是上古汉语被动句式的沿用。

该经共出现"为"410次，其中"为……V"式被动句1例：

爱欲所缠故，无智为世迷。（卷五，3/148/c）

2. 为……所V，这也是上古汉语典型被动句，早见于先秦文献。
《大方便佛报恩经》共10例，如：

为人所恭敬爱念故，其心欢喜。（卷二，3/131/a）

如我为王贼、水火、县官所逼，若系若闭，心生愁毒。（卷
二，3/131/b）

今我此身若为此毒龙所害者，汝等一切众生皆当失大利益。
（卷四，3/144/c）

3. ……所V，产生于汉代，《大方便佛报恩经》中凡17例，如：

正欲前进，饥渴所逼，命在呼嚏。（卷一，3/129/a）

王是智人，而于今日如似颠狂，鬼魅所著耶？（卷二，3/
133/c）

覆心重故，爱水所没。（卷五，3/153/b）

从其用例来看，似乎有省去"为"而刻意组成四字句的情形。

4. 为……之所V，这是汉魏时期习见的被动句式，[①] 本经出现4
例，如：

气力羸惙，还堕井底，为诸毒蛇之所唼食。（卷二，3/132/a）

具知太子为弟恶友之所危害，夺取宝珠，苦恼无量。（卷
四，3/146/c）

---

① 据唐钰明（1987）研究，此被动式"在战国末期就已崭露头角了"。但用例很
少。另参看吴金华（1985）。

5. ……之所 V，产生于汉魏，经中凡 4 例，如：

> 念念无常，五盖十缠之所覆蔽。（卷一，3/127/c）

> 辩才说法有妙音声，多人所识，刹利婆罗门之所供养。（卷三，3/141/c—142/a）

6. 见 V（见字句），源自汉代。

该经共出现"见"200 次，其中用于被动句的有 1 例：

> 向者乞食，道逢六师徒党萨遮尼乾，见毁骂辱。（卷一，3/124/c）

7. 被 V（被字句）

《大方便佛报恩经》共出现"被"24 次，其中表示被动的有 1 例：

> 尔时善友太子被刺两目，干竹刺著，无人为拔。徘徊宛转，靡知所趣。（卷四，3/145/b）

本例"被"后直接加述补结构谓语，没有出现行为的主动者，一般认为还都算不上是成熟或典型的被动句。处于从"被 V"到"被 AV"的中间发展阶段，是"被"字句从萌芽走向成熟的过渡时期。

吴金华（1985）曾指出，"为……之所"式通常与双音节动词搭配，"为……所"式通常与单音节动词搭配。并以三国吴支谦译《菩萨本缘经》为例作了考察，两式总计 20 例中，只有 1 例例外。

在笔者用来对比的 30 种东汉译经中，没有出现"被字句"，说明在东汉的翻译佛典中，尚未见到确凿可靠的"被字句"。《大方便佛报恩经》"被字句"虽仅 1 例，但也已经呈现出和东汉译经不同的情况（详见表 2）。

表2

被动式	数量	百分比
为……V	1	2.63%
为……所V	10	26.32%
……所V	17	44.73%
为……之所V	4	10.53%
……之所V	4	10.53%
见V（见字句）	1	2.63%
被V（被字句）	1	2.63%
总计	38	100%

（三）疑问句

1. "非"作独词句

拙撰《〈大方便佛报恩经〉语汇研究》曾指出，《报恩经》中"非"还可以作为独词句使用，如：

"六师问言：'汝等诸人设是供养，欲请国王耶？王子耶？'答言：'非也。'"（卷三，3/136/c）

"婿言：'汝识我不？'答言：'我识汝，是乞人。'婿言：'非也。我是波罗奈王善友太子。'"（卷四，3/146/a）

《报恩经》"非也"的答语共有四例，均单独成句。东汉译经中，已经有用在句尾的"非也"，如安世高译《大安般守意经》卷上："非谓出息时意不念入息，入息时意不念出息，所念异，故言非也。"支谶译《道行般若经》卷七："反往轻言：'若所行法非也。'"但这两例"非也"仍然只在判断句中作谓语，还不是独词句。

"非也"作独词句的用法，佛典中较早见于三国时期的译经，参看史光辉（2001）。

拙文还说："考察先秦时期文献，'非'一般不作独词句用。"

史光辉（2001）也有类似的说法："'非也，作独词句的用法，东汉以前的典籍未见用例。"今按：拙文和史君的说法值得修正。考先秦典籍，"非也"作为独词句的用法即已出现，且并不十分罕见，①例如：

> "公孙丑问曰：'仕而不受禄，古之道乎？'曰：'非也。'"（《孟子·公孙丑下》）

> "问曰：'夫子之任不见季子，之齐不见储子，为其为相与？'曰：'非也。'"（《孟子·告子下》）

尽管"非也"作独词句用已经见于先秦典籍，但在翻译佛经中目前看到的最早用例是三国译经，东汉译经尚未使用。明确了这一点，对我们判断《大方便佛报恩经》的翻译年代不无裨益。

2. 疑问代词"何事"

《大方便佛报恩经》中，疑问句多见"何事"，"何事"犹言何，什么。如：

> 初发菩提心，因何事发？（卷二，3/136/a）

> 太子问言："此是何人，名何事耶？"（卷四，3/143/a）

> 诸女念言："当以何事而报佛恩？"（卷五，3/152/b）

调查30种东汉佛经，未见使用"何事"这个疑问代词来表示疑问。

3. 表示反问的句式"用……为"

《大方便佛报恩经》中"用……为"句凡四见，均出自卷五：

---

① 参看俞理明，2001，《从东汉文献看汉代句末否定词的词性》，"第二届中古汉语国际学术研讨会"论文，杭州。

时五百大臣语婆罗门言："汝用是臭烂脓血头为？"（卷五，3/150/a）

婆罗门言："我自乞丐，用问我为？"（卷五，3/150/a）

贫婆罗门何急用是脓血头为？我等五百人，人作一七宝头，共相贸易，并与所须。（卷五，3/150/a）

语其妇言："人有娠者，便当有子。汝为产故，危害于我。用是子为？速往杀之。"（卷五，3/153/a）

值得注意的是，表示疑（反）问的"用……为"句式的形成可能有一个过程。早期时"为"可不置于句末，如："复次阿难，闻是深般若波罗蜜时。教余菩萨：'用是为学？用是为写？我尚不了其事，汝能了耶？'"（后汉支娄迦谶译《道行般若经》卷八，8/464/a）"复有婆罗门名牟梨师利，白佛：'我适提酪，欲著火中，欲令之炽盛。便见怛萨阿竭，身有三十二相，诸种好。'实时其佛言：'用是火为事？'"（支娄迦谶译《文殊师利问菩萨署经》，14/438/b）"用是为学""用是火为事"和后来的"用……为"也许有一定的联系，当然，二者之间的关系还有待于作进一步的研究。

"为"后来置于句末，和"用"配合起来表示疑问，构成"用……为"的句式，应该不晚于汉末，在东汉晚期的个别译经中已可见到，但用例极少，如："太子默然而逝，复前念言：'今我入山，当用宝衣为？'"（《修行本起经》卷下，3/469/a）"时人吉祥即说偈言：'……超越过梵天，今用刍草为？'"（同上，3/470/b）

魏晋以后用例渐多，如："佛言：'用此问为？且说余义。'"（西晋法炬译《佛说优填王经》卷一，12/71/b）也作"以……为"，"母惟之曰：'斯怪甚大，吾用菜为？'"（吴康僧会译《六度集经》卷二《须大拏经》，3/10/a）"用"，宋元明三本作"以"。"用"和

"以"相同，都是介词，故可替代。也可凝固为"用为"，如："甥即乘株到女室，女则执衣。甥告女曰：'用为牵衣？可捉我臂。'"（西晋竺法护译《生经》卷二《佛说舅甥经》，3/78/c）"有人报言：'用为见此养身满腹之种？'"（同上卷五《佛说蜜具经》，3/103/a）

要言之，像《大方便佛报恩经》这样集中出现"用……为"句式的译经，其风格和三国以来译经十分相近，而不具有在东汉译经中所能见到的语言现象。

二、词汇方面

从词汇的角度进行分析研究，对判定古籍的写作或翻译年代，是很有帮助的。张永言先生《从词汇史看〈列子〉的写作年代》（见《语文学论集》）就是很好的范例。在《〈大方便佛报恩经〉语汇研究》一文中，笔者已经列举了"耗扰""怨嫌""北方人"三词，为判定该经的翻译年代提供参考。这里再酌举若干词语，略作考释，以为推衍。

（一）一般语词

1. 坌身：（脏物）污染、沾染身体。

王闻是语，举声大哭："怪哉，怪哉！"自投于地，尘土坌身。（卷三，3/138/b）

父母闻之，举声大哭。自投于地，生狂痴心。尘土坌身，自拔头发，而作是言："一何薄命！生亡我珍。"（卷五，3/151/b）

检索30种东汉译经，未见此词。调查一批三国译经，似亦未见到。至晚西晋佛典已有用例，如："时波斯度王供嫔送母，日正中还。尘土坌身，步往诣园，至世尊所。"（西晋法炬译《佛说波斯匿王太后崩尘土坌身经》，2/545/a）"其发恶心，横加于人，还自受罪。譬如向风扬尘，还自坌身也。"（西晋竺法护译《修行道地经》卷二，15/192/a）"是时，世尊问王曰：'大王，何故尘土坌身，来至我所？'"（符秦昙摩难提译《增壹阿含经》卷十三，2/612/c）"更著粗弊垢腻之衣，尘土坌身，右手执持除粪之器。"（姚秦鸠摩罗什译《妙法莲华经》卷二，9/17/a）

中土文献中，较早见于《后汉书》："女人被发屈髻，衣如单被，贯头而著之；并以丹朱坌身，如中国之用粉也。"（《后汉书·东夷传·倭》）

《汉语大词典》（下简称《大词典》）未收"坌身"，"坌"的第三义"尘埃等粉状物粘着于他物"下举例中有"坌身"，乃《旧五代史·梁书·高劭传》的例子，偏晚。

2. 作贼：抢劫，作土匪。

> 尔时山中五百群贼遥见是人而相谓言："我等积年作贼，未见此也。"（卷五，3/150/c）

> 十二恶律仪者：一者屠儿，二者魁脍，三者养猪，四者养鸡，五者捕鱼，六者猎师，七者网鸟，八者捕蟒，九者咒龙，十者狱吏，十一者作贼，十二者王家常差捕贼。（卷六，3/161/a）

"作贼"一词30种东汉佛经未见用例，三国译经已见其例："乃往过去无量世时，波罗㮈国有一愚人，常好作贼，邪淫欺诳。"（吴支谦译《撰集百缘经》卷六，4/229/b）"佛言：其夫前世作牧羊儿，妇为白羊母。其四臣前世作贼，见儿牧羊，便呼儿俱举右手指，令杀白羊母，与五人烹之。"（旧题吴康僧会译《旧杂譬喻经》卷上，4/516/b）

此外，"作贼"也见于西晋法炬共法立译《法句譬喻经》、西晋竺法护译《所欲致患经》等译经。

《大词典》"作贼"的第二义是"抢劫；剽窃；偷东西"，首例举《隋书》，晚。

3. 求觅：寻找。

　　即自念言：吾子亦当死矣。今当收取身骨，还归本国。举声悲哭，随路求觅。（卷一，3/130/a）

　　臣向在外，于六十小国八百聚落中，求觅药草，了不能得。（卷三，3/138/a）

　　报言："大王夫人，欲使求觅太子者，不敢违命。"（卷四，3/146/b）

"求觅"一词30种东汉译经未见用例，三国已见。例如，"尔时怨王得其国已，即便唱令，求觅本王。"（吴支谦译《菩萨本缘经》卷上，3/55/c）"汝今当知，我受兽身，常处林野，自在随意，求觅水草。"（同上，卷下，3/67/b）"臣即受教，遍往求觅。"（吴支谦译《撰集百缘经》卷八，4/242/b）

《大词典》首例举《百喻经》，晚。

4. 毁骂：骂詈，辱骂。

　　尔时以一恶言，不知其恩，毁骂其母，喻如畜生。（卷三，3/141/a）

　　尔时三藏年少比丘，见其声恶，即便毁骂，而作是言如是音声，不如狗吠。（卷三，3/142/a）

　　由过去世毁骂贤圣，堕在恶道。（卷三，3/142/b）

检索30种东汉佛典，未见"毁骂"一词，初步调查三国佛典，亦未见到，我们见到的较早用例是西晋佛典。如："若一切有情，固

来毁骂。加诸嗔恚，而行捶打。"（西晋竺法护译《佛说大乘菩萨藏正法经》卷二四，11/841/b）

《大词典》首例举元关汉卿《绯衣梦》，偏晚。

（二）"～切"式复音词

汉魏以来，复音词大量产生，其中偏正式复音词数量较多，有一些十分能产的复音词构词语素。这里举"切"为例。"切"经常用在"谓词性语素后面"，组成"～切"式复音词，数量较多。

在《大方便佛报恩经》中见到三例用在谓词性语素后面的"～切"式复音词例子：

1. 酸切：心酸，悲痛。"时诸释女宛转，无复手足。悲号酸切，苦毒缠身，余命无几。"（卷五，3/152/b）

2. 苦切：悲痛，痛苦。"时诸释女各称父母兄弟姐妹者，或复称天唤地者，苦切无量。"（卷五，3/152/b）

3. 抽切：抽搐。"时诸太子闻是语已，身体肢节筋脉抽切。"（卷二，3/134/a）

三例"～切"可分为两类：一类是"形容词+切"，即"酸切""苦切"，"切"作为构词语素，除了表示程度重外，也起到舒缓音节的作用。而这一用法大体上习见于魏晋时期。另一类是"动词+切"，"切"的作用也比较虚化，在强调程度重的同时，还起到舒缓音节的作用，其用法也习见于六朝典籍。

先看1类。

"酸切"30种东汉译经未见，晋代的用例如：

"其地狱中受罪众生苦痛酸切，无所归依，皆称'奈何'！"（姚秦佛驮耶舍译《长阿含经》卷一九，1/125/c）"穆松垂祥除，不可居处。言曰酸切，及领军信书不次。羲之报。"（《全晋文》卷二三王羲之《杂帖》）"我之宿罪，生处贫贱，虽遭福田，无有种子。酸切感伤，深自咎悔。"（北魏慧觉等译《贤愚经》卷三，4/370/c）

《大词典》首例举南朝宋谢灵运文，稍晚。

"苦切"30种东汉译经未见，魏晋的用例如：

"其诸狱卒取彼罪人掷大铁瓮中，热汤涌沸而煮罪人。号咷叫唤，大叫唤，苦切辛酸，万毒并至。"（姚秦佛驮耶舍译《长阿含经》卷一九，1/124/a）"地狱苦切，难可度也。诸佛尚不能奈何，何况我乎？"（失译《杂譬喻经》，4/525/b）"常有人来，持诸刀锯，割剥我身，又破其腹，出其五藏。肉尽筋断，苦切叵忍。"（失译《饿鬼报应经》，17/561/c）

可以看到，除了失译经（这些失译经的翻译年代不会早于三国）外，两晋、姚秦时期经师翻译的佛经中"苦切"的用例较多。《大方便佛报恩经》的用法恰好符合那一时期的语言特点。

《大词典》首例举唐段成式《酉阳杂俎》，偏晚。

类似的复音词还有：

"痛切"：痛心，伤痛。"惟育养之厚，念积累之效，悲思不遂，痛切见弃，举国号咷，拊膺泣血。"（《三国志·魏志·公孙度传》裴注引《魏书》）

佛典中30种东汉译经未见。姚秦竺佛念译《出曜经》卷八、东晋佛陀跋陀罗译《大方广佛华严经》卷七五等均已见到。《大词典》首例举三国魏吴质文，较早。

"感切"：感伤。"阴姑素无患苦，何悟奄至祸难！远承凶讳，益以咸切。"（《楼兰尼雅出土文书》第42号）"咸"为"感"之省形字，"咸切"就是"感切"。"飞鸟之类，悲鸣感切，挫戾其身，自拔

羽翼。"（北魏慧觉等译《贤愚经》卷六）

30 种东汉译经未见"感切"，较早也是六朝的用例。《大词典》首例举《初刻拍案惊奇》，偏晚。

再看 2 类。就佛经用例而言，用在动词语素后面的"切"的出现年代也不早于三国。

有"逼切"：逼迫。"正欲道实，恐畏不是；正欲不道，复为诸女逼切使语。"（吴支谦译《撰集百缘经》卷八，4/244/a）"逼切心狂乱，愁毒恒怨嗟。"（南朝宋求那跋陀罗译《央掘魔罗经》卷一，2/520/a）《大词典》首例举《后汉书》，略晚。

有"催切"：催促。"贫穷负债，债主剥夺，日夜催切，天地虽旷，容身无处。"（梁宝唱集《经律异相》卷一三，53/66/b）《大词典》首例举《资治通鉴》，晚。

有"迫切债主急迫切，诸共衣费者"。（南朝宋宝云译《佛本行经》卷六，4/99/c）《大词典》举《汉书》，比佛经早。

调查 30 种东汉译经，"逼切""催切""迫切"都未见到，魏晋以后始有用例。

而"抽切"的年代似更晚，除了《大方便佛报恩经》外，暂时未找到其他佛典用例；六朝的中土文献有其例，如：

"天不憖遗，奄焉不永，哀痛抽切，震恸于厥心。"（《梁书·太祖五王传·临川靖惠王宏》载梁武帝诏）《大词典》未收"抽切"一条。

通过语法、词汇的某些用法来鉴定佛经的翻译年代，还有许多问题有待解决。比如，东汉和三国、西晋的年代较近，有些语言现象未必就能一刀两断，区分得一清二楚。又如，如何选择鉴别的标准，提取作鉴别用的有价值的区别性语言特征，也是十分棘手的事，鉴别标准提取得不准确，则结论可想而知。再如，古书浩如烟海，个人所见有限，说某种语言现象只见于某一时代或始见于何人何书，也很难说。本文只是一个初步的尝试，意在抛砖引玉，这条路究竟走不走得通，还得通过实践来检验。衷心希望得到方家博雅的指教。

参考文献

方一新，2003，《〈兴起行经〉翻译年代初探》，载《中国语言学报》（第十一期），北京：商务印书馆。

方一新，2001，《〈大方便佛报恩经〉语汇研究》，《浙江大学学报（人文社会科学版）》第 5 期。

唐钰明，1987，《汉魏六朝被动式略论》，《中国语文》第 3 期。

唐钰明，1992，《中古"是"字判断句述要》，《中国语文》第 5 期。

柳士镇，1992，《魏晋南北朝历史语法》，南京：南京大学出版。

吕叔湘，1995，《见字之指代作用》，载《汉语语法论文集》，北京：科学出版社。

朱庆之，1992，《佛典与中古汉语词汇研究》，台北：文津出版社。

史光辉，2001，《东汉佛经词汇研究》，杭州：浙江大学博士论文。

吴金华，1983，《试论"R 为 A 所见 V"式》，《中国语文》第 3 期。

吴金华，1985，《南北朝以前的"为……之所"式》，《中国语文通讯》第 4 期。

汪维辉，1998，《系词"是"发展成熟的年代》，《中国语文》第 2 期。

中古汉语语料鉴别述要[*]

胡敕瑞

一

汉语史是研究汉语历史发展的一门学问。要研究汉语的历史发展，就必须依赖历代保留下来的语料。如果不分时代，熔语料于一炉而冶之，即便像《马氏文通》那样的开拓之作也难逃诟病；如果不辨真伪，把时代有误的语料用来作研究，那更无异于沙滩造屋。所以，在当今注重研究方法的同时，语料的鉴别同样应引起重视。

语料鉴别是一项艰巨的工程，但具有不可忽略的意义。首先，语料鉴别可以为汉语史研究提供可靠的保障。"在语言的历史研究中，最主要的是资料选择。资料选择得怎样，对研究结果起着决定性的作用。"（太田辰夫 1958：380）其次，语料鉴别也可以为文献学解决一些难题，如作品断代、作者判定等。不少学者曾从语法、词汇、语音等角度，对一些存有疑问的作品或作者作出过卓有成效的鉴定。最后，语料鉴别多从词汇、语法、音韵等角度入手，从这一点来说，语料鉴别本身就是一种语言研究。

---

　　* 本文原载《汉语史学报》2005 年第五辑。

汉语史研究需要充分占有语料，如果不作鉴别而误用语料，就会带来描写不精或论断不确的后果。譬如，有学者在描写《齐民要术》中"于/在+处所"句法位置的变化时，没有区分卷首《杂说》等后世掺入的内容，描写显得粗糙，因而使得统计数据和结论抵牾；又如有学者引用署名为安世高的《佛说处处经》中"佛言：意但当分别六衰，不当着着便不得道"一例，来说明体态助词"着"已经在东汉出现，这恐怕是误用语料的一个失断①，因为《佛说处处经》被证明并非东汉安世高所译。由此足见语料鉴别在汉语史研究中的重要性。

前人（特别是清人）对上古语料做过不少董理辨伪的工作；相对来说，他们对中古以后的语料整理鉴别较少。为此，本文以中古语料的鉴别为主旨，概要介绍中古语料的鉴别情况，以期引起学界对中古语料鉴别的重视。

二

（一）语料存伪的情况

梁启超（1996：305）曾说："无论做那门学问，总须以别伪求真为基本工作。因为所凭借的资料若属虚伪，则研究出来的结果当然也随而虚伪，研究的工作便算白费。"为此，他举出历史上大批造假的时期有"战国之末、西汉之初、西汉之末、魏晋之交、两晋至六

---

① 这个例子不但时代有问题，断句也不当。句当读作"佛言：意但当分别六衰，不当着，着便不得道。"两个"着"都是动词，义为"贪染"。两个"着"并不连读，第二个"着"并非表示前一个"着"的状态。

朝、明中叶以后"六个，并且把伪书的性质分为十类①。就笔者目力所及，中古语料存伪的情况（包括伪托作者、时代有误、内容掺杂等），似可别为以下几类：

1. 有些托名上古的著作，实际上是中古的作品。如托名列御寇的《列子》、托名西汉孔安国的"伪孔传"，其实都是晋人的作品。这些作品只是作者有问题，内容并无刻意拟古②。

2. 有些作品的年代虽有问题，但不出中古时期。如有些署名东汉译人的译经、被认作汉末之作的《孔雀东南飞》等，这些作品虽然不能当作东汉语料运用，但仍然可以当作中古语料使用。

3. 有些注明为中古的作品，其中却有近代掺入的内容。如《齐民要术》确为北魏贾思勰之作，但开首《杂说》则不是贾思勰的原著，很可能是唐人手笔。

4. 有些确定为中古的伪作，其中却有上古原书的内容。如《孔丛子》确为晋人伪作，但其中《小尔雅》一篇，则为《汉志》旧本，应是秦末人孔鲋所撰。

第 1 类虽然作者的真实性有问题，但如果因此废置不用，则会丧失一些有价值的中古语料；第 2 类虽然年代的真实性有问题，但把它们当作中古语料来使用不会有误；第 3 类如果不考虑语料的变化性，就会把近代的一些语料误当作中古的语料来使用；第 4 类如果不考虑语料的传承性，又会把上古的一些语料误当作中古的语料来使用。

---

① 梁氏所总结的伪书十类为：1）古书中偶见此书名，其书曾否存在渺无可考，而后人依名伪托者；2）本有其书，但已久佚，而后人窃名伪造者；3）古并无其书，而后人嫁名伪造者；4）伪中出伪者；5）真书中杂入伪文者；6）书不伪而书名伪者；7）书不伪而撰人姓名伪者；8）原书本无作者姓名年代，而后人妄推定为某时某人作品，因以成伪或陷于时代错误者；9）书虽不全伪，然确非原本者；10）伪书中含真书者。

② 有些作品是刻意仿古，语言佶屈聱牙，完全脱离造假时代的语言现实，如伪《古文尚书》，这类语料的利用价值，与上面一类不可相提并论。

　　在辨别语料存伪情况的同时，应特别注意语料之中的史料。研究历史利用史料要辨别真伪，研究汉语史利用史料也要辨别真伪，不过两者研究的对象不同，因而确定真伪的情况也不同。历史学看重史料所记载的历史事件是否真实，而汉语史则看重史料所运用的语言是否真实。

　　从汉语史的角度来看，如果史书叙述的时代与编著的时代不同，是以史书叙述的年代为标准，还是以编著的时代为标准？王力（1958：19）在谈到汉语史研究时，尤为强调认真地审查研究的对象："所谓认真地审查研究的对象，就是要辨别史料的时代。……有些书虽然不是'伪书'，但是我们不应该以书中所叙述的时代为标准，而应该以著书的时代为标准。书中所叙述某一个古人的谈话，也不能轻信为那古人当时的语言。"这段话涉及史料处理的两个问题：1. 编著者的时代是否同于史料所叙述的时代？2. 编著者记录前世的说语（即记言部分）是否同于编著者编辑的前世资料（即记事部分）？

　　对于第一个问题，洪诚（2000：106）认为"著书时代不能作为辨别一切史料时代的标准"，并认为王力的原则只适用于部分史料，不能用之于一般。而且这一原则要具备三个条件：1. 这种史料全部是著者自己的语言；2. 这种史料在客观上必须是同类的各种著述中最早的一部，最低的限度在现存的著作中是某种语言现象最早的记录；3. 它里面没有直接引述的前代语言。这样看来，《史记》勉强符合条件，因为司马迁基本上是用自己的语言来记述史料的[①]；而《晋书》等就不一定，因为房玄龄等编撰时多采用前代的材料（如采用《世说新语》《郭子》《启颜录》等），其中采录《世说新语》就达

---

　　① 司马迁虽然也引用上古材料（如《尚书》等），但多用其当时的语言改写。

400 余事。在洪诚看来，《晋书》这类史料的语言不能视为著书时代的语言，王力的原则只适合于著者用自己语言记述的史料，而不适合于著者编纂的史料。柳士镇（1988）则似乎同意王力的观点，认为"以成书年代作为史料时代的原则是比较稳妥的"。

对于第二个问题，有人认为应该将史料分为记事和记言两部分，记事部分可以算是著者时代的语言，而记言部分则应视为说者时代的语言①。这等于承认，史料中记言部分的语料要比记事部分的语料早。首肯这一结论的前提是必须保证史家在编著史料时，是原样照录历史人物的言语声吻。但是，这一前提很难有实现的可能，因为古代没有录音设备，无以保证史家用的都是"直接引语"；即便依赖前时档案保留了"直接引语"，后代编者也难免会有改动。柳士镇（1988）通过对《晋书》和《世说新语》的比较，证明《世说新语》中的人物言语在《晋书》中并非原文照录，这一证明无异于否认了上面"记言部分应视为说者时代语言"的观点。所以，王力认为"书中所叙述某一个古人的谈话，也不能轻信为那古人当时的语言"还是有道理的。

（二）语料鉴别的方法

语料的鉴别离不开比较，而比较可以从不同的方面进行②，如果从语料之间的比较来看，方法有三：

1. 被怀疑语料与同一文本的其他语料作对比。譬如《齐民要术》

---

① 《三国志·陈泰传》裴松之注："凡记言之体，当使若出其口。辞胜而违实，固君子所不取，况复不胜而徒长虚妄哉。"所以裴松之对孙盛在《魏氏春秋》中改易（陈）泰言，颇有微词。

② 余嘉锡《古书通例·绪论》言及欲辨古书真伪则有三法：一曰考之史志及目录以定其著述之人，及其书曾否有著录；二曰考之本书以验其记载之合否；三曰考之群书之所引用，以证今本是否原书。

卷前《杂说》与同书其他正文相比较，通过比较，可以证明卷前《杂说》当是近代杂入。证据有（柳士镇 1989）：1）词汇上，如表示"耕田后平整土地的动作"义的词语，《杂说》用"盖"或"盖磨"，而其他正文用"劳"为常；《杂说》有"第二遍"这样词头与动量词结合的用例，而其他正文无。2）语法上，如《杂说》有"两个月"这样用量词"个"来计时的用例，而其他正文无；《杂说》中"着"有体态助词的用法，而其他正文中的"着"多是实义动词；《杂说》多见"了"的虚化用法，而其他正文少见。

2. 被怀疑语料与同一作者的其他语料作对比。譬如被确定为安世高所译的《法受尘经》与安世高的其他译经相比较，通过比较，可以证明《法受尘经》不是安世高所出①。证据有：1）安世高译经中第一人称代词几乎都用"我"（共 162 例），只有两例用"吾"，而这例外的两例正出现在《法受尘经》中；2）安世高译经首句多是"闻如是，一时佛在舍卫国祇树给孤独园"，而此经首句是"闻如是，一时佛游于舍卫国祇树给孤独园"②；3）此经用"是以"等文言词，而不见"用是故"等见于安世高译经中的词语；4）此经中多用"之"，而在安世高的译经中少用"之"③；5）此经中出现旧词"女子"，这不但在安世高的译经中是绝无仅有，乃至在整个东汉的译经中也属罕见，东汉译经主要用新词"女人"（达 264 例之多）④。

———————————

① 如果考虑到口译和笔受等复杂情况，结论恐怕并非如此简单。

② 《道行般若经》首句"佛在罗阅祇耆阇崛山中"在《大明度经》中也对译为"一时佛游于王舍国其鸡山"。一般认为前者口语性强，后者文言成分浓，所以前者用比较口语化的"在"，后者则用文言化的"（游）于"，可以与此处相印证。

③ 在被确认为安世高的16种译经中，竟然有12种译经没有见到"之"，只有4种译经中有"之"，《法受尘经》就是其中之一。

④ "女子"在整个东汉译经仅见两例，除《法受尘经》中一例外，在《中本起经》还见一例。《中本起经》属于文言成分较多的东汉后期译经，出现一例"女子"不足为怪；而安世高译经属于东汉前期译经，前期译经口语性强，不应当出现文言词"女子"。

3. 被怀疑语料与同一时代的其他语料作对比。譬如托名东汉所译的《大方便佛报恩经》与东汉同期的其他译经相比较，通过比较，可以证明《大方便佛报恩经》并非东汉所出。证据有：1）词汇上质的不同，《大方便佛报恩经》有"村""觅"等新词，而在时代确定的东汉佛经中不见这些新词，只有语义相同的"聚/落""求/索"等旧词；2）词汇上量的不同，《大方便佛报恩经》"唤"19 见、"看"13 见，而在时代确定的东汉译经中"唤"虽有 5 见，但其中 3 例有异文作"呼"，而"看"也仅仅 1 见，东汉译经仍然多用"呼""见"等词，少用"唤""看"等词。

如果仅从语料自身着眼，语料鉴别又可从文献学（包括"著录""卷数""文例"等）、文化学（包括"地名""名物""典故""避讳"等），语言学（包括"词汇""语法""语音"等）等角度入手，也可以综合几者来鉴别。

1. 从文献学角度鉴别

首先，可以从著录上考察。余嘉锡（1983：1）有言："或得一古书，欲知其时代、撰人及书之真伪，篇之完缺，皆非考之目录不为功。"中古中土文献若不见著录于《隋书·经籍志》（唐魏征等编）和《崇文总目》（宋王尧臣等编）等，便值得怀疑；中古汉译佛典若不见著录于《出三藏记集》（南朝梁僧祐撰）、《众经目录》（隋朝法经撰）、《开元释教录》（唐朝智昇撰）等，也值得怀疑①。如在《出三藏记集》和《众经目录》中都收录了《大方便报恩经》，但均定为

———————

① 自东晋道安编撰《佛经目录》把可疑的佛经专门编入《疑经录》以来，后来编撰的佛经都很注意辨伪的工作，如《众经目录》分别五例，第四例"疑伪"专收可疑或确伪的佛经。

失译，并未注明时代、译人，后来误托东汉支谶所出并无经录证据①。

其次，可以从卷数上考察。古籍流传，卷数一般是由多变少，而不会是由少变多。如果卷数越来越多就值得怀疑，如《鹖冠子》在《汉志》中著录仅 1 篇，而在《崇文总目》中则著录为 30 篇。据此可以判定《鹖冠子》一书显然有伪，或托旧题而作，或据旧作添加，总之已非原书。

最后，可以从文例上考察。在此仅举通假之例和用字之例，如《列子》中有以"童"通"同"、"住"通"数"、"肆"通"叱"、"视"通"指"等通假之例，张永言（1991）认为这些通假都是羌无故实的自我作古，因为在上古语料中并不见类似的通假，由此可见造伪者的斧凿之迹。又如"见/现""景/影""华/花""舍/捨""采/採""要/腰"等古今字，斜线后者多是汉以后常用字例，所以如果某一语料多用后一种字例，则有助于确定其为中古语料。但由于文本流传历经抄写，字例不一定反映原作原貌，其中不排除钞胥的手改，因此字例最多只能作为一种旁证。

2. 从文化学角度鉴别

因为只有后人征引前人而不会前人征引后人，所以如在一部确定为某时某人的作品中出现了其后才有的地名、名物、典故、避讳等文化内容，就有作伪的嫌疑②。

譬如《列子》中有"西域"地名，而宋人黄震在其《黄氏日钞》

---

① 在隋僧费长房的《历代三宝记》中开始著录了一卷本和七卷本两种，并注明一卷本为沙门支谶译，误托译者盖始于此。

② 不过应该注意的是，文化学上的地名、名物、典故、避讳等也有后人挖改的可能，所以在鉴别语料时不能光凭此种例证；况且这种例证往往只是个别的，缺少普遍性。

中指出"西域之名，始于汉武"，可见此书当不作于汉代之前；又《列子》中见"锟铻之剑""火浣之布"等名物，张永言（1991）指出这都是由西土流入而盛传于魏晋的名物，可见此书应当是魏晋人所作。

又如《孔雀东南飞》中"云有第五郎，娇逸未有婚"一句，徐复（1958）认为其中"第五郎"应是虚指，典出《世说新语·栖逸》："何骠骑弟以高情避世，而骠骑劝之令仕，答曰：'予第五之名，何必减骠骑？'"因此，世以"第五郎"来泛称潇洒男子。又《孔雀东南飞》中"往昔初阳岁，谢家来贵门"一句，其中"初阳"指初春，东晋人讳"春"字，所以把"春"改为"阳"。据此，此诗应非汉末建安诗人所为。

前一例是通过地名、名物来鉴别《列子》为晋人所伪；后一例是通过用典、避讳来鉴别《孔雀东南飞》非东汉作品。除地名、名物、典故、避讳之外，文化学的证据还有人名、年号、官制，等等。

3. 从语言学角度鉴别

首先，可以从词汇上考证。譬如梁晓虹（1996）通过"专有名词"和"一般用语"，来证明《旧杂譬喻经》非康僧会所译。1）专有名词的证据，如康僧会所译的《六度集经》喜用"泰山""沟港""频来""不还""应真""除馑"等意译词，而《旧杂譬喻经》喜用"泥犁""须陀洹""斯陀含""阿那含""罗汉""比丘"等音译词；2）一般名词的证据，如《六度集经》中用"巨细""大理家、理家"等，而《旧杂譬喻经》中用"大小""大姓"等。

利用词汇来鉴别语料，应当选用有价值的词语。具有时代、方言、发展特点的词语，比较适宜作为鉴别的标准。1）具有时代特色的词语，如《孔雀东南飞》"说有兰家女，承籍有宦官"一句，其中的"兰"就是一个有晋代特色的俗词，义同"某"。《列子·说符》也有两例："宋有兰子者，以技干宋元。""又有兰子又能燕戏者，闻之。"张湛注"凡人物不知生出者谓之兰也"。又《孔雀东南飞》"便可白公姥，及时相遣归"中的"姥"也是晋代始用的一个词语。根据这些具有晋代特色的词语，可以鉴定《孔雀东南飞》当是晋人所作（徐复 1958）。2）具有方言特色的词语，如《论衡·自纪》"以圣典示小雅，以野言说丘野"。刘盼遂《集解》引《集韵》云"吴人呼赤子为牙子"，并谓"今中国江、淮之域尚多呼小儿为小牙者"。又《论衡·死伪》"䜌水击其墓，见棺之前和"，章炳麟《新方言》卷六谓"今浙江犹谓棺之前端曰前和头，音如华"。"小雅""和"都是吴地方言词。又《论衡》书中"或时"几乎都作"或许"解，同样的例子在东汉安世高、支谶的译经中也可见到，这应是当时洛阳一带的一个方言词。王充出生吴地（会稽上虞），游宦洛阳，上面几个方言词正好与他的身世相合。清人梁章钜认为《论衡》"文笔冗漫，实不类汉人所为"，不可信从。3）新词（尤其是新兴常用词）新义（尤其是新兴核心义）的价值。如汪维辉（2000，2001）根据"阿娘、阿婆、合眼、浑身、全家、歇、醒、要紧"等新词，鉴定八卷本《搜神记》为北宋人作；又如张永言（1991）根据"侵"有"逼近"、"拟"有"准备"、"移时"有"过了好一会儿"新义，杨伯峻（1956）根据"舞"有"戏弄"新义，鉴定《列子》为晋代人作。

　　其次，可以从语法上考证。譬如曹广顺、遇笑容（1998）通过四种语法现象的考察，证明《旧杂譬喻经》非康僧会所译。这 4 种语法证据是：1）总括副词"都"的使用，《六度集经》（48 见）比《旧杂譬喻经》（3 见）使用频率高得多；2）完成貌句式中使用的完成动词，《六度集经》有"已、竟、讫、毕"，《旧杂譬喻经》有

"已、讫、毕",但后者更趋向用"已";3)动词连用格式的使用,《六度集经》超过 80 例,常用"化为(43 见)"、少用"化作(3见)",《旧杂譬喻经》有近 30 例,常用"化作(7 见)"、少用"化为(2 见)";4)疑问句式的使用,两者疑问词和语气词有差异,《六度集经》用"孰""云何"等旧式疑问词,且好用语气词"乎";《旧杂譬喻经》不用"孰""云何"等旧式疑问词,语气词"乎"比前者少,反复问句末多用"不"。

最后,可以从音韵上考证。譬如徐复(1958)认为魏晋有阳唐和东韵通押、脂微皆灰咍和支韵通押、鱼和尤侯的杂押的现象,《孔雀东南飞》中正好也有与魏晋用韵相符的例证。如"鸡鸣外欲曙,新妇起严妆;着我绣夹裙,事事四五通。足下蹑丝履,头上玳瑁光。腰若流纨素,耳著明月珰。指如削葱根,口如含朱丹。纤纤作细步,精妙世无双"。此为阳唐和东韵通押;又如"新妇谓府吏,感君区区怀。君既若见录,不久望君来。君当作磐石,妾当作蒲苇。蒲苇纫如丝,磐石无转移。我有亲父兄,性行暴如雷,恐不任我意,逆以煎我怀。举手长劳劳,二情同依依。入门上家堂,进退无颜仪"。此为脂微皆灰咍和支韵通押。又如"阿母谓府吏,何乃太区区。此妇无礼节,举动自专诸,吾意久怀忿,汝岂得自由。东家有贤女,自名秦罗敷,可怜体无比,阿母为汝求。便可速遣之,遣去慎莫留"。此为鱼和尤侯的杂押。

4. 从综合角度鉴别

语料中显现的证据不一定成系统,有的只是一鳞半爪。因此,在鉴定语料时,不能仅凭单方面的只文孤例,而应该综合诸法。如徐复(1958)考证《孔雀东南飞》为晋人所作,就是综合词汇、语法、用韵、用典、避讳等多方面的考证得出的结论。又如张永言(1991)

考证《列子》为晋人张湛所作，也是结合假借文例、新词新义、名物词语等多方面的考证得出的结论。

（三）语言鉴别的有效证据

虽然综合利用诸种证据是值得提倡的鉴别方法，但是也必须承认，在文献、文化、语言三种鉴别方法中，语言鉴别是一种更为有效的方法。因为造假者即使有心作伪，可以避免在一些文化常识上露马脚，但毕竟不是语言专家，在遣词造句的时候难免不露蛛丝马迹；其次，通过语言例证，不仅可以鉴别古籍的真伪，审定其写作年代，还可以从方言的语法、用词等角度考察作者的籍贯；此外，语言的证据也总是要比文献、文化的证据常见易得，因为文献、文化的证据零星少见，而任何语料都不能不形诸语言。

词汇、语法、音韵是语言鉴别可资利用的三种证据，但三者的价值和效用是否又相等呢？其中是否可以区分出更为有效的证据呢？一般来说，有效的证据应当是"普遍性好、规律性强"的材料，下面用一个表格（如表1所示）来条分三者的情况：

表1

方面	项目		
	变化速度	变化数量	变化规律
语音	慢	少	强
词汇	快	多	弱
语法	较慢	较少	较强

由上表可见，语音变化速度慢，数量也少；虽然规律性强，但普遍性显然不及语法，更不及词汇。这是一种可遇而不可求的证据，因为韵

文的材料毕竟有限。

　　词汇变化比语法速度快、数量也多，普遍性好，因而有些学者（如徐复、汪维辉）特别强调词汇证据。徐复（1958）认为："它是最现实的，也是变化最敏感的东西，只要时代一有了变化，它就跟着产生了新的词语。所以要推测一篇作品的写作年代，只有从词汇中去探求，才能得出较为正确的结论。""古韵和语法上的一些变化，在考证年代上，只作为辅助的办法。当有了语言上别种强有力的证据时，这些事例可以作个次要的证据的。"针对词汇比语法规律性弱，汪维辉（2000）强调"词汇同样具有时代性，一个词或一个义项始见于何时，虽难以说得绝对准确，但大体上是可以考定的。尤其是一些在历史上有过历时更替关系的常用词，它们的发展变化很有规律，时代性尤为明确"。因此他认为"从语言角度鉴定古籍年代，词汇也应该是一项重要的依据，至少跟语法现象有着同等的价值，甚至可能比语法方面的证据更可靠，因为一般说来，词汇比语法变得快，时代性更强"。

　　语法虽然比词汇变化速度慢、数量要少，但普遍性比语音好、规律性比词汇强，因而有些学者（如江蓝生、柳士镇）特别强调语法证据。江蓝生（1987）认为"与词汇相比，语法方面的现象更具有规律性、普遍性，因而也更可靠些；词汇方面，由于我们毕竟不能遍览群书，见闻难免漏缺。所以词汇方面的现象难以与语法方面的同等对待，把他们作为参考鉴定词比较合适"。柳士镇（1989）承认语法变化的速度比不上词汇，"但是，也正因为它们的发展变化比词汇要缓慢，因而它们一旦发生了变迁，其鉴别作品时代性的作用也就显得更加重要而可靠"。

　　诚然，词汇变化速度快、数量多，在没有或罕见语法、语音证据的语料中，词汇的例证自然独占鳌头，它的有效性突出表现在证据的数量上；语音和语法变化速度慢、数量少，但在同时兼有三种证据的语料中，语法和语音的例证应当另眼相看，它们的有效性突出表现在证据的质量上。语料鉴别的有效方法，应是利用一切可资利用的证据，普遍性和规律性相结合，质量并重，而不应厚此薄彼。江蓝生（1987）根据6个语法证据（疑问副词"还"、测度副词"莫"、概数助词"以来/来"、助动词"要"、人称代词"你/某"、自称代词"儿/儿家"）、4个词汇证据（遮莫、伍伯、关节、心口思维）考定八卷本《搜神记》出自晚唐五代或北宋人之手，方一新（2003）根据三种语法证据（判断句、被动句和疑问句）、两种词汇证据（一般语词和"~切"式复音词）考定《大方便佛报恩经》为魏晋以后译经，都是综合利用语法、词汇证据的成功范例。

三

鉴别语料，去伪存真，既是一项艰巨的工作，也是一项细致的工作。前贤时哲在这方面做了不少工作，取得了很多可喜的成绩；但是也应该看到，存在某些不足。针对这些不足，可以归纳两点注意事项：

（1）用作鉴定的例证一定要准确可靠。譬如徐复（1958）为鉴定《孔雀东南飞》非东汉而是晋代之作，举出诗中用了"不堪（不能忍受）""尔（应答声）""启（启白）"等晋代新词。然而，这些例证并不可靠，因为东汉已有这些词，它们并非晋代新词，仅举东汉佛典为例：

"其器者以<u>不堪</u>菩萨心。"（《阿阇世王经》）

　　　　"须菩提报佛言："尔，天中天！""（《道行般若经》）

　　　　"当卜所宜，别自启白。"（《修行本起经》）

　　又如梅祖麟（1982）举出方位词"里"、动量词"通"、询问词"那"、非被动"见"、第三身代词"渠"、着重语气的"是"、昵称"卿"、必然义的"会"、随即义的"登即"、后置词"复"等10项虚词的用例证明《孔雀东南飞》之作不应早于公元五六世纪，但是魏培泉（1993）观察到，除动量词"通"和第三身代词"渠"外，其余8项都有见于汉代的例子。如此看来，徐、梅二人用作鉴定的例证不但不成证据，反倒是成了反证。所以选用例证来鉴定语料时，一定要选用准确可靠的例证。

　　（2）用作鉴定的例证一定要有代表性。譬如梁晓虹（1996）为鉴定《旧杂譬喻经》非康僧会所作，举出《旧杂譬喻经》中的"大姓"和《六度集经》中的"理家、大理家"用词不同，这个例子恐怕不具代表性。因为两个名词并非如其所言都是表示"世家、大族"义的同义词，"理家、大理家"应该是"财主、大财主"的意思①。两词词义各异，又不是同经异译，缺少可比性。又如方一新（2003）根据语法、词汇有效地证明了《大方便佛报恩经》非东汉译品，但其中所用的"坌身"等词似乎还可商榷。因为东汉佛典虽无"坌身"，但是可以见到"坌头"。如果东汉佛典没有"脏物污身"这一概念，自然不会用"坌身"一词；如果真有"脏物污身"这一概念，根据东汉佛典有"坌头"，出现"坌身"一词并非不可能。所以选用一般词语来鉴定语料，一定要看其是否具有代表性。

―――――――――

　　① "理家"也可作"居士"解，如西晋白法祖译《佛般泥洹经》"佛告逝心理家"（1，162，2）。在同经异译的东晋失译的《般泥洹经》中对译作"佛告诸梵志居士"（1，177，3）。

　　为了更好地开展中古汉语研究，有必要对期间的中土文献和汉译佛典进行系统的搜集、整理和鉴别。中古汉语语料的鉴别，目的是为中古汉语研究提供理想的语料。理想的语料既要可靠，又要典型。可靠即要求材料真实，典型即要求口语性强。限于篇幅，本文只论述了前一个问题，后一个问题容后再论。

参考文献

曹广顺，1987，《试说"就"和"快"在宋代的使用及有关的断代问题》，《中国语文》第 3 期。

曹广顺、遇笑容，1998，《也从语言上看〈六度集经〉与〈旧杂譬喻经〉的译者问题》，《古汉语研究》第 2 期。

曹广顺、遇笑容，2000，《从语言的角度看某些早期译经的翻译年代问题》，载《汉语史研究集刊》（第三辑），成都：巴蜀书社。

曹培根、曹炜，1991，《汉语史料学概论》，《吴中学刊》第 4 期。

曹炜，1994，《南北朝至明代的音韵学史料概论》，《吴中学刊》第 2 期。

岑仲勉，1958，《〈列子〉非晋人伪作》，载《两周文史论丛》，上海：商务印书馆。

陈连庆，1981，《〈列子〉与佛经的因袭关系》，《社会科学战线》第 1 期。

陈雅飞，2003，《近四十年来〈兰亭序〉真伪的三次论辨》，《文史知识》第 2 期。

程章灿，1994，《〈西京杂记〉的作者》，《中国文化》第 9 期。

方一新，1996，《东汉语料和词汇史研究刍议》，《中国语文》第 2 期。

方一新，2000，《〈大方便佛报恩经〉语汇研究》，《浙江大学学报（人文社会科学版）》第 5 期。

方一新，2002，《汉译佛典语料的使用和鉴别》，第三届"海峡两岸汉语史研讨会"论文。

方一新，2003，《〈兴起行经〉翻译年代初探》，载中国语言学会《中国语言学报》编委会编：《中国语言学报》（第十一期），北京：商务印书馆。

方一新，2003，《翻译佛经语料年代的语言学考察——以〈大方便佛报恩经〉为例》，《古汉语研究》第 3 期。

方一新，2004，《作品断代和语料鉴别》，《浙江大学汉语史研究中心简报》（总）第 13 期。

高小方，1999，《洪诚先生对于汉语史语料学的贡献》，《南京社会科学》第 12 期。

古苔光，1976，《〈西京杂记〉研究》，《淡江学报》第 15 期。

洪诚，2000，《关于汉语史材料的运用问题》，载《洪诚文集》，南京：江苏古籍出版社。

季羡林，1957，《〈列子〉与佛典——对于〈列子〉成书时代和著者的一个推测》，载《中印文化关系史论丛》，北京：人民出版社。

江蓝生，1987，《八卷本〈搜神记〉语言的时代》，《中国语文》第 4 期。

蒋绍愚，1994，《近代汉语研究概况》，第六章第一节"作品的断代"，北京：北京大学出版社。

劳榦，1962，《论〈西京杂记〉之作者及成书年代》，载《历史语言研究所集刊》第 33 本。

梁启超，1996，《中国近三百年学术史》，第十四章，北京：东方出版社。

梁晓虹，1996，《从语言上判定〈旧杂譬喻经〉非康僧会所译》，《中国语文通讯》第 40 期。

刘禾，1980，《从语言的运用上看〈列子〉是伪书的补正》，《东北师大学报》第 3 期。

刘文忠，1984，《〈汉武故事〉写作时代新考》，《中华文史论丛》第 2 期。

柳士镇，1988，《〈世说新语〉〈晋书〉异文语言比较研究》，《中州学刊》第 6 期。

柳士镇，1989，《从语言角度看〈齐民要术〉卷前〈杂说〉非贾氏所作》，
　　《中国语文》第 2 期。

陆侃如，1929，《〈孔雀东南飞〉考证》，《国学月刊》第 3 期。

吕叔湘，1986，《魏晋南北朝小说词语汇释·序》，《中国语文天地》第
　　6 期。

马达，1996，《对清代关于〈列子〉辨伪的匡正》，《衡阳师专学报（社会
　　科学版）》第 5 期。

马振亚，1995，《从词的运用上揭示〈列子〉伪书的真面目》，《吉林大学
　　社会科学学报》第 6 期。

梅祖麟，1982，《从诗律和语法来看〈焦仲卿妻〉的写作年代》，《历史语
　　言研究所集刊》第 53 本第 2 分。

牟玉亭，1994，《文献目录与古籍辨伪》，《古籍整理与研究学刊》第 3 期。

太田辰夫，1987，《中国语历史文法》，蒋绍愚、徐昌华译，北京：北京大
　　学出版社。

唐钰明，1993，《利用佛经材料考察汉语词汇语法史札记》，《中山大学学
　　报（社会科学版）》第 4 期。

汪维辉，2000，《从词汇史看八卷本〈搜神记〉语言的时代（上）》，载
　　《汉语史研究集刊》（第三辑），成都：巴蜀书社。

汪维辉，2001，《从词汇史看八卷本〈搜神记〉语言的时代（下）》，载
　　《汉语史研究集刊》（第四辑），成都：巴蜀书社。

王范之，1963，《〈穆天子传〉与所记古代地名和部族》，《文史哲》第
　　6 期。

王魁伟，1994，《太田辰夫语料观说略》，《日本研究》第 1 期。

王魁伟，1995，《读太田辰夫〈中国语历史文法·跋〉》，《中国语文》第
　　2 期。

王魁伟，2000，《关于语料问题的几点思考》，《福州大学学报（哲学社会
　　科学版）》第 3 期。

王力，1980，《汉语史稿》（上），北京：中华书局。

王显，1996，《从史实和用词来确认〈离骚〉等篇的作者》，载《古汉语研究》（第一辑），北京：中华书局。

王越，1933，《〈孔雀东南飞〉年代考》，《国立中山大学文史学研究所月刊》。

王云路，1995，《汉魏六朝语言研究与中古文献》，载《中国语言学报》（第七期），北京：商务印书馆。

魏培泉，1993，《论用虚词考订〈焦仲卿妻〉诗写作年代的若干问题》，《历史语言研究所集刊》第 62 本第 3 分。

徐复，1958，《从语言上推测〈孔雀东南飞〉一诗的写作年代》，《学术月刊》第 2 期。

许威汉，1982，《从〈世说新语〉看中古语言现象》，《江西师院学报》第 2 期。

杨伯峻，1956，《从汉语史的高度来鉴定中国古籍的写作年代的一个实例——列子著述年代考》，《新建设》第 7 期。

杨伯峻，1997，《〈列子集释〉附录三"辨伪文字辑略"》，北京：中华书局。

余嘉锡，1983，《古书通例》，上海：上海古籍出版社。

俞理明，1987，《汉魏六朝佛经在汉语研究中的价值》，《四川大学学报（哲学社会科学版）》第 4 期。

张能甫，2000，《东汉语料及同素异序的时代问题——对〈东汉语料和词汇史研究刍议〉的补说》，《古汉语研究》第 3 期。

张为骐，1927，《孔雀东南飞年代袪疑》，《国学月报》2 卷 11 号。

张永言，1991，《从词汇史看〈列子〉的撰写年代》，载李铮、蒋忠新（主编）：《季羡林教授八十华诞纪念论文集》，南昌：江西人民出版社。

朱承平，1991，《应当重视文献语言材料和方法的研究》，《中南民族学院学报（哲学社会科学版）》第 3 期。

从疑问句看《大方便佛报恩经》的翻译年代*

方一新　高列过

近十多年来，汉译佛经的材料越来越受到研究者的重视，学者们利用佛经来从事汉语史研究，取得了可喜的成绩。但与此同时，对佛经材料的真实性疏于鉴别的情况也时有发生。经常可以看到的情形是：轻信题署，不加鉴别，拿来就用，以致年代舛讹，立说的基础产生动摇。这在早期利用佛经者当中是屡见不鲜的。以"失译"经为例，像《大方便佛报恩经》《分别功德论》《佛说㮈女祇域因缘经》等译经，传世大藏经或附后汉录，或题"后汉安世高译"等，研究者往往径直当作东汉佛经来引用，这其实是有问题的。随着研究的深入，近年来这方面的情况已有好转，但仍然不乏误用的例子。为了说明早期的部分失译经旧题不可靠，选用时须谨慎，本文以《大方便佛报恩经》为实例，对其翻译年代进行考辨，以窥豹一斑。

《大方便佛报恩经》7卷，《大正藏》第三册题署"失译，附后汉录"。此经最早为南朝梁释僧祐（公元445—518年）《出三藏记集》卷四所著录，归入《新集续撰失译杂经录》第一，作"《大方便报恩经》，七卷"，未署年代。至隋费长房《历代三宝记》，开始把《大方便报恩经》的翻译时代定为后汉①。到了唐道宣《大唐内典

＊　本文原载于《语言研究》2005年第3期。
①　《出三藏记集》尚且未详译者年代，费长房何以得知？从后代才把此经归入后汉录来看，这本身就有疑点。

录》，经名中首次出现"佛"字，题为《大方便佛报恩经》，沿用至今（史光辉 2001：132—134）。

从语言的角度看，《大方便佛报恩经》（以下简称《大方便经》）表现出来的许多特征和东汉译经不像，倒像是魏晋以后的译经，这方面已有一些证据（史光辉 2001；方一新 2001，2003）。笔者不揣梼昧，拟从疑问句（即：一、特指问句；二、疑问语气助词）的角度，对《大方便经》进行考辨研究，判定其是否东汉所译。我们的做法是，先在前贤研究的基础上，确定相对可靠的 34 种东汉佛经①，对其疑问句进行穷尽性的统计研究；然后把它们和《大方便经》放在一起，比其差别，较其同异，为判定《大方便经》的翻译年代提供参照。管窥蠡测，未必有当，期待着方家博雅的指教。

一

所谓特指问句，是指对事物的某一部分有不清楚的地方，用疑问代词把它指出来提问而形成的句子。根据询问的内容，可把特指问句分为 9 类，即：事物疑问句（下"疑问句"三字省）、人物、方式、情状、原因、目的、时间、处所、数量。东汉佛经的特指问句十分丰

---

① 对早期翻译佛经——东汉佛经，前代学者已经作过不少考证。著名的佛学研究专家吕澂、任继愈，海内外学者许理和、俞理明等都曾经发表过意见。我们主要参考俞理明的意见，初步确定《长阿含十报法经》等 34 部佛经是比较可信的东汉译经，用来和《大方便经》作比较研究。具体是：安世高译《长阿含十报法经》《人本欲生经》《一切流摄守因经》《四谛经》《本相猗致经》《是法非法经》《漏分布经》《普法义经》《五阴譬喻经》《转法轮经》《八正道经》《七处三观经》《九横经》《明度五十校计经》《大安般守意经》《阴持入经》《禅行法想经》《大道地经》《法受尘经》《阿含口解十二因缘经》《阿毗昙五法行经》，支谶译《道行般若经》、《兜沙经》、《阿閦佛国经》、《遗日摩尼宝经》、《般舟三昧经》（三卷本）、《文殊师利问菩萨署经》、《佛真陀罗所问如来三昧经》、《阿阇世王经》、《内藏百宝经》，安玄共严佛调译《法镜经》，支曜译《成具光明定意经》，竺大力共康孟详译《修行本起经》，昙果共康孟详译《中本起经》。

富，共有 2529 例，其中事物疑问句 1168 例，人物 93 例，方式 149
例，情状 71 例，原因 897 例，目的 7 例，时间 5 例，处所 108 例，数
量 31 例（高列过 2003）。

《大方便经》的特指问句共 283 例，其中事物疑问句 70 例，人物
30 例，方式 13 例，情状 2 例，原因 143 例，目的 5 例，时间 3 例，
处所 14 例，数量 3 例。尽管数量不足东汉佛经的 1/9，但疑问代词的
使用情况却与东汉佛经有较大的不同。表现为：有些词语，东汉佛经
和《大方便经》都使用，但词语搭配和使用频率不同；有些词语，
只见于《大方便经》，东汉佛经中没有出现。

（一）东汉佛经和《大方便经》都使用的词语

1. 用法不同的词语

1）何因缘　东汉佛经"何因缘"见于安世高和支谶的译经，用
于原因疑问句 41 次，其中：34 例作状语，1 次作动词宾语，5 次作
介词"从"的宾语，1 次单列使用。如："（阿阇世王）白佛言：'一
切人从何因缘而作罪？'"（支谶译《阿阇世王经》卷上，15/395/2①）
"佛言：'何因缘菩萨求深般若波罗蜜，不当索三处？'"（支谶译
《道行般若经》卷五《分别品》第十三，8/452/3）

《大方便经》中，"何因缘"也用于原因疑问句，有 10 例，但有
9 例都是作介词"以"的后置宾语。如："异口同音俱发声言：'惟
愿世尊，哀慈怜愍。以何因缘有此光明？……'"（卷一《序品》第
一，125/1）只有 1 例没有与"以"搭配："尔时六师作是念：'复何
因缘有此宝塔？'"（卷三《论议品》第五，137/3）这和东汉佛经

---

① 引例均据日本《大正新修大藏经》，依次标明译者、译经名、卷、品、册、页、
栏。《大方便经》只标明卷、品、页、栏。

"何因缘"的运用很不相同。

2）何所 "何所"可以表示事物疑问和处所疑问，这里讨论表示事物疑问的"何所"。

东汉佛经表示事物疑问的"何所"，作宾语2例，1例作动词后置宾语，1例作动词前置宾语。如："或时阎浮利地上怛萨阿竭舍利满其中施与，般若波罗蜜书已举施与。欲取何所？"（支谶译《道行般若经》卷二《功德品》第三，8/435/3）"於今出处，何所驾乘？"（昙果共康孟详译《中本起经》卷上《还至父国品》第六，4/154/3）

《大方便经》事物疑问句运用"何所"的12例，11例作动词前置宾语。其中"何所作为"7例，"何所归依"4例，作介词"为"的前置宾语1例。如："王问太子：'汝殷勤欲入大海，何所作为？'答言：'大王，欲取摩尼大宝给足一切众生所须。'"（卷四《恶友品》第六，143/3—144/1）"尔时优波离白佛言：'世尊，何所归依名归依佛？'"（卷六《优波离品》第八，154/3）"供养是婆罗门，何所为耶？"（卷二《对治品》第三，133/3）"何所作为"是《大方便经》的惯用结构，但东汉佛经未见。

2. 使用频率不同的词语

这里分析"云何""何等""何所""何"等4个词。

1）云何 东汉佛经使用不多的"云何"在《大方便经》中广泛使用。"云何"是《大方便经》特指问句使用最频繁的疑问词语：事物疑问句11例、方式情状疑问句10例、原因目的疑问句58例，共计79例，约为283例特指问句的28%。另外反问句"云何"有2例。

东汉佛经使用"云何"特指疑问句共计191例，用于方式情状疑问句98例，约为总数220例的44.5%。在其他特指问句中地位都不重要。

2）何等　东汉佛经中使用频繁的"何等",《大方便经》使用很少。《大方便经》"何等"共 4 例,约为 283 例特指问句的 1.4%。

但"何等"是东汉佛经使用最为广泛的疑问代词。总体上,"何等"共计 774 次,约为 2529 例特指问句的 30.6%。其中:安世高译经 68.7%;安玄共严佛调译《法镜经》9.3%;支谶译经 9.5%;支曜译《成具光明定意经》6.7%;竺大力共康孟详译《修行本起经》11.8%;昙果共康孟详译《中本起经》6.9%。

3）何所　东汉佛经中比较活跃的"何所"在《大方便经》中呈现萎缩之势。表示事物等疑问的"何所",《大方便经》共 12 例,但"何所"在这部经中的使用呈现固定化的趋势:"何所作为" 7 例,"何所归依" 4 例(例见上文)。因此,尽管使用次数不少,却不能说明"何所"的生命力依然旺盛。表示处所疑问的"何所"仅 2 例,约为 14 例处所疑问句的 14.3%。

东汉佛经表示事物等疑问的"何所"共 88 例,使用频率并不高,但既可以作主语、谓语、宾语、定语、状语;表示处所疑问的"何所"有 43 例,约为 108 例处所疑问句的 40%。

4）何　"何"在东汉佛经中的使用频率比《大方便经》高。使用"何"的特指问句,《大方便经》共 51 例,约为 283 例特指问句的 18%。东汉佛经"何"是最重要的疑问代词,在特指问句中共计 634 例,约为 2529 例特指问句的 25%;其中:安世高译经 3.6%;安玄共严佛调译《法镜经》68%;支谶译经 34.7%;支曜译《成具光明定意经》60%;竺大力共康孟详译《修行本起经》27.6%;昙果共康孟详译《中本起经》43.1%。除安世高译经外,"何"的使用频率都很高。

卢烈红指出:佛教文献中,"何"系代词不同时期有不同的面貌："东汉时期'何'是最主要的'何'系代词，而新兴的'何等'、'何所'、'云何'也得到了较多的使用。这是一个与先秦有较多不同但'何'仍占统治地位的时代，可以称为'何'的时代。魏晋南北朝时期'云何'得到了很大的发展，达到了它的鼎盛期，是当时最具活力的'何'系疑问代词，而'何'、'何等'、'何所'都呈现出萎缩态势。这个时期可称为'云何'的时代。"（卢烈红2002）结合卢先生的论述可以看到，《大方便经》这几个疑问代词的使用面貌更接近魏晋南北朝时期的佛经。

（二）只见于《大方便经》的疑问词语

1. 何因缘故　《大方便经》有 3 例"何因缘故"用于原因疑问句，如："尔时夫人见其大王不安，其所似恐怖状。即前问言：'大王，今者似恐怖状。何因缘故？坐不安所，身坌尘土，头发蓬乱，视瞻不均，气息不定，如似失国，恩爱别离，怨家欲至，如是非祥之相，愿见告语。'"（卷一《孝养品》第二，128/3）东汉佛经原因疑问句未见"何因缘故"。

2. 以/因何事故　《大方便经》有 2 例"以/因何事故"用于原因疑问句，如："若发菩萨心云何而发？菩萨因何事故，所以能发？"（卷二《发菩提心品》第四，135/2）"语其妇言：'以何事故不开门耶？'妇言：'以产生故，而不及耳。'"（卷五《慈品》第七，153/1）东汉佛经原因疑问句未见。

3. 何处　《大方便经》处所疑问句 14 例，"何处"6 例，是这部经最主要的处所疑问词语。如："即问青衣'鹿母夫人所生华者遗弃何处？'"（卷三《论议品》第五，139/3）"'吾今已得龙王如意摩尼宝珠。'弟言：'今在何处？'善友答言：'今在髻中。'"（卷四

《恶友品》第六，145/1）"在何处"共 3 例："善友责数：'汝私出外而不白我。何处行还？'妇言：'我不私行。'"（卷四《恶友品》第六，146/1）"路见多人，即便问言：'诸人当知我今苦恼。何处能有忘忧除患？'"（卷五《慈品》第七，153/2）东汉佛经处所疑问句未见"何处"。

4. 何事　"何事"表示人物疑问，《大方便经》有 4 例，如："如来世尊於生死时初发菩提心，因何事发？"（卷二《发菩提心品》第四，136/1）"诸女念言：'当以何事而报佛恩？'"（卷五《慈品》第七，152/2）东汉佛经事物疑问句，"何事"未见。从这些疑问词语的使用情况看，《大方便经》不是东汉时期的译经，其翻译年代应该不早于三国。

二

疑问句中的语气助词是帮助句子发出疑问语气的成分，通常用于句末。《大方便经》疑问句语气助词的种类及分布比例与东汉佛经（高列过 2004）差别很大。如表 1 所示：

表 1

佛经	总次数	乎	百分比	耶（邪、那）	百分比	也	百分比	耳	百分比	尔	百分比	者	百分比	哉	百分比
东汉佛经	209	83	41%	71	33.5%	4	1.9%	2	<1%	1	<1%	47	22%	1	<1%
大方便经	77	3	4%	61	79%	13	17%	0		0		0		0	

东汉佛经疑问句语气助词的使用次数约为《大方便经》的三倍，

因而语气助词的种类比较多。但是，二者的差别还是十分明显：东汉佛经疑问句最主要的语气助词是"乎"，其次是"耶""者"。而《大方便经》疑问句最主要的语气助词是"耶"和"也"，"乎"的地位并不重要。

《大方便经》用例如："佛语阿难：'谁教汝令发是问？诸天神耶？人耶？非人耶？汝为自以智力问於如来耶？'"（卷一《序品》第一，124/3）"尔时守宫殿神语大王言：'大王知不？罗睺大臣，近生恶逆，谋夺国位。杀父王竟，寻起四兵。伺捕二兄，已断命根。军马不久当至，大王今者何不逃命去也？'"（卷一《孝养品》第二，128/2）"善男子当知，尔时婆罗门子，岂异人乎？则我身是。"（卷七《亲近品》第九，162/1）

东汉佛经，用例如："世尊威神，明仪煌煌。迦叶情悸，蒙蒙不悟，即自惟曰：'若是日耶？吾目得逮。'谓是天人，其目复眴。后思乃解曰：'得无是白净王子悉达者乎？'"（昙果共康孟详译《中本起经》卷上《化迦叶品》第三，4/150/1）"求之不止，恚而言曰：'若能以金钱，集布满园，尔乃出耳。'重问：'审实尔不？'祇谓价高，子必不及。戏言：'决耳！复何疑哉？'"（昙果共康孟详译《中本起经》卷下《须达品》第七，4/156/2—3）

因此，从语气助词的使用面貌看，《大方便经》不像是东汉的译经。

综上所述，从特指问句和疑问语气助词的角度看，《大方便经》是一部翻译时间不早于三国、具体译经年代待考的佛经，不是东汉译经；后代经录、历代大藏经将它归入后汉录的做法，是不准确的，不能信从。由此我们想到：早期佛经的语料年代问题较多，尤其是"安世高译经"和"失译附后汉录"这两大类。利用这些佛经之前，应该先对译者或译经年代进行必要的考辨和鉴别，正本清源，还其本来的译者或翻译年代面貌，不可拿来就用。《大方便经》究竟是何时所译，笔者还不能回答，尚待于今后作进一步的考察研究。

参考文献

方一新，2001，《〈大方便佛报恩经〉语汇研究》，《浙江大学学报（人文社会科学版）》第 5 期。

方一新，2003，《翻译佛经语料年代的语言学考察——以〈大方便佛报恩经〉为例》，《古汉语研究》第 3 期。

高列过，2003，《东汉佛经被动句疑问句研究》，杭州：浙江大学博士论文。

高列过，2004，《东汉佛经疑问句语气助词初探》，《古汉语研究》第 4 期。

卢烈红，2002，《佛教文献中"何"系疑问代词的兴替演变》，"汉文佛典语言学国际学术研讨会"论文，嘉义：台湾中正大学。

吕澂，1979，《中国佛学源流略讲》，北京：中华书局。

吕澂，1980，《新编汉文大藏经目录》，济南：齐鲁书社。

任继愈，1985，《中国佛教史》（第一卷），北京：中国社会科学出版社。

史光辉，2001，《东汉佛经词汇研究》，杭州：浙江大学博士论文。

许理和，1984，《最早的佛经译文中的东汉口语成分》，蒋绍愚译，载《语言学论丛》（第十四辑），北京：商务印书馆。

许理和，2001，《关于初期汉译佛经的新思考》，顾满林译，载《汉语史研究集刊》（第四辑），成都：巴蜀书社。

俞理明，1993，《佛经文献语言》，成都：巴蜀书社。

《撰集百缘经》的译出年代考证

——出本充代博士的研究简介[*]

〔日〕辛岛静志

关于《撰集百缘经》的译者问题，梵语文学专家出本充代博士在她的《关于〈撰集百缘经〉的译出年代》（1995：99—108）一文以及她在京都大学文学部提交的博士论文《Avadanasa taka 梵汉比较研究》（1998；未出版）中第 2 节"汉译年代再考"（第 17—26 页）进行了详细的阐述。笔者认为出本博士的这一研究很有说服力，对汉语史研究也非常重要。经出本博士的允许，笔者在此对她的论点作一简单介绍。

现存最古老且最可靠的佛教经录《出三藏记集》（南朝梁僧祐编撰，公元 510—518 年）中没提到《撰集百缘经》①。到隋法经等撰《众经目录》（=《法经录》）（公元 594 年）才有关于这部经典的消息，即"撰集百缘七卷　吴世支帝（v. l. 谦）译"（《大正》第 55 卷，No. 2146，144b10）。《法经录》出现之后不久，隋费长房编撰了《历代三宝记》（公元 597 年）。这部经录分为四个部分，即：《帝王纪年表》《代录》《入藏录》《总序及目录》。在按照译者记载的《代录》中，列举了支谦翻译的 129 部经典（《大正》第 49 卷，No.

＊　本文原载《汉语史学报》2006 年第六辑。

① 《出三藏记集》编辑于南朝，而调查范围偏于齐梁。《出三藏记集》没有提到《撰集百缘经》，这一点并不能证明这一经典还没有出现。

2034，57a17f.），但没提到这部经典的名字，而在按照《法经录》编辑的《入藏录》中则提到了这一经典，即"撰集百缘经七卷"（大正第 49 卷，115c18）。《历代三宝记》的这一记载很可能是从《法经录》转载的。以后的经录也都沿袭《法经录》的说法。比如：

《众经目录》（隋彦琮撰，公元 602 年）"撰集百缘经七卷　吴世支谦译"（《大正》第 55 卷，No. 2147，161b22）。

《众经目录》（唐静泰撰，公元 663—665 年）"撰集百缘经十卷一百四十五纸　吴世支谦译"（《大正》第 55 卷，No. 2148，195c23）。

《大唐内典录》（唐道宣撰，公元 664 年）"撰集百缘经十卷一百四十五纸　吴时支谦于建业译"（《大正》第 55 卷，No. 2149，325a22；参看 227c19，301b17，312a22）。

《开元释教录》（唐智昇撰，公元 730 年）"撰集百缘经十卷　吴优婆塞支谦译"（《大正》第 55 卷，No. 2154，668b7；参看 488c7，622a7，696a25）。

总之，"支谦翻译《撰集百缘经》"这一说法追溯到《法经录》。除了《出三藏记集》以外，《法经录》的根据材料都已散失，因此我们无法知道这一记载的根据。《法经录》编辑于公元 594 年，由此我们只能说，在此前《撰集百缘经》就已经存在了。研究经录的林屋友次郎就曾怀疑经录的记载。关于其译者，他说："除从译词和文体来判断以外没有其他办法。"（林屋友次郎 1941：1232）他指出，《撰集百缘经》中经常出现"天、龙、夜叉、乾闼婆、阿修罗、伽楼罗、紧那罗、摩睺罗、伽罗伽、人、非人、涅盘、无上菩提心、释迦牟尼、忏悔"等鸠摩罗什译后的译词，因此他认为，这部经典不该是三国时代而该是东晋末以后的翻译。研究"本生经类"的干潟龙祥也对经录的记载表示怀疑，是他最早指出这部经典中的一些故事和

《贤愚经》中的故事很相似①。关于《撰集百缘经》的梵文原本的成立年代，他认为是公元3到4世纪。在干潟龙祥之后，出本充代博士把两部经典中最相似的两对故事，即《撰集百缘经》第七九话《波斯匿王丑女缘》和《贤愚经》第八话《波斯匿王女金刚品》、《撰集百缘经》第九八话《恒伽达缘》和《贤愚经》第六话《恒伽达品》分别做了详细的比较（1995：103以下；1998：20以下）。她指出这两对故事非常相似，前一对故事中70%的语句一致，而后一对90%的语句一致；例如——

《撰集百缘经》第七九话《波斯匿王丑女缘》（《大正》第4卷，No. 200，242c6f.）：

> 王即以女妻彼贫人，为起舍宅，牢闭门户，令有七重。王嘱女夫："自捉户排。若欲出行，而自闭之。我女丑恶，勿令外人见其面状，常牢闭户，幽关在内。"

《贤愚经》第八话《波斯匿王女金刚品》（《大正》第4卷，No. 202，357b—1f.）：

> 王即以女妻彼贫人，为起宫殿、舍宅、门阁，令有七重。王

---

① 干潟指出，《撰集百缘经》和《贤愚经》中如下的故事十分相似（干潟龙祥，1978：110—111）：（i）《撰集百缘经》（79）波斯匿王丑女缘/《贤愚经》（8）波斯匿王女金刚品，（ii）《撰集百缘经》（98）恒伽达缘/《贤愚经》（6）恒伽达品，（iii）《撰集百缘经》（35）梵摩王太子求法缘/《贤愚经》（1）梵天请法六事品（四），（iv）《撰集百缘经》（59）二梵志共受斋缘/《贤愚经》（3）二梵志受斋品，（v）《撰集百缘经》（60）五百雁闻佛说法缘/《贤愚经》（60）五百雁闻佛法生天品，（vi）《撰集百缘经》（88）罽宾宁王缘/《贤愚经》（36）大劫宾宁品，（vii）《撰集百缘经》（51）贤面悭贪受毒蛇身缘/《贤愚经》（18）七瓶金施品，（viii）《撰集百缘经》（73）白净比丘尼衣裹身缘/《贤愚经》（26）贫人夫妇叠施得现报，（ix）《撰集百缘经》（83）宝手比丘缘/《贤愚经》（9）金财因缘品。据出本博士的研究（1995：102—103；1998：126以下），（i）和（ii）尤为相似，（iii）—（vi）的四对的语词有些相似，而（vii）—（ix）话题共通，但语句不一致。博士认为《撰集百缘经》的译者翻译（i）—（vi）的原本时，一定模仿甚至抄袭了已存的《贤愚经》。其结果是《撰集百缘经》的这些部分与梵文本有一定差异。

敕女夫："自捉户铃。若欲出行，而自闭之。我女丑恶，世所未有，勿令外人睹见面状，常牢门户，幽闭在内。"

——毫无疑问两个译者中的一个抄袭了另一个的经典。出本博士指出，关于波斯匿王女的这两篇故事中也有差异的部分。

《撰集百缘经》第七九话《波斯匿王丑女缘》（243a28f.）：

王即告敕，严驾车乘，共诣佛所。顶礼佛足，却坐一面，长跪，白佛言："世尊！不审此女宿种（v. l. 植）何福，乃生豪贵富乐之家？复造何业，受丑陋形，皮毛麤强，剧于畜生？唯愿世尊当见开示。"尔时，世尊告大王、夫人："汝今善听，当为汝说。乃往过去无量世时，有一大国，名波罗㮈。……"

《贤愚经》第八话《波斯匿王女金刚品》（358a18f.）：

即敕严驾，王及夫人、女并女夫共至佛所。礼佛毕讫，却住一面。时波斯匿王跪，白佛言："不审此女宿殖何福，乃生豪贵富乐之家？复造何咎，受丑陋形，皮毛麤强，剧如畜生？唯愿世尊当见开示。"佛告大王："夫人处世，端政、丑陋，皆由宿行罪福之报。乃往过去久远世时，时有大国，名波罗㮈。……"

《贤愚经》中"夫人处世，端政、丑陋，皆由宿行罪福之报"的"夫人"，不是"王后"而是"说起来，人……"的意思。《贤愚经》中这一说法很自然，但《百缘经》中的"世尊告大王、夫人"这一说法则不太自然。出本博士认为，《百缘经》的译者参照着《贤愚经》翻译了这一段，翻译到了佛开始讲故事的部分时，仍用了"汝今善听，当为汝说"这一老套，结果把《贤愚经》中的"夫人"误解为了"王后"。

据出本博士的研究，《撰集百缘经》第九八话《恒伽达缘》和《贤愚经》第六话《恒伽达品》中的语词更为一致。《撰集百缘经》

的其他故事中，表现主人公出家场面时，一般用如下定型句：

> 善来比丘。须发自落，法服着身，便成沙门，精勤修习，得
> 阿罗汉果、三明、六通，具八解脱。诸天、世人所见敬仰。

而在《撰集百缘经》第九八话《恒伽达缘》中，如下描写同一
场面：

> 于时，如来听为沙门。法服在体，使（v. l. 便）为比丘。
> 佛为说法，心开意解，得阿罗汉果、三明、六通，具八解脱。
>（254c7f.）

这一说法显然沿袭了《贤愚经》第六话《恒伽达品》中的如下
表现：

> 于时，如来听为沙门。法衣在体，便成比丘。佛为说法，心
> 意开畅，成罗汉道、三明、六通，具八解脱。（355c11f.）

又如，《撰集百缘经》中，每个故事结束时，一般用如下定型句
（一百话中九十八话用了这一句）：

> 尔时，诸比丘闻佛所说，欢喜奉行。

而《撰集百缘经》第九八话《恒伽达缘》用的是如下表现：

> 佛说此已，诸在会者信敬欢喜，顶戴奉行。（255a14）

这一说法也抄袭了《贤愚经》《恒伽达品》中的如下表现：

> 佛说此已，诸在会者信敬欢喜，顶受奉行。（356a11）

此外，出本博士还指出（1995：105，1998：24）；《撰集百缘
经》一般用音写"阿罗汉"，而在《恒伽达缘》用"应真"。在《贤
愚经》，"阿罗汉"和"应真"两个词都出现。

出本博士的结论（1995：106，1998：25）是，《撰集百缘经》
中的《波斯匿王丑女缘》《恒伽达缘》都抄袭了《贤愚经》。除了这

两个故事以外．还有四个故事①和《贤愚经》部分相似。《撰集百缘经》的译者翻译这些故事时也似乎参照了《贤愚经》。总之，《撰集百缘经》的出现应该晚于《贤愚经》。关于《贤愚经》的译出，释僧祐在《出三藏记集》《贤愚经记》记录如下：

> 河西沙门释昙学、威德等凡有八僧结志游方，远寻经典，于于阗大寺遇般遮于瑟之会。般遮于瑟者汉言五年一切大众集也。三藏诸学各弘法宝，说经，讲律，依业而教。学等八僧随缘分听。于是竞习胡音，折以汉义，精思通译，各书所闻。还至高昌，乃集为一部。既而逾越流沙，赍到凉州。于时，沙门释慧朗河西宗匠，道业渊博，总持方等，以为此经所记源在譬喻。譬喻所明兼载善恶。善恶相翻，则贤愚之分也。前代传经已多譬喻。故因事改名，号曰《贤愚》焉。元嘉二十二年岁在乙酉。始集此经。（《大正》第 55 卷，No. 2145，67c12f.）

按照这一《经记》，《贤愚经》的出现应在元嘉二十二年（公元445 年）以后。由此《撰集百缘经》的译出也应该在公元 5 世纪中叶以后。此外出本博士还指出，《撰集百缘经》这部经典在公元 7 世纪编辑的《诸经要集》《法苑珠林》中经常被引用，而在这些书的前驱《经律异相》（公元 516 年成书）中则一次也没有被引用②。这一点似乎证明，在公元 6 世纪初，《撰集百缘经》还没出现或者还没有为一般人所知，而隋法经等撰《众经目录》（公元 594 年）则提到了这部经典。因此出本博士（1998：26）认为《撰集百缘经》大概出现在公元 6 世纪中叶。

---

① 参照前注。
② 《诸经要集》引用了《撰集百缘经》中 14 个故事，而《法苑珠林》引用了 34 个。《经律异相》引用了《贤愚经》69 个故事中的大约 50 个，而完全没有引用《撰集百缘经》。

参考文献

出本充代，1995，《关于〈撰集百缘经〉的译出年代》，*Journal of Pali and Buddhist Studies*，vol. 8。

干潟龙祥，1978，《改订增补　本生经类思想史的研究》，东京：山喜房佛书林。

林屋友次郎，1941，《经录研究　前篇》，东京：岩波书店。

从语言角度论一卷本
《般舟三昧经》 非支谶所译[*]

汪维辉

引　言

　　《般舟三昧经》是大乘禅法的重要经典，最早由支娄迦谶①介绍入中土，南朝梁僧祐《出三藏记集》卷七载《般舟三昧经记》（未详作者）："《般舟三昧经》，光和二年（公元179年）十月八日，天竺菩萨竺朔佛于洛阳出。菩萨法护②。时传言者月氏菩萨支谶，授与河南洛阳孟福字元士、随侍菩萨张莲字少安笔受。令后普著。在③建安十三年（公元208年）于佛寺中校定，悉具足。后有写者，皆得南无

---

　　* 本文初稿曾在"第二届汉文佛典语言学国际研讨会"（2004年9月，湖南师范大学）上宣读，承蒙与会专家指教；两位匿名审稿专家提出了许多非常中肯的意见，笔者根据他们的意见对原稿作了大幅度的删改；文章修改过程中曾得到好友储泰松教授、方一新教授和友生陈祥明博士、真大成博士的帮助。在此一并致以深切的谢意。文中错误概由笔者负责。

　　① 又作"支楼迦谶"（见高丽藏本《高僧传》）。以下简称"支谶"。
　　② 汤用彤《汉魏两晋南北朝佛教史》云："此四字疑衍文。"（68页）
　　③ 有一位匿名审稿专家认为"在"应属上，笔者觉得属上文意难通，所以姑依旧读。

佛。又言，建安三年，岁在戊子①，八月八日于许昌寺校定。"（268
页）同书卷十三《支谶传》（附竺朔佛、支曜）云："支谶，本月支
国人也。……汉桓帝末，游于洛阳。以灵帝光和、中平之间，传译胡
文，出《般若道行品》《首楞严》《般舟三昧》等三经……沙门竺朔
佛者，天竺人也。汉桓帝时，亦赍《道行经》来适洛阳，即转胡为
汉。……朔又以灵帝光和二年，于洛阳译出《般舟三昧经》，时谶为
传言，河南洛阳孟福、张莲笔受。"（511 页）② 从这两段文字来看，
支谶曾翻译过《般舟三昧经》是没有疑问的，而且翻译的时间、地
点和合作者都有明确的记载。"般舟三昧"和"首楞严三昧"是极其
繁多的大乘般若禅法中最有代表性的两种，支谶也翻译了《首楞严
三昧经》。这两部经在魏晋南北朝时期曾十分风行。但《首楞严三昧
经》久已失传，因此《般舟三昧经》就成了研究支谶禅法思想及当
时大乘禅学的唯一资料，可见其重要性。可是现存的两种《般舟三
昧经》究竟何者为支谶所译，却成了聚讼不息的问题，至今没有定
论。笔者试图在保罗·哈里森（Paul Harrison 1979/1990）研究的基
础上再从语言角度作一个较为全面的考察，希望能为译者问题的最后
解决做一点添砖加瓦的工作。本文是整个研究工作的一部分，只讨论
一卷本是否为支谶所译。在依据经录和外部资料无法有效确定译者的

------

① 汤用彤上引书认为"戊子"应作"戊寅"，建安三年是公元 198 年；苏晋仁、
萧炼子点校本《出三藏记集》谓戊子为建安十三年（公元 208 年），"三"上当脱"十"
字（282 页）。维辉按，似以后说更合理：这篇记文"令后普著"前是记载光和二年
（公元 179 年）译出《般舟三昧经》的情况，之后则是说后来校定之事——有两种说法，
故加"又言"别之。两说的差异不在年份（都应该是建安十三年，即戊子岁），而是
细节。

② 《高僧传》卷一"支楼迦谶传"略同（汤用彤先生认为即录自《祐录》，稍有
增删），唯"竺朔佛"作"竺佛朔"，未知二者孰是。从下文单称"朔"推之，似以作
"竺佛朔"为是。

情况下，从语言角度进行探索不失为一种可行的办法，学者们已经作了不少努力，^①尽管这个方法本身还有难以克服的弱点，以目前的研究水平，要想靠它来最终论定译者多少还是一种奢望。

一、异译本及译者诸说

现存的《般舟三昧经》^②共有四个异译本^③：

A.《佛说般舟三昧经》一卷，旧题"后汉月支三藏支娄迦谶译"，《大正藏》编号为0417，本文称"一卷本"，本文所要讨论的就是这个译本。

B.《般舟三昧经》三卷，旧题"后汉月支三藏支娄迦谶译"，一名《十方现在佛悉在前立定经》，《大正藏》编号为0418，本文称"三卷本"。

C.《拔陂菩萨经》一卷，《大正藏》题"《僧祐录》云：安公古典，是《般舟三昧经》初异译"，编号为0419。

D.《大方等大集经贤护分》五卷，隋阇那崛多译，《大正藏》编号为0416。

其中D内容最详，B次之（共16品），A又次之（共8品），C最略。

---

①　参看：梁晓虹（1996），遇笑容、曹广顺（1998），曹广顺、遇笑容（2000），方一新（2003a，2003b），方一新、高列过（2003），史光辉（2005），辛岛静志（2006），陈祥明（2006）等。

②　其中有两种译本（下文所列的C、D）经名有异。为行文方便起见，本文统称为"《般舟三昧经》"。

③　见刘保金《佛经解说辞典》（1997：414）等。王文颜《佛典重译经研究与考录》谓此经共有七译，三存四阙，"然今本《大正藏》则收有二部支娄迦谶译本，一为一卷本，一为三卷本，品目文字均有不同，何以如此，尚待详考"（1993：109—110）。

除 D 译者明确、C 不可知①外，A、B 两本的译者究竟是谁，众说不一，下面是有代表性的几种②：

1. 各二卷，一为支谶出，一竺法护出。一经异译（但不知与今存本如何对应）。[南朝梁僧祐《出三藏记集》卷二"新集条解异出经录第二"："《般舟三昧经》：支谶出《般舟三昧经》二卷③，竺法护出《般舟三昧经》二卷。右一经，二人异出。"（73 页）这是目前所见最早的经录记载。]

2. 均为支谶译。[《大正新修大藏经》；《中华大藏经》；任继愈《中国佛教史》第一卷"附录一：东汉三国译经目录"（466 页）。]

3. 一卷本为支谶译，三卷本可能为竺法护译。[任继愈《中国佛教史》第一卷："据近人研究，三卷本可能是竺法护译。"（366 页）按，任氏此说与上说自相矛盾。刘保金《佛经解说辞典》："3 卷本可能是西晋竺法护译，支谶译 1 卷本。"（414 页）吕澂《新编汉文大藏经目录》"0066《般舟三昧经》"（三卷本）：西晋竺法护译〔《祐录》〕。后误支娄迦谶译〔开〕（19 页）。]

4. 三卷本为支谶译，一卷本为竺法护译。[吕澂为《中国佛教》第二辑"中国佛教人物"所撰的"支娄迦谶"条和"竺法护"条。按，吕氏此说与上说自相矛盾。林屋友次郎④、许理和（1977/1987：

————————————

① 保罗·哈里森（1979/1990）对此经有专节讨论，请参看。

② ［］内是说法的出处。日本学者在这方面的研究成果颇多，笔者未能直接阅读，只能从哈里森（1979/1990）的引述中了解一些。

③ 但同卷"新集撰出经律论录"归入支谶名下的《般舟三昧经》高丽藏本题作"一卷"，宋元明三本、碛砂藏本及《长房录》卷四则皆作"二卷"。

④ 许理和《佛教征服中国》中译本第 118 页注释〔95〕云："此经（指《般舟三昧经》）第一个汉译本经文的历史很复杂，诸多研究这一主题的日本学者意见分歧很大。林屋友次郎（《经录研究》第 544—578 页）考查了前辈专家（主要是境野和望月）的见解，通过对两种版本的仔细对比，得出结论：三卷本（《大正藏》No. 418）是支娄迦谶的原译，一卷本（《大正藏》No. 417）是从更早更全的本子中摘要出来的。"

225；1991/2001：308）、俞理明（1993：50）也认为三卷本为支谶所译。］

5. 三卷本（高丽藏本）相当于藏译本 1—6 章的部分应为支谶所译，相当于 7—26 章的散文部分可能也是支谶所译（但不能十分确定），但宋元明三本的 1—26 章、高丽藏本 7—26 章的偈颂部分是后来的人所译。［保罗·哈里森《现在诸佛悉在前立三昧——藏译本〈般舟三昧经〉的英语译注》附录 A。］

上列诸说中，第一种是最早的说法，所记卷数与今本不同，不知如何对应。2—4 说基本上是依据的历代经录，各有取舍，或完全相反，或自相矛盾，不一而足。原因是历代经录本身的复杂性。只有保罗·哈里森是把经录和经文的内部风格特征结合起来研究的，而且以风格特征为主，研究比较深入，所以我们着重介绍一下他的研究结果。哈里森的主要观点有：

1）三卷本实际上有两个异本，即高丽藏本（《大正藏》以此为底本）和宋元明三本（《大正藏》在校勘记中引用）。[1] 这两个版本相当于藏译本第 7 章以后的部分是相同的，但 1—6 章则属于两个不同的译本，不仅散文部分存在很大的差异，而且 nidāna[2] 的开头部分详略也大不相同：高丽藏本很简短，而宋元明三本则很详尽。他认为这是所据梵文原本不同造成的。此外，4、5、6 三章[3]的偈颂高丽藏本均用散文体翻译，而宋元明三本则译成诗体（verse）（四行一节，每行五、六或七字），用套语"佛尔时颂偈曰/言"引出。哈里森认

---

　　① 这一点最早由日本学者樱部建（1975）提出，见其《〈般舟三昧经〉管见》，载《桥本博士退官记念研究论集》。

　　② 意为"因缘，原因，原由"，这里指全经的开头语。下同。

　　③ 藏译本的 4、5 章相当于汉译三卷本的"四事品第三"，第 6 章相当于汉译本的"譬喻品第四"前半部分。

为这是支谶以后的人所改的。（许理和［1975］① 认为缩略的 nidāna
和散文体偈颂是支谶译经风格的特征。）两种版本有 235 个异文②
（不包括上文提到的 nidāna 和偈颂部分的差异），例如③：泥洹：涅
槃④；譬若：譬如；曰：言；汝曹：若曹；等等。其中约一半异文出
现在全经的前 1/3 部分（即相当于藏译本的 1—6 章），说明这部分两
种版本差别较大，高丽藏本比宋元明三本更接近时代较早的 T419
（约译于公元 3 世纪）。

　　2）哈里森全面比较了三卷本《般舟三昧经》（高丽藏本）和
《道行般若经》⑤ 的术语（包括音译和意译），共 76 个（237—247
页）。我统计了一下，两者完全一致的有 52 个，不一致的 24 个。他
认为两者的音译词几乎是完全相同的，大部分意译的术语也显示出两
者之间的密切关系，特别是被认作支谶译经显著特征的"本无""天
中天""本际"等；虽然也有一些不一致的地方，但几乎不足以动摇
大局，使我们把三卷本《般舟三昧经》（高丽藏本）归属于别的译
者。他也对竺法护译《正法华经》的术语作了一个简单的调查，如
果此经的风格能够代表竺法护译经的整体风格的话，那么他不可能是
三卷本《般舟三昧经》（高丽藏本和宋元明三本）的译者，因为他的
翻译与三卷本《般舟三昧经》和《道行般若经》是如此地不同。哈
里森的结论是，三卷本《般舟三昧经》（高丽藏本）相当于藏译本
1—6 章的部分应为支谶所译，相当于 7—26 章的散文部分可能也是

---

① 即后来正式发表的《关于初期汉译佛经的新思考》一文。
② 大部分异文仅仅是流传过程中产生的个别文字的差异（有些是明显的形误或音
讹），没有什么意义。
③ 冒号前为高丽藏本，后为宋元明三本。
④ 宋元明三本通常也用"泥洹"，但出现了一处"涅槃"（第 918 页校勘记 21）。
"涅槃"是后起的形式，详下文。
⑤ 他认为这是唯一一部能确认是支谶所译的经。

支谶所译（但不能十分确定），但宋元明三本的 1—26 章、高丽藏本 7—26 章的偈颂部分是后来的人所译（此人是谁目前尚不清楚）。

　　3）一卷本是三卷本（宋元明三本）的节缩本。林屋友次郎《经录研究》（560 页以次）曾举出很多例子证明这一点。它频繁地将支谶的翻译"现代化"，如总持、涅槃、夜叉、世尊、转轮王、如恒河沙、舍利弗、等正觉无上士道法御天人师佛世尊。一卷本可能改作于净土理论引入中国之后，大约在竺法护时代（约公元 300 年）或更晚，因为那些"现代的"形式是直到那个时代才开始使用的。但没有足够的证据来明确地断定它的确切年代。

二、一卷本与支谶译经的语言差异

　　据记载，支谶译经的年代是在东汉灵帝光和、中平年间（公元 178—189 年）。据汤用彤（1938：66—69）研究，可确指为支谶所译的经唯有《道行般若经》（T224，本文简称"道"）一部。故此经语言可作为支谶译经的标准语言。① 哈里森（1979/1990）就是拿《道行般若经》作为支谶译经的标准来跟三卷本《般舟三昧经》进行比较的。此外，据僧祐《出三藏记集》等记载，下面 7 部经可能也是支谶所译，我们作为辅助资料来使用：《阿阇世王经》（T626，简称《阇》）、《伅真陀罗所问如来三昧经》（T624，简称《伅》）、《阿閦佛国经》（T313，简称《閦》）、《兜沙经》（T280，简称《兜》）、《内藏百宝经》（T807，简称《内》）、《文殊师利问菩萨署经》

---

　　① 有一位匿名审稿专家指出："佛经翻译的情况很复杂，作者……却将《道行般若经》作为支译标准语，其实支译的笔受情况只会比竺译更复杂更难以把握。"这种情况可能确实存在，但限于资料，把《道行般若经》作为支谶译经的标准语言是目前通行的做法，也是唯一可行的做法，除非我们放弃这类研究。

（T458，简称《问》）、《遗日摩尼宝经》（T350，简称《遗》）。

　　本文所用的方法是：通过通读一卷本和《道行般若经》（参考支谶其他译经），提取两经的语言差异，然后分析这些差异的性质，并据以推定一卷本非支谶所译。这种方法从总体上说是可行的，因为每位译者都会有自己的语言特点和用词习惯。但由于汉译佛经本身的复杂性，研究中也碰到不少困难，主要有两点：一是语言差异的偶然性，二是译者内部风格的不一致。因此本文考察的结果只是在前人的基础上再提供一些新的证据，不敢说就是定论。

　　下面分"音译词""同词异用""同义异词"和"语法"四类，逐一列出一卷本和《道行般若经》的语言差异并进行分析。冒号前为一卷本用词，后为《道》用词。凡是哈里森已论及的前标∗号。

（一）音译词

音译词的用字差异能反映时代特点或译者用字习惯的不同。

1.　∗夜叉（3）①：阅叉②

　　"夜叉"和"阅叉"都是梵语 yakṣa 的音译。一卷本只用"夜叉"，共出现 3 次；支谶则只用"阅叉"，其中《道》（5）、《他》（4）和《阇》（3）都有用例，而未见"夜叉"。可见一卷本与支谶用词习惯不合。

2.　∗涅槃（2）：泥洹③

　　一卷本用"涅槃"，三卷本用"泥洹"（8），分用划然，绝不相混。支谶 8 部译经中均见到"泥洹"，共出现 95 次，其中《道》31

---

① 括号中是出现的次数，只出现 1 次的则不注。下同。
② 参看季琴（2004：85—86）"夜叉"条。
③ 参看朱庆之（2000：256—260）及季琴（2004：84）"涅槃"条。

次；而未见"涅槃"。"涅槃"在西晋以前的译经中见于以下各经：
支谦译《菩萨本缘经》、《撰集百缘经》（旧题支谦译）、《须摩提长
者经》，竺律炎共支谦译《摩登伽经》，失译《菩萨本行经》，失译
《大方便佛报恩经》，误题安世高译《十支居士八城人经》《阿难同学
经》《罪业应报教化地狱经》《八大人觉经》《犯戒罪报轻重经》，误
题康孟详译《佛说兴起行经》。由此可见，"泥洹"要早于"涅槃"，
"涅槃"在可靠的译经中应始见于支谦，而未见于东汉译经。据此，
则一卷本不可能是支谶所译。

3. ＊般涅槃（2）：般泥洹

一卷本用"般涅槃"而未见"般泥洹"，三卷本用"般泥洹"
（9①），两本分用划然。支谶"般涅槃"未见，"般泥洹"则多见。
可见一卷本与支谶不合。

（二）同词异用

"同词异用"就是同一个词在一卷本和支谶译经中意义或用法有
差异。下面是几个例子。

1. 妻子（2）

一卷本"妻子"共2见："不得有恩爱于妻子男女。""不贪妻子
及财色。"前一例指"妻"，"子"已无义，"男女"才是指儿女；后
一例理解成"妻"和"妻子儿女"两可。支谶译经中"妻子"共4
见，都指"妻子儿女"，其中《道》2见，均为"父母妻子"连言；
《内》1见，与"父母"对言；《阇》1见："其有索者，无所贪惜，
其求妻子，即持施与，无有异心。"（卷上）也是指妻子和儿女，

---

① 其中有1处宋元明三本作"般涅槃"。

"子"都有实义。也就是说，在支谶译经中"妻子"还是一个词组，而一卷本中已可用作一个词，"子"不再单独表实义。

2. 男女

一卷本指"儿女"（不得有恩爱于妻子<u>男女</u>)①；支谶仅《道》中1见，指"男人与女人"（令一国中<u>男女</u>，当不见其形，不闻其声）。

3. 除去（3）

一卷本共3见，均带宾语："<u>除去</u>睡眠志开解。""<u>除去</u>瞋恚自高贵。""<u>除去</u>杀盗及嫉妒。"支谶译经共7见（其中《道》5见），均不带宾语，用于句末，如："若中热，持摩尼珠著身上，其热即<u>除去</u>；若中风，持摩尼珠著身上，其风不增，即<u>除去</u>；若中寒，持摩尼珠著身上，其寒不复增，即<u>除去</u>。"（《道》卷二）一卷本与支谶差异明显。

（三）同义异词

"同义异词"是指表达同一个意思一卷本和支谶译经用了不同的词。这种情况数量最多，又可以分成"音译与意译之别"和"用同义或近义形式"两小类，下面分别举例说明。

1. 音译与意译之别

1）＊等正觉：阿耨多罗三耶三菩阿惟三佛

一卷本两种形式都用。在支谶译经中，"等正觉"仅见于《阅》(26)，《道》则用"阿耨多罗三耶三菩阿惟三佛"(8)。可见一卷本与支谶不甚相合。

2）＊等正觉无上士天人师佛世尊/等正觉无上士道法御天人师

---

① 按，"男女"此义较早的用例见于《后汉书》《三国志》及《三国志》裴注所引晋人著作等，参看蒋礼鸿，1997，《敦煌变文字义通释》（增补定本）"男女 女男"条，上海古籍出版社，第26页。

佛世尊（2）：怛萨阿竭阿罗诃三耶三佛

一卷本用前两种形式，支谶不用。支谶所译的《道》只用后者（5）。可见一卷本与支谶不合。

3）＊转轮王：遮迦越王

一卷本两种形式都用。支谶译经中，"转轮王"仅见于《阅》（4），"遮迦越王"则见于《道》（2）。

4）＊衣钵：钵震越①

一卷本未见"震越"，跟三卷本"钵震越"相对应的有一处是"衣钵"。"震越"为音译词，"衣"为意译。支谶译经中，"震越"见于《道》（4）、《伅》（2）、《问》。

5）地狱：泥犁

一卷本用"地狱"："常当怖畏于地狱痛苦，远离于谄谀，是为清净。"支谶不用"地狱"而一概用"泥犁"（字或作"泥黎"），仅《道》中就出现了15次。

支谶译经的特点是"辞质多胡音"（即多用音译），这也成为后人辨别他的译文的标准。② 上述各组词都是一卷本取意译（或意译与音译并用）而支谶所译《道》均用音译，没有发现相反的情况，这说明一卷本不可能出于支谶之手。"等正觉"和"转轮王"这两个意译形式也见于《阅》，看来《阅》是否支谶所译值得怀疑。

2. 用同义或近义形式

表达同一个概念或意思，一卷本和支谶采用不同的说法。这种情况数量最多，也最能体现两者的差异，下面挑选其中一部分来讨论。

---

① 丁福保《佛学大辞典》"震越"条云："（衣服）Civara，译曰卧具，又曰衣服。玄应音义三曰：'真越或作震越，此应卧具。'同十二曰：'震越梵言也，此译云衣服也。'"

② 参看《中国佛教》第二辑"中国佛教人物·支娄迦谶"条，吕澂撰。

1）白佛（8）：白佛言

一卷本未见"白佛言"，跟三卷本"白佛言"相对应的都是"白佛"；三卷本则两者都用。支谶译经中两者都见，但有一点值得注意：有三部经只用"白佛言"而无"白佛"——《道》（145）、《阅》（16）、《遗》（3），无一例外。① 这不应该是偶然现象，特别是《道》中共出现了145次，竟不见一例"白佛"，不能不说是译者的语言习惯使然。其余四部经"白佛"和"白佛言"的出现次数分别是：《阇》16：2，《内》1：0，《问》44：7，《他》13：1。这四部经都以用"白佛"为主，与《道》完全相反，它们是否支谶所译，令人怀疑。② 此条是一卷本非支谶所译的一个力证。

2）告（25）/白（8）：语/谓

佛经中有一种常见的叙述语"A 告/白/语/谓 B（言）"，出现频率很高。处于 A 和 B 之间的动词，一卷本用"告"和"白"，两者分工明确："告"用于上对下，共见25例，A 都是"佛"，B 绝大多数是"飖陀和"（"佛告飖陀和"共22例），还有"阿难、飖陀和等五百人/比丘、比丘尼、优婆塞、优婆夷/舍利弗、目揵连比丘、飖陀和等"；"白"则用于下对上，共见8例，A 都是"飖陀和"，B 都是"佛"。一卷本在叙述语中不用"谓"和"语"③。

支谶译《道》中，"告"只有5例，用法同，但所占比例很小，

① 《道》中有一处高丽藏本作"白佛"："须菩提白佛：'愿乐欲闻。'"（8/442c）但宋元明三本及宫内省图书寮本、圣语藏本均作"白佛言"，显然是高丽藏本偶脱了"言"字。

② 史光辉（2005）通过一些词语的比较，认为《佗真陀罗所问如来三昧经》不是支谶所译。

③ 一卷本中有3例"语"："佛告飖陀和：'今我故语汝如是。……'""佛言：'我故语诸菩萨，若有善男子善女人……'""佛告比丘、比丘尼、优婆塞、优婆夷：'我故语汝等，疾取是三昧，无得忘失……'"都是对话中佛所说的话，与这里所讨论的叙述语不同。

与一卷本主要用"告"差异明显；"白"约有 160 例，用法基本同一卷本，B 大都是"佛"，但也有少数例外，如："释提桓因白须菩提言。"（卷一）"舍利佛白弥勒菩萨。"（卷六）"萨陀波伦菩萨白昙无竭菩萨言。"（卷九）除"告"和"白"外，《道》还大量使用"语"和"谓"。① "语"有约 181 例，"谓" 39 例。这两个词的特点是："语"主要用于上对下，有时也用于平辈之间；"谓"主要用于平辈之间，偶尔也用于上对下；但两者都不能用于下对上——B 的位置上绝对不出现"佛"。

这四个词的出现次数如表 1 所示：

表 1

	告	白	语	谓
一卷本	25	8	0	0
《道》	5	160	181	39

可见一卷本和支谶译经在这组词的使用上存在很大差异。这也是一卷本非支谶所译的一条力证。

3）助欢喜（9）：助欢欣

一卷本用"助欢喜"，如："我助其欢喜，过去当来今现在佛皆助欢喜。""菩萨于是三昧中，将有四事助其欢喜。过去佛持是三昧，助欢喜自致得阿耨多罗三耶三菩阿惟三佛，其智悉具足。今现在十方无央数佛亦于是三昧中，四事助欢喜得。当来亦当从是四事助欢喜

---

① 辛岛静志（2001：316）曾指出："在《道行般若经》及它的异译里，支娄迦谶偏爱'谓'，而其他译者一般不太用这个词，甚至在《大明度经》和鸠摩罗什译《小品》中这个意思的'谓'都几乎没有出现。一般说来《摩诃般若经钞》的译者袭用《道行般若经》的读法，但往往用别的词替换了'谓'。"可见多用这样的"谓"可能是支谶译经用语的一个特点。

得。我悉助欢喜。""当知是助欢喜福甚尊大。""佛知其意，便为说是三昧。其王闻之助欢喜，即持珍宝散佛上。"支谶译经只用"助欢欣"，仅见于《道》，如："释提桓因问佛言：'新发意菩萨劝人助其欢欣，得何等福？随次第上菩萨劝人助其欢欣，得何等福？乃至阿惟越致上至阿惟颜劝人助其欢欣，得何等福？'"（卷八）"为魔所乱，闻是不助欢欣。魔官属人闻是不助欢欣者，从魔天上来下。闻是不助欢欣者，何以故？"（卷八）在支谶译经中，"欢欣"仅见于《道》，而未见于他经。《道》也用"欢喜"，但不跟"助"连用，如："便与共好语，与共谈言，与共笑欢喜。"（卷二）"何用知诸天人来时？或时善男子善女人欢喜踊跃意喜时，知诸天人来。"（卷二）"用净洁身体故，鬼神皆大欢喜。"（卷二）就"助欢喜：助欢欣"这一组合而言，一卷本和支谶译经分用划然。

4）了（5）/知（19）/解（6）：晓

这四个字都可以表示"知道；明白；懂得；通晓"的意思，是同义词，除单用外，还常常两字连用或三字连用。支谶译经四者皆用，且多"晓了知"连用，以《道》为例："菩萨何因晓般若波罗蜜？"（卷一）"亦不知，亦不晓，亦不了法。"（卷一）"悉晓了知诸经法，尔故字菩萨。"（卷一）"用慈于法中故，其人即自了知，诸天所不解者便自解。"（卷二）"不晓将护，不晓诵读，不晓中事，不能解知。"（卷三）"自不晓知深般若波罗蜜，转复坏他人。"（卷三）"少有信般若波罗蜜者，不晓了是法故。"（卷三）一卷本则只用"了、知、解"而不用"晓"，[1]例如："诸经法悉受持，皆了知而不忘。""悉了是，知本无。""博达众智，所闻悉解而不疑。"

———————

① 三卷本也用"晓"，与支谶一致。

　　5）计（11）：量

　　支谶译经既说"不可计"，也说"不可量"，以《道》为例："佛在罗阅祇耆阇崛山中，摩诃比丘僧<u>不可计</u>。"（卷一）"我当度<u>不可计</u>阿僧祇人悉令般泥洹。"（卷一）"衍与空等，如空覆<u>不可复计</u>阿僧祇人，摩诃衍覆<u>不可复计</u>阿僧祇人。尔故呼摩诃衍。"（卷一）"是事都卢<u>不可计</u>，正使计倍复倍。"（卷一）"波罗蜜无底复无无底，亦无有中边，亦无有本端，了<u>不可量</u>，了不可逮知。"（卷一）"从法中得福极多，<u>不可复计</u>，不可复议，不可复称，<u>不可复量</u>，不可复极。"（卷二）"三十<u>不可量</u>波罗蜜无有小法。"（卷四）"佛语须菩提：'汝所问者，有何因使色痛痒思想生死识<u>不可计不可量</u>？'须菩提问佛：'何等为<u>不可量</u>？'佛言：'于空中计之为<u>不可量</u>。无想无愿计之，如是<u>不可量</u>。'"（卷六）"佛语释提桓因：'须弥山称之尚可知斤两，从劝助代初发意菩萨欢欣，其福<u>不可量</u>。'"（卷八）一卷本则只说"不可计"，如："佛告飈陀和：'善哉，汝所问多所过度，<u>不可复计</u>。'""书、学、诵、持，守之一日一夜，其福<u>不可计</u>。""乃久远<u>不可计</u>阿僧祇，尔时有佛。""教<u>不可计</u>人民皆求佛道。""但闻其功德<u>不可计</u>，何况学持者。"一卷本未见单用的动词"量（liáng）"。

　　6）此间（3）：是间

　　一卷本用"此间"，三卷本用"是间"，两本分用划然。支谶习惯于用"是间"：《道》（18）、《阇》（21）、《佗》（3）；"此间"只在《道》中出现过1次。一卷本多用"此间"，与支谶不甚合①。

---

　　①　许理和（1977/1987）曾指出：第二人称代词"尔""在佛经译文中完全没有出现是和'此'的极端少见同样使人费解的"。（中译本第208页）不过三卷本中"此"并不少见。

7）亲族（2）/亲属：亲属

一卷本两者皆用。支谶只用"亲属"（《道》《他》各2见），不用"亲族"。一卷本用"亲族"与支谶不合。

8）譬如（10）/喻如：譬如/譬若

这组词中一卷本和三卷本最常用的都是"譬如"，但一卷本有一例"喻如"，支谶译经中未见。支谶用"譬如"和"譬若"，出现频率都很高。但一卷本不用"譬若"。可见一卷本用"喻如"和不用"譬若"均与支谶不合。

9）想愿：想念

支谶"想念"3见（其中《道》2）而不用"想愿"，一卷本与支谶不合。

10）称举/赞誉/称誉（2）：称誉

支谶不用"赞誉"，"称举"也仅在《阿》中1见，"称誉"则常用。可见一卷本用"赞誉"和"称举"均与支谶不合。

11）＊恒河沙：恒边沙/恒中沙/恒沙

一卷本用"恒河沙"，支谶则主要用"恒边沙"（《道》23、《阿》12），也用"恒中沙"（《道》5）① 和"恒沙"（《道》1）。

12）睡眠（3）：睡卧

一卷本用"睡眠"，不用"睡卧"；支谶用"睡卧"（《道》《他》各1见），"睡眠"则仅在《阿》中见1例。一卷本不太符合支谶的用词习惯。

13）百千万亿倍：百倍千倍万倍亿倍

一卷本："其福过布施者百千万亿倍。"支谶译经未见这样的表

---

① 5例"恒中沙"集中出现在第五、六两卷中，其中卷五的一处圣语藏本作"恒河沙"（8/453c16），卷六有两处宫内省图书寮本作"恒河沙"（8/455a23—24）。

述法，而是用"十倍百倍千倍万倍亿亿万倍、百倍千倍万倍亿倍巨亿万倍、百倍千倍万倍亿倍若干巨亿万倍、百倍千倍万倍亿万倍巨亿万倍、百倍千倍万倍、百倍千倍万倍亿万倍、百倍千倍万倍巨亿万倍、百倍千倍万倍亿百千倍巨亿万倍"，见于《道》和《阅》两经，这些表述法的共同特点是数词后的"倍"字均不省。一卷本与支谶不合。

14）好：善

一卷本："当好书是三昧著素上。"《道》卷十："与好长素卷，善书，令经上下句相得。"一卷本"好"作状语，相当于"好好地；小心仔细地"。这是汉代产生的一种新用法，目前所知的最早用例是《齐民要术》卷五"种桑、柘"引《氾胜之书》："治肥田十亩，荒田久不耕者尤善，好耕治之。"魏晋南北朝时期用例多见，如："汝若为选官，当好料理此人。"（《世说新语·德行47》）"周侯独留，与饮酒言话，临别流涕，抚其背曰：'阿奴好自爱。'"（又《方正26》）"太傅李延实者，庄帝舅也。永安年中，除青州刺史。临去奉辞，帝谓实曰：'怀甎之俗，世号难治。舅宜好用心，副朝廷所委。'"（《洛阳伽蓝记》卷二）"摘时必令好接，勿令损伤。"（《齐民要术》卷四"插梨"）"好择之，以蟹眼汤煮之，盐薄酒，抑著燥器中，密涂。"（又卷十"五谷、果蓏、菜茹非中国物产者·蒋"引《食经》）支谶译《道》中未见此类"好"字，而是用文言同义词"善"；仅在《伅》和《阅》中见到这样两例："佛者难值，譬若华优昙钵，今已得之，当好供养。"（《伅》卷中）"譬如绞露精舍坚闭门，风不得入，好细涂，以白垩之。"（《阅》卷上）

15）爱敬：敬爱

一卷本用"爱敬"，三卷本用"敬爱"。"爱敬"支谶译《阅》1

见，"敬爱"《道》2见，可见支谶可能更喜欢用"敬爱"，一卷本用"爱敬"与支谶不合。

16）巨海：大海

前者支谶未见，后者则常见。一卷本也用"大海"，但用"巨海"与支谶不合。

上述16条中，有些条目出现频率不高，不能排除偶然性，看作辅助证据比较合适。

（三）语法

1. 人称代词及复数形式

1）汝（13）：若

第二人称代词一卷本用"汝"（共13见，其中"汝等"3见），不用"若"；支谶译《道》中一般用"汝"，但也用"若"，如："佛言：'我故自问，若随所报之。'"（卷一）"佛语舍利弗：'若乐闻者，佛当为若说之。'"（卷一）"却后若当为人中之导，悉当逮佛智慧。却后无数阿僧祇劫，汝当作佛，号字释迦文。"（卷二）"佛语须菩提：'如若所言，新发意者所知甚少，其心不入大法。'"（卷五）"佛言：'如须菩提所说，皆持佛威神，使若说是耳。'"（卷五）"不用我言者，终不复来视汝。若莫复说是事，我不复欲闻。"（卷六）"复有弊魔化作异人，往到菩萨所作是语：'若所求为勤苦耳，不求佛法也。若空负是勤苦为？用是勤苦之难为求乎？若在恶道中以来大久，适今得为人，汝不当于是中思惟，不当自患厌耶？'"（卷六）"弊魔不能动转，舍去，更作方便，化作若干菩萨在其边住，因指示言：'若见不耶？是悉菩萨，皆供养如恒中沙佛。'"（卷六）"便复更作佛形，往语菩萨言：'若何不于是间取阿罗汉证？若未受决得阿耨多罗三耶三菩，<u>若</u>不得是比，不得是相。'"（卷六）一卷本不用"若"，与《道》有异。

2）等（3）：曹

表示人的复数，一卷本用"辈"和"等"："是辈""我辈"各1见，"汝等"3见。支谶译《道》则用"辈"和"曹"，有"是辈""我辈""诸阅叉辈""无有辈""诸天辈""馀他辈""新学菩萨辈""是菩萨辈""是坏菩萨辈""五百女人辈""人民辈"和"是曹""我曹"，还常常"曹辈"连言，有"是曹辈""我曹辈"等。其他经中还有"汝曹""卿曹"（《遗》）和"若曹"（《阇》）等。也就是说，"辈"是两者共用的词，而"等"和"曹"则分别是一卷本和支谶所特有的。"等"《道》未见，其他经中则有，如"吾等""我等"（《伅》）、"诸菩萨等""我等""我曹等""我曹等辈""弟子等辈""是等"（《兜》）、"吾等"（《问》）、"刹者等辈""若干百千等辈"（《阅》）、"我等""吾等""汝等""是等""文殊师利等辈"（《阇》）。这些"等"的用法与《道》不合，进一步加深了我们对这些经是否确为支谶所译的怀疑。

2. 句尾语气词

我们对一卷本和支谶所译《道》中的"耶""乎""也"三个句尾语气词作了调查统计，如表2所示：

表2

	耶		乎		也	
	选择问句	一般问句	选择问句	一般问句	陈述句	疑问句
一卷本	0	0	0	3	11	4
《道》	6	25	6	26	111	0

从上表不难看出，一卷本和《道》在句尾语气词的使用上差别甚为明显：

第一，支谶多用"耶"，《道》中就有31例，有两种用法：

1）用于选择问句，与"乎"搭配使用，共6例，如："舍利弗心念言：'今使须菩提为诸菩萨说般若波罗蜜，自用力说<u>耶</u>？持佛威神说<u>乎</u>？'"（卷一）"弥勒言：'如我字弥勒，当解<u>乎</u>？当以色痛痒思想生死识解慧<u>乎</u>？持是身解<u>耶</u>？'"（卷六）

2）用于一般疑问句。共25例，如："释提桓因白佛言：'如是阎浮利人，不供养承事般若波罗蜜者，是曹之人为不知其尊<u>耶</u>？……'"（卷二）"释提桓因言：'但行般若波罗蜜，不行馀波罗蜜<u>耶</u>？'佛言：'都卢六波罗蜜皆行。……'"（卷二）"舍利弗问佛：'最后世时是般若波罗蜜，当到北天竺<u>耶</u>？'佛言：'当到北天竺。'"（卷四）"佛言：'空处可计尽不<u>耶</u>？'须菩提言：'空不可计尽。'"（卷五）"佛经实难得，何况乃闻<u>耶</u>？"（卷九）

一卷本表示疑问语气不用"耶"，而是用"乎"和"也"。

第二，一卷本"乎"共3见，都用于一般疑问句，出现在一段话里："反作轻戏言：'佛亦有深经<u>乎</u>？亦有威神<u>乎</u>？'反相形言：'世间亦有比丘如阿难<u>乎</u>？'"而在《道》中，"乎"除26例用于一般疑问句外，还有6例用于选择问句（例见上）。

第三，《道》中111例"也"全部用于陈述句，而一卷本除11例用于陈述句外，还有4例用于疑问句："云何？宁有影从外入镜麻油水水精中不<u>也</u>？""云何？是尘数宁多不<u>也</u>？""是为清净，云何为缺戒<u>也</u>？""若去百里千里，有是三昧当求之，何况近而不求学<u>也</u>？"

3."有……不/无"问句

一卷本有这样两例："宁<u>有</u>影从外入镜麻油水水精中不也？""宁

有能计其道里不？"用的是"有……不"句式。支谶译《道》中也有这一句式，如："须菩提言：'……正使怛萨阿竭阿罗呵三耶三佛，寿如恒边沙，劫尽度人，人展转自相度，其所生者宁有断绝时不？'释提桓因言：'无有断绝时。'"（卷一）"'……本无字宁有尽时不？'须菩提白佛言：'不。'"（卷八）但《道》中还有几例"有……无"句式，这是一卷本所没有的："佛言：'我故自问，若随所报之。于须菩提意云何？幻与色有异无？幻与痛痒思想生死识有异无？'须菩提报佛言：'尔天中天，幻与色无异也。色是幻，幻是色，幻与痛痒思想生死识等无异。'"（卷一）"佛言：'……譬如幻师于旷大处化作二大城，作化人满其中，悉断化人头，于须菩提意云何？宁有所中伤死者无？'须菩提言：'无。'"（卷一）——也就是说，《道》可用"（有）……无"表疑问（询问），而一卷本则无。

结　语

上节所论列的差异共 27 条，大致可以分为两类。一是规律性较强、对推定译者有重要意义的。如"夜叉：阅叉""涅槃：泥洹""般涅槃：般泥洹""等正觉：阿耨多罗三耶三菩阿惟三佛""等正觉无上士天人师佛世尊/等正觉无上士道法御天人师佛世尊：怛萨阿竭阿罗诃三耶三佛""地狱：泥犁""白佛：白佛言""告/白：语/谓""助欢喜：助欢欣""了/知/解：晓""计：量""汝等：若曹""句尾语气词""'有……不/无'问句"等。二是说服力虽不如第一类但仍可作为辅助证据的。如"衣钵：钵震越""想愿：想念""此间：是间""好：善""爱敬：敬爱""巨海：大海""汝：若"等。

当然，一卷本和支谶译经相同的词语及句式也是大量存在的。本文的目的只在求异，所以相同的部分没有论列。

综合上文的比较和分析可以看出，一卷本不大可能是支谶所译，本文的考察为此提供了一些新证据。国内现行的种种误说到了应该纠正的时候了。它是否出于竺法护之手？应该说有这种可能性，但需要另文再作详细的考察。

从语言角度推断古籍的年代或作（译）者，要想做到绝对准确几乎是不可能的，特别是像《般舟三昧经》这样流传过程十分复杂的翻译佛经。所以我们只能看主流而舍小节，从总体上作出判断。我们不能因为无法做得十全十美而放弃探索的努力，只要能在前人的基础上取得些许进展，总比原地踏步好。

参考文献

Erik Zürcher 1991 A New Look at the Earliest Chinese Buddhist Texts, in Koichi Shinohara and Gregory Schopen eds. *From Benares to Beijing: Essasys on Buddhism and Chinese Religion in Honour of Prof. Jan Yun—hua*, Oakville, Ontario: Mosaic Press. 许理和，2001，《关于初期汉译佛经的新思考》，顾满林译，《汉语史研究集刊》（第四辑），成都：巴蜀书社。

Erik Zürcher 1959/1972/1998 *The Buddhist Conquest of China: The Spread and Adaptation of Buddhism in Early Medieval China*, E. J. Brill, Leiden, Netherlands, 1972. 许理和，1998，《佛教征服中国》，李四龙、裴勇等译，南京：江苏人民出版社。

Erik Zürcher 1977/1987 Late Han Vernacular Elements in the Earliest Buddhist Translations, *Journal of the Chinese Teachers Association* XII‑3, 1977. 许理和，1987，《最早的佛经译文中的晚汉口语成分》，蒋绍愚译，《语言

学论丛》（第十四辑），北京：商务印书馆。

保罗·哈里森(Paul Harrison) 1979/1990《现在诸佛悉在前立三昧——藏译本〈般舟三昧经〉的英语译注》(*The Samadhi of Direct Encounter with the Buddhas of the Present: An Annotated English Translation of the Tibetan Version of the Pratyutpanna—Buddha—Sammukhavasthita—Samadhi—Sūtra*)，A Thesis submitted for the Degree of Doctor of Philosophy in the Australian National University（原题：*The Pratyutpanna—Buddha—Sammukhavasthita—Samadhi—Sūtra: An Annotated English Translation of the Tibetan Version with Several Appendices*）／Tokyo：The International Institute for Buddhist Studies。

曹广顺、遇笑容，2000，《从语言的角度看某些早期译经的翻译年代问题——以〈旧杂譬喻经〉为例》，载《汉语史研究集刊》（第三辑），成都：巴蜀书社。

陈祥明，《从语言角度看〈撰集百缘经〉的译者及翻译年代》，待刊。

储泰松，2002，《"和尚"的语源及其形义的演变》，《语言研究》第 1 期。

方一新，2001，《〈大方便佛报恩经〉语汇研究》，《浙江大学学报（人文社会科学版）》第 5 期。

方一新，2003，《〈兴起行经〉翻译年代初探》，载《中国语言学报》（第十一期），北京：商务印书馆。

方一新，2003，《翻译佛经语料年代的语言学考察——以〈大方便佛报恩经〉为例》，《古汉语研究》第 3 期。

方一新、高列过，2003，《〈分别功德论〉翻译年代初探》，《浙江大学学报（人文社会科学版）》第 5 期。

胡敕瑞，2005，《中古汉语语料鉴别述要》，《汉语史学报》（第五辑），上海：上海教育出版社。

慧皎撰，汤用彤校注，1992，《高僧传》，北京：中华书局。

季琴，2004，《三国支谦译经词汇研究（第五章〈撰集百缘经〉的作者及成书年代考辨）》，杭州：浙江大学博士论文。

梁晓虹，1996，《从语言上判定〈旧杂譬喻经〉非康僧会所译》，《中国语文通讯》第 40 期，香港：香港中文大学吴多泰中国语文研究中心；收入梁晓虹，2001，《佛教与汉语词汇》，台北：佛光文化事业有限公司。

刘保金，1997，《佛经解说辞典》，开封：河南大学出版社。

吕澂，1981，《新编汉文大藏经目录》，济南：齐鲁书社。

任继愈（主编），1981、1985，《中国佛教史》（第一、二卷），北京：中国社会科学出版社。

僧祐著，苏晋仁、萧炼子点校，1995，《出三藏记集》，北京：中华书局。

史光辉，2001，《东汉佛经词汇研究》，杭州：浙江大学博士论文。

史光辉，2005，《从语言角度判定〈仸真陀罗所问如来三昧经〉非支谶所译》，载《汉语史学报》（第五辑），上海：上海教育出版社。

汤用彤，1938，《汉魏两晋南北朝佛教史》，上海：商务印书馆。

王文颜，1993，《佛典重译经研究与考录》，台北：文史哲出版社。

辛岛静志，2001，《〈道行般若经〉和"异译"的对比研究——〈道行般若经〉与异译及梵本对比研究》，载《汉语史研究集刊》（第四辑），成都：巴蜀书社。

辛岛静志，2002，《〈道行般若经〉和"异译"的对比研究——〈道行般若经〉中的难词》，载《汉语史研究集刊》（第五辑），成都：巴蜀书社。

辛岛静志，2006，《〈撰集百缘经〉的译者问题》，载《汉语史学报》（第六辑），上海：上海教育出版社。

俞理明，1993，《佛经文献语言》，成都：巴蜀书社。

遇笑容、曹广顺，1998，《也从语言上看〈六度集经〉与〈旧杂譬喻经〉的译者问题》，《古汉语研究》第 2 期。

中国佛教协会编，1982/1996，《中国佛教》（二），上海：东方出版中心。

朱庆之，2002，《"泥日""泥曰"与"泥洹"》，载《纪念王力先生百年诞辰学术论文集》编辑委员会（编）：《纪念王力先生百年诞辰学术论文集》，北京：商务印书馆。

汉文佛典失译经语言时代考辨
——以《分别功德论》为例兼及其译作者[*]

陈祥明

引 言

现存汉文佛典中有众多不知译人和译时的译经①，这些译经统称失译经，经录中亦称作"失源"。（僧祐 1995：98）失译经绝大多数是隋以前的译作，在汉语史研究领域，对这些失译经的语言时代一般的处理办法是"如果某一部经见录于某种经录，即使该经失译人名译年，也可以基本肯定这部经的产生时代当在该经录编纂之前。这类典籍只要不把它们当作年代具体的基本材料使用就行了"（朱庆之1992：42）。严格来说，这一处理办法相对比较粗放，因此，近年来有些学者开始尝试通过"内外证据"相结合的方法来较为精确考订失译经的语言时代②。所谓"内外证据"，即外部证据和内部证据，外部证据指经录记载、题跋、注释等等，内部证据指这些译经用语和

---

　　*　本文原载《泰山学院学报》2017 年第 4 期。
　　①　朱庆之在《佛典与中古汉语词汇研究》第一章《作为汉语词汇史料的汉文佛典的语言特点》中提供的失译经数量是 274 部，469 卷，约 357 万字，台北：文津出版社，1992 年。
　　②　参许理和《早期佛经中的口语成分——确定最佳源材料的尝试》，见朱冠明，2008，《〈摩诃僧祇律〉情态动词研究》"附录一"，中国戏剧出版社，第 223 页。

文体风格的特点和时代，通过这样的方法，可以相对较为精确地确定失译经语言所处的上限和下限，为汉语史研究者在使用这些译经时提供参考。这里拟以《分别功德论》为例，运用这种方法，考订其语言时代。

一、经录记载及已有研究概述

今本《大正藏》第 25 册《释经论部》收有《分别功德论》一部 5 卷，译者和时代题署为"失译人名，附后汉录"①。此论最早见录于南朝梁僧祐《出三藏记集》卷 4《新集续撰失译杂经录第一》，作"《分别功德经》5 卷，一名《增一阿含经疏》，迦叶、阿难造"，至隋法经《众经目录》题作《分别功德论》②。

较早讨论此论译者与时代的当属唐西崇福寺沙门智昇，《开元释教录》卷 13《有译有本录中·声闻三藏录第二》："右此一论（指《分别功德论》——引者按），释《增一阿含经》义，从《初序品》至《弟子品》过半、释王比丘即止。《法上录》云'竺法护译者'，不然。此中牒经解释文句并同本经，似与《增一阿含》同一人译，而余录并云失源，且依此定。《僧祐录》云'迦叶、阿难撰者'，此亦不然，如《论》第一卷中引外国师及萨婆多说，故知非是二尊所撰。"智昇在这里所说的《法上录》，指的是隋费长房在《历代三宝记》卷 15 所载其"搜寻并见"的"六家目录"之武平年沙门统法上

---

　　① 《大正藏》的这一题署来自其所据底本《高丽藏》。另，在古代经录记载中，将此论附后汉录始见于隋代费长房《历代三宝记》。
　　② 历代经录所载《分别功德经》与《分别功德论》是同一部佛典，参见方一新、高列过，2012，《东汉疑伪佛经的语言学考辨研究》，人民出版社，337—341 页。

所撰《齐世众经目录》。①

陈寅恪先生曾推测过此经的翻译年代,《读书札记三集·〈高僧传初集〉·卷五〈义解二·晋长安五级寺释道安〉》谓"《分别功德论》据本传(此指慧皎《高僧传·释道安传》——引者按)'后获'之语观之,并证以论中译语文体,似为安公或下距安公时不远之作。姑识于此,俟考"(陈寅恪 2001:111)。

按,慧皎《高僧传·释道安传》原文作"后获《增一阿含》",陈先生在札记中根据《分别功德论》卷五释《增一阿含·弟子品·释王比丘》之文,认为于《道安传》"后获《增一阿含》"下宜增补"注解之语"四字,即道安"后获"者是"《增一阿含》注解之语",亦即《分别功德论》,而不是《增一阿含》。陈先生的观察可谓细致,但若如陈文所言,那为何《分别功德论》未见著录于《祐录》所保存的道安所著《安录》中呢?就常理而言,如果道安法师见过《分别功德论》,以其学识、眼光与精审程度,在编撰目录时绝没有理由不将此论编入经录。因此,陈先生所说"宜增补"之语也许是求之过深。

方一新、高列过从语法与词汇两个方面考察了《分别功德论》(以下简称作《论》)的语言特色,认为《论》不是后汉时代翻译的佛典,其风格与魏晋时期的译经相近,最早也只能是三国时期的译经(方一新、高列过 2003)。嗣后,方、高两位先生继续进行深入考辨,从文献记录、译名、普通词语和习语及语法四个方面讨论《论》的语言时代,基本的结论是《论》不是东汉译经,其时代可能要晚至西晋(方一新、高列过 2012:337—400)。

---

① 《法上录》据谭世保考证是费长房杜撰出来的一部伪录,见谭世保,1991,《汉唐佛史探真》,中山大学出版社,第 191—193 页。

杜继文认为《论》"本身属于假托，当无问题，有可能是《增一》译出的同时，译者对它作的解说，尽管这些解说或有所本"（杜继文 2008：295）。如果此说成立，那么《论》就不是一部经过翻译的佛典，而是由译人口述解释佛教经典的佛教撰述。

王毅力亦从词汇角度讨论了《论》的翻译时代，认为《论》"和东汉时期其他译经在词汇的使用上有着明显的差别，不太可能是东汉时期译出的，其具体翻译年代可能不早于西晋，甚至是东晋"（王毅力 2012）。

二、从《论》若干词语及用法看其语言时代

笔者在阅读《论》时注意到其中尚有一些上述学者在研究中未曾涉及、可以帮助我们判断该论语言时代的词语或用法，今分作两类，略为考辨如下，以就正于方家。

1. 佛典译词

（1）阿育王

Aśoka 的音译，意译无忧王，公元前 3 世纪左右统一印度，是当时佛教最得力的拥护者，《论》6 见，如："昔佛去世，后百岁时有阿育王，典主阎浮提。"（39/a）① 中古佛典最早可靠的用例见于十六国南朝②，如姚秦竺佛念《出曜经》："阿育王闻弟论议，即怀忧戚。"（4/641/a）鸠摩罗什《大智度论》："阿育王小儿时，以所重土持用

---

① 本文佛典例句均引自《大正藏》，只取其文字，不取其断句。例句后数字依次分别为引例首字所在册数、页数和栏位。《论》收在《大正藏》第 25 册，为节省篇幅，《论》引例后册数均省略。

② 旧题西晋安法钦译《阿育王传》亦见用例，未计。《阿育王传》据吕澂考证应是僧伽提婆译，见吕澂，1991，《吕澂佛学论著选集（三）·新编汉文大藏经目录》齐鲁书社，第 1763 页。

奉佛。"（25/277/a）南朝宋求那跋陀罗《杂阿含经》："彼阿育王于佛所极生敬信。"（2/164/c）中土撰述如东晋法显《摩诃僧祇律私记》："法显于……阿育王塔南天王精舍，写得梵本还杨州。"（22/548/b）

（2）八智

佛教名数，指观察欲界、色界和无色界四谛之真智。观察欲界之智四种，曰四法智；观察色界、无色界之智四种，曰四类智。其具体名目，见载于明一如等《大明三藏法数》卷2："八智者，苦法智、苦类智、集法智、集类智、灭法智、灭类智、道法智、道类智也。"《论》1见："阿毗昙者，大法也。……亦名无比法，八智十慧，无漏正见，越三界阂，无与等者。"（32/a）中古佛典"八智"最早见用于东晋十六国时期，南北朝沿用，例如东晋僧伽提婆《阿毗昙心论》："一切九解脱道修八智，所以者何，摄根本禅故。"（28/821/c）北凉浮陀跋摩共道泰等《阿毗昙毗婆沙论》："彼尊者迦旃延子，何故依八智而作论？"（28/390/a）

（3）地狱瑞

义即"地狱相"，汉文佛典仅《论》1见。南朝梁法云《法华经义记》卷1："相据于外，瑞据于内。然相即是瑞，瑞亦即相。""瑞"是 nimitta 的意译，原本用于吉祥之事，后吉凶通用，又作"瑞应""瑞相"。汉文佛典中有作"地狱瑞应""地狱瑞相"者，共7例，分别见于苻秦僧伽跋澄《鞞婆沙论》和北凉浮陀跋摩等《阿毗昙毗婆沙论》，这对于判断《论》的语言时代不无裨益。

（4）吉祥瓶

Mavgala-pūrna-kumbha 的意译，指能让人如意、满愿、增长善法与福德之瓶，唐宝思惟《不空羂索陀罗尼自在王咒经》："吉祥瓶或用白铜或用赤铜，或以银作。"（20/429/b）《论》1 见："若欲断结求道，所愿应意，犹吉祥瓶。"（38/b）佛典可靠的早期用例见于十六国南朝译经，如苻秦昙摩难提等《增一阿含经》："夫禁戒者，犹吉祥瓶，所愿便克。"（2/555/a）① 姚秦竺佛念《菩萨璎珞经》："守戒无所犯，如护吉祥瓶。"（16/54/c）南朝宋沮渠京声《治禅病秘要法》："吉祥之瓶，金花覆上，使十方水流入瓶中，此吉祥瓶，涌出七花，七茎分明。"（15/334/a）

（5）迦尸

Kāsi 的音译，佛世十六大国之一，唐慧苑《华严音义》卷上："迦尸者，西域竹名也。其竹堪为箭干，然以其国多出此竹，故立斯名。"《论》1 见："（佛）为母摩耶说法，九十日而还，于迦尸城北下。"（37/c）中古佛典作国名始见于东晋十六国译经，南北朝至隋唐宋译经沿用。例如法显等《摩诃僧祇律》："迦尸国土法，比丘安居竟，与缕与织直。"（22/320/c）《增一阿含经》："是时，梵摩达王来至迦尸国中。"（2/626/c）姚秦竺佛念《出曜经》："时彼瓦师俱失命根，窃自逃走，至迦尸国界。"（4/614/b）南朝梁曼陀罗仙共僧伽婆罗《大乘宝云经》："是菩萨得道之时，往诣迦尸城，转于法轮。"（16/263/a）北魏瞿昙般若流支《正法念处经》："若有余业，不堕地狱、饿鬼、畜生，得生人中，大富国土，所谓迦尸国、憍萨罗国。"（17/ 129/a）隋阇那崛多《佛本行集经》："迦尸国善丈夫王有四种法，染著邪见。"（3/678/a）

---

① 《增一阿含经》今题东晋罽宾三藏瞿昙僧伽提婆译，据《出三藏记集》卷 2 所载当是昙摩难提口诵胡本，竺佛念译。据圆光佛学研究所研究生林家安毕业论文《现存汉译〈增一阿含经〉之译者考》（2010）考证，现存汉译 51 卷《增一阿含经》的译者历来有不同的记载和说法，如昙摩难提译、僧伽提婆译、僧伽提婆改译昙摩难提初译本以及竺佛念将昙摩难提初译 41 卷本增改而成等等。

(6) 君头波叹

佛弟子名，《论》2 见："君头波叹所以称行筹第一者，凡筹者记录人数，知为诚实以不。答诚实，受筹则得其福。……时上座君头未得神通，闻行筹请，自鄙未得神通，顾惟形影，在众座首，由老野狐在紫金山，进退惟虑。"（43/a）此人名在佛典中出次数较少，《增一阿含经》3 见："当于尔时，众僧上坐名君头波叹，得须陀洹，结使未尽，不得神足。……世尊以天眼清净，见君头波叹居学地而受舍罗，即得无学。尔时世尊告诸比丘：'我弟子中第一受舍罗者，君头波叹比丘是也。'"（2/662/a）① 另外，失译《须摩提女经》3 见，中土撰述隋吉藏《法华游意》1 见，作"君头拔叹"。

(7) 频婆娑罗

佛世摩伽陀国国王，Bimbisāra 之音译，《论》1 见："时频婆娑罗王来至佛所，见此比丘耳上有华，怪而问佛。"（48/a）据调查，"频婆娑罗"在东晋译经中才开始出现，东晋法显等译《摩诃僧祇律》1 见，此后使用渐广，直至宋代沿用不替，例略。

(8) 婆伽婆

此为佛之十号之一，义同"世尊"，bhagavat 的音译，《论》1 见："婆伽婆者，世尊之称也。"（35/b）汉文佛典中使用时代较晚，较早可靠的用例见于东晋十六国译经，南北朝隋唐译经中沿用。如东晋佛陀跋陀罗《大方广佛华严经》："彼称如来……或称婆伽婆，或称福田。"（9/419/a）姚秦鸠摩罗什《大庄严论经》："尔时婆伽婆即度彼人，令得出家。"（4/312/b）

---

① "君头波叹"，《大正藏》本《增一阿含经》作"君头波汉"，据其校勘记，《圣语藏》本作"君头波叹"，《圣语藏》是写本藏经，比刻本藏经时代古老，文中此例从《圣语藏》。

（9）七使九结

"使"是烦恼的别名，"七使"指七种烦恼，南朝梁僧伽婆罗《解脱道论》："七使者：欲染使、瞋恚使、慢使、见使、疑使、有欲使、无明使。"（32/460/a）"结"是"系缚"义，指众生因妄业为苦系缚，流转三界，不能出离。南朝宋求那跋陀罗《杂阿含经》："九结，谓爱结、恚结、慢结、无明结、见结、他取结、疑结、嫉结、悭结。"（2/127/a）《论》1见："以戒为本……断七使九结。"（38/b）"七使九结"连用最早见十六国译经①，如姚秦竺佛念《出曜经》："尽能断诸七使九结。"（4/673/c）符秦僧伽跋澄《鞞婆沙论》："身爱：七使九结，九十八使。"（28/439/a）此外，东晋道安《人本欲生经注》、后秦僧肇《注维摩诘经》各1见："至此无身之相，则无贪身之七使九结也"（33/7/a）、"肇曰：'七使九结恼乱群生，故名为烦恼。'"（38/345/b）

（10）契经

Sūtra 的意译，佛教三藏之一，亦单称经，对律和论而言。《论》6见，如："一分契经，二分毗尼，三分阿毗昙。契经者，佛所说法。"（32/a）《慧琳音义》卷41《大乘理趣六波罗蜜多经音义》："素怛缆，……梵语也，唐云契经，古译或云修多罗，皆梵音讹转也。"此词最早确切的用例见于东晋译经，共94例②，十六国译经用例骤增，不少于600例，南朝见50余例，北朝用例骤减，仅《贤愚经》1例，隋代用例未见，唐代译经用例最多，3000余例，宋代不足20例。中古中土佛教撰述主要集中出现在东晋、南朝梁和隋代的著

---

① "七使""九结"单用最早见于东汉安士高译经。

② 旧题西晋竺法护译《弥勒下生经》1见，此经据《出三藏记集》卷2为姚秦鸠摩罗什译。

作中。

（11）萨婆多

《论》2 见，如："萨婆多家又云：九种罗汉有退转者，以几事退？"（31/b）法显等《摩诃僧祇律》："萨婆多者，晋言说一切有，所以名一切有者，自上诸部，义宗各异。萨婆多者，言过去、未来、现在、中阴各自有性，故名一切有。"（22/548/b）这是小乘二十部派之一，在印度小乘佛教中极具势力，于我国南北朝时代，曾风行一时，当时之毗昙宗即为此派学说之弘扬者，而在小乘部派诸论中，译成中文者亦以此派作品为最多，《大正藏》中之"毗昙部"所收即以此派论典为主。《佛光大辞典》"说一切有部"条："佛灭后，上座部由迦叶、阿难至优婆掘多，皆唯弘经教，至富楼那始稍偏重毗昙，至迦多衍尼子则以毗昙为最胜，而专弘阿毗昙，遂与上座弟子对立，导致分裂。盖上座部各派一般以经、律为主要依据，此派则主要以阿毗达磨论书为依据。"（慈怡等 1989：5919）本文前引唐智昇《开元释教录》，根据《论》中引萨婆多说，认为《祐录》所载《论》的撰作者是迦叶、阿难不可信，从原始佛教部派发展演变角度看，这是非常有识断的推论。

汉译佛典"萨婆多"最早的用例见于东晋，上引法显《摩诃僧祇律》即是，十六国南朝隋译经皆见，如北凉浮陀跋摩共道泰等《阿毗昙毗婆沙论》："萨婆多中，有四种论师。"（28/295/c）南朝宋僧伽跋摩《杂阿毗昙心论》："此有是萨婆多所立。"（28/963/a）隋阇那崛多《佛本行集经》："萨婆多师，复作是言：'其菩萨母，见所生子，身体洪满，端正可喜，于世少双。'"（3/701/b）

（12）沙门四果

小乘声闻修行所得之四种果证，其阶段依次为预流果、一来果、

不还果、阿罗汉果，《论》1 见："沙门四果，众结永消。"（36/c）
中古佛典《增一阿含经》4 见，北凉昙无谶《悲华经》1 见，姚秦竺
佛念《十住断结经》1 见，隋阇那崛多《诸法最上王经》1 见，失译
《萨婆多毗尼毗婆沙》5 见。中土撰述隋湛然《维摩经略疏》1 见。

（13）四禅四空

指修习四种禅定与四空处定所得之色界四禅天与无色界四空处
天，《论》1 见："凡夫天者，十善、四禅四空，于彼受福，福尽还
堕。"（36/c）中古佛典主要集中出现在十六国、南北朝及隋代译经
中，如北凉昙无谶《优婆塞戒经》："是人能修四禅四空及八解脱。"
（24/1074/c）南朝宋慧严《大般涅槃经》："所谓九次第定：四禅四
空及灭尽定三昧。"（12/793/a）北魏菩提流支《法集经》："何者是
菩萨增上定学？所谓修习四禅四空三摩跋提。"（17/638/c）隋阇那
崛多等《大法炬陀萨尼经》："汝今颇知，有诸外道、五通神仙所得
四禅四空三摩跋提、入出心行不？"（21/682/c）

（14）优波提舍

Upadeśa 的音译，《慧琳音义》卷 10 引玄应《明度无极经音义》
卷 1："秋露子，梵言舍利弗……或言优波提舍者，从父名之。"《可
洪音义》卷 21《佛本行赞》卷 4："婆替，音剃，舍利弗本名也，或
云优波提舍也。"由此可知"优波提舍"是舍利弗的别名，《论》1
见："闻悉达以成佛，度三迦叶师徒，得千比丘并优波提舍、拘律陀
师徒二百五十人，合千二百五十比丘。"（52/b）①

"优波提舍"，东汉昙果共康孟详《中本起经》译作"优波替"，
6 见，如："门徒之中，有二人高足难齐：一名优波替，次曰拘律

---

① "优波提舍"，《论》又作"优波坻舍"。

陀。"（4/153/c）这是《论》不能作为东汉译典看待的又一译词方面的证据。

"优波提舍"作舍利弗的别名，用例不是很多①，最早见于十六国及南朝译经，例如姚秦佛陀耶舍共竺佛念《四分律》："时城中有删若梵志，有二百五十弟子，优波提舍、拘律陀为上首。"（22/798/c）北凉昙无谶《大方等大集经》："尔时城中有二智人：一名优波提舍，二名拘律陀。"（13/129/a）南朝宋佛陀什共竺道生《五分律》："时优波提舍出游，遥见頞鞞威仪庠序，叹未曾有。"（22/110/b）

（15）优陀夷

佛弟子名，Udāyi 的音译，意为"出现"，因其日出时生，故名，《论》3 见，如："佛始成道……将还本国，先遣优陀夷告真净王，却后七日当来入化。"（50/a）

"优陀夷"最早可靠的用例见于东晋十六国译经，南北朝隋唐宋译经承用不废。如东晋僧伽提婆《中阿含经》："世尊问曰：'优陀夷，向论何等？'"（1/781/c）《增一阿含经》："是时离越、尊者迦旃延、尊者须菩提、尊者优陀夷、尊者婆竭，各从坐起。"（2/703/c）姚秦竺佛念《鼻奈耶》："世尊知而问优陀夷：'审为此事不？'优陀夷白佛：'审尔，世尊！'"（24/874/b）

（16）真净［王］

"真净王"，释迦佛之生父，Śuddhodana 之意译，《论》8 见，其中作"真净"3 次。该词集中出现在《增一阿含经》及《出曜经》中②，共 40 次，这两部经，据《祐录》所载均为东晋译经。

---

　　①　佛典中"优波提舍"大量用于"对佛陀所说之教法加以注解或衍义，使其意义更加显明"这一意义上。

　　②　僧祐《释迦谱》亦见 1 例。

（17）质多长者

据《增一阿含经》所载，此是佛陀在家优婆塞中智慧第一者："我弟子中……第一智慧，质多长者是。"（2/559/c）"质多"是 Citta 的音译。《论》3 见，如："毗舍离城中，有质多长者，每患六师贡高自大。"（43/b）

"质多长者"最早可靠的用例仅见于《增一阿含经》，4 见。此外，《释迦谱》（1 见）、《出三藏记集》（1 见）、《历代三宝记》（3 见）、隋法经《众经目录》（1 见）等中土佛教撰述亦见，其中《释迦谱》1 例与上述《增一阿含经》文意相同，不赘，后三种均为经录，其例皆为佛经经题名，作《外道诱质多长者经》（4 见）及《质多长者请比丘经》（1 见）。

以上，我们讨论了《论》中 17 个译词在汉文佛典中较早可靠的使用时代，它们都出现于东晋十六国时期，从译词的角度来说，《论》的语言时代——保守地讲，东晋十六国时代译出的可能性更大，其语言时代的上限应该不早于这个时期。

上面这些译词除了可以让我们观察《论》的语言时代之外，还可以为推测其译作者提供一些线索①。"梵文经典的翻译往往是天竺或西域译主口授，再由别人记下来，因为经过这种周折，很不容易从译本的行文风格或遣词用句上来考查译者的特征。但专名的音译理应较为固定。同一译者在译不同的经典时，似乎对同样的专名应该用同样的汉字来迻写"（周一良 1963：343）。上面讨论的译词中，很多都见于《增一阿含经》："君头波叹"（3 见）、"迦尸"（13 见）、"婆伽

---

① 之所以用"译作者"这样的名称，而没有使用"译者"，是考虑到有的研究者认为《论》有可能不是翻译佛典，而是由译师口头解说，如本文第二部分所引杜继文的观点，笔者倾向认同这一种看法。

婆"（1 见）、"契经"（31 见）、"沙门四果"（4 见）、"优陀夷"（10
见）、"真净［王］"（31 见）、"质多长者"（4 见，且仅见于《增一
阿含经》），从这些译词在《增一阿含经》中的使用情况来看，本文
前述唐智昇关于《论》"此中牒经解释文句并同本经，似与《增一阿
含》同一人译"的推断是完全有可能的。今本《增一阿含经》题作
"东晋罽宾三藏瞿昙僧伽提婆译"，但据东晋道安《增一阿含经序》
与南朝梁僧祐《出三藏记集》记载，此经是东晋孝武帝时，符秦建
元二十年（公元 384 年）兜佉勒国沙门昙摩难提于长安翻译，难提
口诵胡本，竺佛念译传，昙嵩笔受。（僧祐 1995：47—48/338—339）
"兜佉勒谓吐火罗，即月支地，盖行小乘有部之教。……故难提者，
《阿含》之专家也。"（汤用彤 2011：127）如果《论》的译作者确是
昙摩难提，其于《论》中"引萨婆多说"则是渊源有自。《出三藏记
集》卷 13、卷 15 有"昙摩难提传"与"佛念法师传"，谓竺佛念
"通习方语，故能交译华梵""二含"（指《中阿含》与《增一阿
含》）光显，念之力也"。考虑到佛典从翻译到定稿是一项复杂的集
体工作，我们还初步调查了上述 17 个译词在确定的竺佛念译经中的
使用情况①：阿育王（15 见）、"迦尸"（3 见）、"频婆娑罗"（3
见）、"契经"（71 见）、"七使九结"（1 见）、"沙门四果"（1 见）、
"优陀夷"（16 见），"真净［王］"（10 见）。结合这两方面情况来
看，《论》的译作者很有可能与《增一阿含经》属于同一个译经
团队②。

---

① 竺佛念译经按照吕澂《新编汉文大藏经目录》勘定篇目。
② 佛典翻译经过诸多程序，参加翻译的有译主、传译、笔受等，因此将译经团队
作为佛典译作者可能更符合实际情形。

2. 普通词语

（1）包博

《汉语大词典》（以下简称《大词典》）未收，中土传世文献用例稀少，《论》1 见："仁尊既是众僧上座，又复智慧包博，唯垂慈愍，时宣法宝。"（31/b）旧题南朝宋宝云《佛本行经》见 1 例："佛之空无慧，包博虚空外。"①（4/55/c）"包博"，即"包博"。《正字通·心部》："博，俗博字。"宋智聪《圆觉经心境》卷六："包博曰广。"唐前译经仅此两例。唐宋中土佛教撰述有一些用例，如唐澄观《大方广佛华严经随疏演义钞》："三，广大者，一切行中修一切行故，体包博故。"（36/172/c）《大方广佛华严经疏》："包博为义，包则广容，博则广遍。"（35/525/c）

（2）本夫

"原来的丈夫"，《大词典》未收②。《论》1 见："时妇早亡，即生三十三天为天女，端政无双，天中少比……以天眼观世间，见本夫以出家学道。"（38/c）佛典较早可靠用例见于东晋，隋代译经亦见使用。例如法显等《摩诃僧祇律》："是女人欲还从本夫，不能自语，倩比丘往语其夫。"（22/272/b）隋阇那崛多等《无所有菩萨经》："勿令一切诸妇人见，必于此处染著乱意……弃舍本夫。"（14/690/c）此外，旧题南朝宋昙摩蜜多《转女身经》见 1 例："尔时转女身出家菩萨从虚空中下，顶礼佛足，语其本夫、诸居士。"（14/920/c）

（3）比较

动词，唐以前佛典未见可靠用例，《大词典》首引《颜氏家训·

---

① 此经据周一良《汉译马鸣〈佛所行赞〉的名称和译者》考证，经题名当为《佛本行赞》，译者是南朝宋宝云，文载周一良，1963，《魏晋南北朝史论集》，中华书局，第 339 页。

② 《大词典》收"本夫"，释作"亲夫"，与此"本夫"形同义别。

省事》。《论》1 见："迦叶即以比较，明其多少。"（30/a）《玄应音义》卷 18《分别功德论音义》卷 1："较，量也。"《法苑珠林》卷 100 载有《外内傍通比较数法》一卷，隋朝翻经学士泾阳刘凭撰。

又作"比校"，《大词典》首引《三国志·魏书·王粲传》。唐以前译经用例稀少，只在隋阇那崛多《善思童子经》中检得 1 例："假使我今说虚空可度量，欲比校斯经，不可得穷尽。"（14/614/c）上引《法苑珠林》"比较"宋元明三本与宫本即作"比校"。隋代中土佛教撰述亦见使用，如隋慧远《无量寿经义疏》2 见，《大般涅槃经义记》2 见，《十地经论义记》4 见，隋费长房《历代三宝记》3 见。

（4）并……并……

表示两个动词同时进行，相当于"且……且……"，《大词典》首引《列子》，接引《后汉书》。《论》1 见："臣即行觅，见有一人……并织屩并钓鱼、射鸟、捕雀。"（39/b）"并"的这种用法佛典最早的用例见于东晋十六国，如法显《摩诃僧祇律》："余人并嚼齿木并大小行并食。"（22/451/c）姚秦佛陀耶舍《四分律》："时诸比丘尼，……或并语并行，或在前或在后。"（22/927/b）姚秦鸠摩罗什《大庄严论经》："此诸从者……并语并笑，或举右手，指麾道径。"（4/277/a）北魏瞿昙般若流支《毗耶娑问经》："彼诸天女……并啼并言，可怜可悯。"（12/229/c）

（5）惭赧

因羞愧而脸红，《大词典》首引《后汉书·延笃传》。《论》1 见："弟见王，惭赧莫知所如。"（40/a）此词中古佛典稀见，只在失译附东晋录《卢至长者因缘经》检得 1 例："王小惭赧，此实卢至。"（14/824/a）唐宋译经及中土佛教撰述使用稍广，例略。中古传世文献用例亦不多，除《大词典》所引《后汉书》1 例外，于《魏书》卷 35《崔浩传》检得 1 例："时赫连昌在座，渊等自以无先言，惭赧而不能对。"

（6）常准

一定的标准，《大词典》首引《魏书·礼志一》。《论》1 见："善行生天，恶行三涂，流转五道，无有常准。"（31/a）可靠的译经用例始见于十六国南朝，唐宋中土佛教撰述沿用。如姚秦鸠摩罗什《佛藏经》："破所受戒，难可教语，行无常准，多所违逆。"（15/789/b）南朝梁僧伽婆罗《解脱道论》："若受饭食，应自思惟：所须多少，以为常准。"（32/405b）

（7）次比

排列编次，《大词典》首引《晋书·乐广传》。《论》1 见："阿难思惟，一便从一，二从二，三四五六乃至十，各令事类相著。或有说者，理不可尔，按如佛语，不可次比也。"（32/a）可靠的汉文佛典用例极少①，隋中土佛教撰述中检得 1 例，智𫖮《法华玄义》："经文次比，三义宛然。"（33/735/a）中古传世文献主要见于东晋南北朝时期，如《全晋文》卷 155 李暠《手令诫诸子》："粗举旦夕近事数条，遭意便言，不能次比。"南朝梁陶弘景《补阙肘后备急方》序："先次比诸病，又不从类。"又《真诰》卷 20："其余或五纸三

————————

① 佛典中有作"比次"者，例如姚秦竺佛念《出曜经》："一者契经，直文而说，义味深邃。二者诵，比次言语，不失本文。'"（4/643/b）僧祐《出三藏记集》卷 7《法句经》序："是后五部沙门，各自钞众经中四句六句之偈，比次其义，条列为品，于十二部经靡不斟酌，无所适名，故曰法句。"（按，此序据《祐录》未详作者，Jan Nattier［那体慧］在 A Guide to the Earliest Chinese Buddhist Translations: Texts from the Eastern Han 东汉 and Three Kingdoms 三国 Periods［The International Research Institute for Advanced Buddhology, Soka University, Tokyo 2008］第 115 页指出目前国际佛学界大多采信其作者很可能是支谦。）

纸，一纸一片，悉后人糊连相随，非本家次比。"

（8）多情

多欲，《大词典》未收此义①，《论》2 见，例如："比丘尼等本是多情。"（48/a）中古佛典稀见，姚秦鸠摩罗什《坐禅三昧经》："学不专一，好游林苑，多情多求，意著常见。"（15/271/a）同期中土传世文献用例亦不多见，陆云《言事者启：使部曲将司马给事覆校诸官财用出入启：宜信君子而远小人》："钱帛重宝，奸吏多情，出入之用，诚宜使虚实当法，以防检巧伪。"《真诰》卷 7："其今多情弥精耳，后勿复数尔，劳损其神。"

（9）访觅

寻访，寻找，《大词典》首引《敦煌变文集·大目乾连冥间救母变文》。《论》1 见："王敕诸臣，访觅恶人，臣即行觅。"（39/b）。中古佛典较早确定的用例见于十六国南北朝隋，例如符秦昙摩难提《阿育王息坏目因缘经》："王敕诸臣，访觅恶人，如此比类，速来上奏。"（50/178/b）② 南朝宋求那跋陀罗《过去现在因果经》："访觅国中聪明婆罗门善诸书艺。"（3/627/c）北齐那连提耶舍《大宝积经·菩萨见实会》："汝等诸人，访觅一人堪能往化净饭王者。"（11/351/b）隋阇那崛多《佛本行集经》："当于彼时，输头檀王，访觅菩萨，不知所在。"（3/887/b）中土佛教撰述亦见，例如南朝梁僧祐《释迦谱》："我奉王敕，寻求太子，便至跋伽仙人住处，访觅太子。"（50/30/b）③

---

① 《大词典》"情"字头下收"欲望"义，"多情"词头下未收"多欲"义。

② 此经《祐录》作竺佛念译。

③ 《论》中"觅"除了组成复音词"访觅"外，尚有单用者，如："此波旬放火觅比丘神，都不知所在。所以觅者，欲知进趣，坏令不成。"（47/a）"寻找"义的常用词"觅"，在东汉、三国、西晋译经中未见可靠用例，从东晋译经开始使用渐广，这也是判断《论》语言时代的一个有力证据，附论于此。

（10）贾客主

商人的首领，《大词典》未收，《论》1 见："时贾客主语众人言：'今世有佛，名释迦文，济人危厄，无复是过，我等称名，冀蒙得脱。'"（45/b）中古佛典确定较早的用例见于东晋十六国南北朝①，如东晋佛驮跋陀罗《大方广佛华严经》："譬如贾客主，欲利诸商人，先问道路中诸险艰难事。"（9/548/b）姚秦鸠摩罗什《十诵律》："诸比丘从贾客主乞水，贾客主即出水与。"（459/a）南朝宋佛陀什《五分律》："贾客主言：'今是吉日，不得不发。'"（22/51/c）北魏吉迦夜共昙曜《杂宝藏经》："一贾客主寻用其言，我等今弃所载水草，便即轻行。"（4/465/c）

（11）贯针

穿针，《大词典》未收，《论》2 见："（阿那律）已失肉眼，无所复睹，五百弟子各弃驰散。倩人贯针，扪摸补衣，线尽重贯，无人可倩，左右唱曰：'谁欲求福者，与我贯针。'"（41/c）此词中古汉文佛典使用不多，《增一阿含经》3 见："是时阿那律以凡常之法而缝衣裳，不能得使缕通针孔中。是时阿那律便作是念：'诸世间得道罗汉，当与我贯针。'是时世尊以天耳清净，闻此音声：'诸世间得道阿罗汉者，当与我贯针。'尔时世尊至阿那律所而告之曰：'汝持针来，吾与贯之。'阿那律白佛言：'向所称说者，谓诸世间，欲求其福者，与我贯针。'世尊告曰：'世间求福之人无复过我。'"（2/719/a）姚秦鸠摩罗什《大庄严论经》1 例："时王将侍从往诣祇洹，见一比丘坐大石上缝粪扫衣，有七百梵天在其左右，有合掌礼敬者，

---

　　① 旧题后汉康孟详《兴起行经》1 见，此经据方一新等考证，翻译年代不会早于东晋道安生活的时代，参见方一新、高列过，2012，《东汉疑伪佛经的语言学考辨研究》，北京：人民出版社，第 231 页。此外，旧题安法钦《阿育王传》3 见，《阿育王传》的译者及时代参看本书第 119 页注释②。

有取缕者，有贯针者。"（4/296/b）① 旧题东晋竺昙无兰《见正经》1 见："譬如暗夜贯针。"（17/742/b）② 中古中土文献只在旧题北齐刘昼《刘子》卷 8 检见 1 例："故仰而贯针，望不见天。"

（12）洪痴

《大词典》未收。《论》1 见："阿毗昙者，大法也。所以言大者，四谛大慧，诸法牙旗，断诸邪见，无明洪痴，故曰大法也。"（32/a）汉文佛典仅见此例，中土佛教撰述检得 2 例，东晋道安《阴持入经》序："洪痴不得振其翼，名爱不得逞其足。"南朝宋释宝林《破魔露布文》："是以如来越重昏而孤兴，蔚勤功于旷劫，曜三涂之高明，拔洪痴于始造。"中土传世文献未见。

（13）胡言

胡人的语言。《大词典》首引《隋书》。《论》1 见："有双生儿弃之于路，有人收取，养长令大，各出家为道，无人与作字，即字为道生，胡言般咃也。"（51/c）③ 中古汉译佛典较早可靠的用例见于十六国及北朝，如姚秦竺佛念《鼻奈耶》："東，胡言阒罗婆。"（24/895/b）北魏菩提流支《金刚仙论》："彼智圻者，胡言般若波罗蜜。"（25/835/c）同期中土佛教撰述亦见，如南朝梁宝亮《大般涅槃经集解》："经者，胡言修多罗，含有五义。"（37/378/a）隋慧远《无量寿经义疏》："胡言分卫，此云乞食。"（37/97/a）

（14）极法

极刑，死刑，重刑。《大词典》首引《宋书·蔡兴宗传》。《论》

---

① 此经《祐录》未收，最早见录于《开元释教录》。
② 此经《祐录》收入卷 3《新集安公失译经录》，经题名作《生死变化经》。
③ 此例宋元明三本及宫本作《梵言》。据初步调查，"梵言"佛典较早可靠的用例见于十六国北朝译经，用例较少，唐代译经用例极多。

1 见："今且假汝七日作王，如我王法，群臣侍从，宫人妓女，饮食进御，恣意七日，当就极法。"（40/a）中古佛典及中土佛教撰述使用不多，如法显等《摩诃僧祇律》："断事官言：'……受具足者，极法治罪。'"（22/419/c）姚秦鸠摩罗什《大乘大义章》："大臣言：'罪应极法。'"（45/128/b）中土传世文献亦见，如《魏书》卷111《刑罚志》："虽律无正条，罪合极法，并处入死。"

（15）理应

理当、应当。《大词典》首引南朝梁江淹《萧上铜钟芝草众瑞表》。《论》3 见，如："见其精勤，理应生天。"（38/c）可靠的译经用例始见于姚秦竺佛念、鸠摩罗什及北凉昙无谶所译经。东晋、北朝译经未见，南朝及唐代译经用例较多，宋代译经未见。中土佛教撰述中，南朝梁宝亮《大般涅槃经集解》、法云《法华义记》以及隋慧远、智顗、灌顶、湛然等中土僧人著作中亦见。中土传世文献，全晋、宋、齐、梁、陈、后魏、北齐、后周文以及全隋文皆见。

（16）家主

《大词典》首引《史记》，接引明《醒世恒言》。《论》1 见："长者即出家学道，免奴为家主。"（37/c）。佛典较早可靠的用例见于东晋十六国南朝，如法显等《摩诃僧祇律》："其妇答言：'家主有事，系闭在狱，何得有乐？阿阇梨当知，今我家主，恐罪至死。'"（22/256/b）姚秦鸠摩罗什《十诵律》："语汝家主，有大海估客，今在门下。"（23/87/c）南朝宋求那跋陀罗《杂阿含经》："摩身洗浴，覆以青衣被，立为家主。"（2/26/c）中土传世文献南朝宋刘义庆《幽明录》1 见："此家主语子弟曰：'佛怜我家贫，令鬼推磨。'"

（17）苦切

恳切，迫切，《大词典》首引《新唐书》。《论》1 见："须摩那比丘所以善诲比丘尼僧者，此比丘常以苦切之言诫敕诸尼僧。"（48/a）中古佛典早期可靠的用例见于十六国南北朝隋，如姚秦竺佛念《最胜问菩萨十住除垢断结经》："以苦切之教，将入法律。"（10/1030/c）南朝宋佛陀什《五分律》："长生复作是念：'父母临终，诲我苦切。'"（22/159/c）北魏慧觉《贤愚经》："佛为种种，苦切说法。"（4/394/c）隋阇那崛多《佛本行集经》："彼等婇女心苦切，渴仰欲见太子还。"（3/739/b）①

（18）郎君

主人的儿子，后世所谓"少爷"。（蒋礼鸿 1994：192）《大词典》首引《孔雀东南飞》。②《论》1 见："婢举头视，知是大家，便入白曰：'郎君在外。'"（42/c）中古汉文佛典使用稀少，同期中土传世文献主要见于南北朝，如《世说新语·排调》："诸葛瑾为豫州，遣别驾到台，语云：'小儿知谈，卿可与语。'连往诣恪，恪不与相见。后于张辅吴坐中相遇，别驾唤恪：'咄咄郎君！'"《水经注》卷十《浊漳水》："渊水又东南，结而为湖，又谓之郎君渊。耆宿又言，县沦之日，其子东奔，又陷于此，故渊得郎君之目矣。"

（19）齐契

"同心默契"。《大词典》引《晋书》《南齐书》。《论》1 见："二人齐契，法宝长存。"（31/c）该词中古汉文佛典仅此 1 例。中土

---

① 方一新、高列过讨论过佛典中"～切"式复音词，指出"该式复音词大部分例证见于西晋以后的文献"，见方一新、高列过，2012，《东汉疑伪佛经的语言学考辨研究》，北京：人民出版社，第325—326页。就"苦切"而言，汉译佛典未见东晋以前可靠用例。

② 《孔雀东南飞》的写定年代，无论是文献学方面，还是语言学方面，相关的考证有很多，这里取徐复先生《从语言上推测〈孔雀东南飞〉一诗的写定年代》一文的考订，其写定时间不早于东晋。文载《学术月刊》1958年第2期，收入徐复，1990，《徐复语言文字学丛稿》，南京：江苏古籍出版社，后又收入王云路、方一新编，2000，《中古汉语研究》，北京：商务印书馆。

传世文献《全晋文》卷10、《真诰》卷2皆有用例，依次如下，晋成帝八年《北讨诏》："今遣健步，克同征举。宜令影响相应，万里齐契""真妃少留在后……而授书曰：'忘怀兰素，晖心齐契。'"

（20）切教

深切的教导。《大词典》未收。《论》2见，例如："缘此爱情，诲约切教，由是苦言，爱著即解。"（48/a）中古汉文佛典确切可靠的用例主要见于十六国时期姚秦竺佛念的译经①，如姚秦竺佛念《出曜经》："尔时比丘闻佛切教，心开意解。"（4/615/b）符秦昙摩难提《阿育王太子法益坏目因缘经》："群臣人民闻此切教，咸共惊愕。"（50/175/c）同期中土佛教撰述于《出三藏记集》卷10东晋道安《比丘大戒》序见1例："说戒之日，终夜达晓，讽乎切教，以相维摄。"

（21）肉身/肉形

《大词典》首引唐译《楞严经》。《论》2见："如来有二种身，一法身，二肉身。此比丘但爱金色肉身，不爱无漏法身。"（50/b）这里的"肉身"指"地、水、火、风四大和合的幻身"。中古译经较早见于东晋十六国时期，南北朝隋沿用。如《增一阿含经》："肉身虽取灭度，法身存在。"（2/787/b）姚秦鸠摩罗什《十诵律》："汝痴人，欲见我肉身为？"（23/273/a）

与"肉身"同义的还有"肉形"一词，《大词典》未收。《论》1见："卿今来见我者，正可睹我肉形耳。"（36/b）中土传世文献稀见，佛典较早的用例见于十六国北朝时期，如姚秦鸠摩罗什《成实

---

① 东晋法显《大般泥洹经》见1例："闻佛切教，能随厌怖，身毛皆竖。"（12/868/a），此例"切"圣语藏本作"正"。旧题北凉昙无谶《佛所行赞》："菩萨闻父王切教苦备至，端坐正思惟。"（4/17/b）。

论》："此肉形中，佛说有四大。"（32/261/c）北魏吉迦夜共昙曜《付法藏因缘传》："大自在天作一肉形，高数四丈，左眼枯涸，徐步安详。"（50/319/a）

（22）设药

合药、配药，《大词典》未收。《论》1见："犹病有相因而生，是以设药，相从而成。"（47/b）① 中古佛典较早可靠用例见于东晋南朝，如法显《摩诃僧祇律》："现疾疫劫，为之设药。"（22/871/c）南朝齐僧伽跋陀罗《善见律毗婆沙》："医师设药，病亦不差。即呵责言：'师无验，不解设药。'"（24/760/b）同期中土佛教撰述亦见，如隋吉藏《十二门论疏》："此之十二，无理不通，无累不寂，随病设药。"（42/174/b）

（23）失粪

大便失禁，《大词典》未收。《论》1见："命终时见地狱瑞，惊恐失粪。"（33c）佛典可靠较早的用例见于十六国时期，南北朝隋译经及中土佛教撰述皆见。例如姚秦竺佛念《出曜经》："打时有二非义：草索伤犬足，复令失粪。"（4/660/a）南朝宋慧严等《大般涅槃经》："陆行之类，藏伏窟穴，飞者堕落。诸大香象，怖走失粪。"（12/767/a）北魏瞿昙般若流支《正法念处经》："如是病人……心生惊怖，蹴声唱唤，复更失粪。"（17/75/c）南朝梁宝亮《大般涅槃经集解》："诸大香象，怖走失粪。"（37/542/c）

（24）贪贵

贪著，贪乐，《大词典》未收。《论》1见："所以称尼婆比丘五纳为上者，此比丘观身秽漏、三十六物，无可贪贵。"（44/c）中古

---

① "设药"，宋元明三本及宫本作"说药"，不从。

汉文佛典确切可靠的例子主要见于姚秦鸠摩罗什的译经，如《佛藏经》："若执一事，坚持不舍，贪贵世利，乐读经书，不能通达诸法实相。"（15/800/c）《大智度论》："复次，有人有所贪贵故，心动不能自安，若得则欢喜，失则忧戚；菩萨无所贵、无所贪故，至于得失，心清净不动故。"（25/576/b）

（25）淘米

《大词典》首引杜甫诗。《论》1见："时婢淘米，将欲弃泔。"（42/c）此例有异文，"淘"，宋、元、明三本及宫本作"洮"。"淘米"中土佛典用例除《论》外，失译附东晋录《护净经》检得1例："以清净手，捉众僧净器，净手淘米。"（17/565/b）同期中土文献《齐民要术》使用较多，共11例，例如卷7："淘米必须极净，常洗手剔甲，勿令手有咸气。"

"洮米"，佛典最早可靠的用例见于东晋《摩诃僧祇律》："尔时应以洮米泔汁槽盛，溃病比丘。"（22/360/c）旧题安世高译《大比丘三千威仪》："教人洮米有五事。"（24/923/a）中土传世文献亦见用例，如《尔雅·释训》"溞溞，浙也"，郭璞注："洮米声。"

（26）下肠

疑指腹泻一类的肠道疾病，《大词典》未收，《论》1见："目连被打，身子下肠，如是五百弟子，各以宿缘取灭度。"（37/b）《增一阿含经》卷18记载目连涅槃之前遭执杖梵志瓦石围打，身子（即舍利弗）在故乡摩瘦国"身遇疾病，极为苦痛。时唯有均头沙弥供养，目下除去不净，供给清净。……时释提桓因躬自除粪，不辞谦苦。是时尊者舍利弗即以其夜而般涅槃。"（2/640/b）"下肠"，佛典文献罕见，较早的例子在姚秦竺佛念《菩萨从兜术天降神母胎说广普经》检得1例："智慧舍利弗，常行佛功德，下肠取灭度，此是明白证。"（12/1056/c）

（27）形心

"身心"，"形"有"身体"义。《大词典》未收，《论》1 见："小乘捡形，动则越仪。大士领心，不拘外轨也。大小范异，故以形心为殊。内外虽殊，俱至涅槃。"（36/b）佛典语料使用较少，旧题南朝宋求那跋陀罗《十二头陀经》检得 1 例："阿兰若比丘，远离二著，形心清净，行头陀法。（17/720/c）隋代中土佛教撰述亦见用例，如智𫖮《释禅波罗蜜次第法门》："息遍身者，形心既安，则气道无壅。如似饮气既，统遍身中。"（46/526/a）

（28）形质

形体，《大词典》首引唐刘禹锡文。《论》1 见："那律专用天眼观大千世界，精粗悉睹。别形质中，有识无识，皆悉别知。"（42/a）佛典可靠早期用例见于十六国南朝隋，如《增一阿含经》："七日出时……悉为灰土，亦无形质之兆。"（2/736/c）姚秦佛陀耶舍共竺佛念《长阿含经》："彼众中有一人，形质长大，容貌端正。"（1/148/c）姚秦竺佛念《最胜问菩萨十住除垢断结经》："有形质者，是亦为色。"（10/983/a）南朝宋求那跋摩《菩萨善戒经》："现同其像，同色同衣，形质修短，与彼无差。"（30/971/c）隋阇那崛多《大法炬陀萨尼经》："我今善能量度虚空。如是多少，如是宽狭，乃至如是大小、长短、形质等类。"（21/698/a）

（29）仰攻

从低处向高处攻击，《大词典》首引《世说新语》。《论》1 见："长者曰：'此必膈上有水，仰攻其头。'"（46/a）该词现存中古汉文佛典除《论》此例外未见他例，同期中土传世文献除《大词典》引《世说新语》例外，《列子·汤问》东晋张湛注中见 1 例"夫班输之云梯、墨翟之飞鸢，自谓能之极也"，张注："班输作云梯，可以凌虚仰攻；墨子作木鸢，飞三日不集。"

（30）引手

伸手，《大词典》首引韩愈文。《论》1 见："其能引手取此钵者，便得第一。"（43/b）汉文佛典最早可靠的用例见于十六国时期，如姚秦鸠摩罗什《大庄严论经》："身处于地上，引手扪日月。"（4/335/b）中土传世文献亦见使用，如《齐民要术》卷1《种瓜第十四》："摘瓜法：在步道上引手而取。"《古小说钩沉·幽明录》："乃引手，即有数十指出。"《魏书·叔孙建传》："俊觉悦举动有异，便引手掣之，乃于悦怀中得两刃匕首。"

（31）由状

原由情况，《大词典》首引《魏书》，次引《百喻经》与《法苑珠林》。《论》1 见："家有未出门女，在家向火，暖气入身，遂便有躯。父母惊怪，诘其由状。"（50/b）中古佛典与同期中土传世文献用例较少，唐代开始用例渐多。北魏吉迦夜共昙曜《杂宝藏经》："儿遂长大，端政无比，转觉羸损，如似病者，我即问儿病之由状。"（4/492/c）《急就篇》卷4"朋党谋败相引牵，欺诬诘状还反真"，唐颜师古注："囚系之徒或欺诈闭匿，或诬冤良善。既被考诘穷治，由状乃归实也。"唐临《冥报记》卷中："家人故来视，大安为说被伤由状。"圆仁《入唐求法寻礼行记》卷二："日本国僧圆仁等状上，奉帖勘问抛却在赤山院日本国僧三人、行者一人、东西存亡事由状。"

（32）斋讲

宣讲佛法的集会，《大词典》首引《颜氏家训》。《论》2 见，例如："斋讲者，斋集部众，综习所宜，善能劝成故。"（42/b）佛典最早用例见于十六国南朝，如《增一阿含经》："能广劝率，施立斋讲，陀罗婆摩罗比丘是。"（2/557/b）鸠摩罗什《弥勒下生成佛经》："或以施僧常食，斋讲设会，供养饭食，修此功德，来至我所。"（14/425/a）南齐僧伽跋陀罗《善见律毗婆沙》："如前所说，或作得想，以此物供养三宝，斋讲设会。"（24/733/b）南朝隋中土佛教撰述亦见使用，例如《出三藏记集》卷15《道安法师传》："（安）居阳平寺，年八十余为伪晋公姚绪所请，集僧斋讲。"南朝梁僧祐《弘明集》卷12郑道子《与禅师书论踞食》："故斋讲肄业，则备其法服，礼拜有序，先后有伦。"南朝梁慧皎《高僧传》卷7《释道温》："所设斋讲，迄今月八日。"隋费长房《历代三宝纪》卷11："每舍身时，地为之震，相继斋讲，不断法轮。"

（33）占相

观察，端详，《大词典》首引《后汉书》。《论》1见："母始怀妊时，请梵志占相。"（50/c）中古汉文佛典确切可靠的早期用例见于十六国，南北朝隋沿用，例如《增一阿含经》："时音响王召诸外道、梵志、群臣，使令占相。"（2/815/a）姚秦佛陀耶舍《四分律》："瓶沙王无子，时王即集能相婆罗门，令占相诸夫人。"（22/591/c）南朝宋求那跋陀罗《过去现在因果经》："即便占相，具见相已，忽然悲泣，不能自胜。"（3/627/a）隋阇那崛多《佛本行集经》："迎二童子，将还入宫，召唤解相大婆罗门，教令占相。"（3/674/b）

（34）正寿

正常的寿命、应有的寿命，《大词典》未收此义。[①]《论》1见："佛告阿难：'如我今日，皮身清净，无过于我，犹如莲华，不著泥水，正寿八十。"（45/c）作此义的"正寿"，唐前佛典中可靠的用例主要见于《增一阿含经》及佛陀耶舍共竺佛念译《长阿含经》，例如

---

① 《大词典》仅收"人五十、六十、七十等整岁寿日"义，首引《儿女英雄传》，与《论》"正寿"义有别。

《增一阿含经》："我亦曾从耆年长老边闻：复有郁单越，人民炽盛，多诸珍宝，所为自由，无固守者。寿不中夭，正寿千岁，在彼寿终，必生天上，不堕余趣。"（2/583/c）又："彼三十三天正寿千岁。"（2/828/a）《长阿含经》："时人正寿四万岁，其后转少。"（1/40/c）

（35）正欲

"如果"（李维琦 2004：378），《大词典》未收。《论》12 见，例如："时迦叶适欲至贫家福度，（天帝释）谛念：'正欲现天身，惧恐不受我施。便于中路，现作草屋，羸病在中。'"（30/b）又："此儿有王者相，后必夺我位，当如之何？正欲辄杀，罪不应死；正欲置之，惧必夺己。"（51/a）作此义的"正欲"佛典较早可靠的用例见于东晋十六国，如法显《摩诃僧祇律》："我今设语，彼当瞋恚，拔我毛羽。正欲不言，众鸟之类，长夜受困。"（22/288/c）姚秦佛陀耶舍《四分律》："我正欲向人说，惧彼得恶名称，若彼得恶名称，于我亦恶，遂默然不说。"（22/716/b）中土文献暂未见该词作此义用者。

（36）自害

自杀，《大词典》首引《魏书》。《论》3 见，如："昔有比丘名婆吉梨……自患己身，以为大累，每思自害……即以手执刀，将欲自刎。"（37/a）中古汉文佛典可靠较早的用例见于东晋十六国南朝，例如法显《摩诃僧祇律》："时诸比丘，修不净观，患厌身苦。中有以绳自勒、饮服毒药、以刀自害、投坑赴火，自杀者众。"（22/254/b）姚秦佛陀耶舍共竺佛念《四分律》："汝母在后，失汝不知所在，极怀愁忧，乃欲自害。汝可往瞻省，勿令自害。"（22/790/a）南朝宋求那跋陀罗《央掘魔罗经》："时彼比丘然火炙疮，疮转苦痛，不能堪忍，投岩自害。"（2/541/b）

上面共讨论了《论》中 36 个普通词语及用法在汉文佛典、中古佛教撰述以及中土传世文献中使用的时代情况。若以这些词语在汉文佛典中的使用情况为观察点，约略可以分为两类情形，一类是佛典使用比较普遍的，一类是佛典使用较为稀少、罕见甚至是《论》中仅见的，后一类情形的词语占少数，大部分词语属于前一类情形。这两类中除了个别仅见于《论》的词语外，其余在汉文佛典中较早可考的确切使用时代基本都在东晋十六国时期，这充分显示着《论》作为一部与《增一阿含经》有着密切关系的佛教论典在语言时代上与其所解说原文的关联性。此外，由上面的讨论可见，这些词语中的"切教""下肠"主要见于姚秦竺佛念的译作，"贯针""正寿"在佛典中主要见于《增一阿含经》及竺佛念的译作，竺佛念是翻译《增一阿含经》的重要参与者，这从一个侧面也暗含了《论》译作者的重要信息，这与上文通过对佛典译词的使用来推测《论》的译作者所得到的结论是一致的、不相违背的。

三、杂谈《论》中几个具有时代特征的语法现象

方一新、高列过曾讨论过《论》中的被动句、疑问句的时代特征（方一新、高列过 2003；2012：397—400），除此之外，《论》中尚有几个比较明显的具有时代特征的语法现象未见涉及，今条陈论列于下。

1. 表必要的助动词"要"的使用

李明指出"表必要的助动词'要'来源于副词义'终究、总归、总之、无论如何等'"，"表必要的助动词'要'在南北朝已有一些例子"（李明 2016：75、80）。"要"的这种助动词用法《大词典》首引《世说新语》，《论》5 见，例如："从旦至中，要度一人，令至道

迹。'"（46/b）中古佛典这类"要"较早确定可靠例子见于东晋以降的译作，如东晋佛驮跋陀罗《大方广佛华严经》："譬如丈夫食少金刚，终竟不消，要从身过，至金刚轮际，然后乃住。"（9/629/b）法显《摩诃僧祇律》："若遥见乌鸟，不得便还，要到其所。"（22/456/b）乞伏秦圣坚《除恐灾患经》："母告之曰：'听汝舍家。若卿道成，要还见吾，尔乃相听。'"（17/553/c）姚秦竺佛念《出曜经》："居士食法，要当问师。"（4/670/b）《增一阿含经》："若我经行，有畏怖来者，尔时我亦不坐卧，要除畏怖，然后乃坐。设我住时，有畏怖来者，尔时我亦非经行，亦复不坐，要使除其畏怖，然后乃坐。设我坐时，有畏怖来者，我不经行，要除畏怖，然后乃坐。若我卧时，有畏怖来者，尔时我亦非经行，亦复不坐，要使除其畏怖，然后乃卧。"（2/666/b）南朝宋求那跋陀罗《过去现在因果经》："虽有身手，不能自运，要假他力，然后坐起。"（3/630/a）北魏慧觉等《贤愚经》："我受师教，要七日中，满得千指，便当得愿，生于梵天。"（4/424/a）① 隋阇那崛多《佛本行集经》："汝要须为我选觅一刹帝利清净之家，堪我生处。"（3/679/a）姚秦僧肇等《注维摩诘所说经》："肇曰：'……凡得食，要先作意，施一切众生，然后自食。'（竺道）生曰：'乞食得好，而在众食者，要先分与上下坐，以为供养也。'"（38/349/a）

2. 名量词"条"的使用

刘世儒先生指出，名量词"条"泛用于一切条状物，可用于绳子、道路、衣裙等，"条"字最虚化的用法是来量"事"，"条"量"事"起于把"事"写成"条文"，在汉代这种用法虽然已经常见，

---

① 此例与前一例采自李明，2016，《汉语助动词的历史演变研究》，北京：商务印书馆，第81页。

但总以真写成"条文""若木条然"为限，至南北朝产生更虚灵的用法，或成条或不成条都可以用"条"来计量。由此再进一步，同"书写"脱离关系，变成同"件""项"一类的量词。（刘世儒 1965：101—104）《论》见 1 例"条"用为量词："如是比譬喻数十条事，王意开解，信向三尊。"（50/c）此例"数十条事"乃道人口说，与"书写"无关，属于量词"条"的"更虚灵的用法"，这一类"条"刘世儒先生所举最早的例子是《论语》南朝梁皇侃的疏文，此外尚有南朝梁陶弘景文、《世说新语》、鲍照及何处士诗。中古汉文佛典"条"的这类量词用法较早可靠的用例见于十六国时期，如《增一阿含经》："有妇如似母，有妇似亲，有妇似贼，有妇似婢。……有此四妇，汝今为在何条？"（2/820/c）此例"条"用如"项"。南朝宋佛陀什《五分律》："富兰那语迦叶言：'我亲从佛闻：内宿内熟、自熟、自持食、从人受、自取果食、就池水受、无净人净果除核食之。'迦叶答言：'大德，此七条者，佛在毗舍离时，世饥馑，乞食难得，故权听之。……富兰那言：'我忍余事，于此七条不能行之。'"（22/191/c）隋阇那崛多《佛本行集经》："此诸瑞相非一条，仁今作佛大尊极。"（3/792/c）

3. 名量词"粒"的使用

"粒"的本义是"米粒"，从陪伴"谷粟"一类的东西开始发展为量词（刘世儒 1965：117），《大词典》首引唐郑遨《伤农》诗。《论》1 见："时有一乌飞来，衔一粒米去。"（36/a）中古汉文佛典较早可靠确定的用例见于东晋以降的译作，如法显《摩诃僧祇律》："计此一粒，百功乃成。"（22/406/b）姚秦鸠摩罗什《成实论》："如一粒米，投大聚中。"（32/269/a）北凉昙无谶《优婆塞戒经》"譬如有人，欲烧聚落，于干草中，放一粒火。"（24/1057/b）南朝宋僧伽跋摩等《杂阿毗昙心论》："一施报故，生大姓家，生识宿命。自见施果已，更增净业。果报增广，乃至漏尽。说彼根本，如一粒种子。"（28/884/c）北魏慧觉等《贤愚经》："即持此豆，奉散于佛。四粒入钵，一粒住顶。……四粒入钵，王四天下。一粒在顶，受乐二天。"（4/440/c）陈真谛《阿毗达磨俱舍释论》："此有人一，百年度除一粒麻。"（29/219/c）隋阇那崛多《佛本行集经》："尔时菩萨……日别止食一粒乌麻，或一粳米，小豆大豆……如是日日各别一粒。"（3/767/b）

中土佛教撰述与传世文献也主要集中出现在东晋南北朝时期，刘世儒书中所举例有王嘉《拾遗记》、南朝梁《高僧传》、范云及傅玄的诗①，这里补充同期其他文献几个例子，如东晋葛洪《肘后备急方》卷1《治卒腹痛方》："附子一枚，椒二百粒，干姜半两，半夏十枚，大枣三十枚，粳米一升。水七升。"《洛阳伽蓝记》卷5："昔尸毗王仓库为火所烧，其中粳米燋然，至今犹在，若服一粒，永无疟患。"《齐民要术》卷9《炙法》："和大豆酢五合，瓜菹三合，姜、桔皮各半合，切小蒜一合，鱼酱汁二合，椒数十粒作屑，合和，更锉令调。"

4. 比况短语"如……许"的使用

现代汉语比况短语由比况助词"似的"或"一样"附着在词或短语的后面构成，常用"像……似的""像……一样"的格式，主要起到比拟、修饰作用。中古汉语也有这类比况短语，常见的有"如……比""如……许"，其中"如……许"较早可靠的用例见于东晋

---

① 傅玄为三国西晋人，从经录记载以及《论》所释《增一阿含经》译自苻秦时期可推知，《论》语言时代的上限不会早过西晋。另外，刘书所举傅诗为《灾旱诗》，此诗据逯钦立《先秦汉魏晋南北朝诗》可知其辑自北宋《太平御览》，其语言时代的真实可信度尚在疑信之间。

十六国以降的文献。《论》中见 1 例"如……许":"罗云……即忍如地,不起害心如毛发许。"(51/b)其他佛典文献略举几例,如东晋僧伽提婆《中阿含经》:"我不见此人有白净法如一毛许。"(1/601/c)北凉昙无谶《大般涅槃经》:"我今饥穷,众苦所逼,愿当济我如微尘许。"(12/432/b)姚秦竺佛念《出曜经》:"犹如大海,取其一渧,减须弥山如芥子许,损大地土如米许,复损虚空如蚊许。"(4/665/b)姚秦鸠摩罗什《十诵律》:"堂有五百柱,有一宝柱,如毫毛许。"(23/442/a)又《禅秘要法经》:"见向一虫,大如狗许。"(15/247/a)又:"谛观右脚大指两节间,令节相离,如三指许。"(15/248/a)《增一阿含经》:"不能使带移动如毫厘许。"(2/709/a)①

中土传世文献亦见使用,如东晋葛洪《抱朴子》卷 5:"《小神丹方》:……旦服如麻子许十丸。"又《肘后备急方》卷 3《治卒得咳嗽方》:"椒二百粒(捣,末之),杏仁二百枚(熬之),枣百枚(去核)。合捣,令极熟,稍稍合如枣许大,则服之。"《齐民要术》卷 6:"取芥子,熟捣,如鸡子黄许,取巴豆三枚,去皮留脐,三枚亦熟捣,以水和,令相著。"

《论》中使用的上述助动词、量词和短语结构在佛典及同时期其他文献里确定出现的时代与上文词汇部分考查的结论是一致的。

结　语

从上文的译词、普通词语与若干语法现象所显现出来的语言时代

---

① 除这些例子外,汉文佛典中尚有:如丈许、如钱许、如明镜许、如手许、如车轮许、如此小钵一毛分许、如豆许、如斗许、如一发许、如毛头许、如米豆许、如毛孔许、如针孔许、如针头许、如枣栗许等形式,不赘举。这些比况结构的出现时代均不早于东晋。

来看,《论》不可能是东汉时期的译作,其译出时代的上限当在东晋十六国时期,不早于这个时期,其下限根据经录记载目前可以暂定在《祐录》问世之前,即南朝齐梁时期①。尽管以往的研究显示《论》的语言时代可能不早于西晋,但如果考虑到同时代译经语言相互影响、渗透和借鉴,当观察讨论的语言现象在首现时代上出现参差、不一致的状况时,研究者只能审慎地认同较后的时代是其考查对象的语言时代。

至于《论》的译作者,目前只能做出初步的推测,从若干译词及普通词语与《增一阿含经》的一致性这一点上来看,《论》的译作者与《增一阿含经》有可能隶属于同一个译经团队。译作者的研究需要细致的比对《论》与《增一阿含经》在语言风格、词汇运用和语法现象等方面的异同,进一步的深入研究是十分必要的。

参考文献

陈寅恪,2001,《读书札记三集》,北京:生活·读书·新知三联书店。

慈怡等,1989,《佛光大辞典》,台北:佛光山出版社。

杜继文,2008,《汉译佛教经典哲学》,南京:江苏人民出版社。

方一新、高列过,2003,《分别功德论翻译年代初探》,《浙江大学学报(人文社会科学版)》第5期。

方一新、高列过,2012,《东汉疑伪佛经的语言学考辨研究》,北京:人民出版社。

---

① 根据苏晋仁的研究,《祐录》原10卷,撰于南齐,入梁以后,陆续有所增益,扩展成15卷,至梁天监十七年(公元518年)僧祐去世之前皆在不断增补之中。文见释僧祐,1995,《出三藏记集·序言·撰写年代》,苏晋仁、萧炼子点校,中华书局。

蒋礼鸿（主编），1994，《敦煌文献语言词典》，杭州：杭州大学出版社。

李明，2016，《汉语助动词的历史演变研究》，北京：商务印书馆。

李维琦，2004，《佛经词语汇释》，长沙：湖南师范大学出版社。

刘世儒，1965，《魏晋南北朝量词研究》，北京：中华书局。

僧祐，1995，《出三藏记集》，苏晋仁、萧炼子点校，北京：中华书局。

汤用彤，2011，《汉魏两晋南北朝佛教史》（增订本），北京：北京大学出版社。

王毅力，2012，《从词汇角度看〈分别功德论〉的翻译年代》，《宗教学研究》第1期。

周一良，1963，《汉译马鸣〈佛所行赞〉的名称和译者》，载《魏晋南北朝史论集》，北京：中华书局。

朱庆之，1992，《佛典与中古汉语词汇研究》，台北：文津出版社。

从语言角度看《大方便佛报恩经》的翻译时代*

史光辉

《大方便佛报恩经》（七卷），失译，附后汉录。学界对此经翻译年代的看法不一致，如吕澂认为是东汉失译经，许理和认为不是，没有将其归入东汉译经的目录中。一些学者把它当作东汉语料来使用，这是有问题的。这部经的时代可疑，有学者已经对其时代作出一些揣测和考察①。本文拟从词汇、语法方面对《大方便佛报恩经》翻译年代作一些补充考察，为学者利用提供方便。

一、词汇方面

汉语的词汇具有时代性，从词汇角度判定作品的译者及其时代是可行的。本节拟从《大方便佛报恩经》中的源自原典的词语、一般词语和常用词三部分来探讨译作年代。

* 本文是国家社科基金项目（编号：06CYY016）、贵州省高层次人才特助基金（黔人领05［13］）的部分成果，本文写作是在方一新教授指导下完成的，谨此致谢。本文原载《古汉语研究》2009年第3期。

① 如汪维辉先生（2000：292）认为："有种种迹象表明，这些经的实际翻译时代可能要晚于东汉，估计为三国时期所译。"此外，方一新先生《翻译佛经语料年代的语言学考察——以〈大方便佛报恩经〉为例》，《古汉语研究》2003年第3期；方一新、高列过（2005）都对此经作了考察。

（一）源自原典的词语

许理和先生（1998）曾说过："对于中国佛教初期历史而言，翻译所选的文本的性质以及翻译所用的术语，均揭示了汉代佛教的某种基本特征。"我们通过对来自原典的词语进行研究，来区分哪些是汉代就有的，哪些是以后才出现的。

如是我闻

（1）如是我闻，一时佛住王舍城耆阇崛山中，与大比丘众二万八千人俱，皆所作已办。（《大方便佛报恩经》卷1，3，124a）①

如是我闻，梵名 evaṃ mayā śrutam，巴利名 evaṃ me sutam，佛经经文之初所常用的语句。又译"闻如是""我闻如是"。依传统的说法，佛灭后不久，有五百阿罗汉于王舍城举行第一次结集。其时阿难于会众前诵出经文。而在诵出经文之前，先言'如是我闻'，以表示此下所诵是直接从佛陀处亲闻。

东汉译经中不见有译为"如是我闻"的，只译为"闻如是"。三国译经中"如是我闻"仅见一例："如是我闻。一时佛在舍卫国只陀林中，给孤穷精舍，与大比丘僧千二百五十人俱，菩萨五千人。"（《大宝积经》卷第82，曹魏康僧铠译《郁伽长者会》第19，11，472b）三国时多为"闻如是"。又有作"我闻如是"的："我闻如是，一时佛住王舍城耆阇崛山中，与大比丘众万二千人俱。"（曹魏康僧铠译《佛说无量寿经》卷上，12，265c06）此经吕澂（1980）

---

① 本文所引佛经均据日本《大正新修大藏经》；3，124 a 分别表示册数、页码、栏次。

认为是南朝宋宝云译。永初二年（公元 421 年）出，后误为康僧铠译。

西晋时期的译经也多用"闻如是"。不见有用"我闻如是"，只有三例用了"如是我闻"，它们是："如是我闻，一时佛游舍卫国祇树给孤独园，与大比丘众千人俱，皆是阿罗汉。"（《大宝积经》卷第100，西晋聂道真译《无垢施菩萨应辩会》第三十三序品第一，11，556a）"如是我闻，一时佛在王舍城鹊封竹园。"（若罗严译《佛说时非时经》，17，738b）"如是我闻，一时佛住王舍城迦兰陀竹林园精舍。"（又《佛说时非时经》，17，739a）

也就是说，直到西晋时期，也是"闻如是"比较普遍。用"如是我闻"这种译经开头模式是从西晋开始逐渐形成的。

憍陈如

（1）如是我闻。一时佛住王舍城耆阇崛山中，与大比丘众二万八千人俱，皆所作已办，梵行已立，不受后有，如摩诃那伽心得自在。其名曰摩诃迦叶、须菩提、憍陈如、离越多诃多、富楼那弥多罗尼子、毕陵伽婆蹉、舍利弗、摩诃迦旃延、阿难、罗睺罗等。（《大方便佛报恩经》卷 1，3，124a）

尔时难陀比丘闻佛说已，即从座起，头面礼大憍陈如足，次第至优波离前，俛仰而立，合掌而已。（又卷 6，3，154c）

憍陈如，梵名 Kauṇḍinya，巴利名 Koṇḍañña。佛陀于鹿苑初转法轮时所度五比丘之一，乃佛陀最初之弟子。此词不见于东汉、三国、西晋的可靠译经，东汉三国西晋的译经是用"阿若拘邻""拘邻"。"憍陈如"的译法，东晋始见："诸旧比丘上座，憍陈如、阿毗马师比丘等次第为礼，优波离最在下坐。"（马鸣菩萨造后秦鸠摩罗什译

《大庄严论经》卷 8，4，300b）"作此言已，顾瞻其傍，见憍陈如等五人。"（南朝宋求那跋陀罗译《过去现在因果经》卷 3，3，637a）

耆婆

（1）如昔一时，大目捷连以弟子有病，上忉利天以问耆婆。（《大方便佛报恩经》卷 6，3，160b）

耆婆，梵名 Jīvaka，为佛陀时代之名医。在题为后汉录的佛经中有二例："耆婆闻佛为木枪所刺，涕泣至阿阇世王所。"（旧题后汉康孟详译《佛说兴起行经》卷 1，《佛说木枪刺脚因缘经》第六，4，168c）"时阿难背上生痈，佛命耆婆治阿难所患。"（失译附后汉录《分别功德论》卷 2，25，37c）值得注意的是，这两部经的翻译时代是不可靠的（方一新 2003）。在可靠的东汉译经中并不见"耆婆"一词。此词最早出现于三国，如："时诸眷属，载其尸骸，诣于塚间，请大医耆婆，破腹看之。"（吴支谦译《撰集百缘经》卷 10，4，250c）另有"耆域"一词，是"耆婆"的异译，在西晋已出现。如："遣耆域医王，擎药与鹿子。"（西晋竺法护《佛五百弟子自说本起经》卷 1，4，199a）西晋以后，用例渐多。"佛在王舍城，是时耆婆药师，治二种人：一洴沙王，二佛比丘僧。"（后秦弗若多罗共罗什译《十诵律》卷 21，23，152b）"尔时耆婆童子治众僧病，为佛及僧作吐下药。"（姚秦佛陀耶舍共竺佛念等译《四分律》卷 52，22，958c）

摩睺罗伽

（1）尔时众中，有七十恒河沙等众生，皆发声闻辟支佛心，复有无量天人及乾闼婆、阿修罗、迦楼罗、紧那罗、摩睺罗伽、人非人等，见闻是已，皆发道心欢喜而去。（《大方便佛报恩经》

卷2，3，135a）

摩睺罗伽，梵名 Mahoraga，八部众之一。东汉只用"摩休勒"和"摩睺勒"。"诸龙王阿须伦、迦留罗、真陀罗、摩休勒——尊神，复各与眷属，皆悉会来。"（后汉竺大力共康孟详译《修行本起经》卷上，3，461a）"譬若海含受众水，受持珍宝，龙阅叉、揵陀罗、真陀罗、摩休勒、无不苞裹，为一切作其处。"（后汉支谶《佛说阿阇世王经》卷2，15，398）"菩萨为诸天阿须伦龙鬼神、甄陀罗、摩睺勒、人及非人，作不可计之覆护。"（后汉支谶译《道行般若经》卷9，8，470a）在三国时的译经中，"摩睺罗伽"这一形式才出现，如："尔时释提桓因，知佛欲下，敕诸天龙夜叉、乾闼婆、阿修罗、迦楼罗、紧那罗、摩睺罗伽、究盘荼等，为佛造作三道宝梯。"（吴支谦译《撰集百缘经》卷9，4，247a）

夜叉

（1）诸天龙夜叉、乾闼婆、阿修罗、迦楼罗、紧那罗、摩睺罗伽、人非人等，各与若干百千眷属俱，各礼佛足，退坐一面。（《大方便佛报恩经》卷1，3，124b）

夜叉，梵语 yakṣa，巴利语 yakkha。八部众之一。东汉译经中不见此词，而用其异译词"阅叉"。"释梵四王，与其官属，诸龙鬼神、阅叉、揵陀罗、阿须伦，皆来侍卫。"（后汉竺大力共康孟详译《修行本起经》卷上，3，463c）"诸天人、诸龙、阿须伦、诸阅叉鬼神、诸迦楼罗鬼神、诸甄陀罗鬼神、诸乾陀罗鬼神、诸摩睺勒鬼神、诸人诸非人，都卢赐来到是间。"（支谶译《道行般若经》卷2，8，434c）三国时期的译经中才开始使用"夜叉"一词，共享5次，"有无量百千万亿诸天龙夜叉人非人等，见佛如来从天上下，莫不欢喜，渴仰闻法。"（吴支谦译《撰集百缘经》卷9，4，247a）后来的译经就以用"夜叉"一词为主了。

紧那罗

（1）诸天、鬼神、乾闼婆、阿修罗、迦楼罗、紧那罗、摩睺罗伽，以诸华香，微妙伎乐，幡盖供养。（《大方便佛报恩经》卷7，3，164b）

紧那罗，梵名 Kiṃnara，巴利名 Kinnara，八部之一。东汉不见有用此词形，而是用"真陀罗、甄陀罗、甄多罗"等，如："龙、阅叉、阿须伦、迦留罗、真陀罗、摩休勒、人非人及释梵，下至一切诸虫兽鸟兽，各各知其意，随其所欲。"（吴支谶译《佛说阿阇世王经》卷2，15，397b）"亦入于阿须伦，亦入于龙，亦入于鬼神，亦入于揵陀罗，亦入于迦留勒，亦入于甄陀罗，亦入于摩睺勒，亦入于罗刹。"（吴支谶译《道行般若经》卷10，昙无竭菩萨品第二十九，8，475b）"时诸比丘、比丘尼、优婆塞、优婆夷、诸天、诸龙、诸阿羞伦民、诸阅叉鬼神、诸迦楼罗鬼神、诸甄多罗鬼神、诸摩睺勒鬼神、诸人非人，无央数都不可计。"（吴支谶译《般舟三昧经》卷1，13，903a）

涅槃

（2）夫大导师者，导以正路示涅槃经，使得无为，常得安乐。（《大方便佛报恩经》卷2，3，132a）

涅槃，梵语 nirvāṇa，巴利语 nibbāna。东汉译经只用"泥洹、般泥洹"。"速疾入众寂，皆得至泥洹。"（后汉竺大力共康孟详译《修行本起经》卷2，3，472b）"诸未度者，悉当度之，诸未脱者，悉当脱之，诸恐怖者，悉当安之，诸未般泥洹者，悉皆当令般泥洹。"
（吴支谶译《道行般若经》卷8，8，465c）三国译经中首见："佛在
拘尸那城娑罗双树间，将欲涅槃，时须拔陀，闻佛世尊欲入涅槃，将
五百力士，来诣佛所。"（吴支谦译《撰集百缘经》卷4，4，220c）
魏晋以降，已是用"涅槃"一词为常。

南无

（1）尔时五百人，寻共发声唱如是言：南无释迦牟尼佛。
（《大方便佛报恩经》卷5，慈品第七，3，150c）

遍寻确切无疑的东汉译经，不见"南无"一词，"南无"一词，
始见于三国译经。"我等今者，咸共至心，称南无佛陀，以救苦厄。"
（吴支谦译《撰集百缘经》卷2，4，209b）"若起，更被袈裟，西向
拜，当日所没处，为阿弥陀佛作礼。以头脑着地言：'南无阿弥陀三
耶三佛'。"（吴支谦译《佛说阿弥陀三耶三佛萨楼佛檀过度人道经》
卷2，12，316b）

（二）一般词语

乞儿

（1）尔时牧牛人寻后得见，问言：汝是何人？善友即自念
言：我今不应自陈本末，炳说上事，脱令我弟得大苦恼。答言：
我是盲乞儿耳。（《大方便佛报恩经》卷4，恶友品第六，3，145b）

"乞儿"是魏晋时期一个带口语色彩的词，张永言先生曾论及，
此词不见于东汉译经，译经的最早用例是在康僧会译经（方一新
2003）。三国时期的译经中共有三例，均在康僧会译《六度集经》
中，除张先生举的一例外，另二例为："时有乞儿，遥闻斯海怆然而

感，进犹乞食。还取鼠去。"（《六度集经》卷3，3，14a）"鳏寡幼弱，乞儿给救，疾病医药，衣食相济，苦乏无者，令诣宫门，求所不足。"（《六度集经》卷8，3，49a）三国时期的译经中，以用"乞人"一词为常，共有9例，如："王所奉字，被服麤陋，似乞人耳。"（吴支谦译《佛说孛经抄》，17，730b）"王即怒曰：'当死乞人，吾现帝王一国之尊，问不时对，而伴低头乎？'"（《六度集经》卷5，3，25a）魏晋以降，"乞儿"的用例渐多。

寻时

（1）善友太子还得宝珠，往父母前跪烧妙香，即咒誓言：此宝珠是如意宝者，令我父母，两目明净如故。作是愿已，寻时平复。（《大方便佛报恩经》卷4，3，146c）

"寻时"义为"随即"。《大方便佛报恩经》中有9例之多。东汉三国译经尚无，西晋时常见。如："时天帝释寻时来下，化作一小鼠，啮系魁绳，魁即堕地。"（西晋竺法护译《生经》卷1，3，76b）"佛重为说四谛八解之要，寻时即得阿罗汉道。"（西晋法炬共法立译《法句譬喻经》卷2，4，587c）"离垢目长者子五千营从，皆发无上正真道意，寻时逮得，不起法忍。"（西晋聂承远译《佛说超日明三昧经》卷1，15，536b）

一七

（1）汝师瞿昙实是恶人，适生一七，其母命终，岂非恶人也。（《大方便佛报恩经》卷1，3，124c）

（2）如是承事，乃至一七至九十日，为欲求请菩萨听闻佛法。（又卷2，3，131c）

（3）尔时善友太子，与盲导师即前进，路行一七日，水齐到膝，复更前行一七，水齐到颈，前进一七，浮而得渡，即到海处。（又卷4，3，144b）

（4）时婆罗门住在门外，停滞一七不能得前。（又卷5，3，149c）

"一七"即七，这种说法最早出现在东晋时期的译经中："如前数息已，闭气而住，经一七日，尔时自然见此大地渐渐空，见一床下渐渐空，见一房渐渐空。"（后秦鸠摩罗什等译《禅秘要法经》卷3，15，267a）后代沿用："佛为说法，一七日中，成阿罗汉。"（北魏吉迦夜共昙曜译《杂宝藏经》卷8，4，486b）

足跟

（1）一者足下平，二者足下千辐轮，三者指纤长，四者足跟佣满……（《大方便佛报恩经》卷7，3，164c）

"足跟"一词，不见于东汉时期的文献。三国支谦译经中有二例。"一相足下安平正，二相手足有轮，轮有千辐，三相钩锁骨，四相长指，五相足跟满。"（吴支谦译《梵摩渝经》卷1，1，883c）"修臂指长，足跟满安平趾。"（吴支谦译《太子瑞应本起经》卷1，3，474a）三国以后，用例渐多："修臂指长，足跟满安平正。"（西晋竺法护译《普曜经》卷2，3，496a）"诸比丘脚劈破，听涂足跟足底油涂至指奇。"（姚秦竺佛念等译《四分律》卷50，22，943a）

必定

（2）夫人见已，心生恃赖，今者此雁，其必定得我子死活

定实消息。(《大方便佛报恩经》卷4，3，146b)

"必定"一词，东汉译经不见，三国时期支谦的译经中才出现。如："今此瑞应必定不祥，将非我夫命根断耶？"(支谦译《菩萨本缘经》卷2，3，60b)"我今贫穷施乃为难，唯愿哀矜必定受之。"(卷3，3，66b)"今者考我，彻于心骨，痛不可言，若不伏首，授我四归，必定交死。"(吴支谦译《撰集百缘经》卷3，4，216c)中土文献中出现甚晚，《史记·穰侯列传》："齐襄王惧，使苏代为齐阴遗穰侯书曰：'臣闻往来者言曰'秦将益赵甲四万以伐齐'，臣窃必之。'"《索隐》曰："告齐王，言秦必定不益兵以助赵。"

胡跪

(1) 即从座起整衣服，偏袒右肩，胡跪合掌。(《大方便佛报恩经》卷1，3，127b)

(2) 尔时阿难观察众心咸皆有疑，即从座起偏袒右肩，右膝着地胡跪合掌。(又卷4，3，142c)

(3) 精进乞戒，胡跪合掌，白四羯磨已。(又卷6，3，158c)

(4) 尔时婆罗门子，胡跪合掌，心生惭愧。(又卷7，3，161c)

胡跪，指一种跪坐之法。古时印度、西域地方总称为胡，胡跪乃跪拜之敬仪。"胡跪"一词，不见于东汉译经。在三国译经中有一例："来已，应与捉衣钵，教礼僧足已，在戒师前胡跪合掌。"(曹魏昙谛译《羯磨》卷1，22，1061b)东晋时多见。如："时优波离说是偈已，到世尊所，胡跪合掌，右膝着地。"(后秦鸠摩罗什译《大庄严论经》卷8，4，300a)"复有一万阿修罗王，在虚空中，右膝胡跪，一心合掌，恭敬供养。"(东晋佛驮跋陀罗译《大方广佛华严经》

卷47，9，701c）"入塔观时，亦当作此诸光明想，至心合掌，胡跪谛观，一日至三日心不错乱。命终之后，生兜率天。"（东晋佛陀跋陀罗译《佛说观佛三昧海经》卷2，15，656b）又："请依止法者，应偏袒右肩胡跪接足。"（东晋佛陀跋陀罗共法显译《摩诃僧祇律》卷28，22，457c）东汉不见"胡跪"一词，在讲跪拜的礼仪时都用"长跪"，三国时期的译经中也是用"长跪"为常。

（三）常用词的运用

一些在历史上有过历时更替的常用词，它们的发展很有规律，时代性明确。利用常用词来判定作品的时代，首先要求把一些常用词在各个时期的演变情况弄清楚。然后根据其在《大方便佛报恩经》中的使用情况，这样就可以大致考定其上限与下限时间。具体说来，我们先把《大方便佛报恩经》的使用次数统计出来，再各抽几部东汉、三国、西晋以及其后的译经作详细统计，看其最接近于哪个阶段的译经。

侧：边

（1）其土平正，琉璃为地，黄金为绳以界道侧。（《大方便佛报恩经》卷1，3，126a）

（2）即问青衣："鹿母夫人所生华者，遗弃何处？"答言："大王，埋此池边大珊瑚下。"（又卷3，3，139c）

"侧、边"在东汉、三国、西晋时代的几部译经中的使用频率如表1所示：

表1

时代	经名	侧	边
东汉	大方便佛报恩经	5	51
	修行本起经	9	0
	中本起经	4	8
三国	六度集经	12	26
	撰集百缘经	5	18
	生经	5	19
西晋	普曜经	6	35
	法句譬喻经	6	28
东晋	佛说长阿含经	18	142
北魏	贤愚经	11	86

东汉时期"边"的使用并不十分频繁，三国时期"边"的使用就已经远远超过"侧"了。通过对比，《大方便佛报恩经》中"侧、边"使用次数分别为5∶51，其使用频率与西晋的译经最为接近。

放∶牧

（1）利师跋王有一牧人名留承，为利师跋王放五百牛，随逐水草。（《大方便佛报恩经》卷4，3，145b）

（2）太子言："无苦，为我饷致给与此牧牛人。"（又卷4，3，146b）

《大方便佛报恩经》中单用"牧""放"各4例，有一例为"放牧"连用，即"复有一大臣言∶世间求利，莫先畜养众生，放牧滋息，其利最大"（《大方便佛报恩经》卷4，3，143b），其中"牧"用在"牧人，牧牛人"这样的组合当中。东汉译经中说"放牧"用

"牧",不用"放",共有 5 例。如:"一者离垢悭意,家中行牧。"(安世高译《七处三观经》卷 1,2,881a)三国时"放""牧"并用,各 10 例。《大方便佛报恩经》中"放、牧"用例的比例与三国译经情况相近。

二、语法方面

(一)助动词"当"修饰判断词"是"

善友太子言:此小人者,何敢违逆我意?当是父王教耳。
(《大方便佛报恩经》卷 4,3,143b)

助动词修饰判断词"是",是中古时期新出现的语言现象,在东汉的译经中不见有此用法,三国译经中有一例:"是阴界入非我我所,况父母妻子当是我所。"(《大宝积经》卷 82,曹魏康僧铠译《郁伽长者会》第 19,11,475a)三国以后,此用法渐渐兴起。"若横加恶伤害于我,当自思惟我今无罪,当是过去宿业所招,是亦应忍。"(后秦鸠摩罗什译《发菩提心经论》卷上,32,512c)"时有毗舍佉鹿子母,小因缘故,到掘多比舍,遥闻迦留陀夷说法声,作是念:必当是迦留陀夷在掘多舍说法,我当往听。"(后秦弗若多罗译《十诵律》卷 4,23,28b)"佛告梵志:'若复婆罗门女出适刹利家,生男儿者彼当从何姓?'梵志报曰:'彼人当是刹利种。'"(东晋僧伽提婆译《增一阿含经》卷 46,2,798b)"王闻此语,心生欢喜,而自念言:'太子当是不乐在官行夫妇礼,所以求出园林去耳。'"(宋求那跋陀罗译《过去现在因果经》卷 2,3,629c)中土文献则在晋代才有此用例:"郡中典农闻之曰:'此神正当是狸物耳'。"(晋干宝《搜神记》卷 17)。

(二) 今……是

(1) 尔时波罗奈大王者，今现我父悦头檀是。尔时母者，今现我母摩耶夫人是。尔时恶友太子者，今提婆达多是。尔时善友太子者，今我身是。(《大方便佛报恩经》卷 4，3，147a)

(2) 尔时王者，今大王身是。尔时猎师者，今提婆达多是。尔时一雁悲鸣吐血者，今阿难是。尔时五百群雁者，今五百阿罗汉是。尔时雁王者，今我身是。(同上，3，148a)

东汉译经中用"今……是也"句式。"尔时高行梵志，则吾身是也。五百弟子，今若曹是也。"(后汉昙果共康孟详译《中本起经》卷下，4，163c)"人闻道言，背而不信，喻如下田没溺不生，今六师尼揵等是也。"(后汉昙果共康孟详译《中本起经》卷下，4，162c)"今……是"由"今……是也"发展而来的，这是由于这一时期判断句进一步发展，煞尾的"也"字脱落的结果。这一句式变化是在三国时开始的。如："尔时智力王者，今弥勒菩萨是，时智止太子，我身是。"(吴支谦译《佛说月明菩萨经》卷 1，3，411c)"欲知彼时商主奉上摩尼宝珠者，今此宝盖比丘是。"(吴支谦译《撰集百缘经》卷 7，4，236c)到了西晋时期以后，继续沿用。如："尔时猕猴，今淫荡女人是。"(西晋竺法护译《生经》卷 1，3，71c)"尔时夫人婇女五百人者，今此五百比丘尼是。"(西晋法炬、法立译《法句譬喻经》卷 1，4，585a)例多不举。

通过以上的考察，我们认为七卷本《大方便佛报恩经》和东汉其他译经在语言上有着明显的差异，其具体翻译年代当不早于三国，其中不少用语与西晋时期佛经的语言更为接近。

参考文献

丁福保，1984，《佛学大辞典》，北京：文物出版社。

董志翘，2007，《汉译佛典中的"形容词同义复叠修饰"》，《语文研究》第 4 期。

方一新，2003，《〈兴起行经〉翻译年代初探》，载《中国语言学报》（第十一期），北京：商务印书馆。

胡敕瑞，2005，《中古汉语语料鉴别述要》，载《汉语史学报》（第五辑），上海：上海教育出版社。

龙国富，2008，《佛经中的双层同指疑问与佛经翻译》，《汉语学报》第 1 期。

吕澂，1980，《新编汉文大藏经目录》，济南：齐鲁书社。

释慧皎撰，汤用彤校注，1992，《高僧传》，北京：中华书局。

释僧祐著，苏晋仁、萧炼子点校，1995，《出三藏记集》，北京：中华书局。

孙伯君，2007，《西夏译经的梵汉对音与汉语西北方音》，《语言研究》第 1 期。

许理和，1998，《佛教征服中国》，李四龙、裴勇等译，南京：江苏人民出版社。

许理和，1987，《最早的佛经译文中的东汉口语成分》，蒋绍愚译，载《语言学论丛》（第十四辑），北京：商务印书馆。

张永言，1991，《从词汇史看〈列子〉的撰写时代》，载《季羡林教授八十华诞纪念论文集》，南昌：江西人民出版社。

从语法角度看《撰集百缘经》的译者及成书年代[*]

季 琴

语法具有较强的系统性与稳定性，更能显示出作者、时代的特色。本文经过对支谦所有可靠译经与《撰集百缘经》比较后，主要选择了以下几个语法鉴定标志：一、作为引进偕同对象的介词"共"；二、疑问副词"颇（叵）"；三、表"变成"的动词连用式；四、"甚用"连文；五、表示"逐渐"义的副词。之所以选取这些鉴定标志主要是由于支谦译经和《撰集百缘经》在这几方面的分歧较大，通过对这几方面的比较，我们可以确定《撰集百缘经》是否属支谦所译，倘若不是，我们将尝试着对《撰集百缘经》的成书年代进行探索。

一、作为引进偕同对象的介词"共"

刘坚先生认为"共"用作交与介词时，主要是引进偕同对象，相当于"与、跟"，大约始于南北朝，其形式为"共+N+V"。经调查统计，"共+N+V"这一格式在《撰集百缘经》中共出现了 16 次。如：

---

* 本文原载《语言研究》2009 年第 1 期。

（1）王即答曰："我不相惮，去此不远，<u>我今共汝往至于彼</u>，随意角试。"（4/211/2）①

（2）尔时天子，说是偈已，<u>即共帝释来诣佛所</u>，顶礼佛足，却坐一面。（4/229/3）

关于"共+N+V"中"共"究竟是动词还是交与介词这一问题，马贝加还提出了8条识别标志，根据这8条识别标志，我们发现"共"在《撰集百缘经》里已经具有了介词性，共9处。如：

（3）时波斯匿王告守门者，疾唤来入，<u>共王相见</u>，各怀欢喜。善爱白言："承闻王边有乾闼婆善巧弹琴，歌舞戏笑，今在何许，我今当共角试技术。"（4/211/2）

（4）时王太子阿阇世共提婆达多，共为阴谋，杀害父王，自立为主。（4/230/1）

（5）有一国土，名曰金地，王名罽宾，与其夫人，共相娱乐，足满十月，生一男儿，骨节肥壮，有大气力，当生之日，复有一万八千大臣子等，<u>共彼王子同日俱生</u>，亦大气力。（4/247/3）

在支谦可靠译经里既可作动词，也可作副词②。用作动词时表示"同用、共同具有或承受"义。如：

（6）夫人即白："王旦適出，辛来谓我，今王老耄，不能听

————————

① 文中所引的佛经例句皆出自日本大正一切经刊行会编纂的《大正新修大藏经》（简称为《大正藏》），例句后的数字分别表示其所在的册书、页码、栏数，比如说"1/848/2"表示第1册第848页第2栏。

② 文中所提到的支谦的可靠译经有24部：No. 54《释摩男本四子经》、No. 68《赖吒和罗经》、No. 76《梵摩渝经》、No. 87《斋经》、No. 169《月明菩萨经》、No. 185《太子瑞应本起经》、No. 198《义足经》、No. 210《法句经》、No. 225《大明度经》、No. 281《菩萨本业经》、No. 362《阿弥陀三耶三佛萨楼佛檀过度人道经》、No. 474《维摩诘经》、No. 493《阿难四事经》、No. 532《私呵昧经》、No. 533《菩萨生地经》、No. 556《七女经》、No. 557《龙施女经》、No. 559《老女人经》、No. 581《八师经》、No. 632《慧印三昧经》、No. 708《了本生死经》、No. 735《四愿经》、No. 790《孛抄经》、No. 1011《无量门微密持经》。

政，国中吏民，皆伏从我，可以图之，<u>共</u>此乐也，今反为此乞人所谋，故我愁耳。"（《孛经抄》，17/730/3）

（7）第三愿者，愿以财宝与一切人<u>共</u>。（《月明菩萨经》，3/411/1）

用作副词时表示"共同、一起"，常常直接附加在动词前，构成"共+V"式。如：

（8）是时堕沙国，诸长者子<u>共</u>赍一梵志，名勇辞，使之难佛取胜，谢金钱五百。（《义足经》，4/179/3）

（9）其国中人民或有五十人为伴者，有百人为伴者，有五百人为伴者，<u>共</u>行到佛所。（《赖吒和罗经》，1/869/1）

副词"共"有时用于"共+介宾词组+V"的结构。如：

（10）念曰："吾等义当下车步行入城，<u>共</u>从西门入。"（《大明度经》，8/505/1）

"共"用作副词时，其所构成的副词组合有"共相""都共""俱共""悉共""转共""各共""皆共""自共"等。

在支谦可靠译经中"共"主要充当副词，不用作引进偕同对象的介词，承担引进偕同对象的介词仍是"与"，我们还对东汉可靠译经也进行了调查，其情况与之相同①。

二、疑问副词"颇（叵）"

"颇"字用作程度副词，较早为"略、少"义，后来又有了"多、甚"义，其训已见于古今诸字书。此外，"颇"字在汉魏六朝

---

① 文中所提到的东汉可靠译经共有32部，参见史光辉，2001，《东汉佛经词汇研究》，杭州：浙江大学博士论文。

时期又可用于疑问句，表示一种测度的询问语气，犹同于疑问副词"可"。"颇"的这种用法一直沿续至唐，乃至宋代文献中仍时或可见。有时亦作"叵"，二字音同，故可通借。

在《撰集百缘经》中"颇（叵）"字用作疑问语气副词共 10 例，其中用在"VP 不"式反复问句前的共有 8 例。如：

（11）佛告阿难："汝今<u>颇</u>见富那长者供养我<u>不</u>？"（4/203/2）

（12）时彼长者有一儿妇，字曰名称，见佛威颜种种相好，庄严其身，前白大家："如此之身，<u>叵</u>可得<u>不</u>？"（4/203/3）

还有 2 例用于是非问句中，其中 1 例还跟句末疑问语气词"耶"相呼应：

（13）王答女言："汝在胎时，吾以许彼，由汝之故，二国和善，不相侵欺，吾今若当不称彼者，则负言信，彼必当还与我作雠，诸天嫌我，不加拥护，大臣人民都不见信，亦违先王宿旧法制。汝<u>叵</u>曾闻阿阇世王、波瞿利王？如是等比，数十诸王，皆由妄语，堕地狱中，汝今云何欲令使我同彼诸王，受地狱苦，而作妄语？汝今不宜请辞于我。"（4/242/1）

（14）王闻是已，甚用不乐，所以然者，当尔之时，乃至无有佛法之名，况复八关斋文，<u>叵</u>复得<u>耶</u>？若其不获，恐见危害，思念此理，无由可办。（4/233/2）

遇笑容、曹广顺（2002：125）指出："后汉译经中，我们只在《中本起经》中看到'颇 VP 不'出现，其他使用的都是南北朝译经，本土文献只有《三国志》和《世说新语》里出现了少量的例子，其他几种都没有。"在《中本起经》里"颇 VP 不"式反复问句仅见 1 例，现摘抄如下：

（15）有婆罗门名阿祇达，多智明慧，居富无比，往诣阿难

祁祁家，论议事讹，问须达曰："今此都下颇有神人可师宗者不？"（《中本起经》，佛食马麦品第十三，4/162/3）

在支谦可靠译经里，"颇"作为疑问语气副词仅见2处，其中1处是用于反复问句中，且与"宁"连用，其格式为"宁颇VP无"：

（16）阿逸菩萨即起前长跪叉手，问佛言："阿弥陀佛国中诸阿罗汉宁颇有般泥洹去者无？愿欲闻之。"（《阿弥陀经》，12/307/3）

另外1例则用于是非问句中：

（17）善业言："如是明度为空求乎？"佛言："不也。""有离明度得耶？"佛言："不也。"善业言："以五阴求？"佛言："不也。"又问："离五阴颇有所求？"佛言："不也。"（《大明度经》，8/500/1）

在三国其他译者的可靠译经中也没有出现"颇（叵）VP不"式的反复问句①。我们又对魏晋南北朝几部译经里疑问副词"颇（叵）"的使用情况作了调查（如表1所示）：

表1

佛经	颇（叵）VP	颇（叵）VP 不	颇 VP 耶	颇 VP 不耶	颇 VP 未
中本起经		1			
生经	1	1			
撰集百缘经	1	8	1		
大庄严论经		10	1		
杂宝藏经		10			
贤愚经		5		1	1

---

① 三国其他译者的可靠译经有：No. 129《三摩竭经》（竺律炎译）、No. 152《六度集经》（康僧会译）、No. 206《旧杂譬喻经》（失译）、No. 328《须赖经》（白延译）、No. 793《佛医经》（竺律炎译）。

据表中显示，在西晋译经中"颇 VP 不"式的反复问句仍然少见，直至南北朝才使用得较多。从《撰集百缘经》"颇 VP 不"式反复问句的用例情况来看，它更接近于南北朝译经。

三、表示"变为"义的动词连用式

两相对比，我们还发现支谦可靠译经与《撰集百缘经》在表示"变成"义的动词连用式上也存有差异。在支谦译经中，表示"变为"义的动词连用式有"化作、化成、化为、变成、变为"5个。如：

（18）是时有天子堕彼逞，被王教意，便化作三阶：一者金，二者银，三者琉璃。（《义足经》，莲花色比丘尼经第十四，4/185/3）

（19）其三玉女，化成老母，不能自复。（《太子瑞应本起经》，3/477/2）

（20）诸女即化为男，世世所生不离诸佛，常以大明教授十方，以求作佛。（《大明度经》，法来阎士品第二十九，8/507/3）

（21）魔王益忿，更召诸鬼神，合得一亿八千万众，皆使变为师子熊罴虎兕象龙牛马犬豕猴玃之形，不可称言。（《太子瑞应本起经》，3/477/2）

（22）头波变（汉言固受）其国名炎气，皆见珠璎悬彼国上，变成彼佛珠交露棚。（《维摩诘经》，菩萨品第四，14/525/2）

《撰集百缘经》中表示"变为"义的动词连用有"变成、变为、化作、化为"4个。如：

（23）作是誓已，香花寻至，当佛顶上，变成花盖，香烟垂

布，遍王舍城。（4/203/1）

（24）假令天降甘雨，堕其身上，皆<u>变为</u>火。（4/223/2）

（25）佛知王意，寻自变身，<u>化作</u>乾闼婆王，将天乐神般遮尸弃，其数七千，各各手执琉璃之琴，侍卫左右。（4/211/2）

（26）次复射箭，<u>化为</u>五拨。（4/248/2）

在支谦可靠译经中"化作"有 37 例，"化成"有 9 例，"化为"有 3 例，"变成"和"变为"各见 1 例。而《撰集百缘经》中"变成"有 11 例，"变为"仅 1 例，"化作"有 6 例，"化为"仅 2 例。由此可见当表示"变为"这一含义时，支谦可靠译经中主要使用"化作"，"变成"仅见 1 例，而《撰集百缘经》却主要用"变成"。

四、"甚用"连文

"甚用"连文在《撰集百缘经》中共见 9 处，均用于表情感的动词前，表示"非常"义。如：

（27）时父长者见子如是，以手椎频，<u>甚用</u>苦恼，忧愁不乐。（4/204/1）

（28）其儿闻已，<u>甚用</u>欢喜。（4/225/1）

当用在否定句中时，"甚用"位于否定副词之前。如：

（29）王闻是已，<u>甚用</u>不乐，所以然者，当尔之时，乃至无有佛法之名，况复八关斋文，岂复得耶？若其不获，恐见危害，思念此理，无由可办。（4/233/2）

在《撰集百缘经》中又见"大用"连用，亦放在表感情的动词前，仅 1 例。如：

（30）王闻是语，即集四兵，如彼所论，健者置前，劣者在

后，寻共交战，即破彼军，获其象马，即便捉得阿阇世王，<u>大用</u>欢庆。(4/207/3)

蔡镜浩先生认为"甚用"乃是同义连文，并指出"用"单用时亦有"非常"义。对此笔者持有不同的看法，其实例中的"用"仍可视为介词，相当于"以"，表"因为"义，只不过它后面的宾语被省略掉了，产生这种现象可能是受语式的影响，随着译经语式日益趋于四言化，为了凑成四言句，故而译经者屡屡将介词"用"后面的宾语省去。

考东汉、三国可靠译经，均没有见到"甚用"连文，直至南北朝译经中才较多见，我们对南北朝的几部有代表性的译经进行了调查，"甚用"的使用情况具体如次：《过去现在因果经》0 例，《出曜经》1 例，《大庄严论经》2 例，《杂宝藏经》1 例，《贤愚经》8 例。

五、表示"逐渐"义的副词

"稍"本义为禾末，由此又引申为小、少义，后又虚化为副词，表示动作行为或事情的发展是逐渐进行的，可译为"逐渐""逐步"。《玉篇·禾部》："稍，渐也。"据唐贤清考证，"稍"作为副词表"逐渐"义始见于先秦，《左传》3 例，《庄子》1 例，《韩非子》1 例，到两汉，"稍"的使用范围更为广泛，《史记》64 例，《汉书》112 例，《论衡》3 例，《盐铁论》3 例，《春秋繁露》2 例，《新序》1 例。

"渐"本是古代水名，后借用作"趣"，表示"前进"义，由此又虚化为副词表示"逐渐"，唐贤清认为"渐"用作副词表示"逐

渐"义，在先秦时期用例十分有限，仅有 1 例似乎可以看成是
副词：

（31）何以名？字也。曷为称字？褒之也。曷为褒之？为其
与公盟也。与公盟者众矣，曷为独褒乎此？因其可褒而褒为。此
其为可奈何？渐进也。（《春秋公羊传·隐公》）

并指出"渐"的真正出现也许是两汉时期的事情，《史记》出现
了 2 例，《淮南子》1 例，《汉书》22 例，《论衡》4 例。

在支谦可靠译经中表示"逐渐"义的副词有"稍""稍稍"
"渐" 3 个。如：

（32）佛知人意稍濡离麤，便现苦谛，习尽道谛，中有身归
佛归法归比丘僧者，中有随力持戒者，中有得沟港自证频来，至
不还道自证。（《义足经》，莲花色比丘尼经第十四，4/185/3）

（33）初发意人稍稍增多，自致作佛，灭度群生故。（《大明
度经》，守行品第二十三，8/501/2）

（34）口中出光明，娆身三匝，以渐自灭。（《梵摩渝经》，
1/884/2）

在《撰集百缘经》里表"逐渐"义的副词有"渐""渐次"，至
于"稍""稍稍"一例都没有看到，其中"渐"单用共有 44 次，而
"渐次"共见 11 次。如：

（35）时那罗聚落，多诸疫鬼，杀害民众，各竞求请，塞天
善神，希望疫病，渐得除降，如是数跪，病无降愈。（4/209/3）

（36）尔时世尊，遥知王意，深生渴仰，及比丘僧，渐次游
行，诣摩竭提国。（4/231H）

下表是东汉、支谦可靠译经、《撰集百缘经》以及西晋南北朝的
几部译经中表示"逐渐"义副词使用频率的统计（如表 2 所示）：

表 2

	东汉译经	支谦译经	撰集百缘经	生经	大庄严论经	贤愚经	杂宝藏经	摩诃僧祇律
渐	3	7	44	0	10	36	16	13
渐渐					3	6	8	16
渐次			11					5
稍	27	18		4		4	1	1
稍稍	39	12		2				4

　　从上表可以看出《撰集百缘经》与支谦可靠译经在"稍"与"渐"的用例情况上有着明显的差异，在支谦的可靠译经里"稍"仍然占优势，然而在《撰集百缘经》里"稍"却销声匿迹，单音节副词"渐"独用多达 44 次，并且双音节副词"渐次"在《撰集百缘经》里出现了 11 次。

　　通过以上的考察与对比，我们不难发现《撰集百缘经》与支谦的可靠译经在语法上确实存有差异，在表示"变为"义的动词连用式的选取上，《撰集百缘经》以"变成"为主，而支谦的可靠译经却以"化作"为主。在表示"逐渐"类的副词方面，《撰集百缘经》中"渐"多达 44 例，"渐次"有 11 例，而"稍/稍稍"一例都没有看到，在支谦的可靠译经中却仍然以"稍/稍稍"为主，并且未见有"渐次"一词。《撰集百缘经》中出现了"颇（匝）VP 不"式的反复问句、介词"共"以及"甚用"连文的形式，这些在支谦的可靠译经中却没有见到。据此我们认为《撰集百缘经》的译者确实不是支谦，至于它的成书年代可能晚于三国。

参考文献

蔡镜浩，1990，《魏晋南北朝词语例释》，南京：江苏古籍出版社。

刘坚，1989，《试论"和"字的发展（附论"共"字和"连"字）》，《中国语文》第 6 期。

马贝加，2000，《近代汉语介词》，北京：中华书局。

唐贤清，2003，《汉语"渐"类副词演变规律》，《古汉语研究》第 1 期。

遇笑容、曹广顺，2002，《中古汉语中的"VP 不"式疑问句》，载《纪念王力先生百年诞辰学术论文集》，北京：商务印书馆。

普通鉴别词的提取及原则
——以早期汉译佛经鉴别为中心[*]

方一新

中古作品，特别是翻译佛经的译者及年代的真伪，海内外学者多所讨论，它也是近些年来笔者一直关注的问题。从语言的角度判定作（译）者及年代，不仅可行，而且具有较强的说服力。在语言三要素语音、语法、词汇中，语音、语法要素可作为鉴别标准是大家都公认的，而词汇是否可以作为鉴别标准尚有不同看法。笔者认为，鉴别语料应采取综合的办法，语音、语法和词汇应该兼顾并重。词汇要素不仅可以作为鉴别标准，在语音、语法要素不充分的时候，还可以作为主要的鉴别标准。在这方面，张永言（1991/2007）、汪维辉（2000、2001）都已经作了很好的示范。

张永言（1991/2007）从汉语词汇史的角度，就《列子》在用字用词上的某些特殊现象，尤其是书中所见晚汉以降的新词新义作了考察研究，进一步推定了《列子》一书的写作年代。作者指出：《列子》中有不少汉代以后乃至魏晋以后方才行用的词汇成分。如"诀（诀窍）""幻（虚幻）""傍人""当生/当身"等22个新词或新义。这些词或义均不见于可靠的先秦文献，足以证明《列子》系魏晋时人伪托。

---

* 本文原载《语文研究》2009 年第 2 期。

　　在江蓝生（1987）研究的基础上，汪维辉（2000，2001）从词汇史的角度，对八卷本《搜神记》的语言时代作了进一步的考证。汪文分两部分：（一）列举阿娘（嬢）、阿婆等 19 个词语，证明八卷本《搜神记》不可能作于晋代。（二）列举分说、割麦等 7 个词语，推测八卷本可能写定于北宋。汪维辉（2007）曾从音译词、同词异用、同义异词和语法四个方面，以支娄迦谶译《道行般若经》与一卷本《般舟三昧经》进行比较，认为后者当非东汉支娄迦谶所译，证据翔实，结论可信。如讨论"同义异词"时，列举一卷本《般舟三昧经》常用"助欢喜"，凡 12 例（包括 1 例"不助欢喜"），另有"助其欢喜" 2 例。而《道行般若经》则只用"助欢欣"，凡 4 例（"助欢欣" 1 例，"不助欢欣" 3 例）；另有"助其欢欣" 9 例。

　　关于语料鉴别的语言标准，曹广顺、遇笑容（2000：8）曾经发表过很好的意见："用语言标准给古代文献断代或判定作者，是一种较可靠并行之有效的办法，已经有许多学者做过有益的尝试。在这种研究中，最重要也是最困难的，应是选定语言标准。这些标准必须普遍性好、规律性强，只有如此，它们才可能广泛使用、才可能得出准确、可靠的结论。"胡敕瑞（2005：276）也指出："选用一般词语来鉴定语料，一定要看其是否具有代表性。"

　　三位先生的意见值得重视。从词汇的角度看，要提取"普遍性好、规律性强"的"有代表性"的鉴别标准殊非易事，有时甚至是无法完成的任务。只能相对地看，尽量提取比较可靠、有较强说服力的鉴别词。

　　要做到科学地利用汉译佛经为主的佛典，至少还需要注意以下两点：一是注意语料的准确性，不误用。二是把佛典与中土典籍结合起来，不偏废。这里主要讨论不误用的问题。

不误用，就需要鉴别真伪与作者年代；鉴别的标准之一是选择鉴别词。

就翻译佛经而言，鉴别词大致有两类：一类是与佛教有关的音译、意译词或音译意译结合词。另一类是普通语词。关于前者，学界如史光辉（2001）、汪维辉（2007）等已经有所论列，笔者（方一新2008）也有讨论。今拟在前人时贤研究的基础上，结合笔者的肤浅体会，从历史词汇的角度，就从普通语词中提取出来的鉴别词以及若干原则谈点个人的看法。不当之处，请方家指正。

进行可疑佛经的考察和鉴别，提取一般鉴别词，我以为应注意以下四点：常用性、规律性、联系性和时代性。

一、常用性：量的原则

所谓"量的原则""常用性"，指有一定的出现频率，用例不能太少。词汇的总量很大，但极为分散，系统性较差。如果没有一定的量，就很难作为一个具有说服力的鉴别词。也就是说，作为一个鉴别词，必须有一定的使用量，并非偶一见之。这是首先要注意的。

史光辉（2001）从常用词"侧：边""放：牧"更替的角度进行考察，胡敕瑞（2005：272）从词汇的角度进行考察，指出：安世高译经中第一人称代词几乎都用"我"（共 162 例），只有 2 例用"吾"，都见于《法受尘经》；指称女性，东汉译经主要用新词"女人"（264 例），整个东汉译经仅见 2 例旧词"女子"，即《法受尘经》和《中本起经》各 1 例。因此，《法受尘经》"不是安世高所出"。都遵循了"量的原则"，很有意义，值得肯定。

例一：欺诳

旧题东汉安世高译《佛说罪业应报教化地狱经》："毁呰他财，嚣升弄斗，蹉秤前后，欺诳于人；故获斯罪。"（17/451/c）

失译（附后汉录）《大方便佛报恩经》卷一："须阇提即立誓愿：'若我欺诳天王释者，令我身疮，始终莫合。'"（3/129/c）又卷四："婿言：'我若妄语欺诳汝者，使我一目，永不得愈。'"（3/146/a）"欺诳"，就是欺骗，《大方便佛报恩经》共出现4例。

"欺诳"一词，据中华电子佛典协会（CBETA）电子版《大正藏》统计，该词在《大正藏》中共出现1223次，数量较多，可以作为鉴别词。

从这些用例看，在某些"三国译经"中已经出现。

三国魏康僧铠译《佛说无量寿经》卷下："臣欺其君，子欺其父，兄弟夫妇，中外知识，更相欺诳。"（12/276/a）但此经的译者尚有争议，吕澂《新编汉文大藏经目录》云："—0006　【新】无量寿经　2卷。南朝宋宝云译。永初二年（公元421年）出【祐】。后误康僧铠译。勘同无量寿会。【至】。"

三国吴支谦译《菩萨本缘经》卷上："汝是法称，正法明镜。我非法称，常欺诳他。"（3/57/b）《菩萨本缘经》从句法到词汇都十分奇特，与支谦译经风格不类，也不像是三国时期的译经。

接着有西晋竺法护等人的译经用例。

西晋竺法护译《生经》卷一："戒定安谛，无有欺诳。"（3/72/b）

西晋安法钦译《阿育王传》卷五："汝本以色欺诳世间，今还住本实相，薄皮覆其上。"（50/118/b）

东晋十六国以及南北朝用例更多，例从略。

例二：露地

旧题东汉安世高译《佛说阿难同学经》："还诣己房，到已，除去坐具，于露地布坐具。"（2/874/c）

失译（附后汉录）《魔娆乱经》："彼时尊者大目乾连为世尊作窟，时露地彷徉，教授令作。"（1/864/b）

"露地"，露天。此词在《大正藏》中出现 1348 次，用例较多。除此二例外，东汉三国译经未见用例。最早的有西晋译经的例子：

西晋竺法护译《受新岁经》："是时世尊七月十五日，于露地敷坐，比丘僧前后围绕。佛告阿难曰：'汝今于露地速击揵槌。'"（1/858/a）

竺法护译《佛说阿阇贳王女阿术达菩萨经》："譬以瓶盛满水置露地，天雨瓶中，一渧不受。"（12/84/c）

竺法护译《佛说灭十方冥经》："若在闲居旷野树下露地独处，则为如来之所建立而见拥护。"（14/107/a）

也作"路地"，①"路""露"盖古今字。

西晋竺法护译《尊上经》："彼时尊者卢耶强耆晨起而起，出窟已，在露地敷绳床。"（1/886/b）露，宋元二本作"路"。

南朝宋昙摩蜜多译《观虚空藏菩萨经》："若阿练若在林中，若在路地。"（13/678/c）路，宋本作"露"。

北周耶舍崛多译《佛说十一面观世音神咒经》："若月蚀时用赤铜钵，盛牛酥三两，于其路地，在观世音像前。"（20/151/b）路，元明二本作"露"。

又有"露处"一词，词义与"露地"相近，《大正藏》中出现

---

① "路地"在电子版《大正藏》中共检得 31 例，先唐译经仅本文所举 3 例，且均有异文。

251 例（另有 15 例为"甘露地"，词义关系不同，不在内），全部都是魏晋以后用例。

当然，所谓"量的原则"（有一定的量）也只是一个笼统的说法，到底多少以上算是有一定的量，不好把握。同时，对"量"也应该作具体的分析。前面举到汪维辉（2007）讨论的"助（其）欢喜"与"助（其）欢欣"，在二经中区别严格，且都各有十多例，已经具备了一定的量（用例）。但《道行般若经》卷八第三例"助其欢欣"，宋元明三本、宫本和圣语藏本均作"助其欢喜"，有异文。另外，在支谶译经中，①"欢欣"出现 41 例，"欢喜"出现 36 例（包括《道行般若经》10 例）。在支谶译经《道行般若经》中，既有"欢喜踊跃""踊跃欢喜""皆大欢喜"，也有"欢欣踊跃""踊跃欢欣""皆大欢欣"。因此，《道行般若经》用"助（其）欢欣"，一卷本《般舟三昧经》用"助（其）欢喜"，究竟属于不同译者的"同义异词"，还是出于某种原因或喜好造成的同一译者的"同义异词"，尚难以判断。

例三：傍边

旧题东汉康孟详译《兴起行经》卷上："佛……于风上立，枪从傍边斜来趣佛前立。"（4/168/b）

"傍边"，后也作"旁边"，②是中古以来产生的一个新词。据检索，《大正藏》中出现 77 例，似乎也有一定的量了。但具体看，则唐以前的用例，仅 8 例而已。比较早的是晋代用例。

西晋安法钦译《阿育王传》卷四："尊者阿难在傍边，过已语

---

① 本文所称"支谶译经"，指《道行般若经》《兜沙经》《阿閦佛国经》《遗日摩尼宝经》《文殊师利问菩萨署经》《阿阇世王经》和《内藏百宝经》七种。

② "旁边"在电子版《大正藏》中共出现 22 例，全部都是宋代以后用例，主要是禅宗语录。

言：'子佛不作是说。'"（50/115/b）

姚秦鸠摩罗什译《大庄严论经》卷五："有一贤者，极为贫悴，诣客会中。次得花鬘，不著头上，以置傍边。"（4/284/c）

北凉浮陀跋摩共道泰等译《阿毗昙毗婆沙论》卷七："问曰：'其余诸狱，为在上下耶？为在傍边耶？'"（28/47/b）

再下来有南北朝的例子。

南朝宋佛陀什共竺道生等译《弥沙塞部和酰五分律》卷二九："有比丘尼在高处，礼下处比丘。或在比丘后，或于傍边礼。"（22/186/c）

萧齐求那毗地译《百喻经》卷四《得金鼠狼喻》："傍边愚人见其毒蛇变成真实，谓为恒尔，复取毒蛇，内著怀里。"（4/556/b）可见此词产生的年代并不太早，目前尚未见到三国以前的用例。

隋慧思《随自意三昧经·威仪品》："如人思惟观行之时，傍边人唤，意识不照声，耳则不能闻。"（《大正藏》续编55/502/b）

中土文献中，南北朝作品也多见此词：

《太平广记》卷三十八"甄冲"条（出《幽明录》）："婢十八人来车前，衣服文彩，所未尝见；便于甄傍边岸上张幔屋。"

南朝梁戴暠《咏歌眠》诗："拂枕熏红吧，回灯复解衣。傍边知夜永，不唤定应归。"

南朝陈徐陵《杂曲》："二八年时不忧度，傍边得宠谁应妒。"

南北朝《九州岛要记》："居近者，时见龙狗之状，旁边戏叶落于渊者，辄有群燕衔出。"

因此，笔者以为，光有一定的量还不行，还必须考虑用例的分布，即在相应年代（中古时期）的分布，最好有分朝代的定量统计。

二、规律性：可以类推的原则

所谓规律性，指的是可以类推。是说选择的鉴别词，应该具有一定的发展规律、可推导性，而非孤立的单个的词语。

例四："~切"式复音词

在失译（附后汉录）的《大方便佛报恩经》中，出现了 3 例用在谓词性语素后面的"~切"式复音词。[①]

A 类（形+切），2 例：

酸切：心酸，悲痛。《大方便佛报恩经》卷五："时诸释女宛转，无复手足。悲号酸切，苦毒缠身，余命无几。"（3/152/b）

苦切：悲痛，痛苦。《大方便佛报恩经》卷五："时诸释女各称父母兄弟姐妹者，或复称天唤地者，苦切无量。"（3/152/b）

B 类（动+切），1 例：

抽切：抽搐。《大方便佛报恩经》卷二："时诸太子闻是语已，身体肢节筋脉抽切。"（3/134/a）

3 例"~切"可分为两类，一类是"形容词+切"（A 类），即"酸切""苦切"，"切"作为构词语素，除了表示程度重外，也起到舒缓音节的作用。而这一用法大体上习见于魏晋南北朝时期。另一类是"动词+切"（B 类），"切"的作用也比较虚化，在强调程度重的同时，还起到舒缓音节的作用，其用法也习见于六朝典籍。

汉魏以来，汉语复音词大量产生，出现了一批十分能产的复音词构词语素。"切"就是其中一例。"切"经常用在"谓词性语素后

---

① 朱庆之（1992：144）已对"~切"式复音词进行了详细的讨论，请参看。

面"，组成"～切"式复音词，数量较多。

先看 A 类。

a. 酸切

东汉、三国译经未见，较早有东晋十六国的用例，凡两例：

姚秦佛驮耶舍译《长阿含经》卷一九："其地狱中受罪众生，苦痛酸切，无所归依，皆称'奈何'！"（1/125/c）

乞伏秦释圣坚译《佛说除恐灾患经》："但遣重使，贡遗琦珍，温辞雅谢，诣阿阇世。又别归佛，委命酸切。"（17/552/b）

南北朝佛典用例稍多，如：

北魏慧觉等译《贤愚经》卷三："我之宿罪，生处贫贱，虽遭福田，无有种子。酸切感伤，深自咎悔。"（4/370/c）

南朝梁释僧祐撰《释迦谱》卷一："募出周遍，无有应者，时王忧愁，酸切恳恻。"（50/37/a）

查考同时期中土文献，较早的也有东晋用例，如：

《全晋文》卷二三王羲之《杂帖》："穆松垂祥除，不可居处，言曰酸切。"

b. 苦切

东汉译经未见，东晋起方有用例，如：

姚秦佛驮耶舍译《长阿含经》卷一九："其诸狱卒取彼罪人掷大铁瓮中，热汤踊沸而煮罪人。号咷叫唤，大叫唤，苦切辛酸，万毒并至。"（1/124/a）

姚秦鸠摩罗什译《杂譬喻经》（宋元明三本作《众经撰杂譬经》）："地狱苦切，难可度也。诸佛尚不能奈何，何况我乎？"（4/525/b）

失译（附东晋录）《饿鬼报应经》："常有人来，持诸刀锯，割剥

我身，又破其腹，出其五藏。肉尽筋断，苦切叵忍。"（17/561/3）

南北朝、隋唐用例较多，不赘。

中土典籍中，"苦切"一词较早见于魏晋六朝作品，如：

《后汉纪·章帝纪下》："数陈窦宪势太盛，放权海内，言苦切，为宪不容。"

《世说新语·黜免》："宣武又重表，辞转苦切。"

此二例"苦切"犹言恳切、急切，与上揭佛经各例不同，是另一义。

可以看到，除了失译经（这些失译经的翻译年代不会早于三国）外，东晋十六国时期经师翻译的佛经中"苦切"的用例较多。《大方便佛报恩经》的用法恰好符合那一时期的语言特点。

类似的复音词还有：

c. 痛切：痛心，伤痛

东汉译经未见此词，较早见到的，是东晋十六国用例，如：

姚秦竺佛念译《出曜经》卷八："王告夫人：'彼等诸人，变易迁转，甚怀忧愁，痛切叵言。'"（4/650/a）

失译（附秦录）《大乘悲分陀利经》卷三："略说：'我已观恶趣，于中众生，受苦痛切。'"（3/251/a）

南北朝以降翻译佛经用例更多，不赘举。

中土典籍中用例较早，汉末三国已有用例，如：

三国魏吴质《答魏太子笺》："陈、徐、刘、应，才学所著，诚如来命，惜其不遂，可为痛切。"

《三国志·吴书·孙皓传》："秋七月，皓逼杀景后朱氏，亡不在正殿，于苑中小屋治丧，众知其非疾病，莫不痛切。"

又《魏书·公孙度传》："悲思不遂，痛切见弃，举国号咷，拊膺泣血。"

"痛切"均表伤心、痛心，① 当为佛典所本。

d. 感切：悲伤，感伤

东汉译经未见"感切"，较早也是六朝用例。

北魏慧觉等译《贤愚经》卷六："飞鸟之类，悲鸣感切，挫戾其身，自拔羽翼。"（4/391/c）

相比而言，中土典籍较早，汉魏诗文已见用例：

《全后汉文》卷一〇三《费凤别碑》："载驰载驱，来奔于丧庭，肝摧意悲，感切伤心，瞻彼碑诔，怀之好音。"

三国魏文帝曹丕《止临菑侯植求祭先王诏》："览省上下，悲伤感切。"

又嵇康《与阮德如诗》："含哀还旧庐，感切伤心肝。"

《大词典》首例举《初刻拍案惊奇》，偏晚。

e. 贫切：贫穷

姚秦鸠摩罗什译《大庄严论经》卷一一："时彼珠师以贫切故，无由得珠，更复瞋打。"（4/320/a）

此词佛典及中土典籍用例甚鲜，唐以前译经仅此1例。

再看 B 类。

从佛典使用情况看，用在动词语素后面的"切"的出现年代也不早于三国。

a. 逼切：逼迫

旧题三国吴支谦译《撰集百缘经》卷八："正欲道实，恐畏不是；正欲不道，复为诸女逼切使语。"（4/244/a）

---

① 《汉书·刘向传》："其言多痛切，发于至诚。""痛切"犹言恳切、急切，是别一义。

南朝宋求那跋陀罗译《央掘魔罗经》卷一："逼切心狂乱，愁毒恒怨嗟。"（2/520/a）

六朝中土典籍中，也已见到用例：

《后汉书·韦彪传附族子义》："诏书逼切，不得已，解巾之郡。"

b. 催切：催促

北凉昙无谶译《佛所行赞》卷三："魔众相驱策，各进其威力，迭共相催切，须臾令摧灭。"（4/26/a）

南朝宋求那跋陀罗译《过去现在因果经》卷三："是诸魔众，互相催切，各尽威力，摧破菩萨。"（3/640/c）

北魏慧觉等译《贤愚经》卷一〇："诸债主辈，竞见剥脱，日夜催切，忧心不释。"（4/422/a）

南朝梁宝唱集《经律异相》卷一三："贫穷负债，债主剥夺，日夜催切，天地虽旷，容身无处。"（53/66/b）

中土典籍中，魏晋以来，亦多用例：

《三国志·吴书·陆抗传》："自赤溪至故市，内以围阐，外以御寇，昼夜催切，如敌以至，众甚苦之。"

《魏书·高允传》："允持疑不为，频诏催切。"

《大词典》首例举《资治通鉴》，明显偏晚。

c. 迫切：急迫，为……形式所迫

东晋佛陀跋陀罗译《达摩多罗禅经》卷上："谓息出与入，一切时迫切，于息能觉了，具足众苦相。"（15/309/b）

姚秦佛陀耶舍共竺佛念译《长阿含经》卷一："问曰：'何如为病？'答曰：'病者，众痛迫切，存亡无期，故曰病也。'"（1/6/b）

南朝宋宝云译《佛本行经》卷六："债主急迫切，诸共衣费者。"（4/99/c）

中土典籍中，用例较早，① 如：

汉哀帝刘欣《策免丁明》："前东平王云，贪欲上位，祠祭祝诅，云后舅伍宏以医待诏，与校秘书郎扬闳结谋反逆，祸甚迫切。"

《后汉书·张酺传》："今议者为瓖选严能相，恐其迫切，必不完免，宜裁加贷宥，以崇厚德。"

综合来看，调查可靠的东汉译经，"逼切""催切""迫切"都未见到，魏晋以后始有用例。

而"抽切"的年代似更晚，除了《大方便佛报恩经》外，中古佛典未见用例，唐代译经有 1 例：

唐跋驮木阿译《佛说施饿鬼甘露味大陀罗尼经》："见是事已，身体掉动，筋脉抽切，悲感势恼。"（21/485/b）

六朝的中土文献有 1 例，即：

《梁书·太祖五王传·临川靖惠王宏》载梁武帝诏："天不憖遗，奄焉不永，哀痛抽切，震恸于厥心。"

从上揭各例可以看到，"~切"式复音词的产生有其规律（先产生"形容词+切"，表示极度的悲伤和痛苦；再由此扩展，产生了"动词+切"，表示动作的程度高或重），在年代上呈现出一个整体、清晰的发展脉络。因此，根据《大方便佛报恩经》已经出现多例"谓词性语素+切"的情况看，其翻译年代应该在晋代以后，殆可断言。

三、联系性：词汇的系统原则

词汇是一个系统，词与词之间，往往具有千丝万缕的联系。提取

---

① 《汉语大词典》已举《汉书》为例。

一般鉴别词，应注意词语之间的联系与比较。

（一）注意佛典词语之间的联系

词汇尽管量大，系统性差，但词语与词语之间，往往有各种各样的联系。如果下功夫，做有心人，总会发现一些内在的联系与差别。相反，如果没有很好地把看似很散的词语联系起来，孤立地就一词论词，其结论可能会产生偏差。

举一个在以往的考辨中选取鉴别词引起商榷的例子。

例五：坌身①

失译（附后汉录）《大方便佛报恩经》卷三："王闻是语，举声大哭：'怪哉，怪哉！'自投于地，尘土坌身。"（3/138/b）

又卷五："父母闻之，举声大哭。自投于地，生狂痴心。尘土坌身，自拔头发，而作是言：'一何薄命！生亡我珍。'"（3/151/b）

笔者在《〈大方便佛报恩经〉翻译年代初探》一文中，曾谓："'坌身'谓（脏物）污染、沾染身体。检索30种东汉译经，未见此词。调查一批三国译经，似亦未见到。至晚西晋佛典已有用例。"举西晋法炬译《佛说波斯匿王太后崩尘土坌身经》以及《后汉书·东夷传·倭》等例。

胡敕瑞（2005：276）指出："其中所用的'坌身'等词似乎还可商榷。因为东汉佛典虽无'坌身'，但是可以见到'坌头'。如果东汉佛典没有'脏物污身'这一概念，自然不会用'坌身'一词；如果真有'脏物污身'这一概念，根据东汉佛典有'坌头'，出现'坌身'一词并非不可能。"

---

① 本条蒙高列过教授指正并惠示数条书证，谨此致谢。

胡敕瑞所说确有道理。① 尽管《大方便佛报恩经》出现的"坌身"东汉译经没有用例，② 但东汉译经出现"坌"，则应联系"坌"单用、组合连用的相关词语。

"坌"是中古新词，电子版《大正藏》中共出现 610 例，东汉见到 3 例，即安世高译《道地经》2 例，支娄迦谶译《道行般若经》1 例。

东汉安世高译《道地经》："或时尘坌头，或时虎遮断。"（15/232/b）

又："复见小儿，俱相坌土。"（15/232/c）

东汉支娄迦谶译《道行般若经》卷一〇："今地大有土尘，恐来坌师及诸菩萨，当共洒之。"（8/474/c）

魏晋以后，"坌"的用例更加广泛。

三国吴支谦译《菩萨本缘经》卷中："以此人口宣无义言，即以土石，竞共打坌。"（3/63/c）③

---

① 当然，就胡文所举的"脏物污身"（坌身）这一概念本身，则似还可讨论。其一，安世高译《道地经》："譬如人命欲尽，在呼吸欲死。……亦见是人共载车行，麻油污泥污足亦涂身。……或有灰傅身亦食。……或时自身胆裸为涂腻。……或时尘坌头。"（15/232/a）支谶译《阿阇世王经》卷下："阿阇世王复以是衣而奉上之。其菩萨言。若有计他人有我者。我不受是物。亦不从有所沾污。"（15/401/c）从这段话看出，除"尘土污头"用"坌头"外，东汉佛经表示"脏物污身"这一概念方式较多，可说"（麻油污泥）亦涂身""有灰傅身""自身胆裸为涂腻"等等，不一定用"坌"这个词语。其二，《修行道地经》是《道地经》的同经异译本，其中卷一有这样的表述："譬若如人命欲终时。……或以麻油及脂醍醐自浇其身，又服食之。……以灰坌身，复取食之。""麻油涂身，宛转土中。……梦见土尘，坌其身首。"（15/183/c）这里"以灰坌身"替换了《道地经》的"有灰傅身"，这说明，东汉佛经表达"脏物污身"这一概念的手法多样化，不一定用"坌身"不可。就目前调查到的语言事实看，东汉佛经可以不用"坌身"。但无论如何，"坌身"一条的说明力不强，胡敕瑞的批评是有道理的，拙文（2003）关键在于没有把"坌身"与"坌"及其相关词语联系起来。

② 坌身，《大正藏》共出现 96 例，均为三国魏晋以后佛典用例。

③ 此经是否为支谦所译，颇可怀疑。

旧题三国吴支谦译《撰集百缘经》共出现 6 例，如卷六："此塔乃是大王所造。今者坌污，无人扫洒。"（4/230/a）

诚如胡敕瑞所说，正因为东汉译经已经出现了单音新词"坌"，也出现了主谓式的"尘坌"或动宾式的"坌头"，① 则从理论上看，"坌身"的产生也是完全有可能的。胡敕瑞意见的可贵之处，在于提醒我们注意从词义系统的角度看词与词之间的联系，不要孤立地就词论词，那样很容易陷进先入为主的泥潭。②

因此，选取一般语词作为鉴定词，应该具有代表性，须谨慎从事。"坌身"一词选词不够典型，在于忽视了"坌身"与"坌"及相关词语的联系。

（二）注意佛典与中土典籍的联系

谈到词语之间的联系性，还应该注意佛典与中土典籍的联系与比较。从中古词汇的发展演变来看，既有中土典籍受到佛典影响的情况，也有佛典受到中土典籍影响的情况。有时候，联系中土典籍的发展、演变，或能发现词语更替的线索，找出其嬗变的轨迹。

例六：不减

《佛说㮈女祇域因缘经》："梵志大喜。自念我家资财无数，不减于王，唯无此㮈，以为不如。今已得之，为无减王。"（14/897/a）

旧题东汉安世高译《佛说㮈女耆婆经》中也有类似的用例："梵志大喜，自念：我家资财无数，不减于王。唯无此㮈，以为不如。今已得之，为无减王。"（14/902/b）

---

① 安译《地道经》"或时尘坌头"，宋元明三本、宫本均作"或时尘尘坌头"，其属读关系为"或时/尘/尘坌/头"，则以"尘坌"连言。
② 后面讨论的"疲顿"一词，正是对胡敕瑞意见的一个印证。

"不减于王",谓不比"王"少。"不减"用于差比句,后面接介词"于",引进比较的对象,表示"不比……差(少、弱)"的意思。

不减,在电子版《大正藏》中,出现了2140例。据我们对佛典"不减"所有用例的检索分析,该词早期(东晋以前)都是"不减少"或"不减损"义。

考察东汉译经,"不减"虽已见到,但常与"不增"相对成文,也有"不尽不减""不缺不减"等。

支娄迦谶译《道行般若经》卷一:"舍利弗谓须菩提:'随是法亦不增,不随是法亦不减。'"(8/429/a)又卷七:"须菩提,般若波罗蜜虚空,是般若波罗蜜亦不增亦不减。"(8/463/a)支娄迦谶译《佛说阿阇世王经》:"用微妙故,不与十二因缘有所变,念法身亦不增亦不减。"(15/390/a—b)支娄迦谶译《佛说内藏百宝经》:"佛化分身在无央数,不可复计;佛刹悉遍至,佛身亦不增亦不减。"(17/753/b)

魏晋以降仍然沿用。西晋法炬译《恒水经》:"来者去者,佛道亦不增亦不减,如海水不增不减也。"(1/817/c)东晋僧伽提婆译《中阿含经》卷六:"我今身痛,举体生苦,但增不减。"(1/458/a)①

"不减"单用,是"不减少"义,也不用于比较,如:

安世高译《道地经》:"实时得两根——身根、心根精已,七日不减,二七日精生。"(15/234/a)

安世高译《阴持入经》:"已生清净法,令止不忘,令不减。"(15/174/a)

---

① "但增不减"的"减"指疾痛减轻,与其"减少""减损"义直接相关。

支娄迦谶译《佛说阿阇世王经》："文殊师利则谓阿阇世：'可分布饭食。'应时受教，分布而遍。其食不减如故。"（15/400/b）

"不减如故"是说（饭食）没减少，像原先一样。

晋代以后，译经中开始出现带宾语的"不减"，如：

东晋佛陀跋陀罗共法显译《摩诃僧祇律》卷三七："阿练若处以抄市补处，一跋渠、二跋渠，数不减尼萨耆者。"（22/527/b）"尼萨耆"，戒律学用语，音译作尼萨耆波逸提、尼萨耆波夜提等，意译作舍堕，也称三十舍堕。据《四分律》，三十舍堕包括"长衣戒""离衣戒"等。"数不减尼萨耆者"，是说数目不少于尼萨耆波逸提（三十舍堕）。

后来，才见到"不减……于+对象"的用法，表示不输于、不比……差的意思。① 据我们的初步统计，中古译经共有 10 例，即：

姚秦鸠摩罗什译《摩诃般若波罗蜜经》卷二："如是舍利弗，菩萨摩诃萨行般若波罗蜜，不减于阿耨多罗三藐三菩提。"（8/229/b）阿耨多罗三藐三菩提，指"无上正等觉者"。

鸠摩罗什译《大智度论》卷四〇同，"不减"宫本作"不灭"，误。

北魏慧觉等译《贤愚经》卷二："六师悉集，各共议言：我曹技能，不减瞿昙。"（4/361/b）又卷八："如我今者，力不减汝。汝欲力

---

① 西晋无罗叉译《放光般若经》卷四："复有不愿苦乐三昧，住是三昧者，不见诸三昧有苦乐。复有事不减三昧，住是三昧者，不见诸三昧有尽。"（8/24/b）此例应读作"事不减/三昧"，与下文"不见诸三昧有尽"相应。东晋佛驮跋陀罗译《大方广佛华严经》卷三九："菩萨摩诃萨，于佛身示现声闻缘觉身，而不减如来身。是为第三游戏神通。菩萨摩诃萨，于声闻缘觉身示现如来身，而不增长声闻缘觉身。"（9/649/a）"不减"与"不增长"连用，仍是不减少义。此外，在中土文献中，"不减"这一类用法早见。如《三国志·魏书·胡质传》："公荣乃自诣陔兄弟，与共言语，观其举动。出语周曰：'君三子皆国士也。元ំ量器量最优，有辅佐之风，展力仕宦，可为亚公。叔夏、季夏，不减常伯、纳言也。'"

决，我不相畏。"（4/403/a）

北魏吉迦夜共昙曜译《杂宝藏经》卷二："有人答言：'宫室钱财，不减于王。'"（4/458/b）

北魏般若流支译《正法念处经》卷二七："如法之人，正法增长。天众不减于天女，中不复劣弱。"

南朝齐求那毗地译《百喻经·三重楼喻》："往昔之世，有富愚人，痴无所知。到余富家，见三重楼，高广严丽，轩敞疏朗。心生渴仰，即作是念：我有财钱不减于彼，云何顷来而不造作如是之楼?"（4/544/b）

《高僧传》卷四《支遁》："太原王蒙甚重之曰：'造微之功，不减辅嗣。'"（50/348/b）

《高僧传》卷六《释道融》："融自顾才力不减，而外道经书未尽披读。"（50/363/c）

这其中，也发现 1 例宾语省略的例子：

《高僧传》卷一三《释法平》："后东安严公发讲，等作三契经竟，严徐动麈尾曰：'如此读经，亦不减发讲。'遂散席。"（50/413/c）

可见，"不减+于+比较对象"的用法，不见于东汉、三国、西晋的译经，[①] 最早也是东晋十六国的鸠摩罗什的用例，这为判定《兴起行经》的翻译年代，提供了有价值的线索。

四、时代性——更替的原则[②]

在提取鉴别词进行考辨时，在说明何时用何词的基础上，倘若能

---

① 前面所举的《佛说㮈女祇城因缘经》《佛说㮈女耆婆经》二经，旧均题"后汉安世高译"，不可信。

② 这一点是王云路教授帮笔者总结的，特此申谢。

再进一步说明所考辨的年代使用的是什么词、如何更替的，则可借以梳理清楚词义发展的脉络，更具说服力。

例七：欺/欺诳

前面已经考明，"欺诳"一词尽管有较多的用例（1223例），但在东汉译经未出现，最早只见到少量的三国用例。而旧题东汉安世高译《佛说罪业应报教化地狱经》出现1例，失译（附东汉录）《大方便佛报恩经》出现4例。

那么，东汉译经中用什么词语来表示欺骗？下面来讨论这个问题。

东汉译经主要用"欺"及其复合结构用来表示欺骗义，共出现了62例。值得注意的是：其中复合结构（词或词组）有"欺怠"1例（《成具光明定意经》），"欺侵"5例（《人本欲生经》），"欺调"3例（《遗日摩尼宝经》《般舟三昧经》），"欺盗"1例（《一切流摄守因经》），"欺慢"3例（《阿毗昙五法行经》），未见"欺诳"用例。

其次则用"诈"来表示欺骗，共出现了4例。有"诈言"（《中本起经》卷下）、"权诈""伪诈"（"伪"或本作"为"，均见《法镜经》）。

东汉译经没有"诳"的用例。① 也就是说，不具备"欺诳"连用的前提。

例八：疲顿

旧题东汉支娄迦谶译《杂譬喻经》："不信兄语，违戾圣教，抵

---

① 《四十二章经》："人为道不为情欲所惑。不为众邪所诳。"（17/723/b）旧题东汉安世高译《太子慕魄经》《阿难问事佛吉凶经》等、旧题东汉康孟详译《兴起行经》均出现"诳"，均是不可靠的语料，不能证明该词已见于东汉译经。

突自用，故堕牛中，疲顿困劣，悔当何逮。"（4/501/c）

疲顿，疲惫，劳顿。"疲顿"一词，中古译经中，较早见于西晋译经，用例也不多。

西晋法立共法炬译《法句譬喻经》卷一："其饮水者，道路疲顿，经日乃达。"（4/578/a）又卷四："担山吐火，皆化为尘，至久疲顿。"（4/607/c）

东晋、南北朝以后用例稍多。

姚秦竺佛念译《出曜经》卷一六："时梵摩达疲顿，欲得憩息。"（4/694/b）

东晋佛驮跋陀罗译《大方广佛华严经》卷四三："菩萨摩诃萨，见诸天人疲顿厌倦，退正希望，发大庄严，而自庄严。"（9/667/b）

失译附秦录《毗尼母经》卷六："若怖心为人说法，令身疲顿。"（24/832/b）

南朝宋求那跋陀罗译《大方广宝箧经》卷中："然此钵食犹满不减，令诸守园作使之人，赋食疲顿。"（14/473/a）

南朝宋求那跋摩译《菩萨善戒经》卷四："若病若老，或道路疲顿，代担衣钵。"（30/982/c）

北魏瞿昙般若流支译《正法念处经》卷六四："则生疾病，疲顿困极，不欲饮食。"（17/384/a）

据我们初步调查，东汉佛经表示"疲倦""疲惫"时，除了"疲"单用外，也多见"疲"与"倦"（惓）"苦""极""劳""懈"等同义词合并使用。

安世高译《一切流摄守因经》："令从是，是身以有用，剧苦疲惓，令得止。"（1/813/c）

安世高译《大安般守意经》卷上："一者用念生死校计故，二者

用饮食多故，三者用疲极故，四者用坐不得更罪地故。"（15/166/a）

支娄迦谶译《道行般若经》卷四："法师若身疲极，卧欲不起。"（8/448/a）又卷九："语萨陀波伦菩萨及五百女人言：'多贺来到！得无疲倦？'"（8/473/b）

支娄迦谶译《阿閦佛国经》卷上："其身不生疲极，意亦不念疲极。"（11/755/a）

竺大力共康孟详译《修行本起经》卷上："王时乘骑案行天下。朝去暮还，亦不疲极。"（3/463/a）又："若王乘时，一日之中，周遍天下。朝往暮返，不劳不疲。"（3/463/a）又："侍女白言：'太子疲懈，始得安眠。'"（3/464/b）

昙果共康孟详译《中本起经》卷上："牛马人从，停住劳疲。"（4/153/b）又卷下："身体疲劳，嘘唏悲啼。"（4/158/b）

而东汉佛经的"顿"，多表示"整顿""停留"等义，如：

支娄迦谶译《道行般若经》卷一〇："今我曹当更扫除，整顿坐席。"（8/474/c）

支娄迦谶译《阿閦佛国经》卷下："便往至大王所居城，垣坚，止顿其中，得安隐。"（11/759/b）

昙果共康孟详译《中本起经》卷上："王令官属，住顿山下。"（4/148/c）又："世尊以顾，将千比丘僧，今顿须波罗致树下。"（4/152/a）卷下："城内整顿，炜炜煌煌。"（4/163/b）

另有"顿躄""委顿"二词，各一例，如：

竺大力共康孟详译《修行本起经》卷上："调达顿躄闷绝，以水灌之，有顷乃稣。"（3/465/c）顿躄，跌倒；摔在地上（方一新、王云路 2006：10）。

昙果共康孟详译《中本起经》卷上："何故改施，令吾等类被乎委顿不?"（4/153/b）这里的"委顿"，是"麻烦"之义。

也就是说，在东汉译经中，"顿"不表示疲惫、困顿，也未见"疲顿"连言的用例。

上来所说四点，分类未必恰当，有的本身就有交叉包涵的情况。加之"由于汉译佛经本身的复杂性"（汪维辉 2007：308），具体的情况错综歧异，千变万化，难以一一对应，机械照搬。

总之，在进行可疑佛经的考察、鉴别时，如何提取具有代表性、有较强说服力的一般鉴别词，是值得我们认真思考的。要做好这项工作，有几个前提：第一，首先要对佛典作穷尽性调查和统计，避免遗漏。第二，在此基础上，认真提取有鉴别意义的语言标志（语音、语法及词汇标准），进行考辨。第三，有条件的话，应该结合梵文、巴利文、藏文本等早期非汉文经典，进行比较研究。笔者不懂梵文等古印度语言，与非汉文本佛典的比较只能阙如。拙文所述仅为一得之见，还很不成熟，期盼着得到方家博雅的教正。

参考文献

曹广顺、遇笑容，2000，《从语言的角度看某些早期译经的翻译年代问题——以〈旧杂譬喻经〉为例》，载《汉语史研究集刊》（第三辑），成都：巴蜀书社。

方一新，2003，《〈兴起行经〉翻译年代初探》，载《中国语言学报》（第十一期），北京：商务印书馆。

方一新，2003，《翻译佛经语料年代的语言学考察——以〈大方便佛报恩经〉为例》，《古汉语研究》第 3 期。

方一新，2008，《从译名演变看疑、佚经的翻译年代》，载《历史语言学研究》（第一辑），北京：商务印书馆。

方一新、王云路，2006，《中古汉语读本》（修订本），上海：上海教育出版社。

胡敕瑞，2005，《中古汉语语料鉴别述要》，载《汉语史学报》（第五辑），上海：上海教育出版社。

江蓝生，1987，《八卷本〈搜神记〉语言的时代》，《中国语文》第 4 期；收入江蓝生，2000，《近代汉语探源》，北京：商务印书馆。

吕澂，1980，《新编汉文大藏经目录》，济南：齐鲁书社。

史光辉，2001，《东汉佛经词汇研究》，杭州：浙江大学博士论文。

汪维辉，2000，《从词汇史看八卷本〈搜神记〉语言的时代（上）》，载《汉语史研究集刊》（第三辑），成都：巴蜀书社。

汪维辉，2001，《从词汇史看八卷本〈搜神记〉语言的时代（下）》，载《汉语史研究集刊》（第四辑），成都：巴蜀书社。

汪维辉，2007，《从语言角度论一卷本〈般舟三昧经〉非支谶所译》，载《语言学论丛》（第三十五辑），北京：商务印书馆。

张永言，1991，《从词汇史看〈列子〉的写作年代》，原载李铮、蒋忠新（主编）《季羡林教授八十华诞纪念论文集》（上），南昌：江西人民出版社；收入张永言，1999，《语文学论集：增补本》，北京：语文出版社。其修订稿载《汉语史学报》2007 年第六辑，上海：上海教育出版社。

朱庆之，1992，《佛典与中古汉语词汇研究》，台北：文津出版社。

中古译经年代与"感染生义"的判别[*]

卢巧琴　颜洽茂

引　言

随着汉语复音化的不断推进,"感染生义"成了中古汉语词义演变的主要途径(朱庆之 1992:197)^①。判断是否为"感染生义",董志翘(2009:112—113)曾提及四条原则,其中三、四两条原则与中古译经年代的关系尤为密切(假设沾染它词的一方为 B 词,被沾染的一方为 A 词):

原则三　A 词与 B 词有过相当长的一段组合关系过程。

原则四　A 词的新义必须产生在组合之后。

原则三是强调组合必须经过较长时间反复地使用,即有一定高的出现频率;原则四强调组合及词义的首见时间。而用作印证"感染生义"的实际例证,有不少来自中古翻译佛经,其中包括失译、误题之经。"许"指代义的演变途径被误为"感染生义",就是因为误题曹魏昙谛译《昙无德羯磨》,被用作组合"尔许"的首见例。

＊　本文属教育部人文社科重点研究基地重大项目(05JJD740012)。承蒙匿名审稿专家提出修改意见,谨此特表深切谢忱。本文原载《中国语文》2010 年第 1 期。

①　作为词义演变的途径,"感染生义"有很多名称,但含义相同。董志翘(2009)认为"词义渗透"是中古汉语词义演变的一种途径,但并非主要途径。

一、年代舛讹，"许"指代义被误为感染而成

当这些年代尚未确切的翻译佛经，被用作组合的首见例与早期例证时，较多被判断为"感染生义"的实际例证就经不起原则三、原则四的检验。如胡敕瑞（2004：223—224）在讨论"许"指代义的演变途径时认为，"尔许"作为一种固定的组合形式主要起指代的作用，其构成语素"尔"也起指代作用，而另一个构成语素"许"原本并没有实在的意义，但是因为"许"和"尔"经常结合在一起以"尔许"的面貌出现，久而久之，"许"也就染上了"尔"的指代义。他称这种词义产生的方式为感染，同时指出感染生义的基本条件是：先要具备某个习用而固定的组合形式，然后才能在这种固定的组合形式中，由其不同的成分相互感染而产生新义。"许"受"尔"的感染产生出指代的意义符合这个基本条件，因为据他调查，组合"尔许"的出现绝对不会比"许"的指代义产生晚，只会比它早。虽然东汉佛典尚未见到"尔许"的用例，但是魏、晋已经出现。文中所举 3 例如下：

（1）大德僧听，今有尔许比丘集。（曹魏昙谛译《昙无德羯磨》，T22n1433p1052b14—15①）②

---

① 本文翻译佛经语料来自台北新文丰出版公司 1985 年影印出版的《大正新修大藏经》，以下简称《大正藏》。未出注的均指高丽本，其他版本均具体标出，如宋、元、明本等。其中 T 后数字表册数，n 后数字为《大正藏》编号，p 后数字为页码，a、b、c 表上、中、下栏。

② 《昙无德羯磨》共有"尔许"7 例，正文 6 例，注 1 例，不包括以下有异文例："大德僧听，今有尔许比丘集。"（T22n1433p1052b7）"尔"正仓院圣语藏本作"今"。"大德僧听，我比丘某甲，故畜尔许长衣。"（T22n1433p1055b23）"许"正仓院圣语藏本作"所"。

（2）尊者答言："彼时有善算者，计百年中用尔许油，用如是计故使至今。"（西晋安法钦译《阿育王传》卷七，T50n2042p131a22—23）

（3）良师答言："但食尔许，消已更食。若顿食不消，或能杀人。"（东晋法显译《大般泥洹经》卷六，T12n376p898a10—11）

二、"许"感染生成指代义的条件可商榷

在判别"许"指代义演变途径时，《昙无德羯磨》与《阿育王传》的年代，起着举足轻重的作用，它们关乎组合"尔许"的首见例与早期例证的确切年代，从而决定着"许"是否具备感染生成指代义的条件。

（一）组合"尔许"的早期例证来自误题之经

用作组合"尔许"首见例的《昙无德羯磨》实非曹魏昙谛所译，用作组合"尔许"早期例证的《阿育王传》也非西晋安法钦所译。吕澂（1980：62）认为《昙无德羯磨》是从《昙无德律》（即《四分律》）中摘抄而成的。据卢巧琴（2009：99）从文献学、词汇学、文化学三方面的综合考证，《昙无德羯磨》的年代最早亦应在西晋以后。

《阿育王传》则与《阿育王经》混淆了。《阿育王经》《阿育王传》为同经异译，吕澂（1980：73）认为《阿育王经》才是西晋安法钦所译，后误为南朝梁僧伽婆罗译；《阿育王传》则相反，实为南朝梁僧伽婆罗译，却误为西晋安法钦译。

（二）"许"指代义的出现不比"尔许"晚

译经中"尔许"的较早用例，见于建元二十一年（公元 385 年）由苻秦昙摩难提共竺佛念译的《增一阿含经》①，约 26 例，如：

（4）诸童子各振其手："我等尔许人！不如女人也。"（卷十，T02no125p596b11—12）②

而单音词"许"大概在晋、宋之间，已可用作指代了（冯春田 2001：409），胡文也举出 3 例：

（5）甘菊吐黄花，非无杯觞用，当奈许寒何。（《晋诗》卷十九《清商曲辞·节折杨柳歌》）

（6）可怜无有比，恐许直千金。（南朝梁简文帝《遥望》）

（7）许处胜地多，何时肯相厌。（南朝徐陵《鸳鸯赋》）

三、"许"指代义源于"许"的义项与"所"对应

汪维辉（2007：181）曾举《宋书》《乐府诗集》《玉台新咏》等例，言用作指代的"许"在南朝文献中时见用例，以证这是当时南方的一个口语词。在西晋以后隋以前的译经中，也未能检索到单字

---

① 僧祐《出三藏记集》卷二《新集撰出经律论录》："晋孝武时，兜佉勒国沙门昙摩难提，以苻坚时入长安。难提口诵胡本，竺佛念译出"（第 47—48 页）。后误为东晋僧伽提婆（公元 391—397 年）译。今勘系僧伽提婆修正。《增一阿含经》的语料尚需进一步区分。

② 中土文献检到 1 例"尔许"，为南朝宋裴松之注《三国志·吴书二·吴主孙权》引鱼豢《魏略》："于是诏曰：'权前对浩周，……此鼠子自知不能保尔许地也。……'"（2007：691）。"感染生义"需要一个较长时期的组合过程，也就是说"尔许"这个组合需在实际语言中运用较长的阶段，有一定的出现频率，才能判断为"感染"。"尔许"在裴松之注《三国志》引鱼豢《魏略》时只是偶然的连用，所以此例依然无法成为"许"感染生义的根据。况且鱼豢的《魏略》是出现在裴松之的注引中，这样的语料年代本身就有待考证。

"许"用作指代的。译经中"许"的习见用法是承袭文言，与"所"的义项对应，表方所、约数等，这与胡敕瑞（2004：222）考察《礼记》《史记》《论衡》等典籍后，得出"许"是在多方面而非局限于个别词语取代"所"的结论是一致的。"许"的"所有"义，也出现在西晋以后的译经中。

（8）见有遗物，作是念："此必是比丘许。"即便持去，行及伴已，问伴言："是谁许？"（东晋佛陀跋陀罗共法显译《摩诃僧祇律》卷十，T22n1425p312a11—13）

（9）调达怀五百两金，诣望伽婆象师所，语象师言："汝知我阿阇世王许有力势不？"（姚秦竺佛念等译《鼻奈耶》卷五，T24n1464p872a1—2）

江蓝生（2002：54）、志村良治（1995：98）等也认为"许"和"所"一样可作语气助词，译经中亦留下了"许"词义虚化，甚至处于可有可无位置的痕迹，"几许"就常常与"几"互用：

（10）以一花散佛，得几许福德？（东晋法显译《佛说杂藏经》，T17n745p560a24）

宋、元、明本无"许"。再比较：

（11）今说此经，得几功德？（南朝宋昙摩密多译《诸法勇王经》，T17n822p850a18）

（12）上价者，此价直几许？下者，此价直几？（《摩诃僧祇律》卷十，T22n1425p312c21—22）

"所"用作指代词，晋、宋以前的中土典籍已见。《吕氏春秋·审应》："齐亡地而王加膳，所非兼爱之心也。"陈奇猷校释引金其源曰："所，本犹'是'。"又汉司马迁《报任少卿书》："刑余之人，无所比数，非一世也，所从来远矣。"

综上所述，组合"尔许"出现较多用例的时间并不比"许"指代义产生的时间早，"许"并未具备"感染生义"的条件。"许"的指代义可能就是"许"拥有"所"的多个义项中的其中一个义项，"尔许"为同义连用。

余　论

失译、误题之经的大量存在，极易模糊语词首见例及较多用例的确切年代，增加对词义系统本身进行彻底考察和梳理的难度，"感染生义"涉的又不只是单个词，词构成的组合情况也与"感染"息息相关，首见例、出现频率、词义系统在判别时都应考虑进去。在词义演变途径的考察中，使用中古翻译佛经是必要的，但必须先对语料年代进行鉴别。所引用的译经年代的准确，是"感染生义"判别的前提条件。

参考文献

董志翘，2009，《是词义沾染，还是同义复用？——以汉译佛典中词汇为例》，《陕西师范大学学报（哲学社会科学版）》第 3 期。

冯春田，2001，《近代汉语语法研究》，济南：山东教育出版社，。

胡敕瑞，2004，《"尔许"溯源——兼论"是所""尔所""如所""如许"等指别代词》，载朱庆之（编）《中古汉语研究》（二），北京：商务印书馆。

江蓝生，2002，《处所词的领格标记用法与结构助词"底"的由来》，载《著名中年语言学家自选集·江蓝生卷》，合肥：安徽教育出版社。

卢巧琴，2009，《中古翻译佛经语料考辨研究》，杭州：浙江大学博士
　　论文。

吕澂，1980，《新编汉文大藏经目录》，济南：齐鲁书社。

汪维辉，2007，《六世纪汉语词汇的南北差异——以〈齐民要术〉与〈周
　　氏冥通记〉为例》，《中国语文》第 2 期。

志村良治，1995，《中国中世语法史研究》，江蓝生、白维国译，北京：中
　　华书局。

朱庆之，1992，《佛典与中古汉语词汇研究》，台北：文津出版社。

《菩萨本缘经》撰集者和译者之考辨[*]

颜洽茂　熊　娟

汉译佛典是研究中古汉语的重要语料，但由于早期经录散佚及社会动荡等原因，一些佛经存在译者及翻译年代著录错误的情况，尤其是早期的译经。对于这些佛经，我们在使用的时候必须格外注意，因为语料可靠是汉语史研究的基础，是保证观点正确的前提条件，如果以不可靠的语料作为立论的根基，那么结论的可靠性也就无从谈起了。《大正新修大藏经》（以下简称《大正藏》）所收的三卷本《菩萨本缘经》题名为僧伽斯那撰、孙吴支谦译，但实际上学界对它的可靠性存在着分歧：吕澂和俞理明认为是支谦所译（吕澂 1980：69；俞理明 1993：52），许理和认为非支谦所译（许理和 2003：51）。这种分歧让我们对《菩萨本缘经》的可靠性产生质疑，因此本文拟对它的撰集者和译者进行考辨，以求对该经的题署能有进一步的认识。

一、文献学上的查证

首先看有关《菩萨本缘经》的著录。《菩萨本缘经》也称为《菩萨本缘集经》《菩萨本缘集》，三卷或四卷。现收于《大正藏》中题

———————

　　* 本文初稿曾在 2008 年浙江大学汉语言研究所第二届研究生论文报告会上宣读，方一新、姚永铭、陈东辉、王小潮老师和田春来博士对该论文给予了很多指导和建议，在此诚致谢意！

名为僧伽斯那撰、支谦译的《菩萨本缘经》，在《出三藏记集》里未被列入支谦译经名下，甚至在失译和疑伪的经目中都没有见到。直到隋代法经的《众经目录》才开始著录此经，并题名为僧伽斯那撰、支谦译，此后的绝大多数经录都采用这一说法。

南朝梁僧祐著《出三藏记集》是我国现存最早的一部佛教经录，它的权威性和可靠性历来为学界重视。一般来说，西晋之前（包括西晋）的译经都以《出三藏记集》为判别基准，凡《出三藏记集》不确定或没有收录的佛经，我们都应该慎重对待。

其次看撰集者"僧伽斯那"这个人。目前我们所见到的所有僧传中都没有出现过这个名字，经录中倒是多次提及此名。《出三藏记集》卷九《关中出〈禅经〉序》中提到一次，原文如下：

> 究摩罗法师以辛丑之年十二月二十日，自姑藏至长安。予即以其月二十六日，从受禅法……寻蒙抄撰众家禅要，得此三卷。初四十三偈，是究摩罗罗陀法师所造。后二十偈，是马鸣菩萨之所造也。其中五门，是《婆须蜜》、《僧伽罗叉》、沤波崛、僧伽斯那、勒比丘、马鸣、罗陀禅要之中，抄集之所出也。（僧祐1995：342）

《出三藏记集》之外，"僧伽斯那"在隋代以后法经《众经目录》、《历代三宝记》、彦琮《众经目录》、静泰《众经目录》、《大唐内典录》、《大周刊定众经目录》、《开元释教录》、《贞元新定释教目录》出现的具体情况如下：

26例出现环境相同，均仅见于经名题署之中，用以交代是《菩萨本缘经》或《百喻经》的撰集者。

2例出现在《贞元新定释教目录》中对译者求那毗地简要介绍的文字里面：

　　　　沙门求那毗地，齐言德进。中印度人。弱龄从道，师事天竺
大乘法师僧伽斯那……初，僧伽斯那于天竺国抄集修多罗藏十二
部经中要切譬喻，撰为一部，凡有百事，以教授新学。毗地悉皆
通诵，兼明义旨，以武帝永明十年壬申秋九月译为齐文，即
《百喻经》也。（卷八，55/834/2①）

　　从上可知，僧伽斯那是萧齐译经师求那毗地的老师，他撰集了
《百喻经》教授新学者，求那毗地对此经义旨通达，译成汉文。作为
求那毗地的授业老师，僧伽斯那的生活年代大致是可以确定的。

　　既然所有的僧传、经录及其他佛教文献都没有更多地提及《菩
萨本缘经》及其撰集者僧伽斯那，那我们就把视线转移到《百喻
经》，看能否从这里找到突破口。

　　在有关《百喻经》的资料中，我们意外发现《高僧传》和《出
三藏记集》中都讲到一个名叫"僧伽斯"的人。《高僧传》中出现两
次，都是在求那毗地的传记中提到的，原文如下：

　　　　求那毗地，此言安进，本中天竺人，弱年从道，师事天竺
大乘法师僧伽斯……初，僧伽斯于天竺国抄修多罗藏中要切譬
喻，撰为一部，凡有百事，教授新学。毗地悉皆通，兼明义
旨，以永明十年秋译为齐文，凡有十卷，谓《百喻经》。复出
《十二因缘》及《须达长者经》各一卷。（慧皎 1992：138—
139）

　　这段文字和前面《贞元新定释教目录》那段文字基本相同，不
同之处只在于《贞元新定释教目录》中的"僧伽斯那"在这里变成
了"僧伽斯"。

────────────

　　① 本文佛经引例均出自1996，《大正新修大藏经》，台北：新文丰出版公司。三个
数字依次标明引文所在的册数、页码、栏数，下同。

"僧伽斯"在《出三藏记集》中出现三次，两次出自卷一四《求那毗地传》（僧祐 1995：552），内容与《高僧传》完全相同。另一次出自《〈百句譬喻经〉前记》："永明十年九月十日，中天竺法师求那毗地出。修多罗藏十二部经中抄出譬喻，聚为一部，凡一百事，天竺僧伽斯法师集行大乘，为新学者撰说此经。"（僧祐 1995：355）这段文字的内容与《高僧传》的记载也基本相同，只是行文上更简洁而已。

根据以上记载，尤其是与《贞元新定释教目录》进行比对，我们可以肯定的是，"僧伽斯"和"僧伽斯那"是同一个人，即求那毗地的老师、《百喻经》的撰集者。两者应该是同一个人名的不同音译形式。从梵汉对音情况来看，梵语词尾元音的去留在音译过程中很随意，"有时为了照顾汉语的韵尾辅音，常将梵文下一音节的元音丢掉不管"（储泰松 1995：10）。对于必须有元音才能构成音节的汉语来说，省去元音就等于省去一个音节。汉译佛典文献里面，由于对梵语词尾元音的取舍不同而造成同一个外来词出现或全译或节译几个不同音译形式的情况比比皆是。比如：Tusita，音译为"兜术陀"，省去词尾元音，节译为"兜术"；brāhmā，音译为"梵摩"，省去词尾元音，节译为"梵"；gandharva，音译为"乾陀罗"，省去词尾元音，节译为"乾陀"；Māgadha，音译为"摩竭提"，省去词尾元音，节译为"摩竭"。因此，我们完全有理由推断，相对于"僧伽斯那"，"僧伽斯"应是省去梵语词尾元音的节译形式。

不管是"僧伽斯"，还是"僧伽斯那"，目前所见到的文献记载都一致指向的是《百喻经》的撰集者，而除了经录的经名题署外都没有提到《菩萨本缘经》及其撰集者。那么，撰集《菩萨本缘经》的僧伽斯那和撰集《百喻经》的僧伽斯那是同一个人，还是另一个同名之人呢？综合目前掌握的文献资料，我们还无法确知。

二、语言学上的考证

如果一部汉译佛典的撰集者让人产生怀疑，那么它的翻译者和翻译年代肯定也值得商榷，这一点可以从语言学角度进行考证。很多学者对从语言学角度来鉴别语料写作年代的可行性都有过精辟的论述，此不赘言。下文试从词汇、语法和文体结构三个方面略作考述，以求对《菩萨本缘经》的译者和翻译年代有进一步的认识。具体做法是：对东汉三国时期的译经，尤其是支谦的所有可靠译经进行全面考察，并结合代表性的中土文献归纳出这一时期通行的语言现象，尤其是支谦译经的语言使用特点，然后与《菩萨本缘经》对照比较，其间的差异就是证据之所在。

（一）词汇方面

1. 地了

> 为诸兔众说法如是。夜既终已，清旦地了，于薪聚边即便吹火。火然之后，语婆罗门言："我昨请汝，欲设微供，今已具办，愿必食之。"（卷三，3/66/2）

"地了"即"天亮""清早"，与"清旦"同义连用。除《菩萨本缘经》中1例之外，东汉三国时期的中土文献和佛典中都没有用例。该词在《大正藏》另有347例，其中共334例出自东晋佛陀跋陀罗译《摩诃僧祇律》、后秦弗若多罗译《十诵律》和题名为"失译，附秦录"的《萨婆多毗尼毗婆沙》这三部律部佛经；8例出自古逸部佛经；3例出自唐宋时期的律疏；1例出自后秦鸠摩罗什译《大智度论》；1例出自宋法云编《翻译名义集》。比如："譬人夜食不净，地了知非，羞愧其事。观是四法，不净无常等，是名苦谛。"（《大智度论》卷四八，25/405/2）"阿逸多比丘夜未晓谓己衣是舍摩达多衣，以盗心而持去。地了，看乃是己衣，心生疑：我将无以自盗衣故得波罗夷耶？"（《十诵律》卷五八，23/434/3）

目前学界普遍认为可靠的支谦译经①在表达这一概念时，多采用"晨""旦""朝"以及由此构成的双音节词"晨旦""晨朝""平旦""明旦"，继承了上古汉语和东汉译经的用法。如："天尊哀我，明日晨旦愿与圣众顾下薄食。"（《梵摩渝经》卷一，1/886/1）"时维摩诘来谓我言：'贤者阿难，何为晨朝持钵住此？'"（《佛说维摩诘经》卷一，14/523/2）"第一四天王俱下听佛说经，四王光影，明如盛火。迦叶夜起占候，见佛边有四火，明旦行问：'大道人亦事火乎？'"（《太子瑞应本起经》卷二，3/481/1）

2. 某甲

心常乐施一切众生，如是之物施与是人，如是之物施与某甲，是人恐怖，我当安慰，修行正法，无有废舍。（卷一，3/57/3）

"某甲"作为代词，既可称人，也可自称，是中土固有语词。这里是称人代词，多用于避讳、设言或失名等。中土文献中的用例始于三国时期，比如曹魏嵇康《家诫》："一旦事败，便言某甲昔知吾事，

---

① 吕澂、俞理明、许理和都对支谦的译经进行过考证，季琴考订其可靠译经为24部（季琴，2004，《三国支谦译经词汇研究》，杭州：浙江大学博士论文，第9页。）综合以上各方意见，学界普遍认为可靠的译经共23部，分别是《释摩男本四子经》一卷、《赖吒和罗经》一卷、《梵摩渝经》一卷、《斋经》一卷、《月明菩萨经》一卷、《太子瑞应本起经》二卷、《义足经》二卷、《大明度经》六卷、《菩萨本业经》一卷、《佛说阿弥陀三耶三佛萨楼佛檀过度人道经》二卷、《维摩诘经》二卷、《阿难四事经》一卷、《私呵昧经》一卷、《菩萨生地经》一卷、《七女经》一卷、《龙施女经》一卷、《老女人经》一卷、《八师经》一卷、《慧印三昧经》一卷、《了本生死经》一卷、《四愿经》一卷、《李经抄》一卷、《无量门微密持经》一卷。

以宜备之深也。"（嵇康 1936：卷一〇）《三国志》卷一二《魏书·崔琰传》中"南阳许攸"，裴松之注引魏鱼豢《魏略》："（许攸）至呼太祖小字，曰：'某甲，卿不得我，不得冀州也。'"（陈寿 1959：373）

除《菩萨本缘经》1 例外，东汉三国时期"某甲"还出现于以下佛经：题名为安世高译《大比丘三千威仪》8 例、题名为曹魏康僧铠译《昙无德律部杂羯磨》337 例、题名为曹魏昙谛译《羯磨》420 例。但在可靠的东汉译经中①，《大比丘三千威仪》不包括在内；后两经的可靠性也有人质疑（吕澂 1980：62；俞理明 1993：55）。

"某甲"在西晋佛典中 3 例：竺法护译《阿差末菩萨经》1 例，题名为法炬译《佛说灌洗佛形像经》2 例。不过，《佛说灌洗佛形像经》的可靠性已被质疑（吕澂 1980：23；俞理明 1993：60—62；许理和 2003：69），而《阿差末菩萨经》中的这 1 例又并非完全准确无误。其文如下：

----

① 有关东汉译经的译者和数量，吕澂、俞理明、许理和等多位学者做过考订。方一新、高列过（2005）考证有 34 部可靠译经。史光辉（2007）认为可靠译经有 32 部，分别是：安世高译《长阿含十报法经》一卷、《人本欲生经》一卷、《一切流摄守因经》一卷、《佛说四谛经》一卷、《佛说本相猗致经》一卷、《是法非法经》一卷、《漏分布经》一卷、《佛说普法义经》一卷、《佛说八正道经》一卷、《七处三观经》二卷、《大安般守意经》二卷、《阴持入经》一卷、《道地经》一卷、《阿含口解十二因缘经》一卷、《阿毗昙五法行经》一卷；支谶译《道行般若经》十卷、《佛说兜沙经》一卷、《阿閦佛国经》一卷、《般舟三昧经》三卷、《文殊师利问菩萨署经》一卷、《遗日摩尼宝经》一卷、《阿阇世王经》二卷、《佛说内藏法宝经》一卷；安玄、严佛调译《法镜经》一卷；支曜译《成具光明定意经》一卷；康孟详、昙果、竺大力译《修行本起经》二卷、《中本起经》二卷；失译《五阴譬喻经》一卷、《转法轮经》一卷、《禅行法想经》一卷、《佛说法受尘经》一卷、《佛真陀罗所问宝如来三昧经》一卷。笔者基本同意史光辉的观点，但要排除题名为安世高译二卷本《七处三观经》，东汉可靠经共 31 部。理由如下：梁僧祐《出三藏记集》卷二《新集撰出经律论录》中著录有二卷本《七处三观经》，同时卷四《新集续撰失译杂经录》中亦著录有一卷本《七处三观经》。注云："昇出，抄《杂阿含》"。其后的历代经录都同时著录两部《七处三观经》，一是安世高译二卷本或一卷本，一是一卷本别生抄经。今《大正藏》所收录的为一卷本。根据这些经录的记载，目前所见一卷本《七处三观经》很难确定为安世高所译，故排除在东汉可靠译经之外。

阿差末曰："菩萨布施复不可尽，所以者何？六度无极，不可尽故。菩萨布施，悉无有限，所谓限者，某是某非，当施与某，不施与某甲，施不普济，不应为施。"（卷二，13/588/3）

按，校勘记云：宋本、元本、明本、宫本"某甲"均作"甲"。而且从整段文字来看，"不施与某甲"应该只有四字，其风格、韵律才与上下文统一。据此，"某甲"在可靠的东汉三国西晋佛典中均未见使用，东晋及其以后的佛典中才开始出现，使用频率较高。

支谦的可靠译经在表达这一概念时，采用"某"来寓指，沿用了上古汉语和东汉译经的用法。比如："第三愿：使某作佛时，令我国土自然七宝，广纵甚大旷荡，无极自软好。"（《佛说阿弥陀三耶三佛萨楼佛檀过度人道经》卷一，12/301/2）"邪复言：'若作佛时当字某，闻是名，心念言：我得无然，我生本有斯志。'"（《大明度经》卷五，8/498/3）

3. 涅槃

悲喜交集，涕泪横流，即礼鹿足，而作是言："汝常说法示诸众生涅槃正道，汝如良医除断众生心热病苦。"（卷三，3/67/2）

出现"涅槃"一词的东汉译经如下：题名为安世高译《十支居士八城人经》《佛说阿难同学经》《佛说罪业应报教化地狱经》《佛说八大人觉经》《佛说犯戒罪报轻重经》，题名为支谶译一卷本《般舟三昧经》，题名为康孟详译《佛说兴起行经》。此七经均不包括在东汉可靠译经之中。

除了《菩萨本缘经》之外，出现"涅槃"一词的三国译经还有如下几部：题名为支谦译的《撰集百缘经》《佛说须摩提长者经》《佛说华积陀罗尼神咒经》，题名为竺律炎、支谦合译《摩登伽经》。但此四经均非可靠的支谦译经。支谦的可靠译经在表达这一概念时，均音译为"泥洹""般泥洹""泥曰""般泥曰",但《菩萨本缘经》在表达这一概念时,全部译为"涅槃",共有 7 例。

4. 摩睺罗伽

> 若天、龙、鬼神、阿修罗、乾闼婆、迦楼罗、紧那罗、摩睺罗伽、沙门、婆罗门,若老若少,悉无得离是终殁者。(卷一,3/52/3)

慧琳《一切经音义》卷二一"摩睺罗伽"条云:"摩睺,此云大也;罗伽,云胸腹行也。此于诸畜龙类所摄。旧云蟒神者,相似翻名,非正对之也。"又卷九"摩睺勒"条云:又作摩休勒,或作摩睺罗伽,皆讹也。正言牟呼洛迦,此译云大有行龙也。"

除《菩萨本缘经》2 例之外,"摩睺罗伽"在东汉三国时期的佛典另有 2 例,均出自题名为支谦译的《撰集百缘经》和《佛说须摩提长者经》,各 1 例。此两经也都非可靠的支谦译经。支谦的可靠译经在表达这一概念时均采用"摩睺勒",沿用的是东汉译经的写法。比如:"诸犍陀罗王,诸阿须轮王,诸迦留罗王,诸真陀罗王,诸摩睺勒王,是诸王皆各从无央数官属来到佛所。"(《佛说慧印三昧经》卷一,15/461/1)

"摩睺罗伽"在西晋译经中没有出现,东晋及其以后的佛典中才开始使用。

5. 阿修罗

> 谤三宝故受阿修罗,阿修罗中所受众苦,若为故欲尽说不可得尽。(卷三,3/65/2)

慧琳《一切经音义》卷二五云:"阿修罗,或名阿须伦,新云阿素洛,此云无酒神,亦名非天。"又卷二一云:"或云阿素罗。阿,此云无也;素,极也,妙也;罗,戏也。言此类形虽似天,而无天之妙戏也。案，《婆沙论》译为非天，以此类虽天趣所摄，然多谄诈，无天实德，故曰非天。如人行恶，名曰非人。"

除《菩萨本缘经》7 例之外，"阿修罗"在东汉三国时期的佛典另有 5 例，具体如下：题名为安世高译《佛说分别善恶所起经》1 例；题名为支谦译《须摩提女经》1 例、《佛说须摩提长者经》1 例、《撰集百缘经》2 例。此四经也均非可靠的东汉译经或支谦译经。支谦的可靠译经在表达这一概念时，基本都采用"阿须伦"，沿袭东汉译经的写法。如："与他大尊神妙之天，及诸龙神、捷沓和、阿须伦、迦留罗、甄陀罗、摩睺勒等，并其众皆来会。"（《佛说维摩诘经》卷一，14/519/2）

西晋译经中，"阿修罗"才开始零星出现，具体如下：题名为敦煌三藏译《佛说决定毗尼经》1 例，竺法护译《佛说须摩提菩萨经》1 例，竺法护译《持人菩萨经》1 例，题名为安法钦译《阿育王传》2 例。不过，据吕澂（1980：6，73）和俞理明（1993：62）考订，《佛说决定毗尼经》和《阿育王传》要排除在可靠西晋译经之外。

6. 颇梨

是诸女人各有一床，或金或银，琉璃、颇梨、象牙、香木，种种茵蓐以敷其上。（卷一，3/54/1）

慧琳《一切经音义》卷二七云："颇梨，力私反。颇胝迦此云水精，又云水玉，或云白珠。《大智度论》中此宝出山石窟中，一云'过千年冰化为之'，此言无据。西方暑热土地无冰，多饶此宝，何物化焉？此但石类，处处皆有也。"又卷七〇"颇胝迦"条云："亦云娑破迦，西国宝名也。旧云颇黎者，讹略也。此云水玉，或言白珠。"

　　查检辞书记载和文献用例，我们发现这个词的音译写法很多，除了现在通行的"玻璃"之外，历史上还曾有"颇梨""颇黎""玻梨""玻瓅""颇璃""颇瓅""坡瓅""颇胝""玻胝""颇胝迦""颇置迦""破置迦""玻胝迦""萨颇胝迦""娑婆致迦""塞颇致迦""窣坡致迦""娑波致迦""飒破橄迦""塞颇胝迦""私颇胝迦""飒破置迦"等写法。

　　下面具体来看这些不同的音译写法在汉译佛典中的使用情况："颇梨"除在《菩萨本缘经》2 例之外，其他均出现在东晋及其以后的佛典中。"颇黎"出现在隋代及其以后的佛典中。"玻璃""玻梨""玻瓅""玻胝迦""玻胝"这几种写法，除"玻梨"在题名为曹魏康僧铠译《佛说无量寿经》1 例之外，其他均出现在东晋及其以后的佛典中。不过，据吕澂考订，《佛说无量寿经》是南朝宋宝云所译[①]（吕澂 1980：5）。

　　其他的音译写法只有极少数出现在南北朝佛典中，绝大多数都出现在隋代及其以后的佛典文献中。考察早期佛典文献后我们发现，东汉三国乃至西晋的译经基本上都采用意译来表达这一概念，支谦也不例外。其所有可靠译经都采用"水精"或"白珠"，沿用了东汉三国译经的用法。比如："其一宝者白银，二宝者黄金，三宝者水精，四宝者琉璃，五宝者珊瑚，六宝者琥珀，七宝者车渠，是为七宝。"（《佛说阿弥陀三耶三佛萨楼佛檀过度人道经》卷一，12/303/2）"婢即受母教，悉出金银白珠珍宝，积著庭中，物覆其上。"（《赖吒和罗经》卷一，1/870/2）

_____

　　① 周睦修认为该经是竺法护所译，参见周睦修（释德安）：《〈无量寿经〉译者考——以佛经语言学为研究主轴》，南华大学 2004 年硕士论文。

（二）语法方面

1. 疑问副词"将非"

　　将非我愿未来之世不得成耶？谁之遮制令水不下。将非此中无有大德，其余不应受我供耶？（卷一，3/54/3）

　　"将非"即"莫非""难道"，是一个不能再离析的复合式疑问副词。《大正藏》题名为东汉三国的译经中由"将非"引导的是非问句共有 11 例，除《菩萨本缘经》8 例之外，其他分别为：东汉竺大力、康孟详译《修行本起经》1 例，题名为支谦译《撰集百缘经》2 例。《撰集百缘经》非支谦可靠译经。《修行本起经》中的这一例，也未必完全准确无误。其文如下：

　　太子报言："吾出香山之东雪山之北，国名迦维，父名白净，母名摩耶。"瓶沙问言："将非悉达乎？"答言："是也。"（卷二，3/468/2）

　　按，校勘记云：宋本、元本、明本"非"作"无"。

　　西晋译经中，"将非"作为疑问副词共 2 例，均出自题名为安法钦译《阿育王传》，前文已讲到此经非可靠的西晋译经。据此看来，疑问副词"将非"在可靠的东汉三国西晋译经中未见使用。

　　检佛典文献，我们发现东汉时期的译经一般都是由"得无""将无""宁""岂"作疑问副词来引导是非问句的。如："即自惟曰：若是日耶，吾目得逮。谓是天人，其目复眴。后思乃解曰：得无是白净王子悉达者乎？"（昙果、康孟详《中本起经》卷一，4/150/1）"譬若男子欲见大海者，常未见大海，若见大陂池水，便言：'是水将无是大海？'"（支谶《道行般若经》卷四，8/447/1）"宁有家不？宁有刀杖、斗诤语言、上下欺侵、若干两舌、多非一致弊恶法不？"

（安世高《人本欲生经》卷一，1/242/3）"王问其仆：'太子又出，意岂乐乎？'"（竺大力、康孟详《修行本起经》卷二，3/467/2）支谦的可靠译经均采用"将无""宁"或"岂"，沿用东汉译经的用法。

2. 疑问语气词"耶"和"乎"

《菩萨本缘经》中的疑问语气词非常单纯，只有"耶"和"乎"两个。"耶"共出现 50 次，都用于特指问句和是非问句。"乎"共出现 9 次，其中 8 次都用于特指问句和是非问句。比如：

> 行水施果，然后问讯："汝何缘至此耶？将非厌家之过患乎？"（卷二，3/59/2）

> 为是梦中是幻化耶？将非我心闷绝失志错谬见乎？是老猕猴云何能缚帝释身耶？（卷一，3/57/1）

笔者对支谦一些可靠译经中用于特指问句和是非问句的疑问语气词"耶"和"乎"的使用情况进行了调查，结果如下（如表 1 所示）：

表 1　支谦可靠译经中用于特指问句和是非问句的
疑问语气词"耶"和"乎"的使用情况

佛经	耶	乎
佛说阿难四事经	1	1
菩萨生地经	2	0
佛说义足经	4	2
佛说维摩诘经	18	16
赖吒和罗经	5	5
梵摩渝经	2	6
太子瑞应本起经	7	14
大明度经	26	68

据表 1 所示，在支谦的可靠译经中，两者使用频率一般是"耶"和"乎"大致持平，或者"乎"多于"耶"。调查支谦以外的三国可靠译经《六度集经》《三摩竭经》《法句经》后发现，用于特指问句和是非问句的疑问语气词"耶"和"乎"的使用情况与支谦译经情况相似，也是"乎"多于"耶"。

很显然，《菩萨本缘经》"耶"和"乎"的使用频率（50∶8）不仅与支谦译经（65∶112）很不相同，而且与其他三国时期译经也不同。

3. 被动句

《菩萨本缘经》的被动句有"见"字式、"被"字式、"为……所""为……之所"四种形式。

"见"字式共 3 例。比如："假使实犯犹望恕放，况无所犯而横见扛。设父于我爱心已断，但为人法复不应尔。"（卷二，3/60/1）

"被"字式共 2 例。比如："尔时龙王既被剥已，遍体血出苦痛难忍，举身战动不能自持。"（卷三，3/70/1）

"为……所"共 11 例。比如："面目端严为世所敬，四毗陀典靡不综练，诸婆罗门所有经论，通达解了无有遗余。"（卷一，3/52/2）

"为……之所"共 9 例。比如："是老、病、死能丧众生，如四衢道头花果之树，常为多人之所抖擞。"（卷一，3/52/3）

笔者对支谦一些可靠译经中这四种被动句式进行了调查，结果如下（如表 2 所示）：

表2　支谦可靠译经中四种被动句式的使用情况

佛经	"见"字式	"被"字式	"为……所"	"为……之所"
佛说阿难四事经	0	0	0	0
菩萨生地经	0	0	0	0
佛说义足经	4	0	1	0
佛说维摩诘经	0	0	0	0
赖吒和罗经	0	1	0	0
梵摩渝经	0	0	2	0
太子瑞应本起经	0	0	7	0
大明度经	0	0	11	0

　　表2显示，在支谦的可靠译经中，被动句使用不多，只有"见"字式、"被"字式、"为……所"这三种句式，没有"为……之所"式，且使用最多的是"为……所"式。穷尽性调查支谦的所有可靠译经，均没发现"为……之所"式被动句。"'为……之所'式是'为……所'式的一种变体，是在'为……所'式被动句大量运用并渐趋成熟后，以前者为基础形成的一种句式。"（柳士镇2007：59）虽然"为……之所"式被动句产生时代较早，据唐钰明研究，它在战国末期已经开始出现，但两汉三国时期的中土文献使用甚少，六朝时期中土文献和佛典中的使用才逐渐多起来（唐钰明1987）。考察早期佛典文献后我们发现，情况确实如此。"为……之所"式被动句在东汉可靠译经已见使用，但只有零星几例。具体如下：支谶译《佛说阿阇世王经》4例、《道行般若经》2例、《阿閦佛国经》1例。如："心无所不持，亦不放，亦不以为烦。所以者何？若地，为一切之所载仰。"（《佛说阿阇世王经》卷二，15/397/3）"其慧无所不遍入，为一切之所重，而不以为勤苦。"（同上，15/397/2）支谦以外

的三国可靠译经《六度集经》《三摩竭经》《法句经》中"为……之所"式被动句也仅有 1 例："九亲惊曰：'古世之来未闻幼孩而为斯云，将是天龙鬼神之灵乎？当卜之焉。'即答亲曰：'吾为上圣之所化怀，普明之自然，非彼众妖。'"（《六度集经》卷一，3/4/1）

由此可知，"为……之所"式被动句在东汉三国时期的译经中确实存在，但数量很少，支谦的可靠译经中甚至从来没有这种句式。而《菩萨本缘经》中"为……之所"式与"为……所"式使用频率相当，略占全经被动句的 40%，这种情况不仅与支谦译经不同，而且与其他三国时期的译经也不同。

三、文体结构上的考证

除文献学、语言学角度的考察之外，对《菩萨本缘经》撰集者和译者的质疑还可以从文体结构上看出端倪。与支谦的 23 部可靠译经相比，《菩萨本缘经》在文体结构上有其非常独特的地方。

（一）先偈颂后散文的结构

汉译佛典基本上都保留了原典的语言风格，分为偈颂和散文两部分，通常都是先散文后偈颂。而《菩萨本缘经》共三卷八品，每一品的开头都是四句偈颂（唯第一品的开头是八句偈颂），用以总述本品的故事大意，偈诵之后才是散文部分。这种先偈颂后散文的结构形式在支谦的可靠译经中是没有的。

（二）与众不同的开场套语

汉译佛典有其固定的模式化的开场套语，一般是"我闻如是

（如是我闻），一时佛在（游）……"以及其他类似的话。在支谦的可靠译经中，有 20 部译经首句都是"闻如是，一时佛在（游）……"，其他三部佛经的开场也自有相同之处：没有"闻如是"，直接以"佛"开头。比如：《阿弥陀三耶三佛萨楼佛檀过度人道经》首句为"佛在……"，《太子瑞应本起经》首句为"佛言"，《了本生死经》首句为"佛说是"。而《菩萨本缘经》的开场语则与此都不同，第一句要么是"我昔曾闻"，要么是"如我曾闻"（唯第三品为"如我昔曾闻"）；第二句要么是"过去有王……"，要么是"菩萨往昔（往世）……"。

　　文体结构上的这两个特点从形式上把《菩萨本缘经》和支谦的23 部可靠译经区分开来。当然，这些形式上的特点可能与译者的语言风格无关，而与原典本身的结构有关。因为没有梵文原典以资比勘，所以无从得知。因此，这里只是把这些外在特点描述出来当作佐证，不作为强有力的证据。

　　综合以上文献学、语言学、文体结构特点三方面的论证，笔者认为《菩萨本缘经》题署为僧加斯那撰、支谦译是不正确的：文献的记载无法确知其撰集者，语言学角度的考察和文体结构的特点也显示出其译者不可能是支谦。从词汇现象和语法现象作初步判断的话，其翻译年代应该晚于三国时期，可能产生于西晋之后，具体翻译时代还有待进一步的研究。

参考文献

陈寿撰，陈乃乾点校，1959，《三国志》，北京：中华书局。

储泰松，1995，《梵汉对音概说》，《古汉语研究》第 4 期。

慧皎撰，汤用彤校注，1992，《高僧传》，北京：中华书局。

嵇康，1936，《嵇中散集》，载《四部丛刊初编》第 98 册，上海：商务印书馆。

柳士镇，2007，《〈百喻经〉中的被动句式》，载《汉语历史语法散论》，上海：上海人民出版社。

吕澂，1980，《新编汉文大藏经目录》，济南：齐鲁书社。

僧祐撰，苏晋仁、萧炼子点校，1995，《出三藏记集》，北京：中华书局。

唐钰明，1987，《汉魏六朝被动式略论》，《中国语文》第 3 期。

许理和，李四龙、裴勇译，2003，《佛教征服中国：佛教在中国中古早期的传播与适应》，南京：江苏人民出版社。

俞理明，1993，《佛经文献语言》，成都：巴蜀书社。

方一新、高列过，2005，《从疑问句看〈大方便佛报恩经〉的翻译年代》，《语言研究》第 3 期，第 54—57 页

史光辉：《东汉汉译佛经考论》，《阜阳师范学院学报（社会科学版）》2007 年第 1 期，第 45—48 页

谁造出了《大明度经》（T225）
——证据上的重新考察*

〔美〕那体慧　　〔新〕纪赟译

　　长期以来，《大明度经》一直被认为是支谦（公元222—252年）所译经典中最可靠的一部。在现存最早的佛经广录——杰出的学问僧僧祐所编撰《出三藏记集》（公元518年完成）——之中，此经即已被归于支谦名下①，因此在学界研究之中，《大明度经》实际上也就出现在了每份支谦作品的列表之中。仅就外在证据而言，也即从经题及早期藏经目录对其处理来看，实在没有理由质疑其真实性。

　　虽然如此，在数十年前，却有一位美国佛教学者刘易斯·兰卡斯特（Lewis R. Lancaster）发表了一篇文章，在此文章之中他主张《大明度经》实际上并非支谦的作品，而是出于汉代的翻译家安玄之手（Lancaster 1969）。到目前为止，就我所知此文乃是用英语发表的致力于支谦（Zhi Qian，威妥玛斯拼音 Chih Ch'ien）作品研究的第一篇论文，并且此一开创性研究至今仍广被引用。②

---

　　*　本文原载那体慧（编著），2018，《汉文佛教研究》，桂林：广西师范大学出版社。

　　①　参T2145, 55, 7a8。在主条目之中，其名题为《明度经》；僧祐还列出了另外一个题名《大明度无极经》。僧祐注明此经有四卷，而在以后的经目中则为四卷或六卷（此问题我以下再详）。

　　②　兰卡斯特的观点显然在《最早的汉语佛教译经新见》（*A New Look at the Earliest Chinese Buddhist Texts*）之中被许理和（1991：294，注4和9）先生所接受。兰氏此文在其他的一些研究之中也曾被征引（虽然并不一定总是同意其观点）。

依照兰卡斯特［的看法］，《大明度经》"避免音译"（即偏好意译）的特点在支谦的其他作品中却完全不典型（第248页），恰恰相反，这正是此经本为其他译者作品之证据（第249页）。更确切地讲，兰卡斯特主张《大明度经》第二至二十七品乃是安玄所为，而第一品（包含了文间夹注）是其他人所为的修订本。[1]

大概十五年之后，一位日本学者胜崎裕彦（Katsuzaki Yūgen）却持完全相反的看法。[2] 在1985年的一篇文章中，胜崎将《大明度经》描述为支谦翻译中"最典型的支谦式"（The most Zhi Qian-ish）（第68、91页）。而且实际上就总体而言，对胜崎以及其他日本学者来讲，偏好意译（胜崎使用的术语是"giyaku 義訳"）而不是音译（"onsha 音写"）是支谦翻译风格的最典型标志之一。

一、方法论的问题（1）：兰卡斯特的途径

这两位学者产生完全不同的主张，在很大程度上是由于迥异的方法论。先看此两者中发表较早的一篇。在兰卡斯特的文章中，《大正藏》中归于支谦名下的全部53部经本都被全然接受为真实的，兰卡斯特将这整个材料作为研究支谦译经风格的有效证据来源。但是在仔细评估了藏经目录所提供的证据以后，却显示归于其名下的这些经典中超过一半都不为僧祐以及其著名的先行者道安所知，道安编纂的更古老的经录（作为单行本今已不存）被编入了《出三藏记集》之中。

----

[1]　兰卡斯特由于一些未直接点明的原因，在其对《大明度经》的词汇探讨之中没有将二十八至三十品（包含常啼菩萨［Sadāprarudita］和法上菩萨［Dharmodgata］的故事）纳入。

[2]　参Katsuzaki（1985）。胜崎没有提到兰卡斯特的文章，可能他没有见过兰氏原文。

在很多情况下，这些"新发现的"支谦译作是在费长房所编的《历代三宝纪》（T2034，完成于公元 597 年）中被第一次引入的。费长房素以其经录中滥入错误的经目归属而知名，故而这些经目的可靠性非常低。[①] 所以兰卡斯特考订的支谦译经之"工作目录"（working list）就被很多肯定不是支谦的译本所窜乱了。[②]

反之，虽然兰卡斯特提到曾经参考了全部被默认为支谦作品的 53 部文本，实际上他说的出现在《大明度经》中，而没有出现在其他支谦译经中的术语（第 249 页），甚至当这个支谦译经的目录被缩小到 20 余部可以被确定为支谦真实的译作时，事实上却还是在其他经典中到处都可以找到。[③] 在下面的表 1 中，左栏包含了在兰卡斯特看来出现在《大明度经》第二到第二十七品中，却没有出现在支谦其他作品中的术语。右栏则给出了那些确实归于支谦并且出现过这些术语的经典在《大正藏》中的经号。讨论的术语如果是翻译不同于《大明度经》的后面部分（即第二至第三十品，以后作 T225B）中的印度词汇，在方括号中会列出经号以及其印度语言的替代对等语。

———————

① 对费长房的经录的一个广泛而深入的研究，请见谭世保（1991：3—246）；日文的一个拓荒性的研究，可以参考林屋友次郎（Hayashiya 1941：82—84 、300—302）；英语方面的一个简评，见德野京子（Tokuno 1990：43—47），以及那体慧（2008：14—15）及其文注 25、26。

② 然而应该指出，兰卡斯特最近积极地参与了一个计划，此计划旨在升级已有的经目，以反映更可靠的译者归属；并且很大程度上归功于他的努力，不久的将来在网络上能获得更好的资源。

③ 就目前所知，对于哪些译作可以确实可靠地归于支谦的一项讨论，可见那体慧（2008：121—148）。

表1

T225B 中第二至二十七品中的术语	支谦的其余经本中的证据
除馑（众）相对 bhikṣu	T210①
定（对应 Samādhi）	T6、T76、T87，等等②
清信士（对应 upāsaka）	T6、　T76、　T198、　T361、　T533、T581、T790
闿士（异体：开士）（对应 bodhi-sattva）	T76、T493、T533
大士（对应 mahāsattva）	T169、T474、T532〔T76，对应 mahāpuruṣa〕
无所著（对应 arhat）③	T169、T532

① 见 T210，4，567a24。事实上，此一术语确实是被当作 bhikṣu 一词的翻译，这可以通过参考此诗谒的对应本《优陀那品》（*Udānavarga* XVII. 8）和《弥勒譬喻》（*Maitreyāvadāna*，Vaidya 1959：34，行 14—15）得以确认。此前的出版物皆以此一诗偈并无任何近似对应的平行本存在；见水野弘元（Mizuno Kōgrn 1981：284），他提出 Udv XI. 15 只是部分的对应，以及法光（Dhammajoti 1995：184，注 14），也顺着水野的思路提出了同样的看法。

② 汉字"定"几乎在支谦的每部译作中都有出现，在上面所列的经本中，肯定是被用来译 Samādhi。确实可能会有其他的一些例子存在，但是完全地核对汉字"定"的每一处出现已经超出了本文的范围。至于一个代表性的章节，其中的对应语肯定是 Samādhi，可以看 T6，1，181c27。

③ 兰卡斯特将"无所著"看作是一个单一而长的表达——"无所著正真道最正觉"中的一部分，他认为此乃 anuttarasamyaksaṃbodhi 的翻译（第 249 页）。实际上，无论如何，上下文——此处前面是词"如来"tathāgata（8，482b21），很清楚地表明了这组字是由佛陀的两个名号所组成："无所著"，是 arhat 的翻译，和对应于 samyaksaṃbuddha 的"正真到最正觉"（由"正真道"和"最正觉"两个词构成，"正真道"早期的几位译者用来译 samyahsaṃbodhi，"最正觉"可能源自 *abhisaṃbuddha）。关于这些名号见那体慧（2003：217—219、222—223）。

续表

T225B 中第二至二十七品中的术语	支谦的其余经本中的证据
正 真 道 最 正 觉 （对 应 samyaksaṃbuddha）	[T361 和 T473，对 应 samyak-saṃbuddha；同见 T281 及 T1011]①
沟港 （对应 srotāpanna）	T6、T87、T198、T474、T790

当然兰卡斯特的文章是写于电子版汉语佛典藏经出现之前（对此他也是一位最早的支持者），电子本汉语佛经典藏使得在短时间检索大量的材料成为可能。再者，对上面提到的支谦两个译本——非大乘的《大般涅槃经》（*Mahāparinirvāṇa-sūtra*，T6）*和一个版本的《无量寿经》（*Larger Sukhāvatīvyūha*，T361）*——的译者身份的在学界逐渐达成了共识，而在 20 世纪 60 年代则非如此。② 即使我们将这些因素都考虑在内，还是有一点非常清楚，就是兰卡斯特断定某些术语出现或者没有出现在支谦的作品中，是与我们实际上在支谦的一些真实译作中所见相抵触的。

衡量将《大明度经》归于安玄（或更确切地讲，是安玄与严佛调的作品，因此二者共同译出了《法镜经》[*Ugrapariprcchā*，T322]）的这个主张，有一点需要特别注意，就是早期经录从未记载安玄曾经翻译了任何一部般若类文献。当然，经录中缺乏记载并不一定就证明并不存在这种翻译。但既然没有这种目录学上的支持（bibliographic support），那么将《法镜经》中的词汇与《大明度经》彻底系统地进

---

① 所有这些例子中，表达都有一个前缀"无上"，这个组合很明显是术语 anuttara-asamyaksaṃbodhi 的翻译。对稍有不同的措辞，可见 T281，10，450c22—23（现世得绍代无上正真之道为最正觉）和 T1011，19，680b22—23（至于无上正真之道为最正觉）。

＊ 译者按：《大正藏》中未载译人，暂附东晋之《般泥洹经》。

＊ 译者按：《大正藏》中题名为后汉月支国三藏支娄迦谶译的《佛说无量清净平等觉经》。

② 将 T6 归于支谦可见那体慧（2008：126—128）。参考了较早的一个分析，宇井伯寿（1971：517—523）。T361 的译者可见那体慧（2008：139），以及该处的进一步讨论。

行比较就显得更加重要了。然而兰卡斯特的文章，却没有包括这种系统的比较，而只是集中于《大明度经》与《法镜经》之间的共有的术语。但是当将《法镜经》中的词汇作为一个整体来加以考虑，我们就会发现很多安玄、严佛调所用的术语与表达并不能与《大明度经》(T225B)中的第二到第三十品相契合（在 T225B 中也有一些不太多的例外，对此有理由认为其出现是由于编辑修订的原因，而不是原译即是如此，对此后我在后面加方括号并作注释）。表 2 列出一些代表性的例子：

表 2

梵语术语	《法镜经》T322 中的对应	《大明度经》二至三十品，T225B 中的对应
pratyekabuddha	各佛	缘一觉
sarvajña	一切敏	一切知
bhagavat	众佑	佛①、天中天、[天尊、世尊]②
kulaputra	族姓男	善士、高士
Punar aparaṃ	又复	复次
Tatkasya hetoḥ	所以者何	何以故、[所以者何]③

① 用"佛"这个音写词来译 bhagavat，可见那体慧（2006）中的讨论。

② "天尊"（Heaven-honored One）这一表达在 T225B 中出现了 9 次，但这些是集中出现在 490b—492a 之中（只有两处出现在 490b—491b），这种分布几乎可以肯定是由于这部分有过编辑修订。（对于这个佛陀的尊号[epithet]可见那体慧[2003：232—234]，当 bhagavat 不是简单地翻译成"佛"，T225B 会在绝大多数情况下选择"天中天"（god of gods），共出现 93 次。"天中天"这一表达，特别频繁地被用为呼格，可见岩松浅夫（1985）、布歇（1996：210—214）和那体慧（2003：234）。而术语"世尊"（World-honored One）则只在 T225B 中出现了一次（488b7），可以肯定是抄手的修改。

③ 在 T225B 中"所以者何"只出现过 5 次，并且都集中在文本的同一章节（8.482c—483b），所以又可能是这部分有过编辑修订。相比之下"何以故"这种表达则出现不少于 90 次，是此文本中的标准方式。与之相反，在 T322 中通常的形式是"所以者何"（出现 13 次）。"何以故"在 T322 中出现过 1 次，但是只是作为一个复杂问题中的一部分。（12, 19c13 何以故谓之为圣典？ Why are they called sacred texts?）

甚至如前述这样简单地择取例证，也能很快地发现一些在《法镜经》中关键的技术性术语（有些普通的表述同此）与《大明度经》中所发现的不相符合。

比这些个别词汇上的区别更重要的，是可以被称为"翻译策略"（translation policy）上的根本性分歧。首先，相当不幸，安玄与严佛调这个团队所译出的唯一一部为人所知的作品《法镜经》的一个引人注目的特点，就是其术语的相对同一性（consistency）。譬如，其文本中只有一个术语对应 bhikṣu（除馑），一个术语对应 nirvāṇa（灭度），一个术语对应 Maitreya（慈氏）。与此相反，《大明度经》则在很大程度上显示了术语的多样性，譬如同时用"除馑"和"比丘"来对应 bhikṣu，"灭度"和"泥洹"来对应 nirvāṇa，"慈氏"和"弥勒"来对应 Maitreya。甚至在 bhagavat 的例子中，此词在汉语中被译成了很多种表达方式（包括简单的"佛"），在《大明度经》的后面部分中也正如上表所列，有很多的对应译法。《法镜经》的译者则努力追求同一，采用术语"众佑"（Mass of Blessings），而相对应的藏文本显示其据以译出的原语是 bhagavat "被保佑者"（Blessed One）的一个形式。

最突出的一个事实是，《法镜经》之中译者自始自终一直试图翻译所有的名称和佛教技术性专有名词的意思（而非转写其音声），只有一些在他们年代之前已被广为接受的一些古词是例外，这包括词"佛"（"Buddha"，古代西北汉语［ONWC］/早期中古汉语［EMC］发音为 but），个人名称"阿难"（Ānanda），以及诸天神之名"释"对应"Śakra"和"梵"对"Brahmā"。① 确实，《法镜经》是"只意

---

① saṃgha 的转写"僧"在文本中只出现过一次（12，16b6），这可能是抄写修订的结果。此外，该词则较为一致地被译为"众"（assembly）。

译"思想的一个极端的例证，公平地说，其译者们不遗余力地避免音译。《大明度经》的译者则非如此。在 T225B（T225A 亦同）我们可以发现相当数量的音译，与广泛存在的意译并存无间。① 这样《大明度经》就与《法镜经》中几乎完全没有音译术语的显著特点不相符合（非常抱歉与兰卡斯特教授所言不同）。

总而言之，没有坚实的证据证明《大明度经》是安玄与严佛调所译，而恰恰相反，有一些外在与内在的反面证据：

（一）早期诸经录中未提到安玄（与严佛调，或严佛调本人）参与过任何般若类经典（更不要说特别指这部《大明度经》）的翻译。

（二）事实上，《大明度经》的第二至三十品（T225B）中翻译的专有名词呈现多样性②，而《法镜经》对佛教专名与术语则采取单一的对应词。

（三）《大明度经》（再次指出是特指 T225B）包含很多的音译词，而这些术语在《法镜经》中则被尽力避免（除了少数一些被久已承认的名称）。

即使不考虑可以被称为支谦的"一般翻译模式"的问题，也非常清楚，如果真有这个问题的话，我们也非常清楚，没有理由将《大明度经》归于安玄和严佛调。

二、方法论的问题（2）：胜崎的途径

胜崎裕彦分析《大明度经》采用了非常不同的方法，他以追溯

---

① 在 T225B 中的音译词实在太多，无法具列。可以很方便地参考胜崎裕彦所编制的详细的表格（1985：69—89），他对音译问题的讨论可见该文第89—90页。

② 记录这种多样性时有一点非常重要，就是要将以后抄手的修订所产生的变化剔除（参上注14—16）。

到僧祐时代的学者对支谦译作的描述作为自己的出发点。引用香川孝雄（Kagawa Takao 1984）及其他学者的著作的观点，胜崎首先假定使用意译而非音译是支谦作品的一个显著特点。与此相应，他发现《大明度经》确实存在大量意译术语，是最典型的支谦式译经。在此基础上，他建议将《大明度经》作为研究支谦作品的基准参考点。

就传统目录学来源基础而言，胜崎对支谦"典型范式"（typical style）的描述非常稳妥，也提供了至少从公元 6 世纪以降中国佛教学者观点的精确反映。反之，事实上其观点反映的这些传统见解，也意味着会有其短处。特别是他所引用的材料和胜崎自己都没有考虑到的一个令人困扰的事实，即支谦的译经语料集（Zhi Qian's corpus）中存在很大程度上的不统一性（inconsistency）。所以有些经典可以非常可靠地归于他，如《梵摩渝经》（T76）和《维摩诘所说经》（*Vimalakīrtinirdeśa*，T474）中确实存在着大量的意译术语，并且有着优雅的文学风格。而其他一些，譬如《月明菩萨经》（T169）和《慧印三昧经》（T632）就在风格上有欠雕琢，并包含了大量的音译术语。故而如果真有一种东西可以被描述为支谦译经语料集的"标志性特点"（characteristic feature），那恰恰就是在其作品中"没有"一直贯穿始终的特点。与此相反，从道安开始，那些非常可靠地归于支谦的文本在专有名词与风格上呈现出了非常广泛的多样性。

公平地说，有一点需要指出，就是在胜崎的文章中，他并非要将《大明度经》归属为支谦所译来作为自己的目标，反而是想要提供《大明度经》中所使用的术语与支娄迦谶(Lokakṣema)的《道行般若经》（T224）中的对应术语之间的一个相互比较。在此过程中他对早期汉语翻译的研究作了一个非常重要的贡献，因其文章中包含了一个有价值的图表，此表中有《大明度经》每一品中的佛教术语与专有名词，及其与支娄迦谶的《道行般若经》中的对比（1985：69—89）。

　　仔细检视此表，显示出还有一点需要我们加以留意。胜崎（还是遵循传统东亚的学术实践）将《大明度经》当作一部单一的文本，从其所有的品，即第一至第三十品中抽取例证，但我们现有的此经却是由两个非常不统一的部分组成。第一品（以下简称 T225A）同第二至三十品（T225B）有诸多方面的差异，其中就包括，但并不仅仅限于词汇和风格方面的差异。故而正如兰卡斯特所指出（第 247页），第一品与其余诸品不同，应该妥善地加以区别对待。

三、混杂的产物：《大明度经》的组成部分

　　甚至仅对今收于《大正藏》中的《大明度经》粗略一观，也可以很快发现此经的第一品《行品》与其他非常不同。经中不仅包含了第一品的翻译，而且还在行间有一个明显不是产生于印度而是中国的详赡的行间注。这些注释解释了此经翻译中的一些语词与概念，征引了很多早先译成汉语的经本。① 在一些例子中，解释之前有"师云"，但这个"师"与注释者本身都没有留名。此处所引用的很多经本，在安世高的《阴持入经》的一个早期注本（T1694）中同样被征引过，并且后者也使用了很多同样的语言，包括"师云"这个表述。

---

① T225A 的注释中所引用的文本中有《安般》（在 8，478c7 中引用；见 T602，《大安般守意经》，在这个问题上还可参左冠明对新发现经本的讨论）、《了本》（480a26；见 T708，《了本生死经》，但此处所引在那个版本中找不到对应本）、《法句》（480b2；见 T210，《法句经》）、《纯真经》（480b3；见 T624，《佛真陀罗所问如来三昧经》）［译者按：《纯真经》中的"纯"，那文、《大正藏》本原文即如此］和《慧印经》（480b4；见 T632，《慧印三昧经》）。值得注意的是，以上诸经虽然并不是同一章节，但都在《阴持入经》的注（T1694）中被引用过。（见左冠明未刊稿）。

最近左冠明的一个研究提供了确凿的证据，《阴持入经注》（T1694）是吴国一个佛教社群的产物，其中包括中国的居士陈慧以及中国粟特僧人（Sino-Sogdian monk）康僧会（左冠明未刊稿）。由于此文本与T225A 的行间注之间有着惊人的相似性，我相信后者也非常可能是同一环境的产物。

第一品和其余的文本并不仅仅是有没有注释的区别，其词汇也不一样。有很多例子可以表明文本的后面的部分（T225B）所用的语汇在第一品（T225A）中没有出现。表3是些代表性的例证：

表 3

梵语（sanskrit）①	第一品（T225A）	第二至三十品（T225B）
boddhisattva	菩萨	闓士
kulaputra	族姓子	善士、高士
bhagavat	佛、世尊	佛、天中天、[天尊、世尊]②
bhikṣu	比丘	除馑、比丘
Pūrṇamaitrāyaṇīputra	满慈子	满祝子

从此表的直接证据来看，T225A 使用了在早期译经中广泛采用的一些术语来译 boddhisattva（菩萨）、kulaputra（族姓子）、bhikṣu（比丘）；而 T225B 则使用许多极度特殊的（highly idiosyncratic）的翻译术语，包括用"闓士"来译 boddhisattva，用"善士"或"高士"来译 kulaputra，用"除馑"来译 bhikṣu，其中一些在安玄和严佛调的译经中已然出现。有一些例子，一个词在 T225A 中对某一特定的印度术语只

---

① 虽然这里讨论的这些名称与术语为了辨认和参考之方便而给出了梵语，但此讨论通篇都假定支谦的翻译（事实上从公元 2 至 4 世纪大多数汉语译经都）是基于俗语（Prakrit）而非梵语（Sanskrit）来源的。

② "天尊"和"世尊"的表达在 T225B 中很少出现，可能是抄手的修订，见上注 14。

有单一的对应词，它也会在 T225B 中，但在那里还有其他的替换形式。（譬如在 T225B 中，"除馑"和"比丘"都被用来译bhikṣu，而在 T225A 之中只用"比丘"一种。）

但在《大明度经》的两部分之中，不仅仅是佛教的术语与专有名词存在差异，假如我们核对每部分的代词，譬如（依照松江崇［2005］的线索），我们发现 T225A 大量使用"吾"（I, me, my）*来表示第一人称代词（第一品的非注释部分中出现了 19 次），而"我"则相对少见，在同品中只出现了 14 次。在要长得多的 T225B 之中，正好相反，整个比例正好反过来了，"吾"只出现了 20 次，而"我"出现 219 次。第二人称"卿"（you）在 T225B 中出现 5 次，在 T225A 中从未出现过，与之相反代词"汝"在 T225A 中出现 4 次，在整个 T225B 中却只有 3 次。① 指示代词"此"（this）在 T225A 的非注释部分中使用了 44 次（注释部分又使用了 41 次），但在整个 T225B 中只使用了 28 次。换言之，此两部分文本不仅在处理佛教人名与专有名词上有区别，在代词的选择上也同样如此。

其他一些普通（即非佛教）术语的差异也不罕见，常用的梵语问句"为什么那样?"（梵：tat kasya hetoḥ）在 T225A 中一般是"所以者何"，而在 T225B 中几乎总是用"何以故"。在引用一般对话——譬如须菩提（Subbūti）对舍利弗（Śāriputra）言，或者反之——T225A 一般用动词"曰"，在 T225B 中则会压倒性地使用"言"。引用一个回答，T225A 常用字是动词"答"，而在 T225B 标准的形式

---

　　* 译者按：此处那体慧标出了汉语"吾"可使用作主格、宾格和属格。

　　① T225B 一般使用"若"来表达第二人称代词。相对而言，在 T225A 中出现了 38 次出现的"若"都表示"假如"（if），这个用法当然也出现在了 T225B 中。

（只有少数例外）① 是"对"。当佛陀说话时，T225B 经常用"语"，但这个动词在 T225A 中从没出现过。②

处处皆是的差异很清楚地表明 T225A 和 T225B 绝非出于同一人之手，而是原来即为不同的文本在某时被"黏合在了一起"，T225B 中的第一品大概就是在此一过程中早已失去。如果 T225A 其余的部分曾是完整的（对此还不能确定），那它们也可能在同一时间失传了。

此合并（amalgamation）发生于何时？也就说什么时候我们今天看到的这部《大明度经》——由 T225A 的第一品再加上 T225B 的第二至三十品——产生了呢？我们不太可能确切地回答此一问题，但非常明确的是，到此经的一个版本落入伟大的辞典编纂者（lexicographer）玄应（活跃于公元 645—656 年）之手时，此合并已然完成。假如我们检视他在《一切经音义》之中对一个叫《（大）明度无极经》文本中词汇的讨论时，我们就会发现开始于 T225A 中的材料，然后过渡到 T225B 中的材料，这些术语的秩序和今天《大正藏》T225 中的秩序一样。③ 这样最迟在公元 7 世纪中期，非常有可能比这还要早得多，混合版的《大明度经》就已经以一个完整本的形式在中国流行了。

---

① 在 T225B 中一半以上的"答"都集中出现在较短的一段文本之中（8.482b—483a），这显示此词是在这一段被修订的过程中加入的。

② 在 T225A 中"语"出现时只作名词。

③ 见 T2128，54，364a24—c13。此文本在内容列表中被称作《大明度无极经》（T2128，54，362c10），但在个别项的经题中则作《明度无极经》（如在 364a24 有："《明度无极经》第一卷"）。注意玄应所用的版本是四卷本，这恰好与僧祐记载的支谦所译的《大明度经》的卷数相符。此经还有六卷本（《明度经》六卷 [一名《大明度无极经》或四卷]；见法经的《众经目录》，T2146，55/119b6），现今《大正藏》中的版本也是如此。

基于上面所提供的信息，我们可以看到在 T225 经的归属问题上的常见提问——"这部《大明度经》是否与支谦的一般译经风格相应"——至少有两方面的瑕疵。首先，根本就没有"这部"《大明度经》；反之，此经由两部分组合而成（T225A 和 T225B），这两部分很明显地产生于不同时代和背景。其次，我们将会看到支谦译经语料集中在语言与风格两方面都有着巨大的差异性，所以也没有"这个"支谦的一般译经风格。就像一个数学公式存在着太多的变量，当用上面这些术语来加以表述时，T225 的作者问题就根本无法解决。因此我建议，将我们的目标分别限定在这个问题的三个不同层面上：第一，（分别比较）考察 T225A、T225B 与支娄迦谶的《道行般若经》之间的关系；第二，比较 T225A 和 T225B 二者之间的词汇与风格；第三，比较 T225A 和 T225B（还是分别比较）与译经语料集中相对可靠的支谦译作的文本之间的词汇与风格。

四、《大明度经》与《道行般若经》

到目前为止，我们只是分别讨论了今天为我们所知的《大明度经》的两个迥然不同的部分，也就是第一品（T225A）和第二至三十品（T225B）。但是如果我们将它们与此经最早的汉译本支娄迦谶《道行般若经》中的对应部分加以比较，将极大地帮助我们对这两部分历史的理解。一般都说《大明度经》是支娄迦谶译本的修订本，但我们马上就可以看到，只有措辞极为精确时，此一论断方能成立。仔细的文本比对后会得出如下结果：

T225B 显然是 T224 之缩写。甚至是粗略一观，也可发现这两个文本长度迥异，T224，更确切地说是 T225B 的对应本部分，即第二至三十品，在《大正藏》本中正好超过了 49 张纸（8，429a10—478b14），而 T225B 只有一半左右，加在一起共 26 张纸（482b6—508b13）。对长度上某些差异的解释可以通过印度术语的长的音译被换成更短的意译来获得，但其原因主要还是压缩了支娄迦谶冗长重复的表达方式。譬如下面第十六品（对应梵语本中的第十八品）中段落的比较：

T224：须菩提言："佛说'不可计'。色、痛痒、思想、生死、识亦不可计？"佛语须菩提："汝所问者，有何因使色、痛痒、思想、生死、识不可计、不可量。"（8，456c8—11）

T225B：善业言："佛说'不可计'。五阴亦然？"佛言："若所问者，有所因使五阴不可计量。"（8，496a23—25）

轻易可看到在 T224 中标准的条目全部给出了，即色、痛痒、思想、生死、识；而在 T225B 中被缩写为简单的"五阴"。

但不仅仅是只有条目会被缩写，T225B 也会压缩其他修辞上的元素。看下面第二品中的例证：

T224：须菩提语释提桓因言："拘翼！是若干千万天子乐者听我当说。"须菩提持佛威神持佛力广为诸天子说般若波罗蜜："何所天子未行菩萨道，其未行者今皆当行。以得须陀洹道。不可复得菩萨道。"（8，429a18—23）

T225B：善业曰："诸天子乐闻者听我说。因持佛力广说智度。何天子未求闿士道者今皆当求。以得沟港道者不可复得闿士道｛士｝。"（8，482b①13—15）②

---

① 译者按：此处那体慧漏掉了栏数 b，今据实补上。
② 大括号中的字"士"可能是抄手的修订，当除去。译者按：据《大正藏》校勘记，宋、元、明、宫内本皆无此"士"字。

这里须菩提说话的对象天神Śakra（在支娄迦谶本中作"释提桓因"，包含了名号 Devānām Indra）被删掉了；同样还有在印度文本中被作为呼格的称呼 Kauśika（T224 中作"拘翼"），T225B 之中同样看不到。在 T224 之中一长串没从事菩萨道的神灵（devaputra*，何所天子未行菩萨道者，其未行者），在 T225B 之中也被缩短了（何天子未闿士道者）。

有时在同一段里使用了多种形式的缩写，在这种情况下，长度上的区别就显得极为突出。在第三品中有个很好的范例：

T224：四天王白佛言："我辈自共护是善男子善女人学般若波罗蜜者持者诵者。"梵摩三钵天及梵天诸天人俱白佛言："我辈自共护是善男子善女人学般若波罗蜜者、持者、诵者。"释提桓因白佛言："我自护是善男子、善女人学般若波罗蜜者、持者、诵者。"（8，431a25—431b2）

T225B：四天王、释、梵及诸天子等各白佛言："我当护是学持诵者。"（8，483c10—11）

在 T224 中四位 lokapālas（支娄迦谶译作"四天王"*都是各自表达的，而在 T225B 之中，梵摩三钵天（Brahmā Sahaṃpati）和梵天（Brahmaloka*）诸天人，以及天神之主（Lord of the Gods）释提桓因则被压缩到了一个这一群体所做的单个表述之中（四天王、释、梵及诸天子等）。T224 中的叙述"我辈自共护是善男子、善女人学般若波罗蜜者、持者①、诵者"在 T225B 中也被分明地缩写成"我当护是

---

　* 译者按：devaputra 梵语意即为"天神之子"。

　* 译者按：lokapāla 梵语的本意是"世间的保护者"。

　* 译者按：要注意这里的"梵天"不是指"天神大梵天"，而是指"梵天界"，在中文中无法区分，但梵语非常清楚，Brahmaloka 就是由"梵天"再加上"世间"二词组成。

　① 即在心中记忆者。

学持诵者"。因此在 T224 中占了整整八行的一段，在 T225B 中只剩下了不到两整行。此模式贯穿了整个 T225B，实在没有必要为此问题而多作征引。①

---

① 另外一个比较，即此经行将结尾时常啼菩萨（bodhisattva Sadāprarudita）的故事，可参许理和（1991：281）。

一部"新的"早期汉语佛教注释
——《大安般守意经》T602 的性质重估[*]

〔意〕左冠明　〔新〕纪赟译

引　言

按理说,《安般守意经》(关于专注于入息与出息〔ānāpānasmṛti〕的佛经)是早期译成汉语的最有影响力的佛经之一。比如,这可以从特别对于此经的不少注疏,以及在其他早期注释之中对于此经的若干引用之中看出来。人们对于此经有着长久的兴趣,这可能一直延续到了公元5世纪初叶,对这一点我们可以参看林克(Arthur Link)的典

＊　本文是以呈交到"早期汉语佛教翻译"研讨会(2007年4月18—21日在维也纳召开)的论文为基础的。在此我要感谢会议的组织者宁梵夫(Max Deeg〔卡迪夫大学〕)教授,以及我们的会议主办人克莱彻(Helmut Krasser)教授,他也是奥地利科学院(Österreichischen Akademie der Wissenschaften)亚洲文化与思想史研究所(the Institute for the Cultural and Intellectual History of Asia)的主任。我也应该感谢落合俊典教授与三宅彻诚先生,他们都是金刚寺写经研究团队的成员,他们通过傅洛林(Florin Deleanu)教授的良好运筹,向我好意寄来了金刚寺写经的电子版文件,而这是准备撰写这篇文章的关键。无著比丘也为我提供了宝贵的信息,特别是关于 *vivaṭṭanā* 的巴利语学术研究信息〔见下面第二部分第(三)节〕。最后,但同样重要的是,我想对我的朋友司空竺(Jonathan Silk)教授表达深挚的谢意,他通读了此文的草稿,让我减少了不少错误。当然,本文所有错误都由本人负责。

　　译者按:原文为"A 'New' Early Chinese Buddhist Commentary: The Nature of the *Da anban shouyi jing* 大安般守意经 T602 Reconsidered",发表于 2008(2010),《国际佛教研究会会讯》31卷,1—2号,第 421—484 页。

范性研究。①这也可以让我们确定，《安般守意经》所阐释的禅修实践，在早期汉传佛教思想的发展之中扮演了一个至关重要的角色。

从不少信息之中，有若干信息还相当古老，我们知道了在后汉时期，可能就是在公元 2 世纪中叶左右，曾有一部题名为《安般守意经》的佛经被译成了汉语，译者就是著名的安息译师安世高。这一点也获得了，比如现存三篇对《安般守意经》的序的证实，这三篇序分别为康僧会（卒于公元 280 年）、②道安（公元 312—385 年）、③与谢敷（公元 4 世纪）④所撰写，林克对这些序有翻译与研究。⑤

在诸种版印大藏经之中，从宋代的"祖版"（editio princeps），也即所谓《开宝藏》（公元 10 世纪后半叶），⑥一直到现代的标准版，

---

①　Arthur E. Link, 1976, "Evidence for Doctrinal Continuity of Han Buddhism from the Second through the Fourth Centuries: The Prefaces of An Shih-kao's *Grand Sūtra on Mindfulness of the Respiration* and K'ang Seng-hui's Introduction to the 'Perfection of Dhyāna,' " in *Papers in Honor of Professor Woodbridge Bingham: A Festschrift for His Seventy-fifth Birthday*, edited by James B. Parsons, pp. 55 - 126 (San Francisco: Chinese Materials Center) .

②　《出三藏记集》，《大正藏》第 2145 号，第 55 册，第 42 页下栏第 29—43 页下栏第 3 行；《大正藏》第 602 号，第 15 册，第 163 页上栏第 6 行—下栏第 8 行。

③　《出三藏记集》，《大正藏》第 2145 号，第 55 册，第 42 页下栏第 4 行—24 行。

④　《出三藏记集》，《大正藏》第 2145 号，第 55 册，第 42 页下栏第 25 行—第 44 页中栏第 28 行；关于谢敷，见 Erik Zürcher, 1972 *The Buddhist Conquest of China*, pp. 136—137 (Leiden: E. J. Brill) 。

⑤　Link, "Evidence for Doctrinal Continuity" .

⑥　这一版现在几乎完全失传了（译者按：此版目前存世部分集成见方广锠、李际宁主编《开宝遗珍》，12 卷，北京：文物出版社，2010 年）。但是，从公元 12 世纪早期惟白所撰的《大藏经纲目指要录》（《昭和法宝总目录》，第 37 号，第 571—772 页）则可得其彷佛，此《指要录》概述了这部藏经之中收录的所有佛经的内容。正如李富华与何梅（2003，《汉文佛教大藏经研究》，第 78—79 页，北京：宗教文化出版社）所证明的，我们知道惟白其著述的底本就是《开宝藏》的一个版本。和《指要录》中其他普通情况一样，此录之中的《大安般守意经》的条目（第 708 页下栏）是从相关典籍之中拼凑而成：惟白引用了（并作了随意的编辑）康僧会的经序，并从此经自身的两卷中作了摘引，从其所引用来看，所引佛经就是在我们现今大藏经之中所传的同一部经（《大正藏》第 602 号）。比如，惟白所引此经的第 2 卷（我只引开始部分）作："佛说：出息入息，自觉自知，知长知短，知麁知细，知迟知疾。"参《大安般守意经》第 2 品开始　（转下页）

也就是《大正新修大藏经》(东京:大正一切经刊行会,1924—1932年),都有一部被归到了安世高名下的《大安般守意经》(《大正藏》第 602 号)。虽然这个传统的归名已然被广泛接受,① 但学界早就认识到了这部《大安般守意经》是一部特殊的佛经,因为它看起来并不像是一个"正常"的翻译。

就我所知,第一位提到此点的是高丽僧守其,他是《高丽大藏经再雕版》(所谓的《八万大藏经》,公元 13 世纪)的主编者。守其在他杰出的《高丽国新雕大藏校正别录》②之中,③评论藏经之中的《大安般守意经》里面的正文与注释混到了一起,完全无法分开("经注不分")。不幸的是,守其的文献学巨著并没有被收入《大正藏》之中。但是,在《八万大藏经》之中,相关经文的末尾也还是会有守其的标注,并且其标注以此种方式而被融入了《大正藏》之中。《大安般守意经》的例子也是如此。我们将会看到,守其对《大安般守意经》的描述,对所有后世对此经的研究都产生了巨大的影响(也最终形成了误导),因此我们就应该完整地引用守其的这段话:④

　　此经按经首序及见经文,似是书者之错,经注不分而连书者

————————————

(接上页) 作:"出息入息自觉,出息入息自知。当时为觉,以后为知。觉者,谓觉息长短;知者,谓知息生灭、麤细、迟疾也。"(《大正藏》第 602 号,第 15 册,第 168 页中栏第 14—16 行)。

① 见比如 Erik Zürcher, 1991, "A New Look at the Earliest Chinese Buddhist Texts," in *From Benares to Beijing: Essays on Buddhism and Chinese Religion in Honor of Prof. Jan Yün-hua*, edited by Kōichi Shinohara and Gregory Schopen, p. 297 (Oakville, Ontario: Mosaic)。

② Robert E. Buswell, 2004, "Sugi's Collation Notes to the Koryŏ Buddhist Canon and Their Significance for Buddhist Textual Criticism," *Journal of Korean Studies*, n. 9: 131 之中将此标题译为 "Koryŏguk sinjo taejang kyojŏng pyŏllok"。

③ 1976,《高丽大藏经》第 1402 号,收于《高丽大藏经》,首尔:东国译经院,第 38 卷,第 512—725 页。

④ 守其,《高丽国新雕大藏校正别录》,《高丽大藏经》第 1402 号,第 647 页上栏;亦收于《大正藏》第 602 号,第 15 册,第 173 页上栏第 25—28 行。

也。义当节而注之，然往往多有不可分处，故不敢擅节，以遗后贤焉。

巴斯韦尔对这段话总结如后："依照此经的经序以及经文本身的信息，守其怀疑抄手错误地将行间注也混入了佛经的正文之中，因此就产生了很多很难分析的段落。正因为他自己无法解决这些分开原文与注文的问题，他将这些问题留待后贤来解决。"①

正是基于这种对《大安般守意经》的判断，宇井伯寿在他对安世高译经极有影响力的研究专著之中，对此经作了校勘与翻译，并想要重构其所谓的原始经本，以便能试着将正文（经）与注释（注）分开来。②

到了 1999 年，我们对于《安般守意经》（而且确实也就总体而言对早期汉译佛教文献）的了解，有了重大的改变。此时，有一位日本学者梶浦晋，在金刚寺这座座落在大阪县的寺院中，发现了两个有着同样内容的写经卷轴（写本甲与写本乙）。③这些写卷，其系年大致可以追溯到公元 11 世纪到 13 世纪之间，其所保存的大多为以前没有人知道的早期汉语佛教经典。此后对这些写卷的研究表明，这些新发现的经典，其中包含有三种翻译与一种注疏，都在很早之前就在中国失传了，④这些经典非常可能要被归到安世高及其译经团队的名下。

---

① Buswell, "Sugi's Collation Notes to the Koryŏ Buddhist Canon," p. 165.

② 宇井伯寿，1971，《訳経史研究》，第 235 页，东京：岩波书店；注意，宇井伯寿并没有意识到这个题记是守其所撰。

③ 见梶浦晋，2001，《金刚寺一切经と新出安世高訳仏典》，《佛教學セミナー》第 73 号，第 25—43 页。

④ 两个金刚寺写经卷轴的内容可被总结如下（见 Florin Deleanu, 2003, "The Newly Found Text of the *An Ban Shou Yi Jing* Translated by An Shigao," *Journal of the International College for Advanced Buddhist Studies*, vol. 6：64—65; Stefano Zacchetti, 2003, "The Rediscovery of Three Early Buddhist Scriptures on Meditation：A Preliminary Analysis of the *Fo Shuo Shi'er Men Jing*, the *Fo Shuo Shi'er Men Jing* Translated by An Shigao and Their Commentary Preserved in the Newly Found Kongō-ji Manuscript," *Annual Report of The International* （转下页）

所有这些经典，落合俊典曾作过刊布。①

　　这些重新发现的经典之中的一种，其题名为"安般守意经"（甲本，在本文之中我就是使用此本，行 61—275），②不过，此经与《大安般守意经》相比，则完全不同（并且也更短）。特别值得注意的就是，事实上，金刚寺本《安般守意经》看起来完全就像是一部翻译的经典，③并且也不像其中有任何混入的注疏。

　　自从 1999 年，关于金刚寺写经发表了不少相关的研究文章。因此，若干重要的观点也就得以澄清，特别是就这些新发现经典的真伪问题。确实，有大量证据表明金刚寺写经非常古老并且乃是安世高所为。④关于金刚寺本《安般守意经》，到目前为止所发表的，最为具体并且也最为重要的研究是傅洛林，⑤其中有对这部经典的总体介绍。⑥

　　虽然如此，但是还有若干问题没有得到解决：首先，就是在金刚寺本《安般守意经》与《大安般守意经》之间的关系到底是怎样的。

（接上页）*Research Institute for Advanced Buddhology at Soka University for the Academic Year* 2002, n. 6：252—253）：a. 康僧会的《安般守意经序》；b. 三个匿名的对《安般守意经》的注释；c.《佛说十二门经》；d.《佛说解十二门经》；对《十二门经》的一个匿名注疏。

　　① 落合俊典，2004，《金刚寺一切经の基礎の研究と新出仏典の研究》，东京：国际佛教学大学院大学研究报告，第 183—228 页。

　　② 收于落合俊典，《金刚寺一切经の基礎の研究と新出仏典の研究》，第 188—194 页。

　　③ 见 Deleanu, "The Newly Found Text of the *An Ban Shou Yi Jing* Translated by An Shigao," p. 90。洪鸿荣（释果晖）在最近的文章（2008，《『佛说大安般守意经』における「本文」と「注」の解明》，《法鼓学报》第 3 期，第 1—65 页）中对此提出质疑，不过在我看来，他的观点仍非定论（见本书第 287 页注释①）。

　　④ 关于金刚寺本《安般守意经》的真伪问题，见 Deleanu, "The Newly Found Text of the *An Ban Shou Yi Jing* Translated by An Shigao," pp. 75－81；Stefano Zacchetti, 2002 "Brief Communication: On the Authenticity of the Kongōji Manuscript of An Shigao's *Anban Shouyi jing* 安般守意经," *Annual Report of The International Research Institute for Advanced Buddhology at Soka University for the Academic Year* 2001, n. 5：157－158。

　　⑤ Deleanu, "The Newly Found Text of the *An Ban Shou Yi Jing* Translated by An Shigao"。

　　⑥ 同上注，特别见第 64—71 页。

虽然我并不敢夸口说我回答了《安般守意经》文献的所有问题，不过我还是找到了若干证据，我相信这些证据，可以使我们对整个问题有一个更为清晰的认识。

一、两部《安般［守意］经》的问题

现存最早的汉语佛教翻译的经录，是被收在僧祐的《出三藏记集》（《大正藏》第2145号）之中的，它在安世高译经之中（分别）列出了两部有相近题名的佛经：《安般守意经》一卷。《安录》云：《小安般经》。①《大安般经》一卷。②

换而言之，僧祐记录了一卷本的《安般守意经》——正如他所记录的，在道安的目录（《安录》）之中，其题名为《小安般经》——与同样为一卷本的《大安般经》。

一般公认，《出三藏记集》中安世高译经的部分是以道安的失传目录，也即《综理众经目录》为基础而撰写的。因此林屋友次郎对于《综理众经目录》的重构，事实上就确实列出了两部《安般守意经》（《小安般经》与《大安般经》）。③道安肯定知道《大安般［守意］经》，这似乎通过僧祐所引用的道安目录中有"小安般经"这个经题之中就可以看出来，否则就很难解释这个经题。但是，他是否确实记录了《大安般［守意］经》为安世高所译，则还是一个问题。④事实上，在我看来，有若干证据似乎并不支持这种假说。

---

① 《出三藏记集》，第5页下栏第23行。
② 《出三藏记集》，第6页上栏第15行。
③ 林屋友次郎，1941年，《经录研究》，东京：岩波书店，第390—391页。
④ 亦参 Antonino Forte, 1968, "An Shih-kao: biografia e note critiche," *Annali dell'Istituto Orientale di Napoli*, 28: 178。

　　首先，应该知道道安自己就告诉过我们，他曾经为一部《安般守意经》撰写过一部注疏。①同样，他的经序之中也只提到了一部这样的佛经（见上面的讨论）。再者，僧祐在他《出三藏记集》中之《大安般［守意］经》一条之中并没有引用任何道安的评论。这并不出人意料，因为我们在下面将会看到，我们有证据表明到道安的时代为止，这个经题就指的是一部与我们现在《大安般守意经》类似的经典，并且很难想象道安会记录一部这样的经典，却没有任何评论，这部经典明显具有注疏的色彩，与其他译经的风格差异判若天渊。更重要的是因为，通过在《出三藏记集》同一部分之中僧祐所引用的其他记录，我们知道道安非常热衷于将真实的译经与安世高撰写的注疏类经典分别开来。②另外有意思的就是，僧祐自己在《出三藏记集》的传记部分之中总结安世高的译经活动时，只提到了一种《安般守意经》，③而这个传记部分，据白安敦（Antonello Palumbo，见本书第256 页注释②），则是代表《出三藏记集》中较为古老的一个文献层。毫无疑问，这条记录自身，对于我们正在讨论的问题，其实并没有多少分量，但值得注意的是，在同一个上下文背景之中，僧祐提到了"大、小十二门"，现在我们都知道事实上这是指两部完全不同的翻译。④

---

　　①　安般守意，多念之要药也。为解一卷今有。（《出三藏记集》卷5，《大正藏》第2145 号，第55 册，第39 页下栏第18 行）。

　　②　《出三藏记集》，《大正藏》第2145 号，第55 册，第6 页中栏第5—6 行；亦见Stefano Zacchetti, 2004, "Teaching Buddhism in Han China: A Study of the *Ahan Koujie Shi'er Yinyuan Jing* T 1508 Attributed to An Shigao," *Annual Report of The International Research Institute for Advanced Buddhology at Soka University for the Academic Year* 2003, n. 7: 213。

　　③　"于是宣释众经改胡为汉，出安般守意、阴持入经、大小十二门及百六十品等。"（《出三藏记集》，《大正藏》第2145 号，第55 册，第95 页上栏第20—22 行；亦见《高僧传》，《大正藏》第2059 号，第50 册，第323 页中栏第6—7 行）。

　　④　见Zacchetti, "The Rediscovery of Three Early Buddhist Scriptures on Meditation," pp. 259—270，并参见本书第259 页注释②。

在此，我不会详细讨论在《出三藏记集》之后撰成的其他经录之中关于两部《安般守意经》的非常混乱的记录。这个主题已经由富安敦①与落合俊典②两位作了深入的研究，对更多详细的信息，读者可以参考下面的附录 1。情况大致可以总结如下：在僧祐的《出三藏记集》之后，一直到智昇的《开元释教录》之前，这其中隋、唐时撰写的各种经录之中的记录日渐混乱。这些经录记载了略有不同的两种归到安世高名下的《安般［守意］经》（1 卷或者是 2 卷本），即《大安般经》与《小安般经》，依照若干资料，这两部经分别有 30 纸或 20 纸。让情况更为复杂的就是，在若干经录之中，这两部佛经题名相同，而在其他经录之中还提到了第三种《安般守意经》。③

智昇在他著名的《开元释教录》之中，很明显想要理清一下这团乱麻（见下面附录 1，第 7 条）。他很清楚地表明，在他的时代之中

---

① Forte, "An Shih-kao".

② 落合俊典，2002，《『大安般经』与『小安般经』》，《印度学佛教学研究》，第 51 卷第 1 号，第 32—33 页。

③ 见《大正藏》第 2034、2149 与 2153 号。在第一种《众经目录》的卷 4 之中，可以发现这些奇怪的记录的一个可能的解释，在此处《安般守意经》为一卷（《安般守意经》一卷，《大正藏》第 2146 号，第 55 册，第 139 页上栏第 2 行），并附在萧子良所造的经典之中（"右自《法句》下八经，并是萧子良所造，故附伪录。"《大正藏》第 2146 号，第 55 册，第 139 页上栏第 7—8 行；参 Zürcher, *The Buddhist Conquest of China*, p. 439, n. 149）。齐代（公元 460—494 年）的皇子萧子良，也即竟陵王，是一位虔诚的佛教徒，并是一位佛经的搜集者（汤用彤，2000，《汤用彤全集》，7 卷本，第 1 卷，第 345—348 页，石家庄：河北人民出版社）。有一部伪造的《安般守意经》的这一事实（假如这条记录是确切的话），其自身是颇有意思的，因为它进一步表明了此经在中世的重要性（亦见 Florin Deleanu, 1992, "Mindfulness of Breathing in the *Dhyāna Sūtras*," *Transactions of the International Conference of Orientalists in Japan*, n. XXXVII, p. 55, Kyoto: The Institute of Eastern Culture [Tōhō Gakkai]）。在此后两部同名为《众经目录》的经录之中还记录了这部作为伪经的《安般守意经》（《大正藏》第 2147 号，第 55 册，第 175 页上栏第 5 行与第 13—15 行；《大正藏》第 2148 号，第 55 册，第 212 页下栏第 13 行与第 18—19 行）。这两种记录，也即一方面是安世高的第三部《安般［守意］经》，而另一方面是关于萧子良所伪造的《安般守意经》，这两者之间是互不兼容的，也就是说并没有一部经录同时记载了此二者。这就表明，这两者其实说的是同一部经本。

只有一种《安般守意经》还在中国流行：即通常分为 2 卷的，并有 30 纸的《大安般守意经》。我将在下面证明，这就是我们现在还在藏经之中的《大安般守意经》。

有意思的是，要注意智昇认为从来就不曾有过两部《安般守意经》。在《开元释教录》的不少章节中，他都一如既往地清楚表明了这一点，事实上他对这种重复记录的批评甚至也涉及了僧祐，他将这种重复记录说成是"一个严重的错误"。基于同样的原因，他也认为道安所提到的另外一个经名，也即《小安般经》，事实上就是指《大安般守意经》（见附录 1，第 7 项，1—3）。

不过，在此例之中，毫无疑问智昇是错误的，[1]在此前的时代之中，确实曾有两部题名相同的、关于安般守意的不同佛经曾经流通过，这被不少其他资料所证实，这些信息比诸经录更早也更为直接。

首先，僧叡这位鸠摩罗什的杰出助手，已经提到过了两部《安般守意经》，其时间大约要早于僧祐记录一个世纪。僧叡在他对鸠摩罗什所译或者所编纂的某种"禅经"的序中，提到"以前在此土曾经译过《修行［地道经］》、[2]《大［十二门经］》、《小十二门［经］》、[3]《大［安般经］》、《小安般［经］》。"[4]事实上，正如我们在下面（第三部分）将会看到，我们有明确的证据表明，这些经典在僧叡的年代还在为人阅读并使用。

在引言的部分，我曾经提到过《安般守意经》的诸早期序言。

---

① 见林屋友次郎《经录研究》，第 406 页，注 5；以及 Deleanu, "Mindfulness of Breathing in the *Dhyāna Sūtras*," p. 56。

② 即竺法护（Dharmarakṣa）所译的《修行地道经》（《大正藏》第 606 号，*Yogācārabhūmi*）。

③ 见 Zacchetti, "The Rediscovery of Three Early Buddhist Scriptures on Meditation"。

④ "此土先出修行、大小十二门、大小安般。"（《出三藏记集》，《大正藏》第 2145 号，第 55 册，第 65 页上栏第 20—21 行）

那么关于经录中记载了两部佛经的问题，它们又告诉我们了些什么呢？康僧会与道安的序言并没有包含任何明显提到两部《安般守意经》的内容。

康僧会，他的序言在诸多方面都是《安般守意经》文献史的一份关键材料，只不过其中只是提到安世高"通过传译传递了安般的秘要"。[①]

《安般守意经序》一般公认是道安一篇早期著作。[②] 更为确切地说，这是对他的安般经注疏的一篇序言。此序之中非常明确，只提到了安世高译了一部《安般守意经》（"此经其所译也"）。[③] 在此序之中，道安还提到了一部"［三国时期（公元220—265年）的］魏国初年"由康僧会对此经所作的注疏。[④]

是谢敷的序包含着关于这两部《安般守意经》的最为重要的证据。[⑤]在描述了安世高的活动之后，谢敷将他所注的经典，也就是《安般守意经》归到了安世高的名下。[⑥]接着他继续描述了他努力理解

---

① "译安般之秘奥"（《出三藏记集》，《大正藏》第2145号，第55册，第43页中栏第23行）；我引用了林克对这一段的翻译（Link, "Evidence for Doctrinal Continuity," p. 79）。

② 宇井伯寿，《释道安研究》，第60页（亦见第79—83页，此部分有一个道安序的译注），东京：岩波书店，1956年；汤用彤，《汤用彤全集》，卷1，第150—151页；Zürcher, *The Buddhist Conquest of China*, p. 186；方广锠，2004，《道安评传》，第113页，北京：昆仑出版社。

③ 《出三藏记集》，《大正藏》第2145号，第55册，第43页下栏第20—21行。

④ "魏初康会为之注义。"（《出三藏记集》，《大正藏》第2145号，第55册，第43页下栏第22行）。注意在此处"注义"这个表达在藏经之中很是罕见，但在康僧会的《安般守意经序》之中则有同样的表达（"陈慧注义，余助斟酌"，收于（《出三藏记集》，《大正藏》第2145号，第55册，第43页中栏第29行—下栏第1行；参见本书第293页注释⑤）。关于康僧会的注疏，见下面附录2。

⑤ 亦见落合俊典《『大安般经』与『小安般经』》，第34页。

⑥ "其所译出百余万言。……此安般典，其文虽约，义关众经。"（《出三藏记集》，《大正藏》第2145号，第55册，第44页中栏第8—10行；翻译见 Link, "Evidence for Doctrinal Continuity," pp. 94—95。）

这部佛经，并声称，除了其他佛经之外，他也参考并"节抄了诸如《大安般［经］》与《修行［地道经］》"。①这清楚地表明了，至少到谢敷的时代（公元 4 世纪），曾经流行有一部《大安般［守意］经》，它与安世高所译的《安般守意经》完全不同，并且与之独立。

这三篇经序属于我们所拥有的关于《安般守意经》文献史的最早的资料。从这个角度来看，康僧会的序言很明显就是这三篇之中最为重要的一种。在这篇序之中，唯一明确的引用表明此序应该是在公元 224 年之后的某一时间撰成。②在其他地方③我曾经主张此序可能应系于公元三世纪的前半叶，这也就是说大概会比《安般守意经》自身的翻译要晚不到一百年。假如我们现在将经录的记录放在一起考虑，这些经录将两部《安般经》都归到了安世高的名下，那我们从这些早期经序所获得的印象，就是《大安般［守意］经》的存在要晚

---

①　"并抄撮大安般、修行诸经"（《出三藏记集》，《大正藏》第 2145 号，第 55 册，第 44 页中栏第 23 行）。关于《修行地道经》，见上面注 21。

②　"经曰：'诸海十二事'"（《大正藏》第 602 号，第 15 册，第 163 页上栏第 9 行＝《大正藏》第 2145 号，第 55 册，第 43 页上栏第 4 行）；这是一个引自《法句经》（《大正藏》第 210 号，第 4 册，第 574 页中栏第 10 行）中的偈颂，此经经过了一个非常复杂的过程，而被译成了汉语（具体时间不详），其印度原本是在公元 224 年被带到了中国（见水野弘元，《法句经の研究》，东京：春秋社，1981 年，第 268—269 页；与 Jan Nattier, 2008, *A Guide to the Earliest Chinese Buddhist Translations: Texts from the Eastern Han* 东汉 *and Three Kingdoms* 三国 *Periods*, pp. 114—115 [Bibliotheca Philologica et Philosophica Buddhica X; Tokyo: The International Research Institute for Advanced Buddhology - Soka University]）。我此前在对康僧会《安般守意经序》断代的讨论（Stefano Zacchetti, 2010, "Defining An Shigao's 安世高 Translation Corpus: The State of the Art in Relevant Research," in Shen Weirong [ed.], *Historical and Philological Studies of China's Western Regions* [《西域历史语言研究集刊》], No. 3: 249—270）之中，并没有提到这个对《法句经》的引用，因为《大正藏》本之中有异文（"十三"而非是宋、元与明本之中的"十二"），所以我不能对其确定，顺便说一句，这个"十三"可能也是错误的，因为康僧会的序清楚地表明正确的应该是"十二"（他以此偈来指代十二入）。这条引用林克（Link, "Evidence for Doctrinal Continuity," p. 68, n. 28）与中嶋隆蔵（1997，《出三藏记集—序卷訳注》，第 8 页，注 4，京都：平乐寺书店）也都没有注意到。

③　Zacchetti, "Defining An Shigao's 安世高 Translation Corpus"。

于《安般守意经》，至少要晚于康僧会的年代。

如果真是这样的话，基于所有这些材料，正如落合俊典①与傅洛林②所指出的，最有逻辑的假设就是将《大安般守意经》当成《大安般［守意］经》（还应考虑到事实上在大藏经之中它即是用此名），而将金刚寺本《安般守意经》当成《小安般守意经》（或者更准确地说，就是《安般守意经》自身）。不过，落合俊典与傅洛林两人都指出，在现存资料之中还有不少自相矛盾的地方，这就使得我们完全不可能下一个定论。

我认为，无论如何我们还是有足够的证据，可以重构《安般守意经》文献史的绝大部分，并且可以证实经录之中所提到的这两部《安般守意经》的身份。我会重新检视已经被研究过的关于此一问题的若干资料，并且介绍若干其他没有受到应有重视的信息。

我将要先讨论《大安般守意经》。最早提到这部经本的资料主要有两种：第一种就是早就提到过的公元 4 世纪谢敷的《安般守意经序》。第二种是在若干版本③的《四谛经》（《大正藏》第 32 号）这部也一般被归到安世高名下的佛经末尾。在此处有一个注释，其中引用了一部叫"大安般"的佛经：

---

① 落合俊典，《『大安般经』与『小安般经』》，第 35 页。

② Deleanu, "The Newly Found Text of the *An Ban Shou Yi Jing* Translated by An Shigao," pp. 87—89.

③ 依照《大正藏》的校勘记，这个注释在宋、元与明藏本之中没有。顺便提一下，事实上，这是一个章节附注：它出现在佛经的流通分（舍利曰说如是，比丘受行；《大正藏》第 32 号，第 1 册，第 816 页下栏第 27 行），与《四谛经》经文之中（《大正藏》第 32 号，第 1 册，第 816 页下栏第 2—3 行，以及其他各处，有异文）的表达（"持宿命观"，"观想宿世的人生"，不过"持"字在这个上下文之中意思并不清楚）的评论之后。看起来这似乎并不是一个行间注的遗存。

持宿命观。大安般云："信本因缘知从宿命有名直见"……①

在不少关于《安般守意经》的研究之中都讨论过此一引用，②并且早已有人指出这个引用对应于《大安般守意经》之中的一段，③但并不存于金刚寺本《安般守意经》之中。不过，从这条证据之中，还有另外一点，虽然有限，却是《安般守意经》文献史中一个非常重要的因素，就是紧跟在"大安般"引用之后的同一行之中，在同一个注释之中还引用了另外一部佛经：

……义决云："知前事如后事"是也。④

现在，考虑到这条引用的上下文背景，非常可能"义决"这个名字是指失传了的《义决律》，⑤这是一部在《出三藏记集》之中被归到安世高名下的经典：

《义决律》一卷，或云《义决律法行经》。安公云："此上二

　　① 《大正藏》第 32 号，第 1 册，第 816 页下栏第 28 行。对这一段，我实在给不出一个让人满意的翻译；参宇井伯寿，《訳経史研究》，第 233 页（本因缘を信じて宿命より有るを知るを、是れを名づけて直見と為す）以及第 316 页；杜继文译，《安般守意经》，第 154 页，台北：佛光文化事业有限公司，1997 年（相信一切本于因缘，知道从宿命而有，此名为直见）。

　　② 宇井伯寿，《訳経史研究》，第 235 页与第 316 页；荒牧典俊，1971，《インド仏教から中国仏教へ-安般守意经と康僧会・道安・谢敷序など》，《仏教史学》卷 15 第 2 期，第 165 页；落合俊典《『大安般经』と『小安般经』》，第 34—35 页；Deleanu，"The Newly Found Text of the *An Ban Shou Yi Jing* Translated by An Shigao", pp. 86—87 n. 54。

　　③ "何等为直见？信本因缘，知从宿命有，是名为直见。"（《大正藏》第 602 号，第 15 册，第 172 页中栏第 20—21 行）

　　④ "义决说：'知道以前的事，就像是［知道？］以后的事'；这正是［持宿命观的意思］。"（《大正藏》第 32 号，第 1 册，第 816 页下栏第 28 行）

　　⑤ 亦见 Nattier, *A Guide to the Earliest Chinese Buddhist Translations*, p. 71 n. 15, 并参宇井伯寿，《訳経史研究》，第 316 页。

经出《长阿含》。"今阙。①

僧祐将《义决律》列为"今阙"，这一事实给我们提供了一条重要线索：假如僧祐在编纂他的《出三藏记集》之时，此经已然失传，这就意味着在《四谛经》之中所发现的解释，可能就要追溯到公元5世纪末以前。②事实上还有若干间接证据表明，其最晚的时间可能就是公元4世纪末，③并且这也证明了那个假说，即在相对很早的时期，"大安般［守意］经"这个题名就是指一部近似于或者就是我们藏经之中的这部《大安般守意经》。

稍晚之后，"大安般［守意］经"即是指《大安般守意经》（《大正藏》第602号）又出现了新的证据。到目前为止，我没有能够

---

① 《出三藏记集》，《大正藏》第2145号，第55册，第6页上栏第7行。"《义决律》一卷（另外一个题名：《义决律法行经》）。［道］安法师说："［列在目录里的］这一部与前一部佛经［即《普法义经》］，是来自《长阿含经》。现在［这个经本］遗失了。""

② 白安敦曾经指出，僧祐的《出三藏记集》之中存有不同的文献层："僧人们的传记明显主要是撰写于南齐时期（公元479—502年），一直到公元503年左右，而经录与传记资料的搜集则在梁代天监年间有过修订，时间可能是在公元515年。"（Antonello Palumbo, 2003, "Dharmarakṣa and Kaṇṭhaka: White Horse Monasteries in Early Medieval China," in *Buddhist Asia 1. Papers from the First Conference of Buddhist Studies Held in Naples in May* 2001 [Università di Napoli "L'Orientale". Centro di Studi sul Buddhismo], edited by Giovanni Verardi and Silvio Vita, p. 197 [Kyoto: Italian School of East Asian Studies].）

③ "宿命"这个术语，也就是"前世"（＊pūrvanivāsa），它出现在了《四谛经》的解释之中，并且在安世高的其他译经之中也有存在（比如，见 Stefano Zacchetti, 2002, "An Early Chinese Translation corresponding to Chapter 6 of the *Peṭakopadesa* — An Shigao's *Yin Chi Ru Jing* T 603 and its Indian Original: A Preliminary Survey", *Bulletin of the School of Oriental and African Studies*, vol. 65—1: 85）。在公元4世纪末长安，道安监护之下所翻译的阿含经与阿毗达磨经典之中这一术语很是常见。公元5世纪初鸠摩罗什所翻译的《大智度论》的若干章节（比如见《大正藏》第1509号，第98页中栏第3—6行；第240页上栏第25行以后等）之中也有讨论此一主题。很难相信一位可以拿到有如此高度影响力经典（译者注：指《大智度论》）的人，会为了解释这个术语而去找两部早期的佛经。假如我们考虑到鸠摩罗什在教义问题是如何迅速地甚至传播到了华南（见比如 Zürcher, *The Buddhist Conquest of China*, pp. 213—214），这一问题就更是如此了。

找到任何唐写本的《大安般守意经》。①不过，在这个藏经发展的关键阶段，我们还是由于在慧琳完成于公元 807 年的《一切经音义》之中收有《大安般守意经》，②故而我们对此一阶段的此经就有了一个相当清晰的图景。确实，在此慧琳只是记载了一些语词与表达。作为这部辞典之中的惯例，这些语词与表达都不是寻常词汇与表达。并且它们几乎都只发现于《大安般守意经》之中（虽然有些略有异文），③而不存于金刚寺本《安般守意经》之中。换而言之，唐代经录所记录的《大安般[守意]经》（毫不奇怪）肯定就是我们现在大藏经之中作这个题名的这部佛经。事实上，甚至在目录之中所给出的叶数，

---

① 我没能核对所谓的《圣语藏》之中是否有《大安般守意经》，此套藏经为早期日本（公元 8 世纪）与中国（隋代与唐代）的写经。不过，在《大正藏》之中《大安般守意经》的校勘记中则并没有提到《圣语藏》中有异文。

② 《大正藏》第 2128 号，第 685 页上栏第 4—21 行；另参姚永铭，2003，《慧琳〈一切经音义〉研究》，南京：江苏古籍出版社，第 5 页。

③ 慧琳在《一切经音义》之中的"2 卷本《佛说大安般守意经》"条目之下（《大正藏》第 2128 号，第 54 册，第 685 页上栏第 4—21 行，括号中我给出了《大安般守意经》的对应章节；并用¶来标出慧琳给出的奇怪的异文，而这些异文我标不出来）列出了如下语词：羸瘦（＝《大安般守意经》，第 163 页下栏第 15 行）；蜎飞（可能＝蜎飞，《大安般守意经》，第 163 页下栏第 17 行）；蠕动（可能＝蝡动《大安般守意经》，第 163 页下栏第 17—18 行）；軨观（＝軨、观，《大安般守意经》，第 164 页中栏第 3 行，并没有组成一个复合词；"軨"等同于"軨"：见《汉语大词典》，卷 5，第 3525 页上栏）；喘息（＝《大安般守意经》，第 164 页下栏第 26 行与其他各处）；细滑（＝《大安般守意经》，第 165 页下栏第 1 行与其他各处）；十绊（＝《大安般守意经》，第 165 页中中栏第 17 行）；三辈（＝《大安般守意经》，第 164 页上栏第 18 行）；¶（译者按：蓔）蕾（＝瞠蕾，《大安般守意经》，第 166 页中栏第 3 行；慧琳所讨论的第一个字的异文，据《大正藏》的校勘记，则还有其他版本作此字；钻火（＝《大安般守意经》，第 69 页中栏第 5 行）；攘故（＝《大安般守意经》，第 170 页上栏第 27 行）；黛眉（＝《大安般守意经》，第 171 页下栏第 3—4 行）。慧琳所引用的另外一个《大安般守意经》之中的表达也值得一提。这就是"痛蛘"（《大正藏》第 2128 号，第 54 册，第 685 页上栏第 10—11 行），慧琳的词典之中很清楚地表明，这只不过是目前"痛痒＝vedanā"的异文，不过，他认为这个异文其实是错误的（经文从疒痒痒，是病也，非经意也）。但是，毫无疑问"痛痒"（在金刚寺本《安般守意经》之中也有）是正确的写法（见 Zacchetti, "The Rediscovery of Three Early Buddhist Scriptures on Meditation," p. 256 n. 19）。

也与目前的《大安般守意经》相符。①

　　关于《大安般守意经》的信息就是如此。关于经录中所提到的另一部"安般经"，即《安般守意经》（或者如僧祐所说的，列在道安目录之中的《小安般经》），我们也有类似的信息，但可能对其细节所知要少于《大安般守意经》。

　　除了上面我们已经讨论过的经序，首先我们还有在两部早期注疏（可能被追溯到公元3世纪前半叶）之中的若干引文，通过这些引自《安般[守意]经》的引文我们可以追踪到金刚寺本《安般守意经》。②就我所知，还有一份有意思的资料目前还不为研究这些佛经的学者们所注意到，这份材料之中也曾提到过其另外一个名称，即《小安般[经]》。

　　《出三藏记集》卷十之中有一篇沙门竺昙无兰（＊Dharmaratna?）③所撰写的"三十七品经序"。④昙无兰对我们而言是充满矛盾的：在《出三藏记集》之中保存有几种归到他名下的信息，藏经之中也有不少题名为昙无兰所译的经典；但他却完全被古代的传记信息所忽略，

---

　　①　在唐代，标准的佛教写经是每叶28行，每行17字。而《大安般守意经》则大约有29栏（译者按：印刷版《大正藏》为节省篇幅，现在一般每页印刷三栏），每栏平均29行17个字（不算康僧会的序文在内），这样《大正藏》的每一栏就比唐写经的每一纸略长。

　　②　Zacchetti，"Brief Communication"与Deleanu，"The Newly Found Text of the *An Ban Shou Yi Jing* Translated by An Shigao," pp. 75—76；亦参后面的附录2。

　　③　这个重构是由伯希和（Paul Pelliot, 1920, "Meou-tseu ou les doutes levés: Traduit et annoté," *T'oung Pao* vol. XIX: 345, n. 64）所构拟的。关于《三十七品经》，见《出三藏记集》，《大正藏》第2145号，第55册，第10页中栏第17行。对昙无兰这篇序的翻译，见中嶋隆藏，《出三藏记集—序卷訳注》，第250—253页。

　　④　《大正藏》第2145号，第55册，第70页中栏第16行—下栏第12行。

因此也就同样被主要的现代中国佛教研究所忽略。①顺便提一下，这也显示出我们对于早期中国佛教的了解是在何种程度上要受到传记资料（特别是慧皎的《高僧传》）的限制，并且毫无疑问，昙无兰的译经活动值得我们仔细加以研究。事实上，在《出三藏记集》之中所收录的归到昙无兰名下的资料，对于研究公元 4 世纪晚期佛教非常重要，但我们更感兴趣的却是这些信息可以用来重构若干早期佛经的历史。②

我们讨论的这篇序，其系年为公元 396 年，其所讨论的诸问题之中包括若干早期汉译经典之中的菩提分问题，其中就引用了《小安般 [经]》。关于《小安般 [经]》，昙无兰写道：

　　小安般，三十七品后，则次止观。③

---

① 比如，在塚本善隆（Zenryū Tsukamoto [tr. Leon Hurvitz]，1985，*A History of Early Chinese Buddhism：From Its Introduction to the Death of Hui-yüan*，p. 750 [2 vols.，Kodansha International LTD，Tokyo]）与许理和（Zürcher，*The Buddhist Conquest of China*，p. 55）二书之中，都只是顺便提到了昙无兰。关于归到此人名下的译经，可以参考 Prabodh Chandra Bagchi，1927，*Le canon bouddhique en Chine. Les traducteurs et les traductions*，tome 1，Libraire Orientaliste，pp. 322 - 334（Paris：Paul Geuthner）。

② 比如，在保存有金刚寺本《安般守意经》的金刚寺写经之中，还有另外三种关于"十二门"的经典（见上面注10），而昙无兰的这篇序对这些经典就给我们提供了一份重要的证据。我 2003 年所撰写的关于这些重新发现的经典的研究文章之中，我认为这一组经典之中的第二种，即《佛说解十二门经》就是经录之中所列出的"《小十二门经》"，在金刚寺写经之中，此经之后还有一部同样匿名的关于"十二门"的注疏（《十二门经注》）（Zacchetti，"The Rediscovery of Three Early Buddhist Scriptures on Meditation，" pp. 260 - 261，特别是 pp. 283 - 285）。这一重构也得到了昙无兰序言的证实，在此篇经序之中曾指出"在《小十二门 [经]》之后跟着的是三向（vimok ṣamukha）"（"小十二门后次三向"；《出三藏记集》，《大正藏》第 2145 号，第 55 册，第 70 页下栏第 5 行）。我们在金刚寺写经之中所发现的恰恰就是如此，其中紧接在《佛说解十二门经》（或《小十二门经》）之后，就是对"三向"的阐释（……如是弟子欢喜受行。[《佛说解十二门经》结束；《十二门经注》开始]空为第十三门，不愿为第十四门，泥洹为第十五是为第四三门，所谓道门。已出十二门行向三。何等为三向？一者向空，二者无思想，三者不愿。……；金刚寺写经甲本，第 385—389 行及以后）。

③ 《出三藏记集》，第 70 页下栏第 4 行。

　　虽然在《大安般守意经》也讨论了三十七菩提分（三十七品）与止观（samatha/vipaśyanā），并且其次序也几乎一样（参下面注137），但《大安般守意经》中的这一段却非常混乱，而金刚寺本《安般守意经》之中的止与观则是紧接在八正道的阐释之后来加以介绍的，而八正道正是菩提分中的最后一组。①昙无兰的序因此就证实了，金刚寺本《安般守意经》就是早期经录之中所记录的《小安般经》的假说。注意，即使昙无兰的序不是真的（直至对昙无兰作一个详细研究为止，在此阶段我们还不能完全排除此序为假），对于我们重构《安般守意经》的历史，这还是不会很大程度地削减其价值：此序还是可以证明至少到僧祐的时代为止，曾经流行过一部与我们的金刚寺本《安般守意经》类似的《小安般经》。

　　简而言之，就我们的早期信息（上面已经提到过了，在此方面后来的经录记载非常混乱）而言，"《小安般经》"在某种程度上，②只是《安般守意经》的另外一个题名，这恰恰符合了僧祐的记录。明显可以推导出来的结论就是，采用这个题名是为了将之与另外一部题目与内容都类似的佛经区别开来。如果是这样的话，我们就有充分证据来认为这部《［小］安般［守意］经》就是新发现的金刚寺本《安般守意经》。

　　我想要证明僧祐在《出三藏记集》之中所列出的《小安般经》

---

　　①　写经甲本，第219行以后。收于落合俊典，《金刚寺一切经の基础の研究と新出仏典の研究》，第192页；亦参 Deleanu, "The Newly Found Text of the *An Ban Shou Yi Jing* Translated by An Shigao," p. 71）："……如是｛是｝得道者八种道行事者，常作者，从行两法，便满具行。何等为两法？一者止，二者观。"（这一段的标点仍有疑问）。

　　②　我们已经看到了，就目前所知的资料而言，最早采用《小安般经》这个名称的是被《出三藏记集》所引用的道安的目录。事实上，除了昙无兰与僧叡的经序之中所发现的之外，在藏经之中其他场合出现的此一经题都是对道安说法的引用。康僧会以及引用了《安般守意经》的早期注疏作者们（亦参下面的附录2），似乎并不知道《小安般经》这个题名。

就是金刚寺本《安般守意经》，而《大安般［守意］经》就是《大安般守意经》。不过至少还有一个问题需要加以讨论。[①]正如上面已经提到过的，有些经录之中记录了两部《安般［守意］经》（奇怪的是，这两部经的经题中都有"大"字）的纸数：[②]分别为 30 纸与 20 纸。这从表面上看来，似乎是一个相当有力的证据，表明我们现在这两部经典存有问题。[③]不过，虽然 30 纸对应于《大安般守意经》是没有问题的（见本书第 258 页注释①），而金刚寺本《安般守意经》则只有 8 纸。但是，如果对这些记录再仔细看一下，就会发现它们事实上并非没有问题。一共只有三种经录之中提到了 20 纸的《安般经》。而在《众经目录》（《大正藏》第 2148 号）之中，将此经录为"失传了"（"失本"），而道宣在他的《大唐内典录》（《大正藏》第 2149 号）之中，则将此经列为"待访求之本"（？"访本"）。[④]只是到了公元 7

---

① 似乎还有一个问题，即在一部早期注疏（《阴持入经注》，《大正藏》第 1694 号）之中，有一个从《安般［守意经］》之中的引用，但在金刚寺本《安般守意经》与《大安般守意经》都找不到。不过，我将在下面附录 2 之中表明，我认为甚至这个问题也可以得到解释。

② Deleanu, "The Newly Found Text of the *An Ban Shou Yi Jing* Translated by An Shigao," p. 84 n. 47.

③ 落合俊典，《『大安般经』与『小安般经』》，第 35 页；以及 Deleanu, "The Newly Found Text of the *An Ban Shou Yi Jing* Translated by An Shigao," pp. 88 – 89。

④ 对我而言，道宣的"访本"到底是什么意思还不完全清楚。我不能确定富安敦（Forte, "An Shih-kao," pp. 180 – 181）中的说法是否正确，他认为"访本"的意思是佛经在失传之后，又在后来被找到了（"testo ritrovato"）。事实上，在经录之中，这个表达通常是指去找一部佛经，却并没有能够找到（"访本未获"；见比如《开元释教录》，《大正藏》第 2154 号，第 55 册，第 637 页上栏第 25 行），不过，这些经典却曾经被收进了若干写本藏经之中过。我们可能应该如此来理解道宣记录的 20 纸《安般经》。亦参落合俊典，《『大安般经』与『小安般经』》，第 33 页。

世纪晚期的《大周刊定目录》——此录并非以其审核精审而驰名①
——之中，才记录了《安般经》有 20 纸，并且没有进一步的评论。
所以人们就完全有理由质疑这些经录的编纂者是否真正看到了这个有
20 纸的《安般经》。简而言之，对我来讲，关于这部更短佛经纸数的
这个证据，远没有它初看起来那么有说服力。但是即使我们将这些记
录当真的话，也还是有可能对之有一个解释。"整个的"金刚寺写经
甲本，其中收录有金刚寺本《安般守意经》、康僧会的经序，以及三
部关于十二门禅定的经典，加在一起共 21 纸，而乙本则有 19 纸。②因
此就有可能来猜测，这个所谓的 20 纸本《安般经》实际上就是一个
类似于我们两种金刚寺本的写卷，其中不仅仅包含一部念安般的佛
经，而事实上是一部我暂时定义为安世高关于禅定的著作集子。③

　　作为此部分的一个总结，这两部佛经文献史大致暂时可以勾勒如
下：最初只有一部关于安般念的经典，这是一部译经，自从康僧会的
时代开始，它就被置于安世高的名下了，其题名可能只不过就是
《安般守意经》。从早期的经序以及三国时期注疏之中对此经的引用

---

　　①　参德野京子（Kyoko Tokuno），1990，"The Evaluation of Indigenous Scriptures in
Chinese Buddhist Bibliographical Catalogues," in *Chinese Buddhist Apocrypha*, edited by Robert
E. Buswell, pp. 50 - 51［Honolulu：University of Hawai'i Press]）。此录对我们讨论的经
典的记录的另外一个问题就是，它记录了《大安般守意经》有 45 纸（《大安般守意经》
一部二卷，或一卷，四十五纸；《大正藏》第 2153 号，第 55 册，第 409 页上栏第 8 行）；
这个记录在《大正藏》校勘记之中记宋、元、明三本之中都没有，这肯定是一个错误
的说法。

　　②　亦见落合俊典，《『大安般经』与『小安般经』》，第 35 页与注 20，页 36。

　　③　就此而言，有意思的是，金刚寺本写经的甲本也有一个错误的标题，题为"佛
说大安般经，卷上"，添加这个标题的人注意到了这部安世高作品集的开篇也存有类似
的康僧会的序，就错误地把它当成了《大安般守意经》的上卷了（见梶浦晋，《金刚寺
一切经と新出安世高訳仏典》，第 36 页；Deleanu, "The Newly Found Text of the *An Ban
Shou Yi Jing* Translated by An Shigao," p. 65）。提到 20 张纸版本《安般经》的这三部经
录的编纂者，可能也是同样情况，他们正如我所认为的，可能并不能直接查阅我们所讨
论的此经，而将整个作品集当成是只有一部佛经了。

之中都可以获得证明。这部早期的《安般守意经》，在某一时间，具体时间我们并不清楚，在中国大藏经的传播主流之中失传了，而最近在金刚寺之中得以重新发现，这就是目前的金刚寺本《安般守意经》。稍后一个阶段的公元 4 世纪，我们发现有人提到第二种，篇幅更长的经典，其名称被不少信息称为《大安般守意经》。在某一时间，可能始自僧祐的《出三藏记集》（正如我在第二部分之中所指出的，道安对此经的看法仍存有疑问），这部经典被归到了安世高的译经之中。这个过程也使得原始本的《安般守意经》的经题发生了改变，现在其经题在与第二部《安般经》作比较之后相对较短，就（至少在若干信息之中）被称为了《小安般［守意］经》。我们已经看到了，非常不幸，它更进一步造成了隋唐两代经录之中记录的混乱局面。造化弄人，最终只有第二部《安般经》，这部可能更晚的经典被保存在了大藏经之中，并归到了安世高的名下，这就是目前的《大安般守意经》。

对经录以及其他外在证据的研究就只能到此为止了。现在，如果想要理解《大安般守意经》的性质、其与金刚寺本《安般守意经》的关系，以及其系年与作者，我们就要来研究经本本身了。

二、《大安般守意经》与金刚本
《安般守意经》的关系

在发现金刚寺本写经之后，最关键的问题可能就是金刚寺本《安般守意经》与《大安般守意经》之间的关系了。事实上，在对两部佛经进行详细比较之后，马上就发现不可能通过《大安般守意经》来解读金刚寺本《安般守意经》（此经一直是一部非常难懂的经典）。

我应该说的就是，这有一点出人意料之外。因为金刚寺本《安般守意经》似乎确实是安世高的译经，假如正如守其之后一般人所公认的，《大安般守意经》是一部掺杂有行间注的安世高的译经，也就是说其中存有一部独立翻译的经典，那么《大安般守意经》就有可能很容易地将原经与混入的行间注分别开来。但事实却非如此，这就很能说明问题。确实，这就是了解《大安般守意经》自身性质的最佳线索。

在一个关于早期注疏之中引用的《安般守意经》情况的短注之中，我顺便提到了《大安般守意经》中特定的一段，看起来非常像是对金刚寺本《安般守意经》中某一段的一个注释，而这一段在《大安般守意经》之中则并不完整。[①]这个事实，其明显的含义就是，《大安般守意经》就总体而言，（可以说就）是一部对重新发现的这部安世高译经的"外展的"（exocentric）注疏，即其所注释的经本并不存在于《大安般守意经》自身之中。不过，在那时候，我还有其他问题急需处理，就没有时间继续追踪研究这个线索。

后来，在我研究汉语佛教注疏文献的起源之时，我一次又一次地碰到了《大安般守意经》与少数现存汉代、三国时期注疏之间明显的平行对应。我很快明白了，这部奇特而又晦涩难懂的经典是早期汉语佛教注疏文献这个拼图难题之中关键的一片，这就使得我得以重新考虑这部《大安般守意经》所引起的问题。在下面的章节之中，我会提交我对这部经典分析的结果，特别是将之与金刚寺本《安般守意经》作了一番对比。

---

① Zacchetti, "Brief Communication," p. 158 n. 6.

　　首先，在金刚寺本《安般守意经》与《大安般守意经》之间并没有单一、前后统一的对应关系。虽然二者间的总体结构——更准确地说，就是介绍与讨论的主题的顺序——大体一致（这就其自身而言，是非常重要的一个事实），在具体事物之上，则要复杂得多。

　　我首先要讨论的一段，正是我有机会研究这两部经典时最初吸引我注意的那一段，而这一段也确实是二者之间关系最显而易见之处。这是对"还"（＊vivarta）的讨论，这是安般念修行六个阶段之中的第五个阶段。①考虑到在金刚寺本《安般守意经》与《大安般守意经》这二者之中这一段的晦涩难懂，在分析这两部经典之前，先简要讨论一下这个主题的教义方面可能就不无益处。

　　在《大安般守意经》之中，就在我们下面将要讨论的这一段前面，对"还"作了如下定义：

　　（一）第五［方面］，"还"与弃诸结，意思是除掉身体的七种恶；第六方面，净化与弃诸结，是包括除掉心意的三种恶：这就被称为"还"。"还"的意思是心意不再生起恶；＜生起＞恶就不是"还"。②

------

　　① 关于这六个方面，见 Deleanu，"Mindfulness of Breathing in the *Dhyāna Sūtras*," pp. 52–57；Bhikkhu K. L. Dhammajoti, 2009, "The Doctrine of the Six-stage Mindfulness of Breathing," in *Buddhist and Pali Studies in Honour of the Venerable Professor Kakkapalliye Anuruddha*, edited by K. L. Dhammajoti et al., p. 642（Hong Kong：Centre of Buddhist Studies, University of Hong Kong）；Bhikkhu Dhammadipa, 2009, "Two Divisions of *Ānāpānasati/smṛti* in their Chronological Development," in *Buddhist and Pali Studies in Honour of the Venerable Professor Kakkapalliye Anuruddha*, edited by K. L. Dhammajoti et al, pp. 571–572（Hong Kong：Centre of Buddhist Studies, University of Hong Kong）。

　　② 第五还弃结者，谓弃身七恶；第六净弃结者，为弃意三恶，是名为还。还者，为意不复起恶。＜起＞恶者为为不还也。（《大正藏》第602号，第15册，第167页上栏第19—21行）。我在"恶"前加了＜起＞，这也是基于后一段重复"还者，为意不复起恶……"，这见于几行之后（《大正藏》第602号，第15册，第167页上栏第23—24行），在此处我们确实看到原文作"起恶者是为不还"。这段之中的这两处，其中之一肯定存在抄手的错误。

　　我的印象就是"还"（梵：vivarta；巴：vivaṭṭanā）在阿毗达磨与关乎安般念修行的注疏文献之中没有得到充分得讨论。在《清净道论》（Visuddhimagga）之中，对于安般念有着很长很具体的讨论（第 viii 品，第 145—244 段），"还"（vivaṭṭanā）被列入了八个阶段[①]之中，并被解释为即是"道"（maggo）。[②]

　　对于我们这两部经典之中这个阶段的理解，说一切有部阿毗达磨文献可能更有帮助。在《阿毗达磨大毗婆沙》与《阿毗达磨俱舍论》之中，都将"还"解释成为包括在修行出入息观时其所观照对象的转变。[③]

　　这是否就是金刚寺本《安般守意经》中（当然也存于《大安般守意经》之中）所发现的，对这个主题非常晦涩难懂的讨论的真实意思，当然还有商讨余地。不过幸运的是，出人意料之外，还有另外一

①　即金刚寺本《安般守意经》之中的六个阶段，再加上"触"（phusanā，第三）与"反观"（paṭipassanā，第八也就是最后一个阶段）。

②　《清净道论》，第 230 页，第 viii 品，第 189 段（亦见 237 页，第 222 段）。《清净道论》中关于安般念同一章节的另外一处，说"还"是"无有杂染的解脱道智"（Bhikkhu Ñāṇamoli［tr.］，1991 The Path of Purification［Visuddhimagga］，p. 279［Kandy：Buddhist Publication Society］），即被定义为是"道"（巴利语见 237 页，第 224 段：... upakkilesavimuttaṃ paṭipadāñāṇaṃ maggo ti vavatthapetvā ...）。这里提到的"杂染"是"十种内观的杂染"（髻智比丘将之译为 ten imperfections of insight，对此见《清净道论》，第 XX 品，第 105 节以后），"它是在内观生灭的最初阶段之中得以生起"（出处同前）。觉音就是以此种方式，在"生灭随观"（udayabbayānupassanā）这样的高级阶段与"还"之间构成了联系。这只是初步联想，而在金刚寺本《安般守意经》与《大安般守意经》这二者之中，都可以发现它进一步地与对"还"的处理——其核心是无常观与生灭随观——联系在了一起。

③　《阿毗达磨大毗婆沙论》认为"还"包括从出入息观，转到生起四念处（《大正藏》第 1545 号，第 27 册，第 135 页上栏第 23—25 行：转者，转此入出息观，起身念住，辗转乃至起法念住）。"还"所起到的某些功能的定义，还列于第 135 页中栏第 4—7 行（亦见 Dhammajoti，"The Doctrine of the Six-stage Mindfulness of Breathing"。依照《俱舍论》（卷 12，第 707 上栏第 14—15 行），"还"牵涉到客体的转换与净化，从风一直到增上根（-uttarottare ṣu ku ṣalamūleṣu）。关于"还"亦见 Deleanu，"Mindfulness of Breathing in the Dhyāna Sūtras，" p. 53。

部经典可以为我们解读它们提供一些帮助，事实上它是对安世高翻译的某种意义上的注疏。这就是《坐禅三昧经》（《大正藏》第 614 号），在大藏经之中它被当作鸠摩罗什的翻译。在此经之中，vivarta（"转观"）被如下解释：

（二）舍弃了住于［身体的］风门，[1]一个人就离开了［此前的］粗陋的观想之法。[2]［接着］在此完成之后，一个人就意识到了出息是无常的：这就被称为是"转观"（* vivarta）。一个人观想于五阴（skandha）是无常的，并且意识到出息、入息生灭的无常。他就意识到最初的呼吸是无所从来，接下来观察后续的呼吸也［消失得］无所踪影（?），［只是］通过因缘合和方才存在，［一旦］因缘散尽就会不再存在。［所有］这些就被定义为"转观法"。[3]

就实际而言，这看起来就是金刚寺本《安般守意经》"还"部分的一个合理的总结。《坐禅三昧经》的这一部分与金刚寺本《安般守意经》及《大安般守意经》之对应章节之间在若干例证之中的相似性是如此明显，这清楚地表明了前者的作者参考了后者。[4]

这一假说，也完全被船山彻最近对《坐禅三昧经》的研究结果

---

① "舍风门住"。"风门"这个表达，在大藏经之中非常少见，在这个上下文背景之中，大概是指鼻孔。亦参前一段："止法者，数随心极住意风门，念入出息。"（《大正藏》第 614 号，第 15 册，第 275 页上栏第 27—28 行）

② "观法"在前一段中（《大正藏》第 614 号，第 15 册，第 275 页中栏第 5—7 行）有定义，它是《坐禅三昧经》之中对 * upalakṣaṇā 的翻译。

③ 舍风门住，离麤观法。离麤观法，知息无常，此名转观。观五阴无常，亦念入息、出息生灭无常。见初头息无所从来，次观后息亦无迹处，因缘合故有，因缘散故无，是名转观法。（《坐禅三昧经》，《大正藏》第 614 号，第 15 册，第 275 页中栏第 7—11 行）

④ 比如，考虑到此段开始是"见初头息无所从来"，并参下面呈现出来的概要版中的第 6 与第 8 项。

所证实。①鸠摩罗什译经团队所产出的这部以及其他类似的经典，事实上并不是翻译，至少其中有部分是以以前材料为基础编纂而成的。②这样，《坐禅三昧经》的编纂者，除了其他经典之外，也利用了安世高的《安般守意经》就非常合情合理了，因为我们已经看到了，安世高此经在此前时期内是相当流行的。考虑到上面二经之间的平行对应关系，特别是考虑到僧叡与《坐禅三昧经》之间的特殊关系，③那么甚至连僧叡提到过大、小《安般经》也变得更加意味深长了。毫无疑问，我们期待着能有人对《坐禅三昧经》中的安般念部分与早期安般念经典作一个系统的比较研究。④

下面我作了金刚寺本《安般守意经》与《大安般守意经》中"还"的概述。金刚寺本《安般守意经》被《大安般守意经》引用（有异文）并作解释者，我作出编号，并用黑体加底线。我的标点只是暂时标出，尤其是对金刚寺本《安般守意经》；只有在需要之时，才会提到异文。

---

① Tōru Funayama, 2006, "Masquerading as Translations: Examples of Chinese Lectures by Indian Scholar-monks in the Six Dynasties Period," *Asia Major*, Third Series, vol. XIX, parts 1 - 2: 47 - 48.

② 同前，本书 256 页注释①，第 47 页。

③ 同前，第 46 页。

④ 当我正要结束此文的写作之时，我碰巧看到了释果晖关于金刚寺本《安般守意经》形成的一篇有意思的文章（释果晖，《『佛說大安般守意經』における「本文」と「注」の解明》）。虽然我并不完全同意他的结论（见本书 256 页注释④），但他也注意到了金刚寺本《安般守意经》与《坐禅三昧经》之间有平行对应关系，并对此二经有了一个详细的比较分析（同前引，第 127—129 页）。

(三)"还"的部分

金刚寺本《安般守意经》(甲本,行 109—120)	《大安般守意经》(《大正藏》第 602 号,第 167 页上栏第 19 行—中栏第 26 行)
还为何等? (1) 还五阴知见灭尽处。 入息出息色盛阴; 入息出息更痛痛盛阴; 入息出息念思想思想盛阴; 入息出息作行生死生死盛阴; 入息出息知识识盛阴。 如是 (2) 受阴想已, 如是受阴想, 从生死便 (3) 灭, 受 (4) 今有非前有, 前有非今有。 (5) 分别观生死, (6) 见上头无息所从来, 作因有, 不作尽无有。 (7) 分别生死 (8) 后观无有迹处, 作因有, 已有便尽, 不愿向定成, 度世已下①正道出世间地 (9) 未得道迹会不得中命尽要得道迹是天下地能得烧能得坏能得无有。得上说行者, 不得中命尽恶堕道是名为还。	(1a) 还五阴者, 譬如买金得石, 便弃捐地不用; 人皆贪爱五阴, 得苦痛, 便不欲, 是为还五阴也。 何等为便 (1b) 见灭尽处? 谓无所有, 是为灭处。问: 已无所有, 何以故为处者? 无所有处有四处: 一者飞鸟以空中为处; 二者罗汉以泥洹为处; 三者道以无有为处; 四者法在观处也。出息入息 (2) 受五阴相者, 谓意邪念, 疾转还正以生觉断, 为受五阴相。言受者, 谓受不受相也。以受五阴相, 知起何所灭何所 (3) 灭者, 为受十二因缘。人从十二因缘生, 亦从十二因缘死。不念者, 为不念五阴也。知起何所灭何所, 谓善恶因缘起便覆灭; 亦谓身亦谓气生灭。念便生, 不念便死。意与身同等, 是为断生死道。在是生死间, 一切恶事皆从意来也。 (4) 今不为前, 前不为今者, 谓前所念已灭, 今念非前念。亦谓前世所作、今世所作各自得福。亦谓今所行善非前所行恶。亦谓今息非前息, 前息非今息也。 (5) 为生死分别者, 为意念生即生, 念灭即灭, 故言生死。当分别万物及身过去未来福为索尽。何以故尽? 以生便灭, 灭便尽。已知尽, 当尽力求也。 (6) 视上头无所从来者, 谓人无所从来, 意起为人。亦谓人不自作来者, 为有所从来; 人自作自得, 是为无所从来也。 (7) 生死当分别者, 谓知分别五阴。亦谓知分别意生死, 人意为常, 知无有常, 亦为分别也。 (8) 后视无处所者, 为今现在 ＊视②罪人在生死, 会当得无有, 脱于罪故, 言后视无有处所。 (9) 未得道迹, 不得中命尽, 谓已得十五意不得中死。要当得十五意, 便堕道, 亦转上至阿罗汉也。

---

① 下: 金刚寺乙本＝不。
② 《大安般守意经》作"不见", 这似乎于理不通。我以前条暂时将此改为"视"。

下面是对《大安般守意经》的临时翻译：

至于（1a）"还①五阴"，［想要分析它们］，这［就可能］比作
［有一个人想要去］买金子，［却］得到了石头，就［将它们］扔在
地下，不使用它们。所有的人，都贪爱五阴，［却］招致痛苦：接着
他们就不［应该再］贪爱［它们］；这就是"还五阴"。

什么是（1b）"一个人就见到了［其］灭尽之处"？这就表示，
［当］无所有之时，这就是灭处。问：假如已经无所有了，那又怎么
能构成处呢？［回答：］在无所有处，有四处：第一种是一只飞鸟以空
中来作为它的处；第二种是阿罗汉以涅槃（nirvāṇa）来作为他的
处；②第三是道（=＊bodhi？）以无所有（？）来作为它的处；第四种
是诸（？）存于分别之处。

至于（2）"在出息与入息之时"③"感受到五阴（skandha）的诸
相"④，这就意味着，当有不正当的思想时，一个人［应该］很快回
到正确的道路来，以便能产生觉悟［与负面因素的］断灭⑤；这就是
"感知到五阴的诸相"。当［《安般守意经》］说到"受"，这意味着

---

①　我的翻译只是暂时的：在此并不能排除"还"字被释为"从……离开"的可
能，而这是《大安般守意经》的注疏中所作的解释。

②　V. Trenckner（ed.），*Milindapañho*，pp. 320－321（London：the Pali Text Society，
1880）：Yathā … ākāso … vihagagamano nirāvarano ananto, evam eva kho … nibbānaṃ … ariya-
agamanaṃ nirāvaraṇaṃ anantaṃ.

③　关于《大安般守意经》中这一段（出息入息）以及其在金刚寺本《安般守意
经》的对应段落，见下面的讨论。

④　此处的"相"字，在金刚寺本《安般守意经》中作"想"；众所周知，这些字
是经常混用的；在此例之中，可能"相"字才是正确的写法。

⑤　这是对"以生觉、断"的暂时翻译。另外，还可以将"觉断"当成一个双音节
词。在浮陀跋摩（Buddhavarman）所翻译的《阿毗昙毗婆沙论》（＊*Abhidharmamahāvibhā-
ṣā*，《大正藏》第1546号）之中，也在一个类似（关于呼吸与安般念）的上下文背景之
中出现过此词；比如："觉断入出息者，观察断过去烦恼也。"（《大正藏》第1546号，
第28册，第107页上栏第9—10行）。在玄奘所翻译的《大毗婆沙》之中对应的术语是
"随观断"（《大正藏》第1545号，第28册，第136页中栏第30行及以后）。

感受到［与］没有感受到［五阴的］诸相［这二者］。①因为一个人感受到了五阴的诸相，他就知道产生了什么与息灭了什么。②（3）"灭"［在《安般守意经》之中］是指受十二因缘（pratītyasamutpāda）。人类以十二因缘而生，也［同样］以十二因缘而死。

"不念" 就是指不念五阴。［上面一段提到的］"知道产生了什么与息灭了什么"，是指善与恶的因缘生起并且接着又再次息灭；它也意味着身体与气的出生与息灭。一个人念［及某种东西？］就会生，当一个人不再念［及此］，它就会死；心意与身体是一样的，这就是断除生与死之道。在这个生与死［的过程之中］，所有的恶事都从心意而来。

至于（4）"现在不是过去，过去不是现在"，它的意思是，以前所想的已经息止了，所以现在所想就是不是过去所想。也意味着，以前所作的，现在所作的，各自得到它们自己［不同］的报应。也意味着现在所行的善，并非是过去所行的恶。也意味着现在的呼吸不是以前的呼吸，以前的呼吸不是现在的呼吸。

至于（5）"对生与死作一个观察检视分别"，③它意味着，假如意念想到了生，那么［某种状态］就生［成］，假如意念想到死，那么

---

① 我对于这一段（谓受不受相也）的诠释也只是暂时的。因为此段主要是关于五阴的无常，这可能就意味着是指人们感受到五阴而又并不系缚于五阴；参宇井伯寿，《訳经史研究》，第214页；杜继文译，《安般守意经》，第70页（此处所言 "受"，就是受 "不受相"）。

② 参下面一段，亦是来自《大安般守意经》："知出何所灭何所者，譬如念石出石；入木，石便灭。五阴亦尔：出色入痛痒，出痛痒入思想，出思想入生死，出生死入识。"（《大正藏》第602号，第168页中栏第20—23行）

③ 参宇井伯寿，《訳经史研究》，第215页。注意在金刚寺本《安般守意经》之中，这一段的平行本的写法稍有不同："分别观生死"，从句法的角度来看要更为清楚一点。

[某种状态] 就死，因此 [在此《安般守意经》] 就说到了"生死"。[修行人] 应当检视分别①，过去与未来万物及自身的果报是如何走到了一个完全②的尽头。为什么走到了尽头？因为一旦生起，它们就会灭息，它们灭息了，[便] 走到了尽头。理解了此 [一原则，也就是它们都将] 走到尽头，人们就应该全力地追求于它。

（6）至于"视上头③无所从来"④，这就是指人们无所从来，是心意生起构成了人。这也是说假如一个人并非是通过他自身的行为而成为 [众生]，那么他就是来自某处；事实上就是，人们通过自己的行为而有所得，这就是"无所从来"。

（7）"应当检视分别生与死"的意思是知道如何来检视分别五阴。也就是指知道如何检视分别心意生与死 [的过程]。人们把它当成是恒常；⑤假如一个人理解了，它 [事实上] 是无常的，[这] 也是

---

① "分别"；参"如有分别"（《阴持入经》，《大正藏》第 603 号，第 15 册，第 176 页上栏第 15 行），这一句在《藏释》中的对应本为：yathābhūtaṃ vicayo（巴利圣典学会版，第 122 页，第 20—21 行）。

② 关于这个"索"字的用法，见胡敕瑞，2002，《〈论衡〉与东汉佛典词语比较研究》，成都：巴蜀书社，第 177—178 页。

③ 金刚寺本《安般守意经》作"见上头无息所从来"（正确的可能应该是"* 见上头息无所从来"），并且这个写法似乎可以得到《坐禅三昧经》印证（见上面的第 2 段，以及注 82—83："见初头息无所从来"）。不过，在《大安般守意经》对于此段的注疏之中，似乎很清楚原文之中并没有"息"字。

④ 关于"无所从来"这么一个晦涩难懂的表达，有意思的是，要注意安世高所翻译的《长阿含十报法经》（Daśottarasūtra）之中，pūrvanivāsānusmṛti 就被翻译成了"知本从来"（《大正藏》第 13 册，第 236 页中栏第 5 行）。假如我们考虑到在《大安般守意经》之中，似乎从同一部《长阿含十报法经》之中引用了整个六通（ābhijñā）时（参下面注 155），这个平行对应就可能更加明显了。其中对 pūrvanivāsānusmṛti 的翻译只是稍作了变形，作"知本所从来"（《大正藏》第 602 号，第 15 册，第 173 页上栏第 22 行）。

⑤ 不同于宇井伯寿（《訳经史研究》，第 215 页）与杜继文（杜继文译，《安般守意经》，第 73 页），在此我暂时将"意为"放在一起加以理解，其意思就是"认为等等"（＝意谓）；在《七处三观经》，《大正藏》第 150A 号，第 2 册，第 876 页下栏第 25 行之中，可能有一处此段的平行本："非常，人意为常。"

检视分别。①

（8）"此后一个人检视并无处所"，这是说［虽然］现在 ＊检视，有罪之人在生与死［的轮回］之中，因为他们最终终将②获得无有，并且从［他们的］罪恶之中得到解脱，③［《安般守意经》］就认为"此后一个人检视并无处所"。

（9）"当一个人没有得到道迹④［的地位］，一个人就不能在其生命的中途殒命"，这意味着假如一个人已经得到了十五意⑤，他就不会［以这种身份而］死去；他就应该［"要当"］⑥ 得到十五意，

---

① 这一段很难懂，我的翻译参考了宇井伯寿，《訳经史研究》，第 215 页；以及杜继文译，《安般守意经》，第 73—74 页。

② 宇井伯寿（《訳经史研究》，第 215 页）与杜继文（《安般守意经》，第 75 页）二人在此都遵照了《大正藏》之中的标点，将"会"字与"当"字分开。不过，在古汉语之中，"会当"（"当然，终将等等"）是一个常用的双音节词（比如见董志翘、蔡镜浩，1994，《中古虚词语法例释》，长春：吉林教育出版社，第 253—254 页；大田辰夫，1988，《中国语史通考》，东京：白帝社，第 73 页。Stefano Zacchetti, 2005, *In Praise of the Light: A Critical Synoptic Edition with an Annotated Translation of Chapters 1-3 of Dharmarakṣa's Guang zan jing* 光赞经, *Being the Earliest Chinese Translation of the Larger Prajñāpāramitā*, p. 271 n. 238 (Bibliotheca Philologica et Philosophica Buddhica VIII; Tokyo: The International Research Institute for Advanced Buddhology - Soka University)。我将"会当得无有"当成是一个独立的短语，这也可以参考金刚寺本《安般守意经》中的"能得无有"。

③ 假如我的诠释是正确的（此远非肯定），则这一段从一个教义的角度来看就可能有问题（也很让人吃惊）。

④ "道迹/道迹"是对 srotaāpanna（须陀洹）的一个早期翻译，对此，见 Zacchetti, "An Early Chinese Translation corresponding to Chapter 6 of the *Peṭakopadesa*," p. 86n. 64。

⑤ 正如杜继文（《安般守意经》，第 76 页，注 11；亦参宇井伯寿，《訳经史研究》，第 241 页），十五意肯定是指"见道"（darśamārga）的"十五刹那"（pañcadaśakṣaṇāh）（见比如《阿毗达磨俱舍论》，卷 28，第 730 页上栏第 5 行）。

⑥ 关于"要当"见董志翘、蔡镜浩，《中古虚词语法例释》，第 575 页以后。

接着"便堕道"①，并转上达到阿罗汉［的地位］②。

在此我并不想处理我对上面这些章节的翻译有多少可解的问题，特别是从一个教义的角度，我也不会讨论是否在此例之中，此一《安般守意经》是否为金刚寺本《安般守意经》提供了一个很好的诠释。③不过有一件事却似乎是清楚的：上面右手栏中所编辑的《大安般守意经》就是左手栏所引用的金刚寺本《安般守意经》的注释。整个段落之中诸主题先后次序的一致性，特别是在《大安般守意经》存在的详细解释（经常后面加着虚词"者"），就使我们没有理由再多作怀疑。④

并且这无疑也是一类非常特殊的诠释：它并非逐个解释原始文本

---

① "便堕道"这个表达，可能是指获得道迹（srotaāpanna）。在《阴持入经》之中就有这种同样表示获得须陀洹果的用法。见比如《大正藏》第 603 号，第 15 册，第 178 页上栏第 19 行："道弟子便堕道迹"，这段对应于巴利语《藏释》之中的：ariyasāvako hoti sotāpanno（巴利圣典学会版，第 130 页，第 26—27 行；参 Stefano Zacchetti, 2007, "Inventing a New Idiom: Some Aspects of the Language of the *Yin Chi Ru Jing* 阴持入经 T 603 Translated by An Shigao," *Annual Report of The International Research Institute for Advanced Buddhology at Soka University for the Academic Year* 2006 n. 10: 403, § 3.2.1.a）；亦见《大正藏》第 603 号，第 15 册，第 179 页上栏第 24 行 = *Peṭakopadesa*，第 133 页，第 14 行。以这些平行本来对读，我们就会发现《大安般守意经》中的"便堕道，亦转上至阿罗汉也"可能应该是"便堕道*迹，转上至阿罗汉也"，即"亦"当为"迹"字之讹写。

② 在《大安般守意经》之中此后有一段，明显同样是对"不得中命尽"的解释，但我却很难将之翻译出来（参宇井伯寿，《訳经史研究》，第 215 页；以及杜继文译，《安般守意经》，第 73 页）："中得道［宋、元、明版+迹］亦不得中命尽，为息、意、身凡三事，谓善恶意要当得道迹亦复中坏。息死复生，善意起覆灭，身亦不得中死也。"（《大正藏》第 602 号，第 15 册，第 167 页中栏第 26—29 行）

③ 注意，上面一段中我的翻译是以（我所理解的）《大安般守意经》之中的解释为基础的，但我还不能确定这是对金刚寺本《安般守意经》的正确解释。

④ 在金刚寺本《安般守意经》与《大安般守意经》之间存在着一些平行对应关系，而在"还"（vivarta）这一节之中就出现过四次，傅洛林（Deleanu, "The Newly Found Text of the *An Ban Shou Yi Jing* Translated by An Shigao," pp. 81–82；亦见 n. 35, p. 82）对此就指出过，认为这些是"平行的段落与类似的句子"。傅洛林总结道："这些类似的章节非常少。"不过，我将会证明，在两部佛经的其他部分之中，这些平行对应并非孤立并偶然的，而是一个更为一般并统一的模式中的一部分，虽然可能在其他部分之中，这些平行对应可能有点更为隐秘而已。

之中的短语与术语。换而言之：它与原始文本关系并没有那么紧密，而是包含着若干随性的偏离，特别是在"还"这一段的开始［上引的段落（1）］，从"第五还弃结者"起一直到"是为助意也"止。①

　　假如我们将上面呈现出来的那些《大安般守意经》从金刚寺本《安般守意经》中的引文再仔细地看一看，我们就会注意到虽然其中有若干确实是直接引用，但其他不少则与金刚寺本《安般守意经》中的对应内容或多或少在细节上有分歧（一般有一或两个词不同），诸如第 4（今不为前，前不为今者）与第 5（为生死分别者），分别对应于金刚寺本《安般守意经》中的"今有非前有，前有非今有"与"分别观生死"，这些看起来都不是严格的直接引用。当然，这些差异有可能是这两部经典在漫长而又独立的文献传播史之中产生出来，但是有时我们从引用的大致情况也可以发现这是一种有意识的编辑技巧在起作用。

　　在此方面，《大安般守意经》中的第 2 条注释（出息入息受五阴相）就特别有意思：这个"受……阴相"是直接引自金刚寺本《安般守意经》中的"受阴想"（"相"与"想"字稍有改变，但这很常见），而其他（出息入息）则是在总结紧前面关乎入息出息的五阴的解释（入息出息色盛阴；入息出息更痛痛盛阴……）。

　　但是，关于"还"的那一长段却呈现出另外一个显著的特点。比如，让我们来看一看我划了着重号的《大安般守意经》中的两段。在诠释 2（受者）之中第一次出现了这样一段话"知起何所灭何所"。但是很快这一段又出现了，即"知起何所灭何所，谓善恶因缘起便

_____

　　① 顺便提一下，这一段显然与归到安世高名下的《阿含口解十二门经》（《大正藏》第 1508 号）有平行对应关系（见 Zacchetti, "Teaching Buddhism in Han China," pp. 215–216）。

覆灭……",这肯定是对这个诠释的再次疏解。这并不是《大安般守意经》之中唯一的一处对诠释的再解释（比如，见下面的例5）。

我在字下面划了线（不念者……）的这一段，又代表了另外一种注释的类型，这种类型在《大安般守意经》之中也并非罕见：它看起来完全像是一个对于某一观点的注释，但在这个上下文背景之中，却无论是在《大安般守意经》，还是在金刚寺本《安般守意经》之中都找不到其要解释的原文。这一段，以及其他类似的段落就始终还是《大安般守意经》中的谜团。

这种相当清楚的文本／注释模式，可以从这两部佛经之中的有一部分之中看出来，这一部分的内容就是，依照《俱舍论》，如何完善念安般的六个关键方面或者说是六个阶段。①我们也可以从这个联系之中发现，这六个方面在安世高的安般念思想之中扮演着一个关键性的角色。②

在此，我还将另外列出两段（上面所引用的"还"的部分的前、后各一段），这两段都在不同程度上显示了上面我所指出的平行对应关系。为省文故，此处我略去了与我们讨论不直接相关之处。

---

① Swami Dwarikadas Shastri（ed.），1998 *Abhidharmakośa & Bhāṣya of Ācārya Vasubandhu with Sphuṭārthā Commentary of Ācārya Yaśomitra*, p. 706（2 vols, Varanasi: Bauddha Bharati）: ṣaṭ kāraṇayuktā cai ṣā paripūrṇā bhavati.

② 见 Zacchetti, "The Rediscovery of Three Early Buddhist Scriptures on Meditation," pp. 287–288; Zacchetti, "Teaching Buddhism in Han China," pp. 215–217。

（四）止（＊sthāpanā）的部分

金刚寺本《安般守意经》（甲本，行 78—80）	《大安般守意经》（第 166 页下栏第 22 行—167 页上栏第 2 行）
止为何等？（1）<u>入息至竟遍止鼻头莫随</u>（2）<u>出息至竟着鼻头莫随</u>是为止。何用是止？但欲从是止念。	（1）<u>入息至尽鼻头止</u>，谓恶不复入，至鼻头止。（2）<u>出息至尽着鼻头</u>，谓意不复离身行向恶故着鼻头，亦谓息初入时，便一念向不复转。息出入亦不复觉，是为止也。 止者，如出息入息觉知前意出，不觉后意出。觉前意为意相观，便察出入息见败，便受相畏生死便却意，便随道意相也。 （1—2）<u>莫为相随者</u> ①，但念着鼻头，五阴因缘不复念，罪断意灭，亦不喘息，是为止也。莫为相随者，谓莫复意念出入，随五阴因缘，不复喘息也。

---

① 金刚寺本《安般守意经》中的"莫随"对应于《大安般守意经》之中的注释"莫为相随"，不过"相随"这个表达在金刚寺本《安般守意经》之中的别处也有发现（见甲本，第 104 行）。

（五）观（＊upalakṣaṇā）的部分

金刚寺本《安般守意经》（甲本，行82—88）	《大安般守意经》（第167页上栏第3—18行）
观为何等？入息出息分别（1）俱相观受意念法想。 入息出息为色阴； 入息出息更痛为受痛阴； 入息出息觉为成思想阴； 入息出息觉为受行阴； 入息出息觉从念是为识盛阴。 如是受阴想已，如是受阴想分别俱想观，新新生 灭，相离（2）无有故（3）观入息异出息异，入息因痛异，出息因痛异，等等。	第四观者，观息败时与观身体异息。见因缘生，无因缘灭也。心意受相者①，谓意欲有所得，心计因缘会当覆灭，便断所欲不复向，是为心意受相也。以识因缘为（1）俱相观者，谓识知五阴因缘。 出息亦观，入息亦观。观者，谓观五阴，是为俱观。亦应意意相观，为两因缘，在内断恶念道也。 （3）观出息异入息异者，谓出息为生死阴，入息为思想阴。有时出息为痛痒阴，入息为识阴，随因缘起便受阴。意所向无有常，用是故为异。道人当分别知是。亦谓出息灭，入息生；入息灭，出息生也。 （2）无有故者，谓人意及万物，意起已灭，物生复死，是为无有故也。非出息是入息，非入息是出息；非，谓出息时意不念入息，入息时意不念出息。所念异故言非也。中信者②，谓入道中见道因缘通道，是为中信也。

　　不过，在《大安般守意经》的其他部分之中，与金刚寺本《安般守意经》的关系就完全不同了。

　　让我们来看看这两部佛经的开始部分。在此，《大安般守意经》基本上独立于金刚寺本《安般守意经》之外：后者只不过是列出了安般念修行的若干关键性术语，并对其中每一个作了简单的定义，而

---

　　①　《大安般守意经》本之中的"心意受相"可能对应于金刚寺本《安般守意经》中的"受意念法想"（有相/想这对异文）（亦见释果晖〔洪鸿荣〕，2008，《『佛说大安般守意经』における「本文」と「注」の解明》，《法鼓学报》第3期，第6页）。
　　②　此处所注释的"中信"，据我所知，在金刚寺本《安般守意经》之中并无对应（参Deleanu, "The Newly Found Text of the *An Ban Shou Yi Jing* Translated by An Shigao," p. 89 与 n. 61）。

前者则对同样的主题作了大量的注释。金刚寺本《安般守意经》的开始是对"安般守意"这个词的一个简短讨论,①与此相应,在《大安般守意经》之中则是一段很长且详细的诠释,②这些诠释介绍了若干术语的组合,这是安世高传统之中的常见现象。③接着金刚寺本《安般守意经》介绍了安般念的"六事",并简单地定义了其基本功能;④ 与此相对,我们发现在《大安般守意经》之中也有对这一种"六事"的一长段解释;⑤ 接着这"六事"中的第一种"数"(* gaṇanā),被单独从这六事之中拎了出来,用了很大的篇幅来对"数"作了特别详细的讨论,这一段就与金刚寺本《安般守意经》完全无关,并且增加了很多在后者之中没有的材料。⑥《大安般守意经》这一部分之后是讨论与安般念相关的所谓"十六胜" (十六种殊胜的 [修行]),⑦这也在金刚寺本《安般守意经》中找不到对应。在此之后我们可以发现一长段对前面几部分以及总体而言对"数"的评述(有时

① 何等为安? 何等为般? 何等为安般守意? 入息为安; 出息为般; 随是法意是名为安般守意。(金刚寺本《安般守意经》甲本, 第62—63行)

② 《大正藏》第602号, 第15册, 第163页中栏第20行—第164页上栏第24行; 在此我只引用这一段的开头:"安为身, 般为息, 守意为道。守者, 为禁亦谓不犯戒。禁者, 亦为护。护者, 遍护一切无所犯。意者, 息; 意亦为道也。" (第163页下栏第20—22行)

③ 见 Zacchetti, "Brief Communication," p. 82n. 47 与 Zacchetti, "Teaching Buddhism in Han China," pp. 219 – 221。《大安般守意经》之中的这一部分里除了其他之外, 还包括一组在金刚寺本《安般守意经》之中并没有提到的术语, 如"十黠" (见 Deleanu, "The Newly Found Text of the *An Ban Shou Yi Jing* Translated by An Shigao," p. 83 n. 43)。

④ 金刚寺本《安般守意经》甲本, 第64—71行。

⑤ 《大正藏》第602号, 第15册, 第164页上栏第24行—中栏第26行。

⑥ 《大正藏》第602号, 第15册, 第164页中栏第27行—165页上栏第3行。

⑦ 《大正藏》第602号, 第15册, 第165页上栏第4—19行。关于这个主题, 见 Deleanu, "The Newly Found Text of the *An Ban Shou Yi Jing* Translated by An Shigao," p. 92; Deleanu, "Mindfulness of Breathing in the *Dhyāna Sūtras*," pp. 49 – 52; Bhikkhu K. L. Dhammajoti, 2008, "The Sixteen-mode Mindfulness of Breathing," *Journal of the Centre for Buddhist Studies*, vol. 6: 251 – 288; Dhammadipa, "Two Divisions of *Ānāpānasati/smṛti* in their Chronological Development," pp. 568 – 570。

是以问答的形式）。①因此，我们就可以认为，《大安般守意经》的开始部分②就是对金刚寺本《安般守意经》中十行内容的一个长篇大论并且相当自由的注释。

那么我们从前面两部佛经的比较分析之中又能得出何种结论呢？首先，我们的主要观点就是，甚至在那些我们更为确定是对金刚寺本《安般守意经》所作的注释部分（如上面所引的第3—5段），《大安般守意经》也"不是一个行间注"，也就是说：它不是一个"在完整的原本中插入的"注释。确实，前面所检视的若干章节中一些特点，诸如那些在金刚寺本《安般守意经》中可以找到的对应章节，也被以某种形式来编辑了，这就似乎推翻了传统对于《大安般守意经》的认知。在《大安般守意经》中所引用的术语既不完整又不总是那么准确（在词汇与词序经常出现变化），而行间注则通常有"完整"的原文引用，并在原本之中"插入"其注释。③但是对"……者，谓……"这一形式的运用，表明这些"平行对应"事实上只不过是偶然——虽然并非罕见——从翻译的底本之中"插入"到注释文之中，而并非反过来，即将注释插入原本之中，而后者才是正常的行间注。在此方面，我们可以将《大安般守意经》与《阴持入经注》（《大正藏》第1694号）加以比较，在此我只是提一下一个特别能说明问题的例子，因为这部行间注可能就是撰成于《大安般守意经》的同一

---

① 《大正藏》第602号，第15册，第165页上栏第19行—166页中栏第16行。值得注意的是，这种问答的形式（问/报）共在《大安般守意经》中出现了35次（对这样一部经典而言其频率就相当高了），但却完全在此经的前几页中找不到，而在此后则逐渐增加，特别是在此经的第二卷之中。

② 《大正藏》第603号，第15册，第163页下栏第20行—166中栏第16行。

③ 见Hiroshi Kanno, 2003 "Chinese Buddhist Sutra Commentaries of the Early Period," *Annual Report of The International Research Institute for Advanced Buddhology at Soka University for the Academic Year* 2002：302 - 303。

时间并出自同一团队之手，虽然其撰写的条件完全不同。①

　　顺便提一下，这也就是为什么宇井伯寿对《大安般守意经》所谓的原始本的重构是在徒费心力：②这不仅仅是因为有时我们实在是无法分清正文与注释，③更为根本性的原因在于，他研究的基础是错误的，即认为在《大安般守意经》之中有需要分开来的"经"与注。④他如此认为，毫无疑问是被守其对《大安般守意经》的评论（"经注不分"）所误导了。换而言之，非常可能目前的这部《大安般守意经》并不是对原始本修订的结果：它只不过是一部在形态上非常奇怪，也可能是独一无二⑤的注释。虽然《大安般守意经》非同寻常，但它（至少在总体上）恰恰是对金刚寺本《安般守意经》的注释。

　　傅洛林曾经显示了金刚寺本《安般守意经》可以被分为五个主要部分：⑥

　　1. 对安般守意的定义。

　　2. 对六种修行的诠释（数等）。

　　3. 对三十七菩提分法（bodhipākṣikā dharmāḥ）的诠释。

　　4. 对若干与修行相关的教义范畴的诠释：止与观，以及了悟四圣谛等。

---

① 见 Zacchetti, "Defining An Shigao's 安世高 Translation Corpus"。

② 收于宇井伯寿，《訳経史研究》。

③ 当然，现在我们已经有了金刚寺本《安般守意经》，这就使我们很容易批评宇井伯寿对《大安般守意经》的研究，不过此一研究还是一个重要的研究成果。关于宇井伯寿对此《大安般守意经》本文与批注的分离，傅洛林曾有评述（Deleanu, "The Newly Found Text of the *An Ban Shou Yi Jing* Translated by An Shigao," p. 86 n. 55）。

④ 亦参释果晖，《『佛説大安般守意經』における「本文」と「注」の解明》。

⑤ 参菅野博史对早期汉语佛教注释的研究：Kanno, "Chinese Buddhist Sutra Commentaries of the Early Period," pp. 303 – 307。

⑥ Deleanu, "The Newly Found Text of the *An Ban Shou Yi Jing* Translated by An Shigao," pp. 70 – 71.

5. 四果（须陀洹、阿那含等）。

假如我们把细节（也包括在《大安般守意经》非常常见的东拉西扯与重复，这些正如我所说的，是有原因的）先放在一边，先来集中处理主要观点，我们就会看到金刚寺本《安般守意经》的前四个主题也如何同样可以在《大安般守意经》之中找到平行对应，[1]并且其次序也总体相同，虽然事实上其最后一部分相当让人困惑并且也有很多重复：[2]

1. 对安般守意的定义（《大安般守意经》，《大正藏》第602号，第163页下栏第20行—164页上栏第24行）。

2. 对六种修行的诠释（同前，第164页上栏第24行—167页下栏第1行）。

---

① 对《大安般守意经》，傅洛林有一个非常方便的概要介绍：Deleanu, "The Newly Found Text of the *An Ban Shou Yi Jing* Translated by An Shigao," pp. 71—75.

② 前面已经谈到了，这两部经的最后部分呈现了某种复杂的原文/注释关系，这些最后部分是关于止与观以及证悟四圣谛（金刚寺本《安般守意经》，行219—225 ≌《大安般守意经》，第168页下栏第17行—169页上栏第7行；参 Deleanu, "The Newly Found Text of the *An Ban Shou Yi Jing* Translated by An Shigao," p. 81 n. 34）。我在此引用这两部经本，并标明重要部分（标点为临时添加）：金刚寺本《安般守意经》何等为两法？二者止，二者观。止亦观双俱行。行，便行知受解<u>四谛：一识苦，二舍习，三尽自证，四行道满</u>。譬如日出作四事：<u>一坏冥，二为现明，三为见色万物，四成熟万物</u>；止观亦如是正双行，便知受解四谛：一识苦，二舍习，三尽自证，四谛行满也。《大安般守意经》道人行道未得观，当校计得观。在所观，意不复转，为得观止恶一法，为坐禅观二法。有时观身，有时观意，有时观喘息，有时观有，有时观无，在所因缘当分别观也。止恶一法，观二法，恶已尽。<u>止观者为观道</u>。恶未尽，不见道；恶已尽，乃得观［异文：见］道也。止恶一法为知恶。一切能制不着意为止，亦为得息相随止。得息相随止，是为止恶一法。恶已止，便得观故为观二法。为得四谛为行净。当复作净者，<u>识苦弃习知尽行道</u>。如日出时。净转出十二门故。经言：从道得脱也［参见本书第295页注释①］。<u>去冥见明如日出时</u>。譬如日出，多所见为弃诸冥。冥为苦。何以知为苦？多所里碍故知为苦。<u>何等为弃习</u>？谓不作事。何等为尽证？谓无所有。道者明识苦断习尽证念道。识从苦生，不得苦亦无有识，是为苦也。<u>尽证者</u>，谓知人尽当老病死。证者，知万物皆当灭，是为尽证也。<u>譬如日出作四事：一坏冥</u>，谓慧能坏痴；<u>二见明</u>，谓痴除独慧在；<u>三见色万物</u>，为见身诸所有恶露；<u>四成熟万物</u>，设无日月，万物不熟；人无有慧，痴意亦不熟也。

3. 对三十七菩提分法的诠释（同前，第 167 页下栏第 2 行—168 页下栏第 16 行）。

4. 止与观，以及了悟四圣谛（同前，第 168 页下栏第 17 行—169 页上栏第 7 行）。

在金刚寺本《安般守意经》之中，只有最后一大部分（四果）在《大安般守意经》之中完全找不到。

在《大安般守意经》之中有一个特点，明显表明它不是一部注释：与金刚寺本《安般守意经》不同，此经一开始就是对安般守意的定义，《大安般守意经》在一开始则是交待了背景，或者更准确地说是交待了几个不同的背景（佛在越祇国 [Sakya/Śakya] 舍羁瘦国（Vajjī/Vṛji），亦说一名遮匿迦罗国 [Icchānaṅgala]）。①但是，假如我们更仔细地看一下《大安般守意经》的这个开始部分，我们就会很容易地发现，这可能并非一个此经的本起因缘（nidāna），而只是对佛陀修行安般念的短注。②在《大安般守意经》这个开头部分之中有一件事可以证实此一猜想：在此之中有一个固定表达，"蜎飞蠕动之类"③，这个固定搭配是用来指代一切众生，并且在支娄迦谶、支

_____

① 对"越祇国""舍羁瘦国""遮匿迦罗国"的印度原语重构，我依从荒牧典俊，《インド仏教から中国仏教へ–安般守意經と康僧會・道安・謝敷序など》，第 139 页。

② 佛在越祇国舍羁瘦国，亦说一名遮匿迦罗国。时佛坐行安般守意九十日。佛复独坐九十日者，思惟校计欲度脱十方人及蜎飞蠕动之类。复言："我行安般守意九十日者，安般守意得自在慈念意。"（《大正藏》第 602 号，第 15 册，第 163 页下栏第 15—19 行）。关于此段，见 Deleanu, "The Newly Found Text of the *An Ban Shou Yi Jing* Translated by An Shigao," p. 89, 90—91n. 63，傅洛林也认为此节可能是"后来的文本插入"（前引，见本书第 272 页注释①）。我认为这种解释当然是正确的，因为这只不过是注释中的一部分，而并非安世高的原初翻译。

③ 我对这个固定表达的英文翻译，参考了何离巽（Paul Harrison, 1990, *The Samādhi of Direct Encounter with the Buddhas of the Present: An annotated English Translation of the Pratyutpanna-Buddha-Saṃmukhāvasthita-Samādhi-Sūtra with Several Appendices relating to the History of the Text*, p. 246 [Studia Philologica Buddhica Monograph Series V; The International Institute for Buddhist Studies, Tokyo]）的译法，并稍作了修订。

谦、康僧会与竺法护的翻译之中都存有这种用法（字词稍有不同），[①]
我在此只不过是提几位大译经师而已，但（除了在《大安般守意
经》之中出现这一次之外）却完全在安世高的译经之中找不到。

上面我已经显示了，《大安般守意经》中的若干部分——有时非
常明显——是对金刚寺本《安般守意经》中某些"特定"部分的一
个注释，但是这一模式并非贯穿始终。乍看起来，这是此经最让人困
惑的特点之一。假如《大安般守意经》是一部对金刚寺本《安般守
意经》的注释，很明显其中某些部分确实如此，那么如何可能在很
多其他地方——甚至在这些地方是以极其详细的方式来谈论与安般守
意修行相关的主题——却没有提到金刚寺本《安般守意经》中对应
部分中所介绍的重要术语与主题呢？我们是否有可能提出一种有一定
理由的初步猜想，至少可以在一定程度上来解释这部经典其内部不一
致的奇怪特性呢？我认为答案是相当肯定的，并且这些问题的很多关
键正在于康僧会的《安般守意经序》之中，此序（非常有趣的是）
正好在《大安般守意经》与金刚寺本《安般守意经》的前面。

许理和认为据说是插入了《大安般守意经》之中的注释"基本
上代表了安世高译经团队通过三位居士传到康僧会那里的注释，这正

---

① 关于支娄迦谶译经之中的此一固定用法（通常用来翻译 sarvasattva-），见
Harrison, *The Samādhi of Direct Encounter with the Buddhas of the Present*, p. 246。在《大明
度经》第 29 品之中（《大正藏》第 225 号，第 506 页中栏第 27 行）也有此一固定用法，
而《大明度经》中的此一部分，按照那体慧（Nattier, *A Guide to the Earliest Chinese Bud-
dhist Translations*, p. 137）则应被归到支谦的名下。关于康僧会译经中的情况，见《六
度集经》（《大正藏》第 152 号，第 3 页中栏第 20 行、第 15 页上栏第 11 行、第 19 页上
栏第 3—4 行以及其他各处，亦见 Deleanu, "Mindfulness of Breathing in the *Dhyāna
Sūtras*," p. 53）；关于竺法护译经中的情况，见比如他所译的《光赞经》（《大正藏》第
222 号，第 162 页中栏第 20 行）。

是康僧会在他的经序之中的说法。"① 事实上，康僧会似乎在他的序中告诉我们，他协助了某位陈慧（此人是安世高译经团队的成员）来编纂一部对安世高《安般守意经》的注释，这部注释是以安世高自己对此经的解释为基础的。②

　　但是陈慧与安世高所掌握的又是安世高的何种解释呢？我在其他文章之中曾经想要证明过，③我们现在相当清楚在汉代安世高译经团队所作的这类注疏类材料到底是什么了。我们现在已经有了两部类型相同的经典——在我看来，即是"口解"的录文——《阿含口解十二因缘经》（《大正藏》第 1508 号）与《十二门经注》，后者与金刚寺本《安般守意经》一样也保存在金刚寺写本一切经之中。在我看来，基于不少原因，这两部经典都应归到安世高及其徒众的名下。④

----

① Erik Zürcher, 1978, Review of some works published in *Mélanges de sinologie offerts à Monsieur Paul Demiéville* II, Bibliothèque de l'Institut des Hautes Etudes Chinoises, vol. XX, Paris 1974, *T'oung Pao* LXIV: 119. 当然，正如一些学者所言，也不能完全排除《大安般守意经》之中存有其他作者所编纂注释的可能性，这些注释在后世被加进了此经之中（关于此一问题，见 Deleanu, "Mindfulness of Breathing in the *Dhyāna Sūtras*," pp. 52–55；并参 Deleanu, "The Newly Found Text of the *An Ban Shou Yi Jing* Translated by An Shigao," p. 85n. 52）。

② "陈慧注义，余助斟酌。非师不［又作：所］传，不敢自由也。"（《大正藏》第 602 号，第 163 页下栏第 5—6 行；《大正藏》第 2145 号，第 43 页中栏第 29 行—下栏第 1 行；翻译见 Link, "Evidence for Doctrinal Continuity," p. 80）。康僧会在这一段中提到"师"，关于到底谁是这位"师"这一关键性问题，林克（Link, "Evidence for Doctrinal Continuity," p. 64）非常令人信服地证明了："既然康僧会是一位出家僧人，而那些将《安般守意经》注释传给他的人又是在家汉人居士，因此非常不可能康僧会会称这些居士中的某人为'师'。所以相当肯定，此处的'师'不是别人，正是安世高。"

③ Zacchetti, "Teaching Buddhism in Han China," pp. 219–221.

④ 《阿含口解十二因缘经》的情况非常肯定（见 Zacchetti, "Teaching Buddhism in Han China," pp. 212–215）。而《十二门经注》——此经在古代经录之中没有被提到过——的情况则要复杂得多，但是仍有若干信息强烈表明它与安世高传统的关系（见 Zacchetti, 2004 "The Rediscovery of Three Early Buddhist Scriptures on Meditation," pp. 285—295 与 Stefano Zacchetti, "An Shigao's Texts Preserved in the Newly Discovered Kongō-ji Manuscript and Their Significance for the Study of Early Chinese Buddhism," *Indogaku* 　（转下页）

要是陈慧与康僧会使用的是一个类似的、安世高的经典——正如《阿含口解》与《十二门经注》一样，可能是一部＊《安般口解》，即一部并非严格依照原本，并对或多或少紧密相关的主题所作的、有很多东拉西扯的口头解释——那又会如何呢？我认为这不仅仅是猜测。当我将《十二门经注》《阿含口解》与《大安般守意经》作一番比较之后，发现在形态上、教义内容上与特殊的术语上，这三部经典有特定的明显对应。①

事实上，我们甚至还有若干直接证据来支持这一假说。我在其他地方曾经证明过，在金刚寺本《安般守意经》末尾所发现的三条对于安般守意的注释②，其作者可能不是别人，正是安世高自己。这三条注释之中的一条，非常值得注意的是，也正存于《大安般守意经》之中。③所以，非常幸运的是，这些注释可能就直接保存了用来编纂《大安般守意经》的那些安世高的"解释"中的遗存。

并且，在若干方面，《大安般守意经》与另外两部安世高译经团

（接上页）*Bukkyōgaku Kenkyū* 印度学仏教学研究 vol. 52, 2: 57 - 60）；但是仍请参考 Nattier, *A Guide to the Earliest Chinese Buddhist Translations*, p. 65。

① 见 Zacchetti, "Teaching Buddhism in Han China," pp. 215 - 219 与 Zacchetti, "An Shigao's Texts Preserved in the Newly Discovered Kongō-ji Manuscript"。

② 这条短注附在金刚寺本《安般守意经》的后面（见上面的注 14；参 Deleanu, "The Newly Found Text of the *An Ban Shou Yi Jing* Translated by An Shigao," pp. 70 - 71, n. 20; Zacchetti, "The Rediscovery of Three Early Buddhist Scriptures on Meditation," pp. 287 - 289），其文曰：师云："数息为一禅，相随为二禅，止为三禅，观为四禅"。师云："数息为四意止，相随为四意断，止为四神足，观为五根、五力，还为七觉意，净为八道行"。师云："数息为须陀洹，相随为斯陀含，止为阿那含，观为阿罗汉"。（甲本，第276—282 行）。

③ 数息为四意止，相随为四意断，止为四神足，观为五根、五力，还为七觉意，净为八行也。（《大正藏》第 602 号，第 164 页中栏第 18—19 行）；参金刚寺本《安般守意经》末尾的第二条师注，前注之中有引用。而另外一方面，这三条注释之中的第一条，则引自《十二门经注》（见 Zacchetti, "The Rediscovery of Three Early Buddhist Scriptures on Meditation," pp. 287 - 289）。

队的注释有着显著的差别。① 《十二门经注》也经常引用原文（《十二

① 近些年来，释果晖（洪鸿荣）发表了一系列关于《大安般守意经》与金刚寺本《安般守意经》的研究文章（有些署名为其俗名，有些则用了法名；为方便计，我遵照作者自己的用法，并将这些研究在参考资料之中分别列出）。就我所知，他的相关研究如下：Hung-lung Hung, 2006, "The Newly Found Kongō-ji Manuscript *An-Ban Shou-Yi Jing* and T 602 *Fo-Shuo Da An-Ban Shou-Yi Jing* - An Analysis of T 602 to Distinguish the Original Scripture from its Commentary," *Indogaku Bukkyōgaku Kenkyū* 印度学仏教学研究, vol. 54, 3：1226-1231；释果晖，《『佛说大安般守意经』における「本文」と「注」の解明》；Hung-lung Hung, 2008 "Does the Newly Discovered *An Ban Shou Yi Jing* Originate from an Indian-language-Text or Not?", *Indogaku Bukkyōgaku Kenkyū* 印度学仏教学研究, vol. 56, 3：1173-1180. 与 Hung-lung Hung, 2009, "The Newly-discovered *An Ban Shou Yi Jing* and *Yinchiru Jing* T 603," *Indogaku Bukkyōgaku Kenkyū* 印度学仏教学研究, vol. 57, 3：1278-1284. 这组文章之中最后两篇最长，但只是在此文行将写完之时我才看到了它们。我将在此尽量就我所能理解，来总结一下洪鸿荣关于这两部佛经性质以及它们之间关系的结论。首先，洪鸿荣注意到了在金刚寺本《安般守意经》与竺法护所译僧伽罗刹（Saṅgharakṣa）的《修行地道经》的 "数息品"（《大正藏》第606号，第213页上栏第21行以后）之间存有对应关系，洪鸿荣总结道："此经 [即金刚寺本《安般守意经》]是由安世高撰成，但并不完全是从原始经典的直接翻译……"；而是一个由很多来源的混合而成，特别是上面提到的《修行地道经》中那一品的印度原本。（Guohui Shi, 2008 "The Textual Formation of the Newly Discovered *Anban shouyi jing*," *Chung-Hwa Buddhist Journal* 中华佛学学报, no. 21：143-144；亦见同前引，第131—138页与140—141页；Hung, "The Newly Found Kongō-ji Manuscript *An-Ban Shou-Yi Jing*," p. 116 提到了荒牧典俊，《インド仏教から中国仏教へ-安般守意经と康僧会・道安・谢敷序など》，第140—141页，这是他这种观点的原始来源）。我要说我没有发现在金刚寺本《安般守意经》与洪鸿荣所提到的其他材料里的平行本中，有特别清晰或有说服力的东西，可以支持他的这种论点。不同的佛经在处理佛教的基本教义，比如三十七菩提分法之时（见 Shi, "The Textual Formation of the Newly Discovered *Anban Shouyi Jing*," pp. 137-142），两两之间当然会出现平行对应，这没什么好奇怪的，因为我们讨论的这些段落有高度程序化的特点，因此也就并不意味着存在任何直接联系。再者，金刚寺本《安般守意经》的结构与风格似乎都非常统一，我看并没有任何充分的理由来怀疑此经并非从一部原始经典中翻译而来。事实上，这部佛经的风格很清楚地表明它是一部非常直接的译经，并且确实有一些段落背离了印度原本的句法，但这正是安世高翻译的典型技术特点（见 Zacchetti, "Inventing a New Idiom," pp. 398-400；亦见 Deleanu, "The Newly Found Text of the *An Ban Shou Yi Jing* Translated by An Shigao," pp. 79-81）。关于金刚寺本《安般守意经》与《大安般守意经》之间的关系，Hung, "The Newly Found Kongō-ji Manuscript *An-Ban Shou-Yi Jing*," p. 118 总结道："我们发现《大安般守意经》就是一部口解，这正如……《阿含口解十二因缘经》，而金刚寺本《安般守意经》则是一部更为简化了的直译本。" 这种猜想，我认为，部分是正确的，既然我已然在本文中指出过了，我并不认为《大安般守意经》就是一部如此简单的 "口解" 的直接录文。不过，最近洪鸿荣提出了一个更为复杂（在我看来，更为繁复也更乏说服力）的假说。在此，我引用释果晖（洪鸿（转下页）

门经》），① 却并没有《大安般守意经》那么频繁。在《大安般守意经》之中对金刚寺本《安般守意经》的直接引用（或稍有变形），正如我已经指出的，一般最后都会加上一个"者"字，这也很说明问题：这是编纂这部注释的人有意编辑的痕迹，这些编纂之人，最有可能就是陈慧与康僧会。

换而言之，我们就可以推测，可能《大安般守意经》就不是一部"寻常的"注释，这种普通注释主要是以原经为底本，而是其编纂者想要将已经存在的关于安般守意以及相关修行的注释材料，放进一个更为牢靠的框架之中，这些已然存在的注释材料与其他"口解"一样，应当也具有流动性，并且不系统。这些编纂者，在可能或者需要之时，就将注释材料与原始经典（即安世高译的《安般守意经》）作匹配，并加了若干出自他们自己之手的部分。毕竟，这一假设符合康僧会对他与陈慧之间合作的描述。

假如这一假设是正确的，那么《大安般守意经》很多看起来不太一致的特点就可以理解了。比如可以想象其"编辑者"（陈慧与康僧会）并不总是援引原经：比如，我们可以设想，他们所编辑的所谓"口解"之中有些地方有些离题，而在其原始的《安般守意经》之中不太找得到对应本。在这样一种注释性经本之中，它并非如行间注本那样严格地依照原始经本，这样，原始经本之中所介绍的若干主

（接上页）荣），《『佛說大安般守意經』における「本文」と「注」の解明》（第64页；亦参同文，第2、4、57—58页）之中英语摘要中的结论，让读者自己来判断这些观点是否可靠："我们可以从中知道《安般守意经》在历史上曾被多次注释过，在没有被陈慧所改写（增加了释义）的原始本《佛说大安般守意经》，与新发现的《安般守意经》之间，应该有一个《安般守意经》的'中间版'。这个'中间版'的《安般守意经》可以通过新发现的《安般守意经》中的形式来加以确认。而且非常可能这一版本的内容包括了安世高自己'直白而又清晰'的诠释。"

① 见 Zacchetti，"The Rediscovery of Three Early Buddhist Scriptures on Meditation," pp. 279 – 280。

题没有提到，而另外一些在原始经本之中没有的主题（如"十六胜"
与"十黠"），又会出现在这个注释本之中，也就没有什么可奇怪的
了。并且，在原始经本与注释之中的术语就会有差异。①与此相反，
所有这些特点在《十二门经注》之中都可以找到，在此注之中，《十
二门经》之中的若干主题被非常详细地处理了（如 vitarka／vicāra 这
一对概念），②而其他一些主题则根本没有被提到过，更不要提不但
在《十二门经注》之中，而且在《阿含口解》之中也有非常典型的
离题话题。陈慧与康僧会也有可能有时会更为积极地编辑他们的材
料，虽然就总体而言，很难以任何特定的方式来确定他们到底编辑了
多少，又是以何种程序来实行的。③不过，有若干证据表明这部注释
的编辑者们也利用了安世高所翻译的其他经典。④

---

①　参 Deleanu, "The Newly Found Text of the *An Ban Shou Yi Jing* Translated by An Shi-gao," pp. 82–83。

②　见 Zacchetti, "The Rediscovery of Three Early Buddhist Scriptures on Meditation," p. 280。

③　可能有一个例外，就是上面提到过的《大安般守意经》的介绍部分，可能并非出自康僧会之手，此点也由 Deleanu, "Mindfulness of Breathing in the *Dhyāna Sūtras*," p. 53 指出过了。

④　与《阴持入经注》不同，在《大安般守意经》之中并没有提到任何佛经的经名，这个特点在《阿含口解》与《十二门经注》之中也同样都有（见 Zacchetti, "The Rediscovery of Three Early Buddhist Scriptures on Meditation," p. 290, 295; Zacchetti, "Teaching Buddhism in Han China," p. 220）。但是在《大安般守意经》出现过了三次"经言"这一模式：《大正藏》第 602 号，第 15 册，第 168 页下栏第 26—27 行；第 169 页下栏第 7 行（要经言），与第 170 页上栏第 12 行。出现的第一次最有意思："如日出时，净转出十二门故。经言：从道得脱也"；在此处不但出现了《十二门经》的经名（见 Zacchetti, "The Rediscovery of Three Early Buddhist Scriptures on Meditation," p. 270n. 83），而且用"经言"所引出来的话（从道得脱也）在安世高所翻译的《道地经》之中也有部分对应："从涩道得脱出"（《大正藏》第 607 号，第 15 册，第 233 页中栏第 23 行；参《大正藏》第 606 号，第 15 册，第 186 页上栏第 19—21 行）。不过，还是应当指出，这两段不仅有一点差异，而且在两部经中出现的上下文背景也完全不同，因此我们并不能完全确定《大安般守意经》确实引用了《道地经》。在《大安般守意经》之中最为明显的引用（虽然并非逐字引）出现在它的结尾处，在此处是诠释六种神通："……六通智：一为神足，二为彻听，三为知他人意，四为知本所从来，五为知往生何所，六为知索漏尽，是为六也。"（《大正藏》第 602 号，第 15 册，第 173 页 （转下页）

　　《大安般守意经》这种复杂、多层次的性质还表现在，在此经之中还包含有对金刚寺本《安般守意经》注释的再注释（如在关于 vivarta 的一个关键段落之中，见上面例 3），也就是说《大安般守意经》之中并不仅仅只是对原始经典的注释，其中还包含有再注释。对这些章节，其解释有可能就是，"初注"代表了安世高的原始注释，而再注则反映的是陈慧与康僧会的创作。

　　无须赘言，所有这些都只不过是假设而已。但事实就是，《大安般守意经》并不是安世高完全与直接的作品，这也可以从其语言的若干方面得以证明——特别是其非术语的词汇用法与语法特点①（我

——————————

（接上页）上栏第 20—23 行）这一段紧密对应于安世高所译的《长阿含十报法经》："六知：一神足、二彻听、三知人意、四知本从来、五知往生何所、六知结尽。"（《大正藏》第 13 号，第 1 册，第 236 页中栏第 4—6 行）在我看来，这些对应非常具体，足以表明两部经有直接的联系。特别是第五项"知往生何所"（这可能是译自 cyutyupapādanajñāna = divyacak ṣus：见 Étienne Lamotte，1976 *Le traité de la Grande Vertu de Sagesse de Nāgārjuna* (*Mahāprajñāpāramitā śāstra*)，Tome IV，p. 1809 [Louvain：Peeters]）更是如此，这一项在别的任何地方都找不到。无法确定《大安般守意经》之中的这些引用是属于哪一个文献层，也就是说到底它们是由安世高译经团队所撰的原始材料中的一部分，还是陈慧与康僧会后来所加进去的，我们还无法确定。

① 比如，我们发现虚词"之"字出现了六次，而这在肯定是安世高的作品之中极其罕见（见胡敕瑞，2005，《中古汉语语料鉴别述要》，《汉语史学报》（第五辑），第 272 页与第二部分第 2 节，以及相关的注释，并见 Zacchetti，"Inventing a New Idiom，" p. 403）。更为重要也更为明显的是语尾虚词"也"的用法。在大藏经之中流传的我认为真正是安世高的译经（《大正藏》第 13、14、31、32、36、48、57、98、112、150A—B、603、607、1508 号；关于真正安世高译经目的证明，见 Stefano Zacchetti，2010 "Defining An Shigao's 安世高 Translation Corpus：The State of the Art in Relevant Research，" in Shen Weirong (ed.)，*Historical and Philological Studies of China's Western Regions*（《西域历史语言研究集刊》），No. 3：249—270）之中，"也"字只出现过 3 次，其中两例还是文本的异文，而在金刚寺本《安般守意经》之中，"也"字则出现了 6 次。与此相反，在《大安般守意经》之中，"也"字再现了 268 次，这就足以将此经从安世高作品集之中剔除出来了。在《大安般守意经》之中出现这么多次的"也"字是非常有意思的，这也可能是由于其注释的性质，并且可能要归因于其产生的编辑程序。另外也可以提一提"何所"（用在动词后面表对象，见俞理明，1993，《佛经文献语言》，第 146 页，成都：巴蜀书社），它在《大安般守意经》之中出现了 9 次，但在安世高译经之中却没有以此种意思出现过（《大正藏》第 13 号，第 1 册，第 236 页中栏第 5 行："知往生何所"，前注中讨论过，意思是"在哪里，在哪个地方"）。

认为对一部早期翻译作品的作者认定之中，这是最好的内证之一）——这些方面与安世高的其他译经似乎存有差异。从这个角度来看，对于《大安般守意经》性质有一个更好的了解，就可以防止我们不加批判地在语言学研究之中将之当成汉代的译著。到目前为止，《大安般守意经》一般被认为确实是安世高的翻译，[①]而此经之中所采集到的材料也被认为是反映了汉末译经的语言。[②]但是考虑到这部注释虽然其中甚至夹杂着不少的汉代材料，但非常可能是三国时期在中国的另外一个地方（这也可能很重要）汇集而成，因此在研究后汉佛教译经之时，就应该以最大限度的小心谨慎来处理《大安般守意经》（或者干脆将之剔除出去！）。

总而言之，对《大安般守意经》的这个诠释极大地丰富了我们对早期汉语佛教注释文献的知识。它为我们提供了一部"新"经典（也就是：对一部旧经典的全新认识），而这部经典是后汉至吴国安世高思想传统的最为重要的注释。毫无疑问，对于本文所讨论的《大安般守意经》，仍有诸多问题悬而未决。无论如何，金刚寺本写经的发现，给我们提供了一个绝少又绝佳的机会，在发现一部新经典的同时，又使我们对一部过去没能正确理解的旧经典有了全新的诠释，因此也就对之有了新的发现。

附录 1

经录中记载的《安般守意经》

本文正文部分引用了僧祐的《出三藏记集》之中所记录的两部

---

① 事实上，许理和（"A New Look at the Earliest Chinese Buddhist Texts," p. 279）指出《大安般守意经》是用来检查是否安世高译经的试金石之一。

② 见比如 W. South Coblin, 1983, *A Handbook of Eastern Han Sound Glosses*, pp. 241—242（Hong Kong: The Chinese University Press）；与胡敕瑞，《〈论衡〉与东汉佛典词语比较研究》，第 346 页。

《安般守意经》的条目。在此我列出了从《出三藏记集》到智昇的《开元释教录》之中关于我们讨论的这个主题的记录：

1.《众经目录》，《大正藏》第 2146 号，①卷 3 "小乘修多罗藏"：

《大安般经》一卷（后汉世安世高译）；《安般守意经》一卷（后汉世安世高译）。②

2.《历代三宝纪》，《大正藏》第 2034 号：③

1）卷 4（安世高译经录之中）："《安般守意经》二卷，或一卷。道安云：'《小安般》。'见朱士行《汉录》，④ 及《僧祐》《李廓录》⑤同……《大安般经》一卷，或二卷。道安注解：见《祐录》，或云《大安般集经》。"⑥

2）卷 14（小乘修多罗有译录）："《大安般经》二卷；……《大安般经》一卷；《安般守意经》一卷。"⑦

3.《众经目录》，《大正藏》第 2147 号，⑧卷 1（小乘经单本）：

---

① 法经与其他人完成于公元 594 年。

② 《大正藏》第 2146 号，第 128 页上栏第 15—16 行。

③ 费长房于公元 597 年完成（Tokuno, "The Evaluation of Indigenous Scriptures in Chinese Buddhist Bibliographical Catalogues," pp. 43‑47；关于此录的详细研究，见谭世保，1991，《汉唐佛史探真》，第 3—246 页，广州：中山大学出版社）。

④ 谭世保（《汉唐佛史探真》，第 94—103 页）对此录有一个非常详细的研究。过去有很多学者都认为《汉录》是后来伪造的，谭世保为此提供了额外的证据，并且他还认为就是费长房自己所伪造的（见前引，第 99 页以后）。

⑤ 《李廓录》撰成于北魏末的公元 532—533 年之间，见林屋友次郎，《经录研究》，第 67—68 页；参谭世保，《汉唐佛史探真》，第 186—190 页，谭世保质疑费长房从这部目录中所引用条目的可靠性。

⑥ 《大正藏》第 2034 号，第 50 页中栏第 6 行及第 20 行。只有费长房提到过《大安般集经》这个异名，但是第一部《众经目录》在卷 6 "小乘抄经"之中录有："《大安般经集》二卷，后汉世安世高译"（《大正藏》第 2146，第 144 页中栏第 20 行）；亦参 Forte, "An Shih-kao," pp. 179‑180。

⑦ 《大正藏》第 2034 号，第 116 页上栏第 4 行及第 22—23 行；参 Forte, "An Shih-kao," pp. 180‑181。关于费长房在此所提到的三部佛经，见本书第 253 页注释②。

⑧ 彦琮等于公元 602 年编纂；此录的标准精严，见 Tokuno, "The Evaluation of Indigenous Scriptures in Chinese Buddhist Bibliographical Catalogues," pp. 47‑48。

《大安般经》一卷或二卷；《安般守意经》一卷或二卷。①

4.《大唐内典录》，《大正藏》第 2149 号：②

1）卷 1（后汉传译佛经录）："《大安般守意经》二卷。道安云：'《小安般》'见士行、僧祐、李廓录；《大安般经》一卷，道安注，见《僧祐录》……《安般经》。"（所有这三部经都被归到了安世高的名下）③

2）卷 7（小乘经单重翻本并译有无录）："《大安般守意经》二卷或一卷，三十纸，后汉安世高译。……《大安般经》二卷或一卷，二十纸，访本，④后汉安世高译。"⑤

3）亦参《大正藏》第 2149 号，第 308 页上栏第 15 行与 24 行，第 322 页下栏第 19 行与 23 行。

5.《众经目录》，《大正藏》第 2148 号，⑥卷 1（小乘经单本）：

《大安般经》一卷，一名《［安般］守意［经］》。或二卷，三十纸。后汉世安世高译。……《大安般经》一卷（或二卷，二十纸，失本）后汉世安世高译。⑦

6.《大周刊定众经目录》，《大正藏》第 2153 号：⑧

1）卷 7（小乘单译经）："《安般经》一卷。右后汉代安世高译，出《［费］长房录》［即《大正藏》第 2034 号］。《大安般守意经》一部二卷（或一卷，四十五纸［四十五纸：〔宋〕〔元〕〔明〕三本

---

① 《大正藏》第 2147 号，第 154 页上栏第 26—27 行。
② 道宣于公元 664 年完成。
③ 《大正藏》第 2149 号，第 221 页中栏第 3—4 行与第 222 页中栏第 2 行。
④ 关于"访本"，见本书第 270 页注释③。
⑤ 《大正藏》第 2149 号，第 298 页下栏第 22—23 行与第 26 行。
⑥ 静泰于公元 665 年完成。
⑦ 《大正藏》第 2148 号，第 186 页下栏第 10 行与第 13 行。
⑧ 明佺等于公元 695 年完成。

无]。①右后汉代安世高译，出《［费］长房录》。《大安般经》一部二卷，或一卷二十纸。右后汉代安世高译，出《［大唐］内典录》。"②

2）卷 14（小乘修多罗藏）：③"《安般守意经》一部二卷（或一卷）。《大安般经》一卷。"④

7.《开元释教录》，《大正藏》第 2154 号：⑤

1）卷 1（总括群经录）："《大安般守意经》二卷或一卷；或无守意字，或直云安般。［道］安公云：'《小安般》'，兼注解；《祐录》别载《大安般》一卷，《房录》更载《安般》一卷，并重也。见士行、僧祐、李廓三录。"⑥

2）卷 13（小乘经单译）："《大安般守意经》二卷，亦直云《大安般经》。安公云：'小安般。'或一卷。后汉安息三藏安世高译。又［〔宋〕〔元〕〔明〕；《大正藏》第 2154 号：右］大周等录更有《大安般经》一卷，亦云安世高译。勘其文句，即是《安般守意经》上卷。文既全同，故不重载。"⑦

3）卷 17（新括出名异文同经）："《大安般经》一卷，或二卷。《内典录》云二卷；《长房录》云一卷。右一经与《大安般守意经》

———————————

① 关于此条记录，见本书第 270 页注释④。

② 《大正藏》第 2153 号，第 408 页中栏第 25—26 行；第 409 页上栏第 8—11 行。这条记录牵涉《大安般守意经》与《大安般经》的后半，事实上有两种版本。《大正藏》之中的"三本"，是指宋代的思溪藏、元代的普宁藏与明代的径山藏。在此三本之中，从"大安般守意经"到"出《内典录》"作：安般经》一卷。右后汉代安世高译，出《长房录》。……《大安般经》一卷。［〔宋〕＋二十纸］《大安般守意经》一部二卷，或一卷。右后汉代安世高译，出《内典录》。

③ 依照富安敦（Forte，"An Shih-kao，" p. 183），这部分记录了公元 695 年真实的藏经中的一部分。

④ 《大正藏》第 2153 号，第 467 页第 29 行—中栏第 1 行。

⑤ 智昇于公元 730 年完成。

⑥ 《大正藏》第 2154 号，第 480 页上栏第 3—4 行。

⑦ 《大正藏》第 2154 号，第 616 页中栏第 24—26 行。

文句全同，名广略异。群录之中存其二本者，误之甚也。"①

4）卷20（"入藏录"中"小乘入藏录"的"小乘经单译"部分）："《大安般守意经》二卷，亦直云《大安般经》，或无大字。安公云：'小安般经'。或一卷。三十纸。"②

5）亦参卷10（《大正藏》第2154号，第578页中栏第18行）与卷18（《抄安般守意经》一卷，第679页中栏第25行）；卷20（第698页中栏第15行）。

附录2
关于《阴持入经注》之中引用的"安般解"

所谓的《阴持入经注》（《大正藏》第1694号），是一部对安世高所译的《阴持入经》的行间注释，其年代为公元3世纪的前半。③此注之中从一部叫做"安般解"的经典之中引用了4次。④这部《安般解》，明显是对《安般守意经》的一部批注，对它的情况，目前我们只能通过下面的引用略知一二：

1. 安般解曰："息从内出，息中具有四大，而心在中，谓之内身也。息由外来，四大亦尔。禅家以息为身，系意在息，无令身想矣。"（《大正藏》第1694号，第11页中栏第22—25行）

2. 安般解曰："频来在欲＊界⑤中，已舍四广倒，无余疑结

---

① 《大正藏》第2154号，第664页中栏第19—21行。
② 《大正藏》第2154号，第693页中栏第12—13行。
③ 见 Zacchetti, "Defining An Shigao's 安世高 Translation Corpus"。
④ 参荒牧典俊，《インド仏教から中国仏教へ-安般守意経と康僧会・道安・謝敷序など》，第165页；Deleanu, "Mindfulness of Breathing in the *Dhyāna Sūtras*," pp. 51-52; Deleanu, "The Newly Found Text of the *An Ban Shou Yi Jing* Translated by An Shigao," p. 88 n. 58。
⑤ 《大正藏》第1694号：果。参金刚寺本《安般守意经》，甲本，第263—264行：四颠倒在欲界中已尽舍（关于此节，见上面的讨论）。

也。"(《大正藏》第 1694 号，第 22 页上栏第 23—24 行)

3. 安般解曰："转戒本愿，当以戒求道，反求天上荣乐也，是谓转戒矣。本愿求道而违道就耶。不还之行①无复有之，故曰尽也。"（《大正藏》第 1694 号，第 22 页中栏第 22—25 行）

4. 安般解曰："精进在行，首尾相属，邪念不得入其中间，谓之不漏。"（《大正藏》第 1694 号，第 22 页下栏第 29 行—第 23 页上栏第 1 行）

下面一条，虽然其题名有异，不过还是可能出自《安般解》，而非出自《安般［守意经］》：②

5. 安般曰："念因有分，念尽无有。斯空、不愿、无想定，向泥洹门也。"（《大正藏》第 1694 号，第 11 页下栏第 21—22 行）

这一段的风格与其他四段引用一致：比如注意诸如"斯"这种文言因素，以及标明名词的"也"字。另外"空、不愿、无想［异文：相］定"也很值得注意：在藏经之中这组三解脱门（vimok ṣamukha）的特殊译法是非常罕见的，特别是"不愿"，只在最多十来种经典中

---

① 在安世高的《阴持入经》之中，我们发现对应的是"衍"，很明显是"行"字的异体字（在《汉语大字典》，第 2 卷，第 826 页上栏之中没有收录）。在一部注释（衍，行也。《大正藏》第 1694 号，第 9 页下栏第 22 行）之中就记有此一异体字，这表明这个异体字原来即有，或者至少是很古老的。因为行间注最初是与原始经本一起流通（见 Zacchetti, "Defining An Shigao's 安世高 Translation Corpus"; Zacchetti, "Brief Communication," pp. 94–96），这个异体字在注释之中也经常出现，从"安般解"之中的引用也是如此。为了行文方便，在此我使用通用字。

② 参落合俊典，《『大安般经』与『小安般经』》，第 35 页；Deleanu, "The Newly Found Text of the *An ban shou yi jing* Translated by An Shigao," p. 89。在《阴持入经注》之中包含有另外两条，其引文中有"安般曰"的字样，不过都可以在金刚寺本《安般守意经》之中找到，因此就应被视为是引自安世高所译的《安般守意经》（见 Zacchetti, "Brief Communication"）。

出现过，值得注意的是其中绝大多数经典的时间要追溯到三国时期。①考虑到《安般解》的作者（见下），这证实这条引用也与前四条来自同一部注释，并且"《安般》曰"乃是"《安般解》曰"之笔误。我在下面会提到，还有另外一个更为有力的证据证明此一解释。

我们从这几条引用之中能知道什么呢？首先，《安般解》的行文是非常标准的文言文，这与《大安般守意经》有着天壤之别。更为重要的是，它可能也证明了这毫无疑问就是对金刚寺本《安般守意经》的一部注释。

在对"阿那含果"（anāgāmi-phala）的阐释部分之中，②金刚寺本《安般守意经》列出了为了得到阿那含果需要摆脱的五种束缚：

6. 阿那含名为**不还世间**。阿那含福为何等？**五下结已尽**。何等为五？贪欲、瞋恚、见身、转戒本愿、为疑，是五为③。④

现在让我们来看看对《安般解》的第三条引用：

转戒本愿，当以戒求道，反求天上荣乐也，是谓转戒矣！本

---

①　在此方面，虽然总的而言出现次数不多，但有意思的是在《大明度经》第一卷之中的失名注释里面（《大正藏》第 225 号，第 478 页下栏第 3 行、第 478 页下栏第 11 行与第 479 页上栏第 7—8 行；关于此注，见 Nattier, *A Guide to the Earliest Chinese Buddhist Translations*, p. 136－137）共出现了三次。另外在康僧会的《六度集经》之中（《大正藏》第 152 号，第 47 页下栏第 17—18 行）也出现过一次，后者（空不愿无想之定）之中最后一个字为"定"（＊samādhi），这与《安般解》之中的模式最为切近。

②　在这个上下文背景之中，关于"福" ＝ phala（译者按：即"果"），见《阴持入经》，《大正藏》第 603 号，第 178 页上栏第 7—12 行，并参 *Peṭakopadesa*, pp. 130, 10—17。

③　可能应作"是为五"。

④　金刚寺本《安般守意经》，甲本，行 258—261。"阿那含的意思是不再回到［这个］世界。阿那含果是什么？它是［系于］下等状态（＊avarabhāgīya）的五种束缚（＊saṃyojana）已经消失了（五下结已尽）。是哪五种？贪欲（＊Kāmacchanda）、瞋恚（＊vyāpāda）、见身（＊satkāyadṛṣṭi）、转戒本愿（＊sīlavrataparāmarśa）、疑（＊vicikitsā），这些就是五［种束缚］。"（参 *Abhidharmakosa*, V. 43, pp. 660, 1－3）

愿求道而违道就耶。<u>不还之行无复有之，故曰尽也</u>。①

在金刚寺本《安般守意经》与《安般解》中都出现了"转戒本愿"，这对应于梵语śīlavrataparāmarśa（"戒禁取结"），它在大藏经的其他任何地方都没有出现过，是这两部经典之间存有联系的最强有力的证据，但并非唯一的证据。在此，《阴持入经注》所引用的《安般解》，其上下文背景在《阴持入经》原本中是在介绍两个范畴，其巴利语对应为 sīlassa sīlabbataparāmāso 以及 suddhassa sīlabbataparā-māso。②事实上，这一段之中并没有"尽"字，这就证明"故曰尽也"也是《安般解》中的引文的一部分，因此非常可能就是指金刚寺本《安般守意经》中的"五下结已尽"。

事实上，《阴持入经注》之中所引用的全部《安般解》条目，都可以或多或少地在金刚寺本《安般守意经》中找到平行对应。

上面的第一条引文（本书第 295 页的第 1 条引文）可能是对金刚寺本《安般守意经》下面一段的注释，这一段描述的是与安般守意相关的四念住③，以及由此而产生的三解脱门：

---

① "转戒本愿＝＊śīlavrataparāmarśa：就是一个人应该以戒来求道；假如与此相反，一个人去追求诸天上的荣华享乐，这就叫做'转戒'。本来愿望求道，却违道去走上邪路。不还之行，就不再有了。因此［《安般守意经》］说［此一束缚与其他束缚］就消失了。"在此我对"转戒本愿"的翻译是以《安般解》作者的解释为基础的，不过这个解释可能与安世高晦涩难懂的原始译本相隔悬远（参下注）。注意在"违道就耶"之中的"耶"字意思是"邪"：参王力，2000，《王力古汉语字典》，第 980 页上栏，北京：中华书局。

② 彼持行戒转摸贸为二辈：一为渴爱堕，二为不解避。（《阴持入经》，《大正藏》第 603 号，第 179 页上栏第 3—4 行）；这（可能）对应于《藏释》Peṭakopadesa, p. 132, 16—17（PTS edition）：sīlabbataparāmāso dvidhā：sīlassa vā suddhassa vā。安世高对这一节中的术语翻译至少也要说是非常有问题的。安世高之所以如此翻译，我的解释是：持行戒（＝sīla—）转（＝vata，直接译成了√vṛt）摸贸（＝parāmāsa；参 Zacchetti, "An Early Chinese Translation corresponding to Chapter 6 of the Peṭakopadesa," p. 86 n. 70）。

③ 参 R. M. L. Gethin, 2001, *The Buddhist Path to Awakening*, pp. 56–57（Oxford：Oneworld）。

7. 内外身身观止 ①，若入息出息坏时觉，是时见即空定向活无为度世行。内外身身相观止，若有入息出息行清净，是时见正可是不愿定向活无为渡世行。内外身身相观行止，若入息出息所更痛不受想，从出灭止意，便却生死，是不想定向活无为度世行是名为身观止。②

参《安般解》引文的前半：

息从内出。息中具有四大，而心在中，谓之内身也。息由外来，四大亦尔。③

上面所引的第二段引文则给我们提出了一个问题：在讨论"频来"（sakṛdāgāmin，译者按：即"斯陀含"或者"一来"果）④ 之时，很清楚是在讨论金刚寺本《安般守意经》中的下一果（有一部分是在逐字引用），也即阿那含：

8. 阿那含福为五。何等为五？多少不复生欲；从所因缘瞋恚起相逢，不复瞋恚；四颠倒在欲界中已＊舍尽知⑤；为五下缚结已舍尽知，为意向犹寂然，意乐寂然，意随寂然，是为五。⑥

参《安般解》的引用：

频来在欲＊界中，已舍四广倒，无余疑结也。⑦

---

① 对此一模式的一个平行本，见 Zacchetti, "Inventing a New Idiom," p. 398。

② 金刚寺本《安般守意经》，甲本，第 128—134 行。

③ "呼吸从内部出来。在呼吸之中包含着四大（mahābhūta），而心就在其中：这就被称为是'内在的身'。呼吸从从外来，也同样包含着四大。"

④ "频来"是对 sakṛdāgāmin 的一个早期译法，这最早出现在《法镜经》之中（见《大正藏》第 322 号，第 16 页上栏第 7 行）。此经是由汉代的安玄与严佛调所译。

⑤ ＊舍尽知：金刚寺本《安般守意经》作"尽舍知"；但是在金刚寺本《安般守意经》的这个部分之中（见金刚寺本《安般守意经》，甲本，第 264—265 行、第 270 行与第 271 行）中则出现了四次"舍尽知"（意思可能是："舍弃与完全地了解"）。

⑥ 金刚寺本《安般守意经》，甲本，第 262—266 行。

⑦ "频来，在欲界（kāmadhātu）之中已舍弃了四种颠倒，也就没有疑（疑＝＊vici-kitsā）结存留。"

很明显，《安般解》的作者认为舍弃四种颠倒是在前一果之中。

第四条引用似乎是在为"不漏"作定义，并且在金刚寺本《安般守意经》（甲本，第 229—242 行）之中，在四无碍解（catasraḥ prati-saṃvidaḥ）中每一种的定义之中都会出现"不漏"这一表达。

甚至以"安般曰"来引用的这条（上面第 5 条）也可以在金刚寺本《安般守意经》中找到一段对应（见上面引用的第 7 条）。这也表明这一条确实是引自《安般解》，我在上面已经表明了此点。我们已经看到，金刚寺本《安般守意经》不仅仅介绍了三解脱门，而且还使用了同样的、只在《阴持入经注》之中才有发现的罕见术语。①

还有值得注意之处，就是假如我的比较分析是正确的话，那么除掉上面引用的第 1 条，所有这些《安般解》注释都是在处理金刚寺本《安般守意经》最后一部分之中的主题。这些主题，正如我在上面（第三部分）所评论的，在《大安般守意经》之中并没有对应的部分。这就显示与后者不同，《安般解》可能是对整部金刚寺本《安般守意经》的注释。②

关于《安般解》，我们要讨论的最后一个问题就是它的断代与作者。许理和认为其作者可能是康僧会。③正如在上面（第二部分）已然提到过的，我们知道康僧会曾经撰写过一部《安般守意经》的注释。④

---

①　见金刚寺本《安般守意经》，甲本，第 129 行以后："空定……不愿定……不想定"；参《阴持入经注》之中引用的《安般［解］》注释："斯空、不愿、无想定。"

②　不过，对这一情况还有另外一种解释，这一解释还主要只是猜测而已。就是可能《安般解》只覆盖了安世高"口解"之外的主题。因为，我在下面会提到，这两部注释可能都是来自同一个圈子所撰集，因此就不能完全排除这种可能性。不过，《阴持入经注》之中没有对金刚寺本《安般守意经》的开始部分进行注释（特别是关于安般守意及其六个阶段的部分），这有可能只不过是因为《阴持入经》中并没有谈到安般守意而已。

③　Zürcher, *The Buddhist Conquest of China*, p. 54.

④　见《出三藏记集》，《大正藏》第 2145 号，第 97 页上栏第 15—16 行；《众经目录》，《大正藏》第 2146 号，第 147 页上栏第 22 行（参 Forte, "An Shih-kao," p. 179）。

并且我们还知道，《阴持入经注》的撰写康僧会也参与其中；①并且《安般解》与引用它的《阴持入经注》是在同一个圈子之中所撰写。这两部经典有着一些共同的术语与表达，并且这些术语与表达在整部藏经之中的其他地方都很罕见或者完全找不到。并且在《阴持入经注》之中，其所出现的章节也与《安般解》并无直接的联系。②

　　这些引用的《安般解》条目，其风格，再加上到目前为止其非常明显的词汇特点③，都与康僧会的风格与词汇非常一致。事实上，我们可以通过举一个特定的平行对应的例子来证明此注就是康僧会所作。在《安般解》的第一个引例（禅家以息为身，<u>系意在息</u>）④之中，这对应⑤于康僧会《安般守意经序》中的一段（是以行寂<u>系意着息</u>）。⑥假如我们认可在金刚寺写经（甲本与乙本之中皆有）⑦之中的

----

　　① 见 Zacchetti, "Defining An Shigao's 安世高 Translation Corpus"。

　　② 这些是：广倒 = * viparyāsa（见《安般解》的引用第 2 条，并参《阴持入经注》，《大正藏》第 1694 号，第 16 页上栏第 6 行、下栏第 8 行）；当以戒求道（见《安般解》的引用第 3 条，参《阴持入经注》，《大正藏》第 1694 号，第 13 中栏第 3 行）；首尾相属（见《安般解》的引用第 4 条，参《阴持入经注》，《大正藏》第 1694 号，第 16 页上栏第 17 行）。

　　③ 特别要注意"频来"（= sakṛdāgāmin，见于《安般解》中的引文第 2 条）与"荣乐"（见引文第 3 条），这两条在大藏经之中都不太常见。这两条除了《阴持入经注》以外，只同时出现在康僧会的《六度集经》（"频来"见第 2 页中栏第 22—23 行以及其他各处；"荣乐"则见第 8 页下栏第 6 行及其他各处）。亦见上面注 188 中对"空、不愿、无想定"的讨论。

　　④ "习禅之人以呼吸为身体，[因此] 就系其心意于呼吸。"

　　⑤ 这关键性的两段只有一个差别，我用底线标出了，就是一个是"在"，另一个是"着"。不过，在这个背景之中，"在"与"着"（对此，见李维琦，2004，《佛经词语汇释》，长沙：湖南师范大学出版社，第 405—414 页）在意思上基本相同（参张赪，2000，《魏晋南北朝时期"着"字的用法》，《中文学刊》第 2 期，第 121—138 页）。

　　⑥ 《出三藏记集》，《大正藏》第 2145 号，第 43 页上栏第 13—14 行 = 《大正藏》第 602 号，第 163 页上栏第 18—19 行。林克（Link, "Evidence for Doctrinal Continuity," p. 72）的翻译为："由于这个原因，在奢摩他的修行之中，一个人就将其思绪存念于呼吸之中。"

　　⑦ 金刚寺甲本，第 14 行（落合俊典，《金刚寺一切经的基础的研究と新出仏典の研究》，第 186 页与注 20）；二经的图片亦见同前引，第 207 页。

"行家"就是对应于《大正藏》（《大安般守意经》与《出三藏记集》之中皆有）中的"行寂"的话，那么事实上，这二种经典之间的关系甚至还要更为紧密一些：参《安般解》之中非常罕见的"禅家"。

虽然我并没有系统性地检索藏经之中出现的所有"行家"这两个字，但这个复合词也似乎非常罕见。但在《阴持入经注》之中，却经常出现（有时"行"字有异文，本书第301页注释⑦曾讨论过），在此注之中它是一个关键性的术语。①对我们的讨论更为重要的，却是这一术语也在康僧会的《六度集经》之中出现过一次的事实；②这也反过来证明，甚至在康僧会的经序之中，"行家"也有可能是正确的写法，这也可以从金刚寺写经之中获得证明。

总而言之，《安般解》的作者很可能就是康僧会。假如这个猜测是正确的，那么我们很可能就会面临下面一种局面：康僧会与陈慧一起合作，共同编辑了一部安世高所翻译的《安般守意经》（即金刚寺本《安般守意经》）的注释，其中有若干材料反映了安世高自己对这一主题的思想。这就是现在的《大安般守意经》。我们已经看到了，此经毫无疑问在思想方面与安世高译经团队的其他注释经典（《阿含口解》与《十二门经注》）有关系。但是它在风格与语言的若干方面却与安世高的其他已知作品存有差异，因此就是出自不同的编辑之手。除了这部合作的注释作品之外，康僧会可能是在3世纪的前半叶，又独自撰写了另外一部对金刚寺本《安般守意经》的注释，其

---

① 比如，在引用第一条《安般解》引文的同一个注释之中就有（《阴持入经注》，《大正藏》第1694号，第11页中栏第21—22行）：行家照然止意着道……（修行人很清楚地将他的心意系着于道上）。

② 行家虽远十情欲怨……（《大正藏》第152号，第39页上栏第27行）；"行家"，宋、元、明三本作"行寂"。林克（Arthur Link）就是选用"行寂"，并将此段译为"奢摩他的修行人，虽然他已然自身远离十种情欲的怨敌……"（Link, "Evidence for Doctrinal Continuity," p. 107 n. 191）。不过，参照《阴持入经注》对于此一术语的用法，我认为在此例之中，林克可能是错误的，而"行家"才是正确的文字。

风格更为典型而又优雅，在类型上也与其他注释有所不同，这就是在
《阴持入经注》之中所引用的《安般解》。

参考文献

原始资料与缩略语

Abhidharmakośa: Swami Dwarikadas Shastri（ed.），*Abhidharmakośa & Bhāṣya of Ācārya Vasubandhu with Sphutārthā Commentary of Ācārya Yaśomitra*, 2 vols, Bauddha Bharati, Varanasi 1998（first ed. 1970）.

AHKJ:《阿含口解十二因缘经》T. 1508。

CSZJJ: 僧祐《出三藏记集》T. 2145。

HDZ:《汉语大字典》（8 卷本）成都，1986—1990。

K—ABSYJ: 金刚寺本《安般守意经》。

SMJcomm: 金刚寺本《十二门经注》。

T—ABSYJ:《佛说大安般守意经》T 602。

Visuddhimagga: Warren, Henry Clarke（ed.），revised by Dharmananda Kosambi, *The Visuddhimagga of Buddhaghosācariya*, Harvard Oriental Series 41, Cambridge Mass., 1950.

研究资料

Bagchi, Prabodh Chandra, 1927 *Le canon bouddhiue en Chine. Les traducteurs et les traductions*, tome 1, Paris: Libraire Orientaliste Paul Geuthner.

Buswell, Robert E., 2004 "Sugi's Collation Notes to the Koryŏ Buddhist Canon and Their Significance for Buddhist Textual Criticism," *Journal of Korean Studies*, n. 9, 2004, pp. 129 - 184.

Coblin, W. South, 1983 *A Handbook of Eastern Han Sound Glosses*, Hong Kong: The Chinese University Press.

Deleanu, Florin, 1992 "An Seikō yaku *Anpan shui kyō* genkō—bon no seiritsu ni tsuite" 安世高译『安般守意经』现行本の成立について, in: *Tōyō no shisō to shūkyō*（东洋の思想と宗教）, 9（1992）, pp. 48－63.

Deleanu, Florin, 1992 "Mindfulness of Breathing in the *Dhyāna Sūtras*," *Transactions of the International Conference of Orientalists in Japan*, n. XXXVII, The Institute of Eastern Culture（Tōhō Gakkai）, pp. 42－57.

Dhammadipa, Bhikkhu, 2009 "Two Divisions of *Ānāpānasati/smṛti* in their Chronological Development," in K. L. Dhammajoti et al.（eds.）, *Buddhist and Pali Studies in Honour of the Venerable Professor Kakkapalliye Anuruddha*, Hong Kong: Centre of Buddhist Studies, University of Hong Kong, pp. 567－582.

E. Link, Arthur, 1976 "Evidence for Doctrinal Continuity of Han Buddhism from the Second through the Fourth Centuries. The Prefaces of An Shih—kao's *Grand Sūtra on Mindfulness of the Respiration* and K'ang Seng—hui's Introduction to the ' Perfection of Dhyāna' ," in: James B. Parsons（ed.）, *Papers in Honor of Professor Woodbridge Bingham. A Festschrift for his Seventy—fifth Birthday*, San Francisco: Chinese Materials Center, pp. 55－126.

FlorinDeleanu, 2003 "The Newly Found Text of the *An ban shou yi jing* Translated by An Shigao," *Journal of the International College for Advanced Buddhist Studies*, vol. 6, pp. 63－100.

Forte, Antonino, 1968 " An Shih － kao: biografia e note critiche," *Annali dell'Istituto Orientale di Napoli*, 28, pp. 151－194.

Funayama, Tōru, 2006 "Masquerading as Translations: Examples of Chinese Lectures by Indian Scholar—monks in the Six Dynasties Period," *Asia Major*, Third Series, vol. XIX, parts 1－2, pp. 39－55.

Gethin, R. M. L., 2001（2nd ed.）*The Buddhist Path to Awakening*, Oxford: Oneworld.

Harrison, Paul, 1990 *The Samādhi of Direct Encounter with the Buddhas of the*

Present: An annotated English Translation of the Pratyutpanna - Buddha - Saṃmukhāvasthita - Samādhi - Sūtra with Several Appendices relating to the History of the Text, Studia Philologica Buddhica (Monograph Series V) , The International Institute for Buddhist Studies, Tokyo.

Hung, Hung-lung 洪鸿荣 (Hong Hongrong = Shi Guohui 释果晖), 2006 "The Newly Found Kongō—ji Manuscript An—Ban Shou—Yi Jing and T 602 Fo— Shuo Da An—Ban Shou—Yi Jing - An Analysis of T 602 to Distinguish the Original Scripture from its Commentary, " *Indogaku Bukkyōgaku Kenkyū* (印度学仏教学研究) , vol. 54, 3, pp. 1226 - 1231.

Hung, Hung-lung 洪鸿荣 (Hong Hongrong = Shi Guohui 释果晖), 2008 "Does the Newly Discovered *An Ban Shou Yi Jing* Originate from an Indian—language—Text or Not?, " *Indogaku Bukkyōgaku Kenkyū* 印度学仏教学研究, vol. 56, 3, pp. 1173 - 1180.

Hung, Hung-lung 洪鸿荣 (Hong Hongrong = Shi Guohui 释果晖), 2009 "The Newly—discovered *An Ban Shou Yi Jing* and *Yinchiru Jing* T 603, " *Indogaku Bukkyōgaku Kenkyū* (印度学仏教学研究) , vol. 57, 3 (2009) , pp. 1278 - 1284.

K. L. Dhammajoti, Bhikkhu, 2008 " The Sixteen—mode Mindfulness of Breathing, " *Journal of the Centre for Buddhist Studies*, vol. 6, pp. 251 - 288.

K. L. Dhammajoti, Bhikkhu, 2009 "The Doctrine of the Six—stage Mindfulness of Breathing, " in K. L. Dhammajoti et al. (eds.) , *Buddhist and Pali Studies in Honour of the Venerable Professor Kakkapalliye Anuruddha*, Hong Kong: Centre of Buddhist Studies, University of Hong Kong, pp. 639 - 650.

Kajiura, Susumu(梶浦晋), 2001 "Kongōji issaikyō to shinshutsu An Seikō yaku butten(金刚寺一切経と新出安世高訳仏典) , " *Bukkyōgaku seminā* (佛教学セミナー) n. 73, May 2001, pp. 25 - 43.

Kanno, Hiroshi, 2003 "Chinese Buddhist Sutra Commentaries of the Early Period, " *Annual Report of The International Research Institute for Advanced Bud-dhology at Soka University for the Academic Year* 2002, n. 6, pp. 301 – 320.

Lamotte, Étienne, 1976 *Le traité de la Grande Vertu de Sagesse de Nāgārjuna (Mahāprajñāpāramitāśāstra)* , Tome IV, Louvain.

Ñāṇamoli, Bhikkhu (tr.), 1991 *The Path of Purification (Visuddhimagga)* , Kan-dy: Buddhist Publication Society (1ˢᵗ ed. Colombo 1956).

Nattier, 2008 *A Guide to the Earliest Chinese Buddhist Translations: Texts from the Eastern Han* 东汉 *and Three Kingdoms* 三国 *Periods*, Tokyo: The Interna-tional Research Institute for Advanced Buddhology – Soka University (Bibli-otheca Philologica et Philosophica Buddhica X), Jan.

Palumbo, Antonello, 2003"Dharmarakṣa and Kaṇṭhaka: White Horse Monasteries in Early Medieval China, " in: Giovanni Verardi and Silvio Vita (eds.), *Buddhist Asia 1. Papers from the First Conference of Buddhist Studies Held in Naples in May* 2001, (Università di Napoli "L'Orientale". Centro di Studi sul Buddhismo), Italian School of East Asian Studies, Kyoto, pp. 167 – 216.

Pelliot, Paul, 1920 "Meoutseu ou les doutes levés: Traduit et annoté, " *T'oung Pao* vol. XIX, pp. 255 – 433.

Shi, Guohui 释果晖 (= Hung, Hung-lung), 2008 a "The Textual Formation of the Newly Discovered *Anban shouyi jing*, " *Chung—Hwa Buddhist Journal* (中华佛学学报), no. 21, pp. 123 – 143.

Shi, Guohui 释果晖 (= Hung, Hung-lung), 2008b *"Bussetsu Dai anban shui kyō ni okeru ' honbun' to ' chū' no kaimei* (『佛说大安般守意经』における「本文」と「注」の解明), " *Dharma Drum Journal of Buddhist Studies*, no. 3, pp. 1 – 65.

Tokuno, Kyoko, 1990 "The Evaluation of Indigenous Scriptures in Chinese Bud-dhist Bibliographical Catalogues, " in: Buswell, Robert E. (ed.), *Chinese Buddhist Apocrypha*, Honolulu: University of Hawaii Press, pp. 31 – 74.

Tsukamoto, Zenryū, 1985 *A History of Early Chinese Buddhism. From its Introduc-*

tion to the Death of Hui—yüan (Translated by Leon Hurvitz), 2 vols., Tokyo: Kodansha International LTD.

Zacchetti, Stefano, 2002a "Brief Communication: On the Authenticity of the Kongōji Manuscript of An Shigao's *Anban Shouyi jing* 安般守意经," *Annual Report of The International Research Institute for Advanced Buddhology at Soka University for the Academic Year* 2001, n. 5, pp. 157‒158.

Zacchetti, Stefano, 2002b "An Early Chinese Translation corresponding to Chapter 6 of the *Petakopadesa* ‒ An Shigao's *Yin chi ru jing* T 603 and its Indian Original: A Preliminary Survey," *Bulletin of the School of Oriental and African Studies*, vol. 65 (1), pp. 74‒98.

Zacchetti, Stefano, 2003 "The Rediscovery of Three Early Buddhist Scriptures on Meditation: A Preliminary Analysis of the *Fo shuo shi'er men jing*, the *Fo shuo jie shi'er men jing* Translated by An Shigao and Their Commentary Preserved in the Newly Found Kongō—ji Manuscript," *Annual Report of The International Research Institute for Advanced Buddhology at Soka University for the Academic Year* 2002, n. 6, pp. 251‒299.

Zacchetti, Stefano, 2004a "Teaching Buddhism in Han China: A Study of the *Ahan koujie shi'er yinyuan jing* T 1508 Attributed to An Shigao," *Annual Report of The International Research Institute for Advanced Buddhology at Soka University for the Academic Year* 2003, n. 7, pp. 197‒224.

Zacchetti, Stefano, 2004b "An Shigao's Texts Preserved in the Newly Discovered Kongō—ji Manuscript and Their Significance for the Study of Early Chinese Buddhism," *Indogaku Bukkyōgaku Kenkyū* (印度学仏教学研究), vol. 52, 2 (2004), pp. 57‒60.

Zacchetti, Stefano, 2005 *In Praise of the Light: A Critical Synoptic Edition with an Annotated Translation of Chapters* 1‒3 *of Dharmarakṣa's Guang zan jing* 光赞经, *Being the Earliest Chinese Translation of the Larger Prajñāpāramitā*, Tokyo: The International Research Institute for Advanced Buddhology-Soka

University (Bibliotheca Philologica et Philosophica Buddhica VIII).

Zacchetti, Stefano, 2007 "Inventing a New Idiom: Some Aspects of the Language of the *Yin chi ru jing* 阴持入经 T 603 Translated by An Shigao, " *Annual Report of The International Research Institute for Advanced Buddhology at Soka University for the Academic Year* 2006 n. 10, pp. 395－416.

Zacchetti, Stefano, 2009 "Some remarks on the Authorship and Chronology of the *Yin chi ru jing zhu* T 1694: The Second Phase in the Development of Chinese Buddhist Exegetical Literature, " forthcoming in Giacomella Orofino and Silvio Vita (eds.), *Buddhist Asia 2. Papers from the Second Conference of Buddhist Studies Held in Naples in June* 2004, (Università di Napoli "L'Orientale". Centro di Studi sul Buddhismo), Italian School of East Asian Studies, Kyoto.

Zacchetti, Stefano, 2010 "Defining An Shigao's 安世高 Translation Corpus: The State of the Art in Relevant Research, " forthcoming in Historical and Philological Studies of China's Western Regions(西域历史语言研究集刊), No. 3, 2009.

Zürcher, Erik, 1959 *The Buddhist Conquest of China* (1ˢᵗ ed.), Leiden: E. J. Brill.

Zürcher, Erik, 1978 "review of some works published in Mélanges de sinologie offerts à Monsieur Paul Demiéville II, Bibliothèque de l'Institut des Hautes Etudes Chinoises, vol. XX, Paris 1974, " T'oung Pao LXIV, pp. 114－124.

Zürcher, Erik, 1991 "A new look at the earliest Chinese Buddhist texts, " in: Koichi Shinohara and Gregory Schopen (eds.), *From Benares to Beijing, essays on Buddhism and Chinese Religion in honor of Prof. Jan Yün-hua*, Oakville, Ontario: Mosaic, pp. 277－300.

巴斯韦尔, 2004, 《守其的高丽大藏经校勘记及其在佛教文献校勘上的意义》, 《高丽研究学志》第 9 期, 第 129—184 页。

白安敦, 2003, 《竺法护与犍陟：早期中古中国的白马寺》, 载维拉第与维塔（编）《亚洲佛教 1：2001 年 5 月在那不勒斯举行的佛教研讨会论文集》，那不勒斯东方大学、佛教研究中心、意大利国立东方学研究所，京都，第 167—216 页。

伯希和，1920，《〈牟子理惑论〉译注》，《通报》第 19 期，第 255—433 页。

船山彻，2006，《伪装成翻译：六朝时期印度学问僧讲法诸例》，《亚洲专刊》第 XIX 卷，第 1—2 部分，第 39—45 页。

大田辰夫，1988，《中国语史通考》，东京：白帝社。

德野京子，1990，《汉语佛教经录之中的本土经典检视》，载巴斯韦尔（编辑）：《中国佛教疑伪经》，火奴鲁鲁：夏威夷大学出版社，第 31—74 页。

董志翘、蔡镜浩，1994，《中古虚词语法例释》，长春：吉林教育出版社。

杜继文译，1997，《安般守意经》（中国佛教经典宝藏精选白话版第 116 号），台北：佛光文化事业有限公司，。

法灯比丘，2009，《安般念在断代发展上的两个阶段》，收于法光法师等（编）《佛教与巴利学研究：阿耨罗陀长老纪念集》，香港：香港大学佛教研究中心，第 567—582 页。

法光法师，2008，《调息的六种模式》，《佛教研究中心学报》第 6 期，第 251—288 页。

法光法师，2009，《调息六个阶段的教义》，收于于法光法师等（编）《佛教与巴利学研究：阿耨罗陀长老纪念集》，香港：香港大学佛教研究中心，第 639—650 页。

方广锠，2004，《道安评传》，北京：昆仑出版社。

傅洛林，1992，《〈禅经〉的数息观》，收于《国际东方学者会议纪要》，卷 XXXVII，国际东方学会，第 42—57 页。

傅洛林，1992，《安世高译『安般守意经』现行本の成立について》，《东洋の思想と宗教》第 9 期，第 48—63 页。

傅洛林，2003，《新发现的安世高译〈安般守意经〉》，《国际佛教学大学院大学研究纪要》第 6 号，3 月，第 63—100 页。

富安敦，1968，《安世高：传记与评注》，《那不勒斯东方研究所年鉴》28，
　　　第 151—194 页。

葛汀，2001，《觉悟之道》（第二版），牛津：万伍德。

何离巽，1990，《〈般舟三昧经〉：英语译注及其文献史的附录》，（文献学
　　　佛教学研究著作系列之五），东京：国际佛教研究所。

洪鸿荣（释果晖），2006，《新发现的金刚寺本〈安般守意经〉与 T. 602
　　　〈大安般守意经〉：对 T. 602 的分析以区分出其原始经本与注释》，收
　　　于《印度学佛教学研究》卷 54，3（2006），第 1226—1231 页。

洪鸿荣（释果晖），2008，《新发现的〈安般守意经〉是否由印度原语译
　　　出?》，《印度学佛教学研究》卷 56，3（2008），第 1173—1180 页。

洪鸿荣（释果晖），2009，《新发现的〈安般守意经〉与〈阴持入经〉 T
　　　603》，《印度学佛教学研究》卷 57，3（2009），第 1278—1284 页。

胡敕瑞，2002，《〈论衡〉与东汉佛典词语比较研究》，成都：巴蜀书社。

胡敕瑞，2005，《中古汉语语料鉴别述要》，《汉语史学报》（第五辑），第
　　　270—279 页。

荒牧典俊，1971，《インド仏教から中国仏教へ—安般守意经と康僧会・道
　　　安・谢敷序など》，《佛教史学》卷 15 第 2 期，第 121—165 页。

髻智译，1991，《清净道论》，坎地：佛教出版学会（初版科隆坡 1956 年
　　　版）。

菅野博史，2003，《早期中国佛经注释》，《创价大学国际佛教学高等研究
　　　所年报》2002 学术年，卷 6，第 301—320 页。

柯蔚南，1983，《东汉音韵笺释通览》，香港：香港中文大学出版社。

拉莫特，1976，《大智度论》卷 4，鲁汶。

李富华、何梅，2003，《汉文佛教大藏经研究》，北京：宗教文化出版社。

李维琦，2004，《佛经词语汇释》，长沙：湖南师范大学出版社。

林克，1976，《从公元二世纪到四世纪汉传佛教教义统一性的证据，安世高
　　　〈大安般守意经序〉与康僧会对"禅定波罗密"的介绍》，载帕森斯

（编）：《宾汉姆教授七十五岁纪念集》，旧金山：中国资料中心，第55—126 页。

林屋友次郎，1941，《经录研究》（第 1 册），东京：岩波书店。

落合俊典，2002，《『大安般经』と『小安般经』》，《印度学仏教学研究》卷 51，1，第 31—36 页。

落合俊典，2004，《金刚寺一切経の基础的研究と新出仏典の研究》，东京：研究报告。

那体慧，2008，《最早汉语佛教译经指南：东汉、三国时期的经典》（佛教目录学、文献学与哲学系列之十），东京创价大学高等佛教研究所。

塚本善隆，1985，《早期中国佛教史：从开始到慧远去世》（2 卷），郝理庵翻译，东京：国际讲谈社，。

师觉月，1927，《中国的佛教藏经：译者与译文》卷一，巴黎。

释果晖（洪鸿荣），2008，《新发现〈安般守意经〉的文献信息》，《中华佛学学报》第 21 卷，2008 年，第 123—143 页。

释果晖（洪鸿荣），2008b，《『佛说大安般守意经』における「本文」と「注」の解明》，《法鼓学报》第 3 期，第 1—65 页。

水野弘元，1981，《法句经の研究》，东京：春秋社。

谭世保，1991，《汉唐佛史探真》，广州：中山大学出版社。

汤用彤，2000，《汤用彤全集》（7 卷本），石家庄：河北人民出版社。

王力，2000，《王力古汉语字典》，北京：中华书局。

许理和，1972［1959］，《佛教征服中国》，莱顿：博睿。

许理和，1978，《书评：〈致献戴密微先生的汉学纪念集〉II，高等汉学研究所图书馆，卷 XX，巴黎，1974》，《通报》LXIV，第 114—124 页。

许理和，1991，《最早的汉语佛教经典新见》，载筱原亨一与绍本（编）《从瓦拉纳西到北京：冉云华教授佛教与中国宗教纪念集》，奥克维尔，安大略：摩塞克，第 277—300 页。

姚永铭，2003，《慧琳〈一切经音义〉研究》，南京：江苏古籍出版社。

俞理明，1993，《佛经文献语言》，成都：巴蜀书社。

宇井伯寿，1956［1979］：《释道安研究》，东京：岩波书店。

宇井伯寿，1971，《訳経史研究》，东京：岩波书店。

张赪，2000，《魏晋南北朝时期"着"字的用法》，《中文学刊》第 2 期，第 121—138 页。

中嶋隆藏，1997，《出三藏记集—序卷訳注》，京都：平乐寺书店。

左冠明，2002a，《简讯：关于金刚寺本安世高〈安般守意经〉的真伪》，《创价大学国际佛教学高等研究所 2001 年年报》5，第 157—158 页。

左冠明，2002b，《〈藏释〉第六章的一个早期汉译对应本：安世高的〈阴持入经〉T603 及其印度起源的初步研究》，《亚非学院院讯》65（1）号，第 74—98 页。

左冠明，2003，《三部早期禅定佛教经典的重新发现：新发现金刚寺安世高译〈佛说十二门经〉、〈佛说解十二门经〉以及注释的初步研究》，《创价大学国际佛教学高等研究所 2002 学术年年报》卷 6，第 251—299 页。

左冠明，2004a，《在中国的汉代传授佛教：归名为安世高的〈阿含口解十二因缘经〉T. 1508 研究》，收于《创价大学国际佛教学高等研究所年报》第 7 期，第 197—224 页。

左冠明，2004b，《新发现写本之中所保存的安世高经典及其对早期汉传佛教研究的重要性》，《印度学佛教学研究》卷 52.2，第 251—299 页。

左冠明，2005，《最早的汉译〈大品般若经〉——竺法护的〈光藏经〉：全书概介及第 1—3 品注释翻译》（佛教目录学、文献学与哲学丛书第 8 册），东京：创价大学国际佛教高等研究所。

左冠明，2007，《发明新语言范式：安世高译〈阴持入经〉T. 603 的若干方面》，《创价大学国际佛教学高等研究所 2006 学术年年报》卷 10，第 395—416 页。

左冠明，2010，《〈阴持入经注〉T. 1694 的作者与系年散论：汉语佛教注释文献发展的第二阶段》，载奥罗菲诺与维塔（编）《亚洲佛教 2：2004 年 6 月在那不勒斯举行的第二届佛教研讨会会议论文》（那不勒斯东方大学，佛教研究中心），意大利国立东方学研究所，京都，第 141—198 页。

左冠明，2010b，《确定安世高的译经集：及其相关研究综述》，载沈卫荣（主编）《西域历史语言研究集刊》（第 3 辑），北京：科学出版社，第249—270 页。

敦煌疑伪经语料年代考察
——以《佛说现报当受经》为例[*]

邵天松

一、敦煌写本中的疑伪经

佛教自汉末传入中国以后，随即得到了广泛的传播。伴随着大量的佛教经典的传译，也逐渐出现了一类特殊佛教典籍——疑伪经。

最早提出疑伪经问题的是东晋道安，其在所著《综理众经目录》中专设《疑经录》，共 26 部，30 卷。其后南朝梁僧祐《出三藏记集·新集疑经伪撰杂录》著录新出疑经 46 部，56 卷。而僧祐则第一次提出了用"真经"来确指佛教经典，同时也提出"疑经"的概念："夫真经体趣融然深远，假托之文辞意浅杂。玉石朱紫无所逃形也。今区别所疑，注之于录，并近世妄撰，亦标于末。并依倚杂经而自制名题。进不闻远适外域。退不见承译西宾。我闻兴于户牖，印可出于胸怀，诳误后学，良足寒心。"①

由上可知，所谓"疑伪经"，一般来说是相对于真经而言的。真

＊　本文原载《汉语史学报》2012 年第十二辑。承蒙《汉语史学报》编辑部和匿名审稿人提出细致的修改意见，谨致谢忱。文中错误概由本人负责。

①　参见僧祐著，苏晋仁、萧炼子点校，1995，《出三藏记集》，北京：中华书局，第 224 页。

经乃源自外域，或译自梵本，或译自西域原本，其义理也一定符合佛教教义。而疑伪经则指非佛说的托名经，包括伪经和疑经：伪经即假托"佛说"而伪造的经典，基本指中国佛教撰述家（也包括日本等）模仿印度佛教经律论，并假借汉文翻译形式出现的佛教著作。其来历可疑而被怀疑为"伪经"的佛教经典则被称为"疑经"（梁晓虹1999：361）。疑伪经因为被认为是妄说，历代修藏均被摈弃在外，以致曾一度在民间传抄流布的疑伪经得不到保存和整理，随着时代的变迁，不少已散佚失落。

然而，随着敦煌藏经洞重见天日，人们在敦煌佛教文献中发现了大量疑伪经抄本。① 仅据日本《大正新修大藏经》第85卷《古逸部、疑似部》所录，出自敦煌文献的疑伪经便有52部。此外方广锠先生主编《藏外佛教文献》第一至第七辑，也校录了12部敦煌疑伪经。这些资料引起了人们极大的兴趣，但学者研究的重心却主要在于从佛教义理方面判断其真伪，或借助疑伪经研究中国佛教及其思想文化。近年来有学者开始尝试从汉语史角度探讨疑伪经的语言学价值，如梁晓虹《从〈佛说孝顺子修行成佛经〉看"疑伪经"在汉语史研究中的作用》（1999）、郑阿财《敦煌疑伪经的语言问题》（2005）等。通过这些考察，人们认识到，疑伪经"是一种特殊的语言，因为其形成背景和流传环境的诸种因素，决定了它在语言上极为通俗，特别口语化的特点"。（梁晓虹1999：373）"且具有语言的时代特征，其在汉语史研究的作用与价值实不可小觑。"（郑阿财2005：283）不可否认，疑伪经对于汉语史的研究具有重要的语料价值。但要作为汉语史

---

① 翟理斯在其《英伦博物馆汉文敦煌卷子收藏目录》中共列出297部伪经。参见翟理斯，1985，《英伦博物馆汉文敦煌卷子收藏目录》，载黄永武（主编）《敦煌丛刊初集（一）》，台北：新文丰出版公司。

研究的可靠语料，其年代必须明确。因为语料年代的准确是立论的前提，也是汉语史研究的根本。正如蒋绍愚（2005：305）指出："研究近代汉语，首先要确定作品的年代。用几部时代大致确定的作品作为数据，观察其中的语言现象，加以分析研究，得出相应的结论，这是近代汉语研究的基本方法。如果有些作品年代不确定，那就要设法考定其时代。"蒋先生这段话虽是就近代汉语研究而言，但是对整个汉语史的研究同样具有重要的指导意义。就疑伪经而言，其中有相当部分译者不详，翻译年代不明，这就大大影响了疑伪经的语料价值。因此鉴别这部分疑伪经语料的翻译年代便成了我们利用疑伪经展开语言研究的前提工作。以下我们将以敦煌写本疑伪经《佛说现报当受经》为例，对敦煌疑伪经语料年代进行尝试性的考察。

二、《佛说现报当受经》叙录

敦煌写本中定名为《佛说现报当受经》的残卷一共有三件，分别是英藏 S. 2076、俄藏 Дx. 00495 和 Дx. 02252。兹叙录如下：

（一）英藏 S. 2076

日本学者矢吹庆辉将其收录于《大正藏》第八十五册的《疑似部》，现在我们看到的大正藏《佛说现报当受经》一卷就是据此移录的。该残卷首缺尾完，起于"政一人独行而无伴侣"，讫于卷末，尾题"佛说现报当受经一卷"，背题"佛说现报当受经"，前后皆无译人、抄写者之名，也无年代、地点、施舍人的题记。残卷共有 87 行，行间均有墨尺打的墨线栏，内文每行固定 17 字，共 1455 字，楷书。

有学者判定其为公元 7 世纪的写本。①

（二）俄藏 Дx. 00495

该残卷为手卷上部，首尾缺。右上角破残。19 行，不全。纸色褐，纸质脆，画行有的地方稍粗，楷书。无题字。起于"欢喜媒人还"，讫于"有一切"，抄写时间为公元 7 至 8 世纪（孟列夫 1999：392）。

（三）俄藏 Дx. 02252

该残卷为部分手卷，首尾缺，上半部几乎全部破残。23 行，其中最后 4 行全，每行 17 字。纸色暗褐，纸质厚而脆，纸面光滑，网格很细小，画行稍粗。楷书，无题字，起于"上事时"，讫于"者子形容端政妻近始亡见此女人又复端"，抄写时间为公元 7 至 8 世纪（孟列夫 1999：349）。

俄藏 Дx. 02252 和 Дx. 00495 直接相连，后经缀合，构成一件残卷（图版见《俄藏敦煌文献》第六册第 366 页），正是英藏 S. 2076 的前面部分。而这一残卷因为未录于《大正藏》，往往被研究者所忽视。② 我们在讨论《佛说现报当受经》的语料年代时，将这部分残卷的内容一并列入考查范围。

---

① 参见翟理斯：《英伦博物馆汉文敦煌卷子收藏目录》，载黄永武（主编），1985，《敦煌丛刊初集（一）》，台北：新文丰出版公司。

② 如王文颜《佛典疑伪经研究与考录》（1997，台北：文津出版社）论及"现报当受经一卷"仅云"今《大正藏》第八十五册据敦煌写本收录此经"。曹凌《中国佛教疑伪经综录》（2011，上海：上海古籍出版社）亦认为现存《现报当受经》仅有英藏 S. 2076，似均未着意此俄藏残卷。

三、《佛说现报当受经》断代考察

《佛说现报当受经》是一篇讲述阿罗汉比丘尼的业报本生因缘故事。故事内容为一女子受种种苦，后佛陀为其说法令得阿罗汉道，并述说所受诸苦及最后能见佛得解脱，是由于前世如何的因由而成。最后经文借佛陀之口说明报应不虚，应谨慎言行。情节曲折生动，颇多对话，有着浓厚的口语特色。对于此经的著录，《大周录》卷十五、《开元录》卷十八及《贞元录》卷二十八均将此经列入伪经录。除此之外，其他的现存早期经录并没有记载这部经。如果根据最早著录的《大周录》来考察，该经出现时间当是《大周录》编订之前，也就是公元 695 年以前。这和翟理斯判断该经的写本年代是一致的。若果真是如此，那么这部《佛说现报当受经》便是太田辰夫先生所言的"同时资料"。但《大周录》在著录时却指出该经"古来相传皆云伪谬"，似乎又说明该经古已有之。有学者从文献学角度对该经的疑伪问题作过专门考察，判断该经是伪造经典的可能性比较低。同时指出该经的故事情节与《贤愚经·微妙比丘尼品》《大方便佛报恩经·慈品》《根本说一切有部毗奈耶杂事》颇为相似，可能是同源别译。尤其与《贤愚经·微妙比丘尼品》除了次序稍有差异外，最为相似，"不禁令人联想二者之间或许传入年代相近"（释长梵 2001）。如果上述推论属实的话，《贤愚经》为北魏慧觉等所译①，那么《佛说现报当受经》的成书年代也应该在这一时间段，即南北朝之际。为了证明上述的判断，我们尝试运用语言学的考证方法，对《佛说现报当

---

① 据任继愈主编《中国佛教史》（第三卷）《南北朝译经目录》所记载，《贤愚经》的译出年代为北魏太平真君六年（公元 445 年）。

受经》的成书年代作一些初步的探索。管窥蠡测，未必有当，敬请
方家达士垂教。

（一）语法方面

1. 被动式

《佛说现报当受经》篇幅不长，但其中的被动式却较为丰富，共
三种句式六种结构：

1)"为"字式

A. 为+NP+V

> 令我生生世世夫为蛇螫，子为水溺，儿为虎食。

这种结构中的 NP 为动作的施事者，该结构春秋时期已见，并一
直沿用至汉代（王力 1989：275）。而中古时期，包括中古译经中该
结构仍有使用，如：

> 此楚之三军所以为黥布禽也。（《三国志·蜀书·诸葛亮传》
> 注引《汉晋春秋》）

> 元慎清尚卓逸，少有高操。任心自放，不为时羁。（《洛阳
> 伽蓝记·城东》）

> 时为众宾或瞋或笑。（《百喻经·愚人集牛乳喻》）

B. 为+NP+V+O

> 径得三日，仍为野狐欲嗽死尸，来坌此冢。

该例中被动式动词后带有宾语。这一结构先秦时尚未出现，据调
查，目前最早的用例出自《史记》和《论衡》（曹小云 1999）。如：

> 吾子，白帝子也，化为蛇，当道，今为赤帝子斩之，故哭。
> （《史记·高祖本纪》）

> 公惧，坠于车，伤足丧履，而为贼杀之。（《论衡·订鬼》）

但两汉时期，这种结构较为罕见。到了魏晋之后，这种结构开始多起来。如：

颢与数十骑欲奔萧衍，至长社，为社民斩其首，传送京师。（《洛阳伽蓝记·城内》）

比丘亦尔，乐在众务愦闹之处，贪少利养，为烦恼贼夺其功德、戒宝、璎珞。（《百喻经·小儿得欢喜丸喻》）

年登婚宦，暴慢日滋，竟以言语不择，为周逖抽肠衅鼓云。（《颜氏家训·教子》）

C. 为+NP+V+C

汝家失火，大小悉皆为火烧杀，并无人在。

该例中"为"与表结果的述补结构相结合。需要引起我们注意的是述补结构中的补语成分"杀"。"杀"字自汉代开始产生了不及物动词的用法，相当于"死"，能够充当补语成分。魏晋时期这种用法得到了普遍的运用（祝敏彻1958：23）。如：

吾睹两道士，以慈待子，吾心切悼，甚痛无量。道士子者，吾射杀之。（《六度集经·卷五》）

袁绍孤客穷军，仰我鼻息，譬如婴儿在股掌之上，绝其哺乳，立可饿杀。奈何乃欲以州与之？（《三国志·魏书·袁绍传》）

D. 为+NP+V+C+O

径得七日，为诸群贼劫破此家，欲求财物。

该例中"为"后的述补结构又带上受事宾语。这种结构可以看成是 B 式和 C 式的结合，应当是在 B 式和 C 式成熟的基础上产生的。

2）为……所

姊，今何故颜容媚丽，憔悴如此？为何所苦？

贼师后时劫破一村，为他所煞（杀）。

"为……所"式被动句先秦时期已见用例，但数量不多。据唐钰明（1987），东汉之后，"为……所"式成为占压倒优势的被动式。

3）为……之所

其子见母即投趣水，而为波浪之所没溺。

合家大小悉皆为火之所烧杀。

据柳士镇（1992：322），"为……之所"式，汉末之前有少数用例，但比较集中、比较常见，却是魏晋时期才有的现象。《佛说现报当受经》中出现频率最多的被动式之一正是"为……之所"式。共有4例。

我们将《佛说现报当受经》中出现的被动句式统计如下（如表1所示）：

表1

被动式	数量	百分比
为+NP+V	4	26.7%
为+NP+V+O	2	13.4%
为+NP+V+C	1	6.7%
为+NP+V+C+O	2	13.4%
为……所	2	13.4%
为……之所	4	26.7%
总计	15	100%

从上表中，我们可以看到，《佛说现报当受经》中出现的被动式均为中古常见的"为"字系列的被动句，包括"为……V""为……所""为……之所"。而唐代习见的"被"字句则一例也没有。这种

情况与唐钰明（1987）调查的《吐鲁番出土文书》（1 至 5 册）使用被动式的情况——"'六朝部分'以'为'字句为主，'唐代部分'则仅见'被'字句"是相一致的。

2."共"的使用

"共"在先秦时期，常用作副词。南北朝时期开始用作交与介词，主要引进偕同对象，相当于"与、跟"。《佛说现报当受经》中"共"字出现的格式有三种：

1）（与 N）共 V

有一健儿，即拔利刀，与贼共战，斩煞（杀）贼师。

我妻始死，汝既无夫，我今二人共为夫妇，能尔以否？

2）共相 V

相随至家，共相爱念，即径一年便生一男。

长者子出外游行，与诸朋伴共相饮会，至冥而还。

以上两种格式中的"共"均是副词。据马贝加（2002），副词"共"出现于"与+N+共+V"格式中，最迟汉代已见。六朝时期仍有沿用。如《后汉书·王常传》："别徇汝南、沛郡，还入昆阳，与光武帝共击破王寻、王邑。""共 V"格式六朝时期亦见其例，如《三国志·魏书·王朗传》裴注："四姓欲共治之，夏乃游逸，东谒京师。""共相"则是副词"共"与表互指的"相"构成的副词组合。佛经中多有其例。据 CBETA 检索，共有 10531 个用例，其中最早见于东汉支谶译《般舟三昧经》卷下："归到罗阅祇国，至跋陀和菩萨家，共相佐助，作诸饭具。"（13—914b）

3）共 NV

时长者子即共其妻并及二子随路而去。

上例中，"共"作介词，引进偕同对象，相当于"与、跟"。据刘坚（1989），"共"的这种用法大约始于南北朝时期。

（二）词汇方面

抄掠

> 群贼抄掠，国王患之。

> 而是群贼忽于后时抄掠村中。

"抄掠"，抢劫掠夺之义。我们检索了 29 部可靠的东汉译经①，未见该词。三国译经中亦未见该词。目前最早的用例见于西晋竺法护译《大宝积经》卷一百一十八："其路艰险，众难难计。阻邃曲隘，寇贼抄掠，师子虎狼还相食噉。"（11—668a）中土文献中最早用例见于《后汉书·袁安传》："北虏既已和亲，而南部复往抄掠。"

断命

> 妻不忍食，即拔利刀而欲断命，妻为贪命遂便食子，一时都尽。

"断命"即了断性命，乃杀害之义。《慧琳音义》卷七十八"扑杀"注云："下山札反，戮也，斩也，断命也。"② 可证其义。"断命"一词，东汉译经未见，可靠的三国译经亦未见。目前最早的用例见于西晋竺法护译《佛说鹿母经》："如何见孤背，断命没终此。"（3—456a）。此外又如东晋佛陀跋陀罗共法显译《摩诃僧祇律》卷十七："譬如有人犯罪于王，王使人裂解支节，刵劓耳鼻，锯解刀折，段段斫截，象蹈马踏。如是种种若毒断命。"（22—362b）该词中土文献

---

① 《大正藏》中收录的东汉译经多达96种，此处我们根据许理和《最早的佛经译文中的东汉口语成分》［蒋绍愚译，载《语言学论丛》（第十四辑）］的考订，确认其中29部为可靠的东汉译经。

② 《大正藏》本《慧琳音义》"扑杀"注云"下山礼反"，误。今从徐时仪校注，2008，《一切经音义三种校本合刊》，上海：上海古籍出版社。

罕见，仅捡得两例，且都是出现在与佛教有关的文献中。如南朝梁萧衍《断酒肉文》："诸大德僧尼，当知啖食众生者是魔行，啖食众生，是地狱种，啖食众生，是恐怖因，啖食众生，是断命因，啖食众生，是自烧因，啖食众生，是自煮因。"南朝陈徐陵《谏仁山深法师罢道书》："出家无当之僧，犹胜在俗之士，假使心存杀戮，手无断命之愆"。

弃薄

是时大妇即自思惟："我为大妇并无儿子，始取妾来未得多年，以生一男儿。若长大，财当属已，我必为夫之所弃薄。"

"弃薄"，厌弃，鄙弃。这是中古时期产生的一个新词。目前最早用例是南朝宋求那跋陀罗译《杂阿含经》卷四："自弃薄其妻，又不入淫舍"（2—28c）同书卷三十："当作是念：此是我师，我所重敬，众僧弃薄。"（2—214b）中土文献中唐代始见，如唐令狐德棻撰《周书·司马消难传》："其妻高，齐神武女也。在邺极加礼敬，入关便相弃薄。"

娉财

□□看吉日度送娉财克日往□□

"娉财"指行聘礼时所赠财物。《说文·女部》："娉，问也。从女，甹声。"段注："凡娉女及聘问之礼，古皆用此字。娉者，专词也；聘者，泛词也。"据此，娉为娉取之本字，后作聘，娉与聘当为一对古今字。"娉财"也是中古时期产生的新词。如北魏贾思勰《齐民要术》卷五："娉财资遣，粗得充事。"《晋书·东夷列传》："其婚姻，富家厚出娉财，窃女而去。"

儿息

乃于过世无数劫时有长者子，财富无量，取得一妇，径年度月并无儿息。

"儿息"意即子嗣。中古始见。佛经中最早用例见于三国吴支谦译《菩萨本缘经》卷中："王闻是语扼腕而言：怪哉我子爱法太过，乃至不惜所爱儿息。"（3—58c）后世佛经中亦见，如南朝梁僧祐《经律异相》卷十三："夫妇孤独乏无儿息。"（53—64a）中土文献亦见该词，《大词典》收入该词，首引书证为晋李密《陈情事表》："门衰祚薄，晚有儿息。"

食噉

其子见母即投趣水，而为波浪之所没溺，复上岸上欲抱大子，即为虎狼之所食噉。

"噉"，同"啖"，亦食也。《说文·口部》："啖，噍啖也。一曰噉。"食噉，同义连文。《慧琳音义》卷二七："食噉：大敢反，食也，或与啖同。"东汉佛经已见，如安世高译《长阿含十报法经》卷上："无有恚时和令消饮食噉，令身安调，发精进行。"（1—234b）后世佛经习见，如吴支谦译《菩萨本缘经》卷中："今此瑞应必定不祥，将非我夫命根断耶，或是虎狼师子恶兽食噉我子。"（3—58c）西晋竺法护译《生经》卷五："沙竭国王欲得善柔鹿王肉而食噉之，猎者亦募而行求之。"（3—102a）

不时

君昨冥还，唤我开门，我为生子不时开门，君斫门入即便问我，有何情异？

"不时"，不及时之义。汉代始见，《汉书·文帝纪》载文帝诏："老者非帛不暖，非肉不饱。今岁首，不时使人存问长老，又无布帛酒肉之赐，将何以佐天下子孙孝养其亲？"（收入《全汉文》卷一）佛经中最早用例出现于吴康僧会译《六度集经》卷五："王即怒曰：

当死乞人。吾现帝王一国之尊，问不时对而佯低头乎。"（3—25a）

存/存踞

　　　　其妻于后坚关门户，存地生子，血露狼藉。

　　　　夫还唤妻，妻为生子存踞在地，血露狼藉，不得开门。

　　"存踞"一词不见于各辞书及其他典籍。今考"存"当为"蹲"之借字。"存踞"即"蹲踞"。唐慧琳《一切经音义》卷十三"蹲踞"条注云："上音存，下居御反。二字互相训。蹲，踞也。踞，蹲也。"卷二十六"蹲地"条注："音存。"隋天竺三藏阇那崛多译《佛本行集经》卷五十五："以此因缘，怅快不乐。心生忧恼，蹲坐地上。思惟正念，忧愁此事。"（3—907a）《大正藏》校记云：宋本、元本及明本"蹲坐"皆作"存坐"。今检《赵城金藏》本，此处"蹲坐"亦作"存坐"。又《佛本行集经》卷五十七："时彼山内，多有猕猴。其数五百，被火烧毛，皆悉存地，摩灭身火。"（3—915a）唐栖复集《法华玄赞要集》卷九引作："山多猕猴，其数五百。被火烧毛，皆悉蹲地，摩灭其火。"（34—376c）此异文皆可证"存""蹲"二者可通。又隋吉藏《法华义疏》卷六："但欲界非安稳法，譬蹲踞也。"（34—535b）《大正藏》校记云：正仓院圣语藏本别写"蹲踞"作"存踞"。此为"存踞"即"蹲踞"之又一力证。

　　"蹲踞"同义连文，表示蹲下之义。中古佛典中习见，如东晋佛陀跋陀罗共法显译《摩诃僧祇律》卷三十九："二人共在房后，各出身坐，蹲踞相向，欲心相视。"（22—539c）姚秦鸠摩罗什译《妙法莲华经》卷二："鸠盘荼鬼，蹲踞土埵，或时离地，一尺二尺，往返游行。"（9—13c）中土文献亦见其例，如《晋书·王长文列传》："州辟别驾，乃微服窃出，举州莫知所之。后于成都市中蹲踞啮胡饼。"上引《佛说现报当受经》"妻为生子存踞在地"意谓妻子因为分娩产子蹲在地上。"存地"亦即"蹲地"，蹲在地上之义。"蹲地"一词中古佛典亦见，如东晋佛陀跋陀罗共法显译《摩诃僧祇律》卷三十："时比丘着入聚落衣，持钵入城，次行乞食至一家，见女人蹲地磨麨。"（22—469a）南朝梁宝唱等集《经律异相》卷二十一："我入城已，于酒家舍见一尼干，卷脊蹲地噉食酒糟。"（53—117a）

（三）俗字方面

漂

其妻啼哭，抱持二子即便前路，值一水坑，长漂急难可得度。

令我生生世世夫为蛇螫，子为水漂，儿为虎食。

按：漂即漂之俗字。《龙龛手镜·水部》将"漂""漂"列为一组，并注明"漂，俗"。慧琳《一切经音义》卷四十三"漂没"条："上匹遥反，经作漂，通俗字也。"卢巧琴（2011：38）通过对译经用字的考察指出："东汉译经只用'漂'，'漂'、'漂'互用首见于西晋，后呈上升趋势，至隋唐时，'漂'已几乎不见。"

通过以上的考察和对比，我们发现，从语法角度来看，《佛说现报当受经》中的部分语法结构承自两汉，但普遍得到运用均是在魏晋时期。也有部分语法结构是始于魏晋南北朝时期，如"共"作介词，引进偕同对象。从词汇方面看，《佛说现报当受经》中有部分词汇东汉译经中未见，有的则见于三国译经，还有的则始见于魏晋南北朝时期。此外，从俗字角度看，《佛说现报当受经》中也有始见西晋时期的俗字的运用。综合来看，我们认为《佛说现报当受经》全面反映了中古时期译经的语言面貌，其翻译年代应当在南北朝之际。这也和我们此前从文献学角度上的推测年代是相一致的。

参考文献

曹凌，2011，《中国佛教疑伪经综录》，上海：上海古籍出版社

曹小云，1999，《〈论衡〉被动句式研究》，《古汉语研究》第 2 期。

蒋绍愚，2005，《近代汉语研究概要》，北京：北京大学出版社。

梁晓虹，1999，《从〈佛说孝顺子修行成佛经〉看"疑伪经"在汉语史研究中的作用》，载江蓝生、侯精一（主编）《汉语现状与历史研究——首届汉语语言学国际研讨会论文集》，北京：中国社会科学出版社。

刘坚，1989，《试论"和"字的发展（附论"共"字和"连"字）》，《中国语文》第 6 期。

柳士镇，1992，《魏晋南北朝历史语法》，南京：南京大学出版社。

卢巧琴，2011，《东汉魏晋南北朝译经语料的鉴别》，杭州：浙江大学出版社。

孟列夫（主编），1999，《俄藏敦煌汉文写卷叙录（上册）》，袁席箴、陈华平译，上海：上海古籍出版社。

孟列夫（主编），1999，《俄藏敦煌汉文写卷叙录（下册）》，袁席箴、陈华平译，上海：上海古籍出版社。

任继愈，1988，《中国佛教史》（第三卷），北京：中国社会科学出版社。

释僧祐著，苏晋仁、萧炼子点校，1995，《出三藏记集》，北京：中华书局。

释长梵，2001，《敦煌写本〈佛说现报当受经〉初探》，《正观杂志》第 19 期。

唐钰明，1987，《汉魏六朝被动式略论》，《中国语文》第 3 期。

王力，1989，《汉语语法史》，北京：商务印书馆。

王文颜，1997，《佛典疑伪经研究与考录》，台北：文津出版社。

郑阿财，2005，《敦煌疑伪经的语言问题》，载季羡林、饶宗颐（主编）：《敦煌吐鲁番研究》（第八卷），北京：中华书局。

祝敏彻，1985，《先秦两汉时期的动词补语》，载《语言学论丛》（第二辑），北京：新知识出版社。

从词汇角度看《分别功德论》的翻译年代*

王毅力

　　《分别功德论》，5卷，失译，旧附后汉录。学界对此经的翻译年代的看法不一致，如吕澂（1980：77）认为是东汉失译经；方一新、高列过（2003）从语法和词汇两个方面考察，认为《分别功德论》"不像是后汉人翻译的佛典，倒是和魏晋译经的风格相近，把它当做东汉的语料来征引，是有问题的"。笔者在阅读该经时，发现该经中出现了一些具有晋时特点的词汇现象，据此认为该经的翻译年代可能不早于西晋，甚至是东晋。如有未当，祈请方家指正。

一、源自原典的词语

地肥

　　何谓众生不可思议？或云劫烧后，水补火处，随岚吹造宫殿讫，下有地肥。光音天上诸天辈，游戏至地，渐尝地肥，遂便身重，不能复还。（卷1，25/31a②）

　　昔日三灾流行，人民大饥。目连心念："此地下故有曩日地

　　* 本文原载《宗教学研究》2012年第1期，得到广东省教育厅育苗工程项目（批准号：wym11102）的资助，写作修改过程中承蒙方一新先生指教，谨此一并致谢。
　　② 文中所引佛经例句均据日本《大正新修大藏经》，例句后数字分别表示所在的册数、页码，字母表示栏数（a、b、c分别表示上、中、下栏）。

肥在中。今人民大饥，意欲反此地取下地肥以供民命。"（卷4，25/41b）

"地肥"，梵语 pṛthivī-parpataka 的意译，佛教谓劫初自然生于地上的一种食物。慧琳《一切经音义》卷73："地肥，劫初时脂也。亦名地味。"①《分别功德论》"地肥"共5见。据目前调查，"地肥"在东汉、三国译经中未见，最早见于东晋时期译经，且常见②。例如《长阿含经》8见，如卷6："是时甘泉自然枯涸，其后此地生自然地肥，色味具足，香洁可食。"（1/37c）《中阿含经》共15见，如卷39："彼众生生地肥，有色香味。"（1/674c）《增一阿含经》11见，如卷34："是时，地上自然有地肥，极为香美，胜于甘露。"（2/737a）该词后代多见，例不烦举。《大词典》失收该词，宜补。

捷槌/捷搥

迦叶实时鸣捷槌集众，于时寻有八万四千诸罗汉等承命来集。（卷1，25/30b）

众僧正罢，各还所止，捷搥适鸣已复来集。（卷2，25/33b）

"捷槌（搥）"，梵语 Ghaṇṭā 的音译。指寺院中的木鱼、钟、磬之类。上第2例中"捷搥"，宋、元、明及宫本作"犍搥"。据初步调查，"捷槌"不见于东汉三国译经，较早见于东晋时期译经。《十诵律》卷8："便入祇洹打捷槌。有比丘问居士：'何因缘故打捷搥？'"（23/59b）《鼻奈耶》卷9："时六群比丘取十七群比丘衣钵，

---

① "地肥"和"地味"当有别，如《中阿含经》卷39："地味灭后，彼众生生地肥。"（1/674c）同类的词还有"薄饼""地皮"等，如《大楼炭经》卷6："地味即没不复生，更生薄饼。"（1/308b）《起世经》卷10："由于此故地味灭没，次生地皮，次生林蔓，次生粳米。"（1/362b）

② 《阿育王传》见1例"地肥"，如卷7："尊者宾头卢申手分地下至四万二千里，取地肥示王。"（50/130b）《阿育王传》，大藏经题为西晋安法钦译，但实为南朝梁僧伽婆罗译（参看吕澂1980：73）。

藏揵槌以鸣。"（24/890b）"揵搥"最早见于西晋译经。如《佛说文殊师利现宝藏经》卷 1："阿难！并设座具，时至挝揵搥。"（14/458a）《十诵律》15 见，卷 8："有比丘问居士：'何因缘故打揵搥？'"（23/59b）《鼻奈耶》4 见，如卷 9："时婆罗门妇负此釜饭诣祇桓，鸣揵搥集比丘僧，以饭施比丘僧。"（24/892b）《高僧法显传》卷 1："三千僧共揵搥食，入食堂时，威仪齐肃，次第而坐。"（51/857b）另还有"犍稚""揵稚""犍椎"等写法均早见于东晋时期译经。

竭支

> 叔曰："卿来何晚？我昨日大施，昨日来者可得僧竭支。"曰："我自有竭支，亦不须之。"（卷 5，25/48c）

"竭支"，译曰覆腋衣。长方形，自左肩覆右腋者。"竭支"未见于东汉三国及西晋时期可靠译经，最早的用例出现在东晋时期，共 10 见。如《增一阿含经》卷 29："尔时，尊者舍利弗躬解竭支带。"（2/709a）《四分律》卷 48："此是僧竭支覆肩衣，此是钵，此是汝衣钵不？"（22/924c）《萨婆多毗尼毗婆沙》2 见，卷 9："及覆上身，要当著竭支。"（23/561a）《十住毗婆沙论》卷 9："诸佛如是在此床上，着竭支泥洹僧，不高不下覆身三分。"（26/70a）值得注意的是，"竭支"一词南北朝亦未见，至唐宋佛经中才零星见到。"竭支"又译作"祇支"。"祇支"亦早见于东晋译经，且使用频繁，共见 36 例。《摩诃僧祇律》22 见，卷 40："从今日后，当作僧祇支。"（22/545b）《四分律》卷 49："然后著腰带僧祇支。"（22/932c）

毗舍离

> 马师比丘者，从佛受学，方经七日，便备威仪，将入毗舍离乞食。（卷 4，25/41a）

毗舍离国诸国最胜，当往攻取。（卷 5，25/49c）

"毗舍离"，梵名 vaiśālī，国名，今中印度。《分别功德论》6 见。此词不见于东汉、三国、西晋可靠译经，东晋之前的译经是用"维耶离"。《中本起经》卷 2："过拔耆国界度人民，去至维耶离，诣奈氏树园。"（4/161b）《贤劫经》卷 1："著衣执钵，游维耶离。"（14/1a）"毗舍离"始见于东晋译经，且使用频繁。《增一阿含经》48 见，如卷 50："大爱道游于毗舍离城高台寺中。"（2/821b）《摩诃僧祇律》145 见，如卷 29："佛住毗舍离，四人舍斗欲出家，共入毗舍离城门中。"（22/466c）《四分律》95 见，如卷 40："尔时世尊，住毗舍离在庵婆罗园中。"（22/855c）

阇维/耶旬

佛知已得道，敕诸比丘阇维其尸。（卷 2，25/37b）

时佛将诸比丘欲耶旬之，见尸火起。此波旬放火，觅比丘神，都不知所在。所以觅者，欲知进趣坏令不成。诸比丘便耶旬之。（卷 4，25/47a）

"阇维"，梵语。指人死后火化。慧琳《一切经音义》卷 25 云："阇毗，或言阇维，或荼毗。古云耶旬。此云焚烧也。"据笔者调查，东汉三国文献未见"阇维"用例，比较确切的用例最早见于西晋译经。如《佛说文殊师利现宝藏经》卷 2："坐于虚空，身中放火，还自阇维。数千天子共供养其骨。"（14/459c）《佛说琉璃王经》卷 1："出赗赠殡棺，阇维如法。咸皆号悼，莫不摧感。"（14/784a）《摩诃僧祇律》卷 32："入火光三昧，以自阇维，入于般泥洹。"（22/491a）又译作"耶旬"，亦早见于西晋译经。如《法句譬喻经》卷 1："（牸牛）抵杀弗加沙王溃腹命终，即生阿那含天，佛遣诸弟子耶旬起塔。"（4/581a）宋、元、明本作"阇维"。《别译杂阿含经》卷 13：

"因此病故，即入涅槃，尔时尊者婆耆奢耶旬。"（2/463a）《大庄严论经》卷14："离欲者观法，耶旬烧已竟，收骨用起塔，令众生供养。"（4/336b）

僧伽蓝

即于山中作五百房及僧伽蓝，种种供养复经一时。（卷5，25/48c）

"僧伽蓝""伽蓝"等都是"僧伽罗磨"的略写。"僧伽罗磨"，梵文 saṃghārāma 的音译，为僧众所住的园庭，寺院的通称。"僧伽蓝"一词在可靠的东汉、三国译经中未见，始见于东晋时期译经，且常用。例如《大庄严论经》卷1："有檀越遣知识道人诣僧伽蓝请诸众僧，但求老大不用年少。"（4/261a）《四分律》卷14："尔时有居士，欲施食及衣，来至僧伽蓝中。"（22/657c）《十诵律》卷38："从今不得驱沙弥出僧伽蓝，应驱出房舍。"（23/277c）

檀越

世尊即与千二百五十比丘，游止其中。檀越供养，四事无乏。（卷2，25/35c）

若檀越施食，不问多少。其于一处，坐食而已。（卷4，25/44b）

"檀越"，梵语 dānapati 的音译。施主。《分别功德论》共5见。遍查确切无疑的东汉三国译经，未见"檀越"一词。"檀越"最早见于晋代译经，且使用频繁。《法句譬喻经》4见，卷1："即至檀越家，从之借斧。"（4/577b）《摩诃僧祇律》258见，如卷5："若比丘至檀越家时，女人抱小儿，着比丘膝上。不犯。"（22/267b）《四分律》259见，如卷25："某处某甲檀越，日给比丘尼人各五枚蒜，可往迎取。"（22/736c）

二、一般词语

除差

汝乃问如来此事，使病比丘得蒙除差，又使得道。此比丘若不得度者，后当堕三涂作识，无有出期。（卷4，25/46c）

"除差"，即病愈。据初步调查，"除差"未见于东汉三国可靠译经，最早见于西晋时期译经。《法句譬喻经》卷1："以卿病久，不时除差。"（4/579a）《正法华经》卷2："有不除差，及转增剧。恒被疾病，不得所便。"（9/79a）《出曜经》卷5："众医疗治，竟不除差，便忽命终。"（4/637a）《四分律》见6例"除差"，如卷10："诸病比丘，若不得随病食，便命终。若得随病食，便得除差。"（22/629b）中土文献则早见于唐代文献，如《南史·刘瑱》："于是恩情即歇，病亦除差。"

抖擞

有一人来，见此比丘，端坐不动。尘土坌衣，都无所觉耶。比丘定觉，抖擞尘土。（卷3，25/39a）

"抖擞"，即抖，抖动。宋、元、宫三本作"斗擞"。又写作"斗薮"。该词已见于《方言》卷六："铺颁，索也。东齐曰铺颁，犹秦晋言抖薮也。"郭璞注："谓斗薮，举索物也。"戴震疏证："薮，亦作'擞'。"可见这里的"斗薮"是一个方言词，义为"搜寻、寻找"。东晋以前文献仅此一见。用作"振动、抖动"义的"抖擞"较早见于东晋时期译经，且使用频繁。如《别译杂阿含经》卷1："大象入池时，以鼻拔藕根，抖擞洗去泥，然后方食之。"（2/381a）圣本作"斗薮"。《摩诃僧祇律》见20例，如卷16："若行饭时，抖擞器饭迸空中来。"（22/357c）《四分律》见 32 例，如卷49："取卧具枕毡被净抖擞，敷著绳床上。"（22/931b）《十诵律》16 见，如卷5："架上取衣，舒晒抖擞，卷㲲着衣囊中系举。"（23/31b）中土文献则早见于《齐民要术·胡麻》："候口开，乘车诣田斗薮。"又《作豉法》："急斗擞筐，令极净，水清乃止。"

短乏

> 我已请佛及诸弟子，供九十日所须短乏。（卷4，25/46a）

"短乏"，为"缺乏，缺少"之义。据调查，该词较早出现于晋时文献。《抱朴子内篇·极言》："夫奔驰而喘逆，或咳或满，用力役体，汲汲短乏者，气损之候也。"在佛经文献中亦最早见于西晋，且仅晋代常见。《生经》卷3："即得清净，无所短乏。"（3/86b）《贤劫经》卷3："其目分明，善谛巍巍，无一短乏，是持戒报。"（14/27c）《长阿含经》卷2："诣毗舍离及越祇国，于彼安居，可以无乏。吾独与阿难于此安居，所以然者，恐有短乏。"（1/15a）《增一阿含经》卷21："四事供养，无所短乏。"（2/656a）《大智度论》卷12："若修布施，后生有福，无所短乏。"（25/150c）

付嘱

> 面王曰："自惟一已，母无所付嘱，以此为恨耳。"（卷5，25/51a）

"付"有"托付"义。汉阮瑀《为曹公作书与孙权》："若能内取子布，外击刘备，以效赤心，用复前好，则江表之任，长以相付。""嘱"有"托付；委托"义。如《后汉书·卓茂传》："亭长为从汝求乎？为汝有事嘱之而受乎？""付嘱"是同义复词，为"托付；嘱托"义。据初步调查，该词不见于东汉、三国及西晋译经，最早见于东晋。如《妙法莲华经》卷6："我灭度后，所有舍利亦付嘱汝，

当令流布，广设供养，应起若干千塔。"（9/53c）《摩诃僧祇律》卷
14："我昨夜彼宿，来时忘不嘱床褥。长老到彼，当为我付嘱。"
（22/343a）《四分律》11 见，如卷 26："我今远征，妇当付谁？正欲
付嘱居士。居士家多诸男子，不得付嘱。"（22/744a）《十诵律》
20 见，如卷 11："此是户钥，此是房舍，此是卧具。应付嘱谁耶？"
（23/78a）该词在中土传世文献中出现较晚，如《周书·宇文孝伯
传》："且先帝付嘱微臣，唯令辅导陛下，今谏而不从，实负
顾托。"

摩扪

> 佛言："汝不视他病，云何欲望人看也？"于是如来襞僧伽
> 梨，自手摩扪，为其溃浣。时天帝释亦来佐助。（卷 4，25/43b）

"摩扪"，即抚摸。据目前调查，该词未见于东汉、三国及西晋
译经，始见于东晋时译经，且常见。《长阿含经》4 见，如卷 1："平
立不倾身，二手摩扪膝。"（1/5c）《摩诃僧祇律》3 见，如卷 2："尔
时世尊入达腻伽烧成屋已，便以金色手合缦掌，摩扪屋壁，语诸比
丘。"（22/238c）《四分律》9 见，如卷 33："（迦叶）以手摩扪如来
足，以口呜之，自称姓字。"（22/797c）《十诵律》4 见，如卷 57：
"是人摩扪比丘尼，比丘尼驱出，复摩扪式叉摩尼，式叉摩尼驱出。"
（23/426a）《大词典》失收此词，宜补。

圊厕

> 道人答王曰："夫智者以譬喻自解。譬如有一人，堕百斛圊
> 厕中。有人挽出，洗浴讫，著好衣服。以香熏身，坐于高床。有
> 人语此人曰：'还入厕中去尔。'此人肯入。以不？"王曰："不
> 肯。"（卷 5，25/50c）

"圊厕"，即厕所。《说文》："圊，厕也。"可见"圊厕"是同义

连言。据目前调查，该词最早见于晋代译经，《大正藏》中两晋译经共计 13 例。如《佛说诸德福田经》卷 1："造作圊厕，施便利处。"（16/777b）《增一阿含经》卷 48："犹如村落有大圊厕，屎满其中。"（2/811c）《摩诃僧祇律》卷 14："世尊问言：'汝母在何处？'答言：'某圊厕中作虫。'"（22/341c）后代偶见用例，如《高僧传》卷 12："宋初游京师止瓦官寺，诵《法华》十地，尝于圊厕见一鬼。"（50/407b）中古时期的中土文献中仅检得 1 例，如《名医别录·上品》："东向圊厕溺坑中青泥，治喉痹，消痈肿，若已有脓即溃。"

衰迈

　　年在衰迈，疾病苦逼，好远行游，服药不顺，以此四事乃有误忘耳。（卷 1，25/31b）

"衰"有年老义。如《淮南子·主述》："年衰志悯，举天下而传之舜，犹却行而脱跟也。"高诱注："衰，老也。""迈"亦有年老义。如《三国志·魏书·曹爽传》："臣虽朽迈，敢忘往言？"故"衰迈"是同义复词，义即衰老。据初步调查，该词较早出现于两晋文献。如《抱朴子内篇·勤求》："幼弱则未有所知，衰迈则欢乐并废。"《别译杂阿含经》卷 11："时聚落中有一梵志，名那利婆力。在彼村住，其年衰迈，已百二十。"（2/452c）《增一阿含经》卷 38："圣女当知，我年衰迈，不堪行禅法，故求乞脂油，用供养佛，续尊光明。"（2/757b）《妙法莲华经》卷 2："若国邑聚落，有大长者，其年衰迈，财富无量，多有田宅及诸僮仆。"（9/12b）

酒势

　　时有长者，居明贞修，禀性良谦，不好饮酒。时岁节会，少相劝勉。薄饮少多，辄以酒势，行诣世尊，礼拜问讯讫，便请佛及诸弟子："愿受我九十日请。"（卷 4，25/45c）

"酒势"即酒力。据目前调查，该词不见于东汉三国译经，较早用例见于晋代文献。如《抱朴子内篇·极言》："钧器齐饮，而或醒或醉者，非酒势之有彼此也。"《抱朴子外篇·酒诫》："管辂年少，希当剧谈，故假酒势以助胆气。若过其量，亦必迷错。"译经中的用例最早见于东晋。《摩诃僧祇律》"酒势"4见。如卷13："时贼主独将淫女，至一屏处。酒势遂发，醉无所觉。"（22/331a）《十诵律》3见。如卷17："尔所时间酒势便发，近寺门边倒地。"（23/121a）《十诵律》卷53："问：'若诸根汁、枝汁、茎汁、叶汁、华汁、果汁，是诸汁等，比丘何时应饮？'答：'随离酒势时应饮。'"（23/396b）

寻即

在家时曾搯牛，斯须头痛，寻即除愈，自尔常无疾患。（卷4，25/46a）

"寻即"，立即。据初步调查，该词不见于东汉三国译经，较早出现于西晋译经。《生经》卷3："时佛彻听闻诸比丘共议此事，寻即往到比丘众所。"（3/91c）《修行地道经》卷3："守鬼寻即录诸罪人，五毒治之。"（15/204a）《摩诃僧祇律》5见，如卷2："行淫已，寻即疑悔。"（22/235b）《四分律》出现7例，如卷58："未犯终不犯，若犯寻即忏悔。"（22/1000c）中土文献中则最早见于南北朝，例如《汉魏南北朝墓志汇编·东魏衮州刺史张君墓志铭》："逆党守迷，终然莫反。寻即报命，具陈事机。"《魏书·慕容白曜》："房崇吉固守升城，寻即溃散。"

三、常用词

汪维辉（2000：12—13）指出："常用词使用频率高，经常出现在人们的口头和笔下，很难作伪，是从语言角度判定作品时代的一个可靠根据。早期汉译佛经中有许多译人不明的'失译'经，我们在研究中发现，从常用词的角度去推定这些经的实际翻译时代是一条有效的途径。"笔者提取了三组具有区别特征意义的常用词，分别考察、统计它们在《分别功德论》即东汉、三国、晋代译经中的使用频率，看其更接近于哪个时期的译经。

呼/唤

《分别功德论》中"呼、唤"的使用次数分别是 3 次和 6 次，例如：

> 佛即遣一比丘，呼此骂比丘来。比丘即来。（卷5，25/49b）
>
> 其人即归，家有老母，语母曰："王唤我。"母语儿曰："王唤汝为？"（卷3，25/39b）

东汉时期的"唤"用例还很少，其使用频率及文献分布率非常低。三国时期，《六度集经》中"呼"55 见，而"唤"1 例未见；在18 部支谦译经中，"呼"共 31 见，而"唤"仅见 1 例。

进入西晋时期，"唤"的使用频率有上升的趋势，但还是以"呼"为主。直到东晋末期，如在《四分律》《十诵律》等口语性较强的律部译经中，"唤"的使用频率才超过了"呼"，占了压倒性优势。通过对比，《分别功德论》中"呼""唤"的使用频率和东晋末期的译经更为接近。

"呼""唤"在《分别功德论》及东汉至南北朝译经中的使用频

率如表 1 所示：

表 1

时代	经名	呼	唤
	分别功德论	3	6
东汉	安世高译经①	5	0
	道行般若经	18	0
	修行本起经	4	1
	中本起经	2	1
三国	六度集经	55	0
	支谦译经②	31	1
西晋	生经	20	9
	普曜经	16	0
	法句譬喻经	14	2
东晋	摩诃僧祇律	330	237
	鼻奈耶	43	30
	四分律	9	260
	十诵律	13	165
	毗尼母经	2	13

---

① 我们调查的比较可靠的安世高译经，共 18 部，分别是：《长阿含十报法经》《佛说人本欲生经》《一切流摄守因经》《四谛经》《本相猗致经》《是法非法经》《漏分布经》《普法义经》《五阴譬喻经》《转法轮经》《八正道经》《七处三观经》《九横经》《大安般守意经》《阴持入经》《禅行法想经》《道地经》《佛说法受尘经》。

② 我们调查的比较可靠的支谦译经，共 18 部，分别是：《释摩男本四子经》《梵摩渝经》《月明菩萨经》《太子瑞应本起经》《义足经》《大明度经》《菩萨本业经》《佛说阿弥陀佛三耶三佛萨楼佛檀过度人道经》《佛说阿难四事经》《私呵昧经》《菩萨生地经》《七女经》《老女人经》《八师经》《慧印三昧经》《四愿经》《字经抄》《无量门微密持经》。

击/打

《分别功德论》中未见"击","打"见8例。例如：

时在冢间观死尸，夜见有饿鬼打一死尸。（卷3，25/40b）

时有婆罗门见罗云在后行，即兴恶意打罗云头，血流污面。（卷5，25/51b）

"打"是东汉中后期出现的一个新词。东汉三国时期"打"的使用不多，表示"击打"义还是以"击"为主。西晋译经中，"打"的使用逐渐多了起来，在个别译经中，如《法句譬喻经》"打"的使用频率开始超过"击"。进入东晋时期，"打"使用频率远远超过"击"，占据压倒性优势；"击"偶见使用，也多是出现比较固定的搭配中，对象多是"鼓"。通过比较，《分别功德论》中"击""打"的使用情况与东晋时期译经相近。

"击""打"在《分别功德论》及东汉至晋代译经中的使用频率如表2所示：

表2

时代	经名	击	打
	分别功德论	0	8
东汉	安世高译经	0	0
	道行般若经	1	0
	修行本起经	4	1
	中本起经	2	2
三国	六度集经	1	0
	支谦译经	1	1

时代	经名	击	打
西晋	生经	2	2
	普曜经	2	0
	法句譬喻经	2	3
东晋	摩诃僧祇律	3	145
	众经撰杂譬喻经	0	3
	鼻奈耶	0	8
	四分律	8	119
	十诵律	3	255
	毗尼母经	0	13

侧/边

《分别功德论》中表示"旁边"义全用"边"，共7处，例如：

昔有比丘作阿练若，常行乞食，于江水边食。（卷2，25/37a）

昔有比丘，名曰等会，时近大道边坐禅定意。（卷3，25/38c）

东汉译经中"边"的使用并不十分多。进入三国，"边"的使用频率开始大大超过"侧"（史光辉2009）。到了晋代，"边"的使用更加频繁，与"侧"相比完全占据优势。通过比较，我们发现《分别功德论》中"侧""边"的使用情况与晋代译经更为接近。

"侧""边"在《分别功德论》及东汉至晋代译经中的使用频率如表3所示：

表3

时代	经名	侧	边
	分别功德论	0	7
东汉	修行本起经	6	0
	中本起经	4	6
三国	六度集经	9	23
	太子瑞应本起经	3	8
西晋	生经	5	19
	普曜经	5	35
	修行道地经	0	17
	法句譬喻经	6	28
东晋	摩诃僧祇律	9	386
	众经撰杂譬喻经	0	14
	十诵律	1	330
	毗尼母经	2	75

因此，从常用词的使用情况来看，《分别功德论》不像是东汉时期的译经，而与晋时的译经更为相似。

综上所述，我们认为《分别功德论》和东汉时期其他译经在词语的使用上有着明显的差别，不太可能是东汉时期译出的，其具体翻译年代可能不早于西晋，甚至是东晋。

参考文献

吕澂，1980，《新编汉文大藏经目录》，济南：齐鲁书社，第77页。

方一新、高列过，2003，《〈分别功德论〉翻译年代初探》，《浙江大学学报》第 5 期。

汪维辉，2000，《东汉—隋常用词演变研究》，南京：南京大学出版社，第 12—13 页。

史光辉，2009，《从语言角度看〈大方便佛报恩经〉的翻译年代》，《古汉语研究》第 3 期。

从语言角度鉴别早期可疑佛经的方法和步骤[*]

方一新　高列过

一、比照对象的确立

早期可疑佛经的考辨离不开比较，在可靠的比照语料中确立恰当的比照对象，考辨的结论才能令人信服。

史光辉（2001、2009）考辨《大方便佛报恩经》时，多以《撰集百缘经》为例，说明《大方便佛报恩经》的一些语言现象始见于三国译经。从目前的研究成果看，把《撰集百缘经》归入三国译经，作为考辨《大方便佛报恩经》的比照对象，不太妥当。

（一）比照语料的选取

如何选取可靠的比照语料？许理和（2001）就如何认定哪些是真正的东汉译经提出的标准，对选取可靠的佛经语料具有广泛的指导意义。

1. 佛教经录的利用

恰当利用佛教经录等文献学资料，对目前大藏经题署的早期译经

---

　　* 本文原载《宁波大学学报（人文科学版）》2012年第2期，系国家社科基金重点项目"东汉佛经译者语言特点比较研究"（项目批准号：11AYY004）的中期成果。

进行辨别，确定可靠的译经，是考辨早期可疑佛经的第一步。

我国的佛教经录非常丰富。吕澂（1980）引用的佛教经录就有16 种。隋费长房《历代三宝记》虽编撰时间较早，收录颇多，但考核不精，伪滥不少，向为学者诟病。

许理和（2001）的观点是："我只相信对古代译经的最权威的记载，即杰出的目录编撰者、佛教学者道安于公元 374 年编的《众经目录》，另外，在某些情况下也参考了四世纪初支愍度所编目录中的一些记载。"

《众经目录》后散佚，其大部分内容保留在南朝梁僧祐《出三藏记集》中。因此，对早期译经的考辨而言，最为可信的经录是《出三藏记集》。前文所述的国内外学者，都以此为据对早期译经的篇目进行了考订。

但仅仅依据经录确定可靠译经，尚嫌证据不足。

如《四十二章经》。从经录来看，《出三藏记集》确已记载："《四十二章经》一卷（旧录云：《孝明皇帝四十二章》，安法师所撰录阙此经）右一部，凡一卷。……始于月支国遇沙门竺摩腾，译写此经。"（僧祐 1995：23）① 但关于此经，争论迄今。

吕澂（1979：21）："《四十二章经》不是最初传来的经，更不是直接的译本，而是一种经抄（详见附录《四十二章经抄出的年代一文》）。就内容看，是抄自《法句经》，我们对出来的有二十八章，占全经的三分之二。""我们认定此经是东晋初抄出的。其理由：一、此经最初见于东晋成帝时的《支敏度录》，所以它应出在此录之前。二、在惠帝时，道佛争论，王浮著有《老子化胡经》，说佛教是假造

---

① ［梁］僧祐撰，苏晋仁、萧鍊子点校，1995，《出三藏记集》，北京：中华书局。

诸经，但未提到《四十二章》的名字，可见当时尚无此经，否则王浮决不会目睹这一所谓初传佛典而不加以攻击。因此，此经抄出的年限，最早不能超过《化胡经》，最晚不能晚于《支敏度录》。惠帝末年是公元三〇六年，成帝末年为公元三四二年，大约就产生于此三十年之间。"吕澂撰有《四十二章经抄出的年代》（1979：276），专文论证此经为伪经，可以参看。

对吕先生关于《四十二章经》的论断，肯定有不同的看法。但吕先生这段话提示我们，现存的《四十二章经》从内容和宗教史的角度看，与经录的记载并不一致。可见，经录只是考辨依据之一。

2. 佐证材料

许理和（2001）提出了三种佐证材料："一是译经正文的注释，二是当时或时代很早的序言和版本记录，三是某些经文在中国最早的佛经注解中被引用或提到过，或曾是汉后不久产生的重译本所据的底本。"在本段的注释中作者提到两种注解："最早引用或提及汉译佛经的注解有以下两种：一种是 T. 1694《阴持入经注》（为安世高的 T. 603《阴持入经》作的注解，作者陈慧），另一种是见于 T. 225 第一卷的注解。T. 225《大明度经》的译者已不可考，被误认为支谦所译（Lancaster 1969）。"

从目前的研究看，佛教类书也是确定可靠佛经篇目的重要数据。

季琴（2004：80）调查了编成于南朝梁天监十五年（公元 516 年）的《经律异相》，发现："三国康僧会译的《六度集经》被征引 15 次，北魏慧觉译的《贤愚经》被征引 58 次，北魏吉迦夜共昙曜译的《杂宝藏经》仅被征引 1 次，却只字未提《撰集百缘经》；倘若《撰集百缘经》确为三国支谦所译，那么像这样一部在内容、篇幅上不亚于《六度集经》《贤愚经》《杂宝藏经》的作品，怎么可能会受到僧旻、宝唱等人的如此冷落？"可见，旧题《撰集百缘经》不宜视作三国支谦译经。

但有时，依靠佛教经录、类书这些文献学资料，有些佛经篇目的译者也不能确定，如《太子慕魄经》。方一新、高列过（2008b）调查显示："佛教经录表明，南朝梁以前，只有题名竺法护所译的《太子墓魄经》，而佛教类书的引文表明，南朝梁以前的《太子慕魄经》，就是题名为安世高所译的《太子慕魄经》。"可见文献学的证据有时作用也是有限的。

许理和（2001）认为："根据以上两条，可疑确认一些'里程碑式'的译经，这些经文毫无疑问是已知的一些经师翻译的。"作者提到了安世高译的《安般守意经》和支娄迦谶译的《道行经》。

（二）比照对象的确立

在可靠的比照语料中，根据考辨目标的不同，再进一步确定恰当的比照对象。

考辨早期可疑佛经，着眼一般有二：真正的译者和比较确切的翻译年代。目标不同，确立的比照对象也就不同。

1. 译者考辨

要考辨一部可疑佛经的译者，比照对象一般选择同一作者的其他语料。

周睦修（2005）考辨《无量寿经》的译者时，分别把该经与竺法护、佛陀跋陀罗、宝云的译经相比，最后确认该经当为竺法护所译，而非后二者。

有关《撰集百缘经》的考辨，季琴（2004，2006，2008，2009）、陈祥明（2009）等均把该经与支谦其他译经进行比较，断定该经不是支谦所译。

2. 翻译年代考辨

考辨可疑佛经的翻译年代，比照对象一般选择同时代的其他译经。

有关《大方便佛报恩经》《分别功德论》的考辨，方一新（2003a）、方一新和高列过（2003，2005）、史光辉（2001，2009）等学者多选取东汉的可靠佛经与其对比，以说明其不是东汉译经。

确立了比照对象，许理和（2001）认为："（4）用这些'里程碑式'的译经来进行术语和风格的分析，以便明确各个译经团体在词汇和风格上一些各自的特征。（5）根据第四点，再对现存译经中道安和支愍度定为汉代译作的其他经文作考查，结果，有两部应该排除。"也就是说，汉译佛经的考辨最终还是要以对经文本身的考察为参照点。

二、语言标准的提取

在考辨早期佛经中，东晋道安等已经注意利用译经的文体、格式以及译语，例如，"又《首楞严三昧经注序》终①记载之僧祐法师之子注中转载原道安录之记文云：'安公经录云：中平二年十二月八日，支谶所出，其经首略"如是我闻"，唯称"佛在王舍城灵鸟顶山中"。'由此可知，道安所见之此经本有中平二年翻译之识语，经之起首无'如是我闻'句，直以'佛在王金②城'云云之文为始。"③

———————————

① 终，当是"中"之误。
② 金，当作"舍"。
③ 见小野玄妙（1983：26）。

遇笑容、曹广顺（1998）指出："语言是不断发展变化的，不同时期的语言，在语法、词汇上都会显示出不同的特色。同样，在同时期之内，不同的作者对语言的使用，也会有所不同。通过考查作品的语言，来判定作品的时代和作者，不仅是可行的，而且较单纯依赖文献记载更为科学、可靠。"曹广顺、遇笑容（2000）认为："作为一种历史文献，每一种译经都应该在语言上有其特征，反映某一时代、作者的语言习惯。因此，我们有可能根据语言特征来研究译经的翻译年代问题。"

随着汉译佛经语言研究的深入，目前学界对某些佛经的语言特征已经有了明确的认识，从语言角度对可疑佛经进行辨考，对明确可疑佛经的翻译年代、译者都是大有帮助的。早期多从词语的角度考察，后来，语法特点也成为鉴别佛经的重要标准。

（一）词汇标准

以词汇为标准对早期可疑佛经进行辨考，学者们多从译名（含音译词、意译词）、普通词语、常用词、俗语及固定格式等角度进行辨考。

1. 译名（含音译词、意译词）

从佛经翻译史看，早期佛经译名具有明显的个人特点和时代特点，可以为译者和翻译时代的判定提供证据。许理和（1998：48）指出："对于中国佛教初期历史而言，翻译所选的文本的性质以及翻译所用的术语，均揭示了汉代佛教的某种基本特征。"[①]

吕澂（1980）认为《五阴譬喻经》《转法轮经》《法受尘经》

---

① 按：许里和，即许理和。

《禅行法想经》不能确定为安世高所译，就是从"翻译用语"的角度出发的。① 小野玄妙（1983：19—20）认为《四十二章经》从序文至正文均是伪作："其证据可求诸文中使用之译语，例如辟支佛、阿那含等，此均为僧祐法师所谓新经之用语，亦即是笔者于本书所云旧译时代之译语，……《四十二章经》非写于明帝代，经典本身即可提出充分证明。"许理和（2001）考辨《五阴譬喻经》和《仳真陀罗所问如来三昧经》时，其中有一个标准就是"术语"。②

在考辨早期可疑佛经的论文中，佛经译名常常被作为一个重要的标准。下面以《大方便佛报恩经》《旧杂譬喻经》的考辨为例作一说明。

首先看《大方便佛报恩经》。

林显庭（1987）指出，《大方便佛报恩经》的一些佛经译名，"显为东晋末鸠摩罗什来华主持译经后，始为佛学界普遍沿用者"，作者列举的词目如下：

梵文"anuttarā samyak-saṃbodhiḥ"，《大方便佛报恩经》译作"阿耨多罗·三藐三菩提"，而鸠摩罗什之前大多译作"怛萨阿竭阿罗诃·三耶三佛""阿耨多罗三耶三菩"，三国支谦译作"无上正真之道"，至鸠摩罗什方才译作"阿耨多罗·三藐三菩提"。

梵文"gandharva"，《大方便佛报恩经》译作"乾闼婆"，而后汉译经多作"乾沓和"或"捷沓和"，鸠摩罗什译经改作"乾闼婆"。

---

① 吕澂（1980：3）认为："从翻译用语等对勘，《五阴譬喻经》、《转法轮经》、《法受尘经》、《禅行法想经》四部是否世高所译，尚有问题。"

② 许理和《关于初期汉译佛经的新思考》认为《五阴譬喻经》"无疑是早期译经，但是它的风格和术语绝对不同于安世高及其译经团体的译文"；《仳真陀罗所问如来三昧经》"从风格和术语来看，它极有可能是真正的汉代译经，尽管我们还不敢肯定它就是支娄迦谶所译"（2001，载《汉语史研究集刊》[第四辑]，成都：巴蜀书社，第309页）。

史光辉（2001，2009）指出《大方便佛报恩经》有 8 个佛经译名，东汉译经并未使用。分别如下：

三国译经始见之译名：摩睺罗伽，东汉译经只用"摩休勒""摩睺勒"；夜叉，东汉译经作"阅叉"；涅槃，东汉译经用"泥洹""般泥洹"；南无，东汉译经有 1 例"和南"；如是我闻，东汉译经用"闻如是"；耆婆，东汉译经未见。

另外，"憍陈如"，东晋始见，东汉三国西晋译经作"阿若拘邻""拘邻"；"紧那罗"，东汉用"真陀罗""甄陀罗""甄多罗"。

上述佛经译名的考察，为断定《大方便佛报恩经》非东汉译经提供了重要证据。

再看《旧杂譬喻经》。

梁晓虹（1996）考察了三国吴康僧会译《六度集经》和旧题吴康僧会译《旧杂譬喻经》两部经佛教专有名词使用的异同：（1）太山（地狱）：这是《六度集经》常用的专有名词，共出现近 40 次，借用中国的东岳泰山（太山），指众生六道轮回中的"地狱"；而在《旧杂譬喻经》中，却未见一例，径直意译为"地狱"或音译为"泥犁"。（2）四果：指信徒修行所达到的四种不同阶段。《六度集经》习惯把须陀洹果意译为"沟港"，斯陀含果意译为"频来"，而《旧杂譬喻经》对"四果"只用音译。（3）佛的称呼：《六度集经》喜欢在称"佛"的同时，间也插称"众佑"，为梵文的旧意译词；西晋以后，新译为"世尊"；《旧杂譬喻经》则一律称"佛"。（4）除馑：为梵语 bhikṣu 的意译词，《六度集经》多见。而《旧杂譬喻经》则均用音译"比丘"。（5）缘觉：康僧会常说成"缘一觉"；"阿罗汉"，又常常意译为"应仪""应真"，这些均不见于《旧杂譬喻经》。

《六度集经》与《旧杂譬喻经》佛教专有名词使用差别如此明显，可见不是同一译者所译。

2. 普通词语

普通词语数量巨大，随着社会的发展，其更新、变化也比较明显。目前有专文考辨的 17 部早期可疑佛经，每部佛经的考辨都依据了普通词语。下面以《无量寿经》《阿难问事佛吉凶经》的考辨为例作一说明。

周睦修（释德安）（2005）指出，"功作""国邑""劳苦""圣旨""姿色""寿终""游履""消化""寻""底极""咨嗟"等词的使用情况，《无量寿经》与竺法护译经相似，而与佛陀跋陀罗、宝云二者的译经有明显的差别，可见《无量寿经》应当是竺法护所译。

方一新、高列过（2008a）指出，旧题东汉安世高译《阿难问事佛吉凶经》中的 9 条词语，可靠的东汉译经都没有用例。如："仁圣""谐偶""怨讼"，三国以后译经始见；"康强""清高"，魏晋以降，方有用例；"阿枉""正律"，西晋以后译经始见；"逼促"，东晋以后译经有用例；"估贩"，北魏时期的译经始见。这些词语的运用说明，《阿难问事佛吉凶经》不是东汉译经，当然更不可能是安世高译经。

3. 常用词

汪维辉（2000：12—13）认为："常用词使用频率高，经常出现在人们的口头和笔下，很难作伪，是从语言角度判定作品时代的一个可靠根据。早期汉译佛经中有许多译人不明的'失译'经，我们在研究中发现，从常用词的角度去推定这些经的实际翻译时代是一条有效的途径（当然还要结合其他证据）。"学者从这个角度对《大方便佛报恩经》《撰集百缘经》《伅真陀罗所问如来三昧经》《菩萨本缘经》《兴起行经》进行了考辨。① 下面举例说明对《撰集百缘经》的考辨。

陈祥明（2009）有关《撰集百缘经》常用词的考辨，涉及"寻/觅"和"呼/唤"两组，作者认为："我们推测《百缘经》不是支谦译经，其译出年代很可能不早于东晋。"

4. 俗语及固定形式

俗语及固定形式字句简练，通俗形象，也可以成为佛经考辨的证据之一。

林显庭（1987）认为《大方便佛报恩经》不是东汉译经，就运用了此类证据："后汉译经，于大众凝目瞻视世尊处，有译作'努目看世尊'者，虽合经文原意而病在太质；鸠摩罗什译经时，修改之为'瞻仰如来，目不暂舍'或'瞻仰尊颜，目不暂舍'，以求信雅兼顾。今按：大方便佛报恩经论议品中即作'瞻仰如来，目不暂舍'。"

汪维辉（2007）认为一卷本《般舟三昧经》非东汉支谶所译时，也运用了此类证据，举一例如下："一卷本用'助欢喜'，如：'我助其欢喜，过去当来今现在佛皆助欢喜。'……支谶译经只用'助欢欣'，仅见于《道》，如：'释提桓因问佛言："新发意菩萨劝人助其欢欣，得何等福？随次第上菩萨劝人助其欢欣，得何等福？乃至阿惟越致上至阿惟颜劝人助其欢欣，得何等福？"'……在支谶译经中，'欢欣'仅见于《道》，而未见于他经。《道》也用'欢喜'，但不跟

---

① 关于《大方便佛报恩经》，史光辉（2001、2009）考察了"侧/边""牧/放"等；胡敕瑞（2005）考察了"求、索/觅""呼/唤""见/看"等；关于《撰集百缘经》，季琴（2004、2006）考察了"看/视""牧/放"以及"脚"等；陈祥明（2009）考察了"寻/觅""呼/唤"等；另外，史光辉（2005）考察了"求/索"；陈祥明（2010）考察了"寻/觅""呼/唤"；方一新（2003b）考察了"疼/痛"。

'助'连用，……就'助欢喜：助欢欣'这一组合而言，一卷本和支谶译经分用划然。"

方一新、高列过（2008b）也列举了《太子慕魄经》中"两目并青""乃如是也""求死不得，欲生不得"等，其可靠用例均不见于东汉译经，可见旧题安世高译的《太子慕魄经》不是东汉译经。

（二）语法标准

与词汇相比，语法的变化相对缓慢，比较稳定，系统性比较强，更能显示出时代特点、作者或译者的个人特色。在考辨早期可疑佛经时，语法标准也被广泛使用。

1. 句法

判断句、被动式、疑问句、动补结构、处置式等，常被作为辨伪的句法标准，另外，固定句式也被学者使用。

1）判断句

"是"字型判断句是东汉以来发展成熟的新兴句法现象。有关《大方便佛报恩经》《撰集百缘经》《菩萨本缘经》考辨的论文，都把判断句作为重要的句法标准之一。

如《大方便佛报恩经》。史光辉（2001，2009）指出：该经出现的助动词修饰判断词"是"，东汉的译经未见，三国以后，此用法渐渐兴起；"今……是"这一句式是三国以后译经常见的句式，而东汉译经则用"今……是也"。方一新（2003a）指出：该经"是"字判断句的否定形式"非是"的出现次数和三国两晋时期的译经相近。

季琴（2004）、陈祥明（2009，2010）等也把判断句作为标准之一，对《撰集百缘经》《菩萨本缘经》的译者和翻译年代进行了考辨。

2）被动式

汉语被动式类型多，历时变化明显。中古汉语的被动式很有特点，许多佛经考辨文章都以此为鉴别标准之一。

曹广顺、遇笑容（2000）从"被"字句、"为（见）"字句的出现频率，所占比例和"被"字后是否出现施动者这两个方面进行分析，指出《旧杂譬喻经》所处的时代大致在三国前后。颜洽茂、熊娟（2010）、陈祥明（2010）都指出：《菩萨本缘经》与支谦译经被动式面貌差别明显，认为该经不是支谦的译经。另外，方一新（2003a，2003b）、方一新和高列过（2003）对《大方便佛报恩经》《兴起行经》《分别功德论》的考辨也把被动式作为句法标准之一。

3）疑问句

中古汉语时期，疑问句产生了许多新的形式，时代特色鲜明，很多文章都以此为考辨的句法标准。这里以《撰集百缘经》的考辨为例作些介绍。①

季琴（2004）指出：带"不审"疑问句，东汉《中本起经》有用例，但支谦译经及其他三国译经没有，但《撰集百缘经》有9处；季琴（2004，2009）指出：从《撰集百缘经》"颇VP不"式反复问句的用例情况来看，该经更接近于南北朝译经。

陈祥明（2009）比较了《撰集百缘经》与支谦18部译经，指出在"颇（叵）、岂、宁"作疑问副词的疑问句的使用上，《撰集百缘经》只用中古新兴的"颇"，不用"岂""宁"；而支谦译经恰好相反；同时，《撰集百缘经》与支谦译经的选择问句在关联词的使用方

_____

① 此类论文还有：陈祥明（2010）、方一新（2003a，2008）、方一新、高列过（2003，2008）、高列过（2009）、汪维辉（2007）、史光辉（2001）、周睦修（释德安）（2005）。

面不同：前者"为、为是、为当"三者并用，后者只用"为"。目前的研究表明，"为是""为当"作选择问句的关联词语分别不早于西晋和东晋，可见《撰集百缘经》的翻译年代不早于西晋。

除判断句、被动句、疑问句外，动词连用格式、动补结构、处置式、存在句等，也被作为句法标准，这里就不一一列举了。①

4）固定句式

固定句式的形成发展具有比较明显的时代特色，对考辨佛经的年代也很有帮助。这里以对旧题东汉安世高译《太子慕魄经》的考辨为例作些说明。②

方一新、高列过（2008b）指出，该经有些固定句式，见于三国、西晋以后的文献。如："~怪所以"，译者或年代明确的较早书证当为三国、西晋的用例；"V着一面"，西晋以后译经常见；"了不复"，佛典中可靠的用例较早见于西晋佛经；"未+动词+顷"（"顷"表示时段），见于西晋以后的文献；"动词+取+宾语"（"取"没有实义），见于三国以来的典籍。

从这些固定句式看，这部《太子慕魄经》应该不是东汉的译经。

2. 词法

在词法标准中，虚词非常常见，另外还有构词法等。

---

① 以动词连用格式为考辨标准的文章有：曹广顺和遇笑容（2000）、季琴（2004，2009）、遇笑容和曹广顺（1998）。以动补结构为考辨标准的文章有：方一新（2003b）。以处置式为考辨标准的文章有：曹广顺、遇笑容（2000）。另外，王建军（2003：305）从存在句和行为动词句的角度对《大方便佛报恩经》做过考辨。

② 考辨《大方便佛报恩经》的文章以独词句"非也"为鉴定标准的有：史光辉（2001），方一新（2001，2003a）；考辨《佛说㮰女祇域因缘经》的文章，以"不减于""既……且……""初不/初无""了不可"等为鉴定标准，见方一新（2008）；考辨《阿难问事佛吉凶经》的文章，把"且……且……"作为鉴定标准，见方一新、高列过（2008a）。

1）动词

遇笑容、曹广顺（1998）考察了《六度集经》《旧杂譬喻经》《撰集百缘经》的完成动词：发现《撰集百缘经》《旧杂譬喻经》中"已"均占很大优势；《六度集经》中"已/竟"合起来，也有明显优势，但仍有从"讫/毕"向"已/竟"过渡的痕迹。可见《旧杂譬喻经》与《六度集经》可能不是同一译者。

2）副词

以副词为考辨标准时，学者们分别从新兴副词、副词的使用频率、副词的历时更替等角度进行论证。下面各举一二例。

新兴副词。如"定是"，方一新（2008）指出乃三国以后出现的新兴副词；又如"甚用"①，方一新、高列过（2008b）指出，这是一个西晋以后出现的新兴副词。

副词的使用频率。梁晓虹（1996）指出《六度集经》和《旧杂譬喻经》程度副词"大"的使用频率不同：《旧杂譬喻经》中"大"作状语，表示程度，较为多见；类似的用法《六度集经》也有，但并不多见。遇笑容、曹广顺（1998）调查发现，《六度集经》总括副词"都"的使用频率相差很大。据此可以推断，这两部经可能不是同一译者。

副词的历时更替。季琴（2004，2009）指出：在支谦的可靠译经里"稍"仍然占优势，然而在《撰集百缘经》里"稍"却销声匿迹，单音节副词"渐"独用多达44次，并且双音节副词"渐次"在《撰集百缘经》里出现了11次。

---

① "甚用"用在情感动词前，表示"非常"之义。但对于"甚用"的结构，季琴认为乃副词"甚"与介词"用"连文而成，见季琴（2004/2009）。时良兵（2004）认为"用"有词尾倾向。

3）代词

中古时期，汉语的代词系统面貌发生了很多变化，这为考辨早期可疑佛经提供了很好的鉴定标准。目前的考辨文章，特指疑问代词作鉴定标准的比较多。

A. 特指疑问代词

以特指疑问代词为考辨标准时，学者们分别从新兴词语、使用频率、用法、历时更替等角度进行论证。下面各举一二例。

新兴特指疑问代词。如：在考辨《大方便佛报恩经》时，方一新（2003a）、方一新、高列过（2005）指出，该经中"何因缘故""以/因何事故""何处""何事"等，可靠的东汉译经没有用例。考辨《佛说㮈女祇域因缘经》时，方一新（2008）指出，该经的时间疑问代词"何当""久近"，东汉佛经未见。

疑问代词的使用频率。方一新、高列过（2005）考辨《大方便佛报恩经》时，指出：东汉佛经使用不多的"云何"在该经中广泛使用；东汉佛经频繁使用的"何等"，该经使用很少；东汉佛经中比较活跃的"何所"，在该经中呈现萎缩之势；"何"在东汉佛经中的使用频率比该经高。该经这几个疑问代词的使用面貌更接近魏晋南北朝时期的佛经。

疑问代词的用法。方一新、高列过（2005）指出："何因缘"与表示事物疑问的"何所"二者的用法，东汉佛经与《大方便佛报恩经》差别很大：东汉佛经"何因缘"用于原因疑问句41次，34例作状语，1次作动词宾语，5次作介词"从"的宾语，1次单独使用；而《大方便佛报恩经》中，"何因缘"也用于原因疑问句，有10例，但有9例都是作介词"以"的后置宾语。东汉佛经表示事物疑问的"何所"，作宾语2例，1例作动词后置宾语，1例作动词前置宾语；

《大方便佛报恩经》事物疑问句运用"何所"的 12 例，11 例作动词前置宾语。其中"何所作为"7 例，"何所归依"4 例，作介词"为"的前置宾语 1 例。

疑问代词的替换。陈祥明（2009）指出：支谦译经"所以者何"全部用来询问原因，而《撰集百缘经》未见"所以者何"，主要用"何因缘""何缘""何故"来询问原因。卢巧琴（2009/2011）指出：安世高译经常用"何以故"询问原因，而《五阴譬喻经》却用"所以者何"。

B. 人称代词

学者多以同一指称下不同代词使用频率的差异作为鉴别标准。

如第一人称代词。胡敕瑞（2005）指出：安世高译经中第一人称代词几乎都用"我"（共 162 例），只有两例"吾"，而这例外的两例正出现在《法受尘经》中，这可以作为证明《法受尘经》不是安世高所出的证据之一。

第二人称代词。汪维辉（2007）指出：一卷本《般舟三昧经》第二人称代词用"汝"（共 13 见，其中"汝等"3 见）；而支谶译《道行般若经》一般用"汝"，但也用"若"。一卷本《般舟三昧经》不用"若"，与支谶不合。

C. 人称代词的复数表达

史光辉（2005）指出：支谶译经常用"是曹、我曹、卿曹、若曹、曹辈、曹等辈、曹等"等来表达多数；而《伅真陀罗所问如来三昧经》中不见"曹"，只用"等"，这与支谶译经很不相同。

4）句尾语气助词

以句尾语气助词作为鉴别标准，学者大多从两个方面切入考察：疑问句语气助词、语气助词的句型分布。

疑问句语气助词。方一新、高列过（2003）指出《分别功德论》

与东汉译经疑问语气助词在使用频率、种类及分布比例、新兴疑问语气助词"那"的使用等方面情况迥异，据此可以判断该经不是东汉译经。颜洽茂、熊娟（2010）对支谦一些可靠译经中用于特指问句和是非问句的疑问语气词"耶"和"乎"的使用情况进行了调查，发现《菩萨本缘经》"耶"和"乎"的使用频率（50∶8）不仅与支谦译经（65∶112）很不相同，而且与其他三国时期译经也不同。可见《菩萨本缘经》不像是支谦译经，也不是三国译经。

语气助词的句型分布。汪维辉（2007）对一卷本《般舟三昧经》和支谶所译《道行般若经》中的"耶""乎""也"三个句尾语气词作了调查统计，如表 1 所示：

表 1

	耶		乎		也	
	选择问句	一般问句	选择问句	一般问句	陈述句	疑问句
一卷本	0	0	0	3	11	4
《道》	6	25	6	26	111	0

作者进而对表格进行了说明分析：

第一，支谶多用"耶"，《道行般若经》中就有 31 例，有两种用法：用于选择问句，与"乎"搭配使用；用于一般疑问句。而一卷本《般舟三昧经》表示疑问语气不用"耶"，而是用"乎"和"也"。第二，一卷本《般舟三昧经》"乎"都用于一般疑问句，而《道行般若经》中，"乎"用于一般疑问句和选择问句。第三，《道行般若经》"也"全部用于陈述句，而一卷本《般舟三昧经》"也"用于陈述句和疑问句。

另外，助动词、介词、连词、量词、个案虚词等，也有学者用作鉴别标准，这里就不一一列举了。①

5）构词法

方一新（2003a）指出，《大方便佛报恩经》的"～切"式词语，多见于魏晋以后的典籍，可见该经不是东汉译经；周睦修（2005）考察了《无量寿经》中的若干 AA 式、AABB 式、双动宾结构的词语，指出该经应该是西晋竺法护所译。

附带说明的是，张诒三（2005）从词语搭配的角度，认为《大方便佛报恩经》不是东汉译经。②

（三）行文风格

时代不同，译者不同，汉译佛经的行文风格也不尽相同。因此，对可疑佛经的行文风格进行考察，成为考辨佛经的语言学手段之一。学者多从以下几个角度着手。

1. 开头语

周睦修（2005）指出："《无量寿经》序分包含了竺法护译经常用的'一切大圣'、'神通'、'总持'、'辩才'等词，这几个用词在语序上也与竺法护的译经语序一致。《无量寿经》出现特殊规格的开场套语，是'竺法护译经团队'才有的语言特征。"据此可知《无量寿经》当是竺法护所译。

胡敕瑞（2005）以首句的差异作为鉴别《法受尘经》非安世高所译的证据之一："安世高译经首句多是'闻如是，一时佛在舍卫国

---

① 以助动词和量词为考辨标准的有：陈祥明（2010）。以介词为考辨标准的有：季琴（2004，2009）。以连词为考辨标准的有：胡敕瑞（2005），方一新（2008）。以个案虚词为考辨标准的有：周睦修（2005）。

② 张诒三（2005：311—313）指出："饮"与表示心理活动的名词搭配使用，是在三国至南北朝的齐梁时代；而《大方便佛报恩经》中有三例"饮气"，意思是忍气吞声，"气"是"气愤"，是表示心理活动的名词。可见，该经的翻译年代不会早于三国。

祇树给孤独园'，而此经首句是'闻如是，一时佛游于舍卫国祇树给
孤独园'。"

　　方一新、高列过（2007）调查发现，《佛说宝积三昧文殊师利菩
萨问法身经》"闻如是：一时佛至罗阅祇耆阇崛山中，与千二百五十
比丘俱"这样的佛经开头，是东汉后期支谶以来才开始使用的句式，
安世高译经中尚未见到。可见该经不当视作安世高译经。

　　颜洽茂、熊娟（2010）指出：在支谦的可靠译经中，有20部译
经首句都是"闻如是，一时佛在（游）……"，其他三部佛经《阿弥
陀三耶三佛萨楼佛檀过度人道经》《太子瑞应本起经》《了本生死经》
的开场直接以"佛"开头，而《菩萨本缘经》的开场语则与此都不
同，第一句往往是"我昔曾闻""如我曾闻"（第三品为"如我昔曾
闻"）；第二句往往是"过去有王……""菩萨往昔（往世）"等，
可见把《菩萨本缘经》视作支谦译经是有问题的。

2. 结束语

　　出本充代考察了《撰集百缘经》和《贤愚经》的结束语："《撰
集百缘经》中，每个故事结束时，一般用如下定型句（一百话中九
十八话用了这一句）：尔时，诸比丘闻佛所说，欢喜奉行。而《撰集
百缘经》第九八话《恒伽达缘》用的是如下表现：佛说此已，诸在
会者信敬欢喜，顶戴奉行（255a14）。这一说法也抄袭了《贤愚经》
《恒伽达品》中的如下表现：佛说此已，诸在会者信敬欢喜，顶受奉
行（356a11）。"[①] 出本充代博士把这一点作为《撰集百缘经》抄译自
《贤愚经》的证据之一。

　　方一新、高列过（2007）指出，《佛说宝积三昧文殊师利菩萨问

---

① 辛岛静志，2006，《〈撰集百缘经〉的译出年代考证——出本充代博士的研究简
介》，载《汉语史学报》（第六辑），上海：上海教育出版社。

法身经》的结束语与安世高译经差异明显，表现为三点：第一，安译佛经都说"佛说是""佛说如是""佛说是已"等，不说"佛说是经"。第二，安译佛经受众比较简单，通常是个人（如"阿难"）、比丘、诸菩萨等，也经常统称"皆"；不像此经把"舍利弗罗汉、文殊师利菩萨、诸天人世间人民、龙鬼神"悉数列出。第三，末尾语，安译佛经通常是"受行""皆欢喜""皆欢喜受（行）""皆大欢喜"等，不似此经云"一切欢喜，作礼而去"。因此可以判断该经非安世高所译。

3. 句子格式

俞理明（1993）曾论及佛经四言格文体的形成问题。俞先生指出：早期汉译佛经在句式上的一个重要特点是，最早的译经不讲究句式整齐，每句长短错落，并不划一。受汉语中土典籍四字句格式流行的影响，汉末译师开始大量采用四言句，这一尝试首推汉灵帝时支曜翻译的《成具光明定意经》。这篇佛经中，成段的四言句与杂言句交替使用，独具特色。这以后，过了十多年，在康孟详等人翻译的《修行本起经》《中本起经》中，四言句就占据了上风，一直沿用到后世。[①]

就笔者所见，俞理明（1993）以四言格句式为依据，对《四十二章》进行过考辨。

4. 特定场合的套语

1）对话形式

周睦修（2005）指出："当《无量寿经》的译者使用'对曰'时，是用于下辈回答上辈的场合，全经 6 处没有例外。提问人所问的

---

① 参考俞理明，1993，《佛经文献语言》，25—29 页，成都：巴蜀书社。

内容，多用在'要求证实'的问句上，所问的多与'是否见闻'有关，且答话人的回答简洁，很多时候仅用二字或四字来答复。"竺法护译经"无论是从语境或用法来看，都呈现出一种固定的对话形式或内容，与《无量寿经》相当"，"从与'对曰'有关的对话形式来看，《无量寿经》与竺法护译经在使用场合上的类型颇为一致，佛陀跋陀罗、宝云却见不到类似用法，据此分析《无量寿经》应为竺法护所译"。

2）出场套语

出本充代指出：《撰集百缘经》第九八话《恒伽达缘》和《贤愚经》第六话《恒伽达品》中的语词更为一致。《撰集百缘经》的其他故事中，表现主人公出家场面时，一般用如下定型句：

> 善来比丘。须发自落，法服著身，便成沙门，精勤修习，得阿罗汉果、三明、六通，具八解脱。诸天、世人所见敬仰。

而在《撰集百缘经》第九八话《恒伽达缘》中，如下描写同一场面：

> 于时，如来听为沙门。法服在体，使（v.l. 便）为比丘。佛为说法，心开意解，得阿罗汉果、三明、六通，具八解脱。（254c7f.）

这一说法显然沿袭了《贤愚经》第六话《恒伽达品》中的如下表现：

> 于时，如来听为沙门。法衣在体，便成比丘。佛为说法，心意开畅，成罗汉道、三明、六通，具八解脱。（355c11f.）

出本充代博士也把这一点作为《撰集百缘经》抄译自《贤愚经》的证据之一。

最后还要说明的是，梁晓虹（1996）还从文体的角度对《旧杂譬喻经》作了考辨："总的说来，《六度集经》所译时代较早，加之译者康僧会的汉语水平又比较高，所以译文典雅流畅，读起来文言气息比较浓；而后者因时代较后，故白话味道较足。"

近年来，从梵汉对勘的角度对可疑佛经进行辨考，也有学者尝试，如出本充代博士等。笔者所见有限，姑且从略。

方一新（2003a）指出："通过语法、词汇的某些用法来鉴定佛经的翻译年代，还有许多问题有待于解决。比如，东汉和三国、西晋的时代较近，有些语言现象未必就能一刀两断，区分得一清二楚。又如，如何选择鉴别的标准，提取作鉴别用的有价值的区别性语言特征，也是十分棘手的事，鉴别标准提取得不准确，则结论可想而知。再如，古书浩如烟海，个人所见有限，说某种语言现象只见于某一时代或始见于何人何书，也很难说。"总体来看，从语言角度对早期可疑佛经进行考辨，词汇、语法均是有效的手段，但怎样利用这种手段，使考辨的结论更有价值，确实还需要进一步探索。

参考文献

Lewis R. Lancaster, 1969，《被认作支谦所译的〈大明度经〉》，《华裔学志》第 28 期。

曹广顺、遇笑容，2000，《从语言的角度看某些早期译经的翻译年代问题——以〈旧杂譬喻经〉为例》，载《汉语史研究集刊》（第三辑），成都：巴蜀书社。

陈祥明，2009，《从语言角度看〈撰集百缘经〉的译者及翻译年代》，《语言研究》第 1 期。

陈祥明，2010，《从语言角度看〈菩萨本缘经〉的译者及翻译年代》，《长江学术》第 2 期。

方一新，2001，《〈大方便佛报恩经〉语汇研究》，《浙江大学学报（人文社会科学版）》第 5 期。

方一新，2003a，《翻译佛经语料年代的语言学考察——以〈大方便佛报恩经〉为例》，《古汉语研究》第 3 期。

方一新，2003b，《〈兴起行经〉翻译年代初探》，载《中国语言学报》（第十一期），北京：商务印书馆。

方一新，2008，《〈佛说㮈女祇域因缘经〉翻译年代考辨》，载《汉语史学报》（第七辑），上海：上海教育出版社。

方一新、高列过，2003，《〈分别功德论〉翻译年代初探》，《浙江大学学报（人文社会科学版）》第 5 期。

方一新、高列过，2005，《从疑问句看〈大方便佛报恩经〉的翻译年代》，《语言研究》第 3 期。

方一新、高列过，2007，《题安世高译〈佛说宝积三昧文殊师利菩萨问法身经〉考辨》，载《汉语史研究集刊》（第十辑），成都：巴蜀书社。

方一新、高列过，2008a，《旧题东汉安世高译〈阿难问事佛吉凶经〉考辨》，载《中国典籍与文化论丛》（第十辑），北京：北京大学出版社。

方一新、高列过，2008b，《旧题安世高译〈太子慕魄经〉翻译年代考辨——兼论题竺法护译〈太子墓魄经〉的年代问题》，载《文史》（第三辑），北京：中华书局。

高列过，2009，《东汉佛经疑问代词"何等""何"地位演变差异探究》，《浙江教育学院学报》第 6 期。

胡敕瑞，2005，《中古汉语语料鉴别述要》，载《汉语史学报》（第五辑），上海：上海教育出版社。

季琴，2004，《三国支谦译经词汇研究》，杭州：浙江大学博士论文。

季琴，2006，《从词汇的角度看〈撰集百缘经〉的译者及成书年代》，《宗教学研究》第 4 期。

季琴，2008，《从词语的角度看〈撰集百缘经〉的译者及成书年代》，《中国典籍与文化》第 1 期。

季琴，2009，《从语法角度看〈撰集百缘经〉的译者及成书年代》，《语言研究》第 1 期。

梁晓虹，1996，《从语言上判断〈旧杂譬喻经〉非康僧会所译》，《中国语文通讯》第 40 期。

林显庭，1987，《大方便佛报恩经纂者考及其唐代变文》，《中国文化月刊》第 91 期。

卢巧琴，2009［2011］，《东汉魏晋南北朝译经语料整理研究》，杭州：浙江大学博士论文；浙江大学出版社。

吕澂，1979，《中国佛学源流略讲》，北京：中华书局。

吕澂，1980，《安世高》，载中国佛教协会（编）《中国佛教》（第二辑），北京：知识出版社。

吕澂，1980，《新编汉文大藏经目录·新编汉文大藏经目录说明》，济南：齐鲁书社。

时良兵，2004，《支谦译经副词研究》，南京：南京师范大学硕士论文。

史光辉，2001，《东汉佛经词汇研究》，杭州：浙江大学博士论文。

史光辉，2005，《从语言角度判定〈伅真陀罗所问如来三昧经〉非支谶所译》，载《汉语史学报》（第五辑），上海：上海教育出版社。

史光辉，2009，《从语言角度看〈大方便佛报恩经〉的翻译年代》，《古汉语研究》第 3 期。

汪维辉，2000，《东汉—隋常用词演变研究》，南京：南京大学出版社。

汪维辉，2007，《从语言角度论一卷本〈般舟三昧经〉非支谶所译》，载《语言学论丛》（第三十五辑），北京：商务印书馆。

王建军，2003，《汉语存在句的历时研究》，天津：天津古籍出版社。

小野玄妙，1983，《佛教经典总论》，杨白衣译，台北：新文丰出版公司。

许里和（许理和），1998，《佛教征服中国》，李四龙、裴勇译，南京：江苏人民出版社。

许理和，2001，《关于初期汉译佛经的新思考》，顾满林译，载《汉语史研究集刊》（第四辑），成都：巴蜀书社。

颜洽茂、熊娟，2010，《〈菩萨本缘经〉撰集者和译者之考》，《浙江大学学报（人文社会科学版）》第 1 期。

俞理明，1993，《佛经文献语言》，成都：巴蜀书社。

遇笑容、曹广顺，1998，《也从语言上看〈六度集经〉与〈旧杂譬喻经〉的译者问题》，《古汉语研究》第 2 期。

张诒三，2005，《词语搭配变化研究》，济南：齐鲁书社。

周睦修（释德安），2005，《〈无量寿经〉译者考——以佛经语言学为研究主轴》，嘉义：台湾南华大学硕士论文。

《列子》与《般若经》*

〔日〕辛岛静志　裘云青

一、《列子》著书年代议论

　　《列子》，自唐天宝元年（公元742年）被称作《冲虚真经》，北宋景德四年（公元1007年）起被称为《冲虚至德真经》，据说是战国初期道家列御寇撰写。《汉书》卷三〇《艺文志》在《庄子》之后提及《列子》八篇①。但此八篇似乎后来散失。《列子》现行本指后人假借以前《列子》之名撰写的。现行本也有八篇，内容多为民间故事，寓言和神话传说。晋张湛注释并作序。

　　有关《列子》著述年代有不少论考。古自唐柳宗元，宋黄震、朱熹，明宋濂，清姚鼐等，下至近代梁启超、胡适、冯友兰，今有季羡林、杨伯峻、王强模、Graham、福永光司、张永言、王东等。它是一部魏晋时代的伪书，这在学术界已成定论，也已有前人从语言方面

　　* 拙文构想于2011年，原本计划在《创价大学国际佛教学高等研究所年报》上发表。但执笔接近尾声时发现台湾萧登福《列子与佛经》一文（1982），举例与笔者相同，因而一度放弃了这一计划。之后再细读萧文，发现举例虽同，但萧文仅把《列子》中例与罗什译文比较，有些结论不仅矛盾，而且论证根据不够完全，与笔者结论并不完全一致，所以重拾起旧想，写此拙文，谨请各位同仁不吝赐教。撰稿之际，承蒙何莫邪先生、定源法师、周利群女士、张雪杉女士提供给笔者需要的电子资料，在此一并表示感谢。

　　① 《史记》中一次也未提及《列子》这一书名。

以及内容方面论证过。《列子》中出现了不少汉代以后甚至魏晋以后的词汇与语法①，也有晋太康二年（公元281年）出土的《穆天子传》的抄袭②以及西晋竺法护译《生经》（公元285年）的袭用③。虽然不能否定保存着更早的亡佚文献残篇，但绝大部分大约是魏晋时代所写。虽然很多学者都证明《列子》是一部伪书，但此书究竟成于哪年，作者是谁都无定论。宋濂（《诸子辩》）、章炳麟（《菿汉昌言》）、陈三立④、马叙伦（《列子伪书考》）等都指出过《列子》与佛经关系问题。季羡林先生曾用与佛经比较的办法精确推测《列子》成立的确切年代，他说："倘若我们能够在《列子》里找出与佛典相当的一段，而且能够指出抄袭的来源，我们就能够推测《列子》成书的年代。"⑤ 从这一角度论证的方法使笔者深受启发⑥。

二、《列子》与《般若经》中善射者的譬喻

在《〈列子〉与佛典——对于〈列子〉成书时代和著者的一个推测》中，季羡林举出一个西晋竺法护译《生经》（译出时间太康六年，即公元285年）卷三《国王五人经》与《列子·汤问》中情节相同的故事来证明，"《列子》钞的最晚的一部书就是《生经》"⑦。

---

① 杨伯峻（1956）；Graham（1961、1990）；刘禾（1980）；张永言（1991、2006）；马振亚（1995）；Barrett（1993）；吴万和（2007）；王东（2009）。
② 陈文波（1924）。
③ 季羡林（1957：79，1982：316，1996：45，2010：46）。
④ 陈三立（1917）。
⑤ 季羡林（1957：79，1982：316，1996：45，2010：46）。
⑥ 陈连庆在《〈列子〉与佛经的因袭关系》（1981）中在解释有关"化人"的故事时把《列子·周穆王》中一段与吴康僧会译《六度集经》比较，认为"没有什么不同"，但读原文，无一处相似。如仅说情节类似，那么类似情节的故事在各地都有。笔者认为，不能因极小部分情节相似，就断言为抄袭，而应列举确凿证据才具说服力。
⑦ 季羡林（1957：83—84，1982：320，1996：49，2010：50）。

笔者也在《列子》中找到一个与佛典故事基本相同的故事，它就是《列子·仲尼》善射者矢矢相属章，与佛经《般若经》中"箭箭相拄，不令前堕"的譬喻非常相近。这一譬喻在《般若经》用来譬喻实践完成智慧之道的菩萨大士拥有善巧方便，不断地修习善根，诸善根尚未具足时，不能取证最高真实。只有诸善根成就时，才能取证最高真实。梵文《般若经》有《八千颂般若》（虽以散文形式书写，但其字数与八千个偈颂匹敌，故称"八千颂般若"。笔者认为，《八千颂般若》最初是用犍陀罗语书写，而后翻译为梵文的）、《一万八千颂般若》（同以散文形式书写，但其分量是前者二倍以上）、《二万五千颂般若》、《十万颂般若》等几部，问世的顺序即以上几部梵文《般若经》排列顺序。《般若经》汉译有东汉支娄迦谶译，吴支谦译，西晋无叉罗、竺叔兰译，西晋竺法护译，东晋鸠摩罗什译，唐玄奘译和宋施护译等。为方便对比，现将《列子》原文及不同译者译文罗列对比如下。考虑到《列子》撰成时代，在此仅列举东汉至东晋汉译。

（1）子舆曰：吾笑龙之诒孔穿，言："善射者能令后镞中前括，发发相及，矢矢相属；前矢造准而无绝落，后矢之括犹衔弦，视之若一焉。"（《列子·仲尼》）

后汉支娄迦谶公元 179 年译《道行般若经》（《八千颂般若》的汉译）：

（2）譬若工射人射空中。其箭住于空中，后箭中前箭。各各复射，后箭各各中前箭。其人射，欲令前箭堕，尔乃堕。（《大正藏》本卷八，No. 224，458c16—18）

三国吴支谦（从事翻译年代公元 220—257 年）译《大明度经》（《道行般若经》的改译）：

（3）譬如人工射，射空虚中。后箭中前箭。续后射转中前

箭。其人欲令箭堕，乃尔堕。（《大正藏》本卷八，No. 225，497c10—11）

西晋竺法护公元286年译《光赞般若经》（《大正藏》卷八，No. 222；《一万八千颂般若》汉译）中无与此段对应部分。

西晋无叉罗（一作无罗叉）①、竺叔兰公元291年译《放光般若经》②（《一万八千颂般若》的汉译）：

（4）譬如士夫壮勇多力，<u>善于射术</u>。仰射虚空。<u>寻以后箭射于前箭。箭箭相拄（柱）③，不得令箭有堕地者</u>。意欲令堕，便止后箭。不复射者，尔乃堕耳。（《大正藏》本卷八，No. 221，94c21—23））

前秦昙摩蜱与竺佛念译《摩诃般若钞经》（译毕于公元4世纪后半叶？《大正藏》本卷八，No. 226；《道行般若经》的改译）中无与此段对应部分。

东晋鸠摩罗什公元403年译大品《摩诃般若波罗蜜经》（《一万八千颂般若》或《二万五千颂般若》的汉译）：

（5）譬如健人学诸射法，善于射术。仰射空中。复以后箭射于前箭。箭箭相拄，不令前堕随意自在。若欲令堕，便止后箭，尔乃堕地。（《大正藏》本卷八，No. 223，350c4—6）

东晋鸠摩罗什公元408年译小品《摩诃般若波罗蜜经》（《八千颂般若》的汉译）：

---

① 有些本也作"无罗叉"。见释僧祐撰，苏晋仁、萧炼子点校，1995，《出三藏记集》，北京：中华书局，第281页。此书点校者认为无叉罗"是转写之误"，但事实真伪不明。

② 无叉罗口述，竺叔兰汉译。因此实际译者为竺叔兰。"《放光》，于阗沙门无叉罗执胡，竺叔兰为译。"（《大正藏》本卷五五，No. 2145，48a7）；释僧祐撰，苏晋仁、萧炼子点校，1995，《出三藏记集》，北京：中华书局，第265页。

③ 高丽藏读为"柱"（讹字）；宋版等读为"拄"。

(6) 譬如工射之人善于射法，仰射虚空。箭箭相拄，随意久近，能令不堕。(《大正藏》卷八，No. 227，569a17)

梵文《八千颂般若》：

(7) AS. 185. 6-10 = R. 374. 12-17 = AAA. 755. 11-17①.

tadyathā 'pi nāma Subhūte balavān i ṣvastrācārya i ṣvastra śik ṣāyāṃ su śik ṣitaḥ suparini ṣthita ḥ sa ūrdhvaṃ kāṇḍaṃ kṣipet ūrdhvaṃ kāṇḍ aṃ kṣiptvā tadanyaiḥ kāṇḍais tat kāṇḍaṃ bhūmau patat pratinivārayet vārayet tasya paurvakasya kāṇḍasya kāṇ ḍaparaṃparayā bhūmau pa- tanaṃ na dadyāt, tāvat tat kāṇḍaṃ bhūmau na patat yāvan nâkāṅkṣet "aho batêdaṃ kāṇḍaṃ bhūmau pated" iti

须菩提啊！比如有一位强健的弓箭师，他精通射箭，已达到绝妙之地。他向空中射箭。向空中射箭时，其他的箭一枝接一枝射向前一枝箭，(于是) 前一枝箭将要落向地面时 (后面的箭) 阻止它落向地面。一枝接一枝射出的箭阻止了 (各) 前一枝箭落向地面。只要他不想"啊，让这枝箭落地吧"，那么箭就不会落地。

由上述看来，《列子》仲尼善射者矢矢相属章与箭箭相拄的譬喻不仅内容相同，且语言表达也类似。《列子》中"善射""矢矢相属"，就是譬喻中的"善于射""箭箭相拄"。

细看佛经汉译，各译本虽大致相同，但也存在差异。支娄迦谶译

① AS = Aṣṭasāhasrikā Prajñāpāramitā with Haribhadra's Commentary called Āloka, ed. P. L. Vaidya, Darbhanga: The Mithila Institute of Post—Graduate Studies and Research in Sanskrit Learning, 1960 (Buddhist Sanskrit Texts No. 4); R = Aṣṭasāhasrikā Prajñāpāramitā, ed. Rajendralala Mitra, Calcutta 1887 ~ 1888: Royal Asiatic Society of Bengal (Bibliotheca Indica 110); AAA = Abhisamayālaṃkār' ālokā Prajñāpāramitāvyākhyā; The Work of Haribhadra, together with the text commented on, ed. U. Wogihara, Tokyo 1932: The Toyo Bunko; Reprint: Tokyo 1973: Sankibō Busshorin.

与支谦译接近（支谦译《大明度经》实乃支娄迦谶《道行般若经》的翻版），皆用"工射""后箭中前箭""欲令箭堕，乃尔堕"，译文简洁朴素；而无叉罗、竺叔兰译与鸠摩罗什译相近（罗什译大品《摩诃般若波罗蜜经》实乃无叉罗、竺叔兰译《放光般若经》部分改译），用"善于射""不得令箭有堕地者"等表达，描写较详尽。《列子》"善射者"与无叉罗、竺叔兰译及鸠摩罗什译中"善于射"相近，"而无绝落"之表达也与后二者类似。

三、《般若经》诸汉译与《般若经》的流行

早在公元 179 年东汉支娄迦谶就译出《道行般若经》，这是《八千颂般若》（所谓的《小品般若经》中最古老的汉译。支娄迦谶汉译是直译，晦涩难懂。以后吴支谦对它进行了文言化，改译为《大明度经》。三国魏朱士行（公元 203—282 年）"尝于洛阳讲《小品》（即《道行般若经》），往往不通，每叹此经大乘之要，而译理不尽"[①]，为了求取完整的《般若经》，于魏甘露六年（公元 260 年）到于阗，"果写得正品梵书，胡本九十章，六十万余言"[②]，西晋太康三年（公元 282 年）派弟子把抄写本送到洛阳。后来无叉罗、竺叔兰于西晋元康元年（公元 291 年）将其译为《放光般若经》。该经是《一万八千颂般若》（所谓的《大品般若经》）的汉译。在此不久之前，即西晋太康七年（公元 286 年），于阗沙门祇多罗来长安，带来《一

---

① 《出三藏记集》一三卷《朱士行传》，《大正藏》第 55 卷，No. 2145，97a24—25；释僧祐撰，苏晋仁、萧炼子点校，1995，《出三藏记集》，北京：中华书局，第 515 页。

② 《大正藏》本卷五五，No. 2145，97a27—28；释僧祐撰，释僧祐撰，苏晋仁、萧炼子点校，1995，《出三藏记集》，北京：中华书局，第 515 页。

万八千颂般若》的另外一部写本，同年由竺法护翻译，它就是《光赞般若经》。

　　关于《放光般若经》《光赞般若经》的翻译情况，《出三藏记集》卷七道安法师《合放光光赞略解序》①　及同卷九《渐备经十住胡②名并书叙》③（作者不详④）中有详细描述。按照这些描述，竺法

　　① "《放光》、《光读》同本异译耳。其本俱出于阗国持来，其年相去无几。《光赞》，于阗沙门祇多罗以泰康七年齎来，护公以其年十一月二十五日出之。《放光分》，如檀以泰康三年于阗为师送至洛阳，到元康元年五月乃得出耳。先《光赞》来四年，后《光赞》出九年也。"《放光》于阗沙门无叉罗执胡，竺叔兰为译，言少事约，删削复重，事事显ով，焕然易观也。而从约必有所遗，于天竺辞反（◄及）腾，每大简（◄本兰）焉（高丽藏及金藏等读为"于天竺辞及腾，每本兰焉"。"兰"可能指竺叔兰。但宋藏等读为"于天竺辞及腾，每大简焉"。中华书局版《出三藏记集》点校者认为"及腾"是"反腾"之错（第281页）。大概表示"印度原典里表现重复时，通常大幅度地省略"。《光赞》，护公执胡本，聂承远笔受，言准天竺，事不加饰，悉则悉矣，而辞质胜文也。恨其寝逸凉土九十一年，几至泯灭，乃达此邦也。斯经既残不具，并《放光》寻出，大行华京，息心居士仓然传焉。中山支和上遣人于仓垣断绢写之，持还中山。中山王及众僧城南四十里幢幡迎受。其行世如是，是故《光赞》人无知者。（《大正藏》本卷五五，No. 2145，47c29—48a18；释僧祐撰，苏晋仁、萧炼子点校，1995，《出三藏记集》，北京：中华书局，第265—266页。）

　　② 宋版等读为"《渐备经十住梵名并书叙》"（＝中华书局版）。

　　③ "护公出《光赞》，计在《放光》前九年，不九年当八年，<u>不知何以递逸在凉州，不行于世</u>。寻出经时，乃在长安出之，而都不流行，乃不知其故。吾往在河北，唯见一卷，经后记云十七章，年号日月亦与此记同，但不记处所，所以为异。然出经时人云聂承远笔受，帛元信、沙门法度，此人皆长安人也。以此推之，略当必在长安出。此经胡（宋版等读为"梵"）本亦言于阗沙门只多罗所齎来也。此同如慧常谓凉州来疏，正似凉州出，未详其故。或谓护公在长安时，经未流宣，唯持至凉州，未能乃详审。泰元元年，岁在丙子，五月二十四日，此经达襄阳。释慧常以百年，因此经寄互市人康儿，展转至长安。长安安法华遣人送至互市，互市人送达襄阳，付沙门释道安。襄阳时齐僧有三百人，使释僧显写送与扬州道人竺法汰。《渐备经》以泰元元年十月三日达襄阳，亦是慧常等所送，与《光赞》俱来。顷南乡间人留写，故不与《光赞》俱至耳。《首楞严》、《须颊》并皆与《渐备》俱至凉州，道人释慧常，岁在壬申，于内苑寺中写此经，以百年因寄，至子年四月二十三日达襄阳。"（《大正藏》本卷五五，No. 2145，62b22—62c14；释僧祐撰，苏晋仁、萧炼子点校，1995，《出三藏记集》，北京：中华书局，第332—333页。）

　　④ 作者不详，但可能与上引用《出三藏记集》卷第七，道安法师《合放光光读略解序》是同一作者。参看释僧祐撰，苏晋仁、萧炼子点校，1995，《出三藏记集》，北京：中华书局，第357页，注27。

护译《光赞般若经》因"不知何以遂逸在凉州",并未流行,直至东晋宁康元年(公元 373 年)释慧常等西行路经凉州,发现此经,至太元元年(公元 376 年)才托"互市人"展转至长安后送到襄阳释道安处。换言之,在此之前,《光赞般若经》还不为人知,也未在内地流行,无法对《列子》作者造成任何影响。

而无叉罗、竺叔兰于公元 291 年翻译的《放光般若经》一经问世,便受人欢迎,广泛传播。《出三藏记集》卷七道安法师《合放光光赞略解序》云:

(8) 并《放光》寻出,大行华京,息心居士翕然传焉。中山支和上遣人于仓垣断绢写之,持还中山。中山王及众僧城南四十里幢幡迎经。其行世如是,是故《光赞》人无知者。①

可见《放光般若经》影响之大②。

《放光般若经》之后,对中国佛教一直最具影响力的翻译宗匠鸠摩罗什(公元 401—413 年从事翻译)也翻译了几部《般若经》。《摩诃般若波罗蜜经》是《一万八千颂般若》或者《二万五千颂般若》的汉译,译于公元 403 年,共有 27 卷(宋版等有 30 卷,圣护藏本有 40 卷)90 品。因规模较大,故称《大品般若经》。罗什汉译中还有一部同名《摩诃般若波罗蜜经》,是《八千颂般若》汉译,译于公元 408 年,有 10 卷 29 品,因规模小于前者,故称《小品般若经》。

四、《列子》与《放光般若经》

如上所述,《列子·仲尼》善射者矢矢相属章的表达既与无叉

---

① 《大正藏》本卷五五,No. 2145,48a15—18。释僧祐撰,苏晋仁、萧炼子点校,1995,《出三藏记集》,北京:中华书局,第 266 页。

② 有关该经的产生背景及其影响,参阅修明(1999)。

罗、竺叔兰译及鸠摩罗什译二者类似，那么《列子》撰写者抄袭的究竟是哪一部经呢？台湾萧登福注意到了这一点，并在“《列子》部分为张湛所伪窜”的前提下写《列子与佛经》一文（1982 年）曰：“张湛年代与什公相近，当能遥闻其人，遥知其事，且必因袭当时之习尚而研求般若学。张氏既在此环境下，因而窃疑列子矢矢相属之说，当为张湛所增窜者。……兹再以般若经译于公元 402 年至 405 年看来，则张湛可能卒于公元 405 年以后，年龄该为七十余岁至八十岁间。”① 笔者认为他的看法有几个问题。

首先，《列子》的撰成时代不可能晚到公元 5 世纪。《列子》有东晋张湛的《列子注》。关于张湛生活年代，其生卒年月不详。据《晋书·范宁传》记载：“初，宁尝患目痛，就中书侍郎张湛求方，湛因嘲之。”王晓毅文以此论证了范宁与张湛共同任中书侍郎的年代为公元 380 年，此时“张湛的年龄在 48 岁左右”②。王强模指出：“张湛生活的时代当在东晋。确切的生卒年代虽不可考，但是从与范宁同时的记载推测，约为西晋末到东晋中叶。范宁生活在公元 339—401 年，张湛能为宁治目，精于医术，大约生卒稍早于宁。这样的推测不会有大的出入。”③ 陈连庆也有论证，称“张湛讫于太元十一年（公元 386 年）”④。张湛卒世年代虽尚无定论，但大体于鸠摩罗什来长安（公元 401 年）之前去世，这就意味着《列子》的撰成应在罗什译问世之前。

其次，因罗什在汉译佛经历史上具有极其重要地位，对后世影响巨大，因此学术论证之中多以罗什译为准或以其为参考。不仅是萧登

---

① 萧登福（1982：32—33）。
② 王晓毅（2004：169）。
③ 王强模（1993：16—17）。
④ 陈连庆（1981：26）。

福，也有其他许多学者没有意识到汉译佛经翻版的存在。仅以《列子》与佛经关系一题为例，有些学者只看罗什汉译，而不参考罗什改译时所利用的更早的汉译。如陈连庆写道："《列子》作者所接触到的佛经不过是鸠摩罗什以前的各种译本。据梁启超研究，这一时期译出的佛经虽不少，然多零品断简，所请'略至略翻，全来全译'实则略者多而全者希。所译不成系统，翻译文体亦未确立。"① 然事实并非如此。笔者早有几篇论文论证过这一问题②。如支娄迦谶译《道行般若经》有吴支谦、前秦竺佛念、后秦罗什等异译。支娄迦谶不精通汉语文言，因在翻译佛经时使用很多音写词、当时的口语以及俗语词汇，故译文晦涩难懂；而支谦出生在中国，精通文言，翻译时基本没有参照原典，而是在很大程度上把支娄迦谶译经进行了中国化，避俗就雅，语言通畅自然。支谦译《大明度经》就是支娄迦谶译《道行般若经》的翻版。罗什译《大品般若经》也在很多地方参照或更直接说是改译了无叉罗、竺叔兰汉译。笔者之所以花费笔墨强调佛经翻译历史上异译的存在，就是想指出，我们不应仅使用罗什译作为参考，而且更应重视罗什曾经参照过的更为古老汉译的存在。在此与《列子》进行对比亦如此。

　　罗什虽具大家盛名，其汉译虽影响巨大，但《摩诃般若波罗蜜经》译于公元 403 年，《列子》撰写者和张湛本人都无任何可能参照晚于执笔期间的罗什汉译。如果退一步假说上述故事是张湛伪造后增加进去的，那么从年代上来讲，张湛卒世年代虽尚无定论，但无论如何也与罗什译毕《大品般若经》过于接近。罗什当时居于长安，而张湛居于江南，南北相距甚远，考虑到当时书籍传播远不如今日之迅

① 陈连庆（1981：25）。
② 辛岛静志（2001，2010）。

速的理由，所以张湛绝不可能看到罗什译《大品般若经》。

综上所述，《列子·仲尼》善射者矢矢相属章应是无叉罗、竺叔兰公元 291 年译《放光般若经》的抄袭，该章的撰写应在公元 291 年之后。这一结论与季羡林论证的"《列子》的纂成一定不会早于太康六年（公元 285 年）"① 也十分一致。

五、《列子》撰写者

在我们探讨《列子》撰写者究竟是谁的问题时，张湛《列子序》是非常重要的第一手资料。张湛序中云：

（9）湛闻之先父曰：吾先君与刘正舆、傅颖根，皆王氏之甥也，并少游外家。舅始周、始周从兄正宗、辅嗣，皆好集文籍。先并得仲宣家书，几将万卷。傅氏亦世为学门。三君总角，竞录奇书。及长，遭永嘉之乱，与颖根同避难南行；车重各称力，并有所载。而寇厉弥盛，前途尚远。张请傅曰：今将不能尽全所载，且共料简世所希有者，各各保录，令无遗弃。颖根于是唯赍其祖玄、父咸《子集》。先君所录书中有《列子》八篇。及至江南，仅有存者。《列子》唯余《杨朱》、《说符》、目录三卷。比乱，正舆为扬州刺史，先来过江，复在其家得四卷。寻从辅嗣女婿赵季子家得六卷。参校有无，始得全备。

上面已述，很多学者都证明《列子》是一部伪书，但此书究竟成立于哪年，作者是谁都无定论。姚鼐（1991：213）认为其中有汉晋以后人的附益，也许张湛就有所矫入，更有章炳麟说《列子》是

---

① 季羡林（1957：83，1982：320，1996：48，2010：50）。

张湛伪造的①。季羡林在上引论文中②论证了，序中提到的人名在正史中都可以找到，《晋书》卷四七有傅颖根（傅敷，字颖根，公元265—311年）的传，《三国志·魏志》卷二一及二八中记载都证明张湛序与史实相符。但结论是"《列子》本文、《列子序》和《列子注》都出于张湛一人之手"③。近有张永言也持此观点，认为："《列子》书中明显地存在着魏晋时期的新词新义……《列子》在语言运用上的倾向是趋古避今，去俗就雅，然而其中却仍然出现了不少新的词汇语义成分，包括口语成分，显然它们是在作者无意之中进入他的作品。由于这些新词新义中有的晚至东晋始见行用，而在有的新词新义的使用上《列子》本文和张注存在着某种一致性，我们可以推断《列子》的撰成应当就在这一时代，而它的撰写人很可能就是生活于东晋中后期的本书注者张湛。"④

有些学者持相反意见。如杨伯峻说："因为他还有很多对《列子》本文误解的地方。任何人是不会不懂得他本人的文章的。因此，我怀疑，他可能也是上当者。"⑤ 另有 Graham 认为《列子》的撰写者是张湛父亲或祖父⑥。马达（1997）也从四个方面断定《列子》不是张湛伪造的：一、张湛误注《列子》；二、张湛不懂《列子》中的某些词义与典故；三、张湛纠正《列子》中的用字（错字或通假字）；四、张湛对《列子》原文有质疑与批判。王强模也认为，《列子》不

---

① 章炳麟《菿汉昌言》卷四，《章氏丛书续编》本。
② 季羡林（1957：84—85，1982：320—321，1996：49—50，2010：50—52）。
③ 季羡林（1957：85，1982：322，1996：51，2010：53）。
④ 张永言（1991：199，1999：385）。
⑤ 杨伯峻（1984：161—162）。
⑥ Graham（1961：198）。理由是张湛不仅不全知道书中所有材料出处，对《列子》本文也有误解，且张湛喜用的助词"即"和"直"都不见于本文，故《列子》撰写者并非张湛。

是张湛伪造的①。

《列子》的撰写者究竟是谁?

按序中所记,张湛祖父的舅舅是王始周,正宗(王宏)、辅嗣(王弼)皆为始周之从兄。王辅嗣(王弼)生卒年月确实,为公元226—249年,那么王始周出生应在公元226年之后。张湛序中写《列子》是他祖父于永嘉之乱逃难时抄写的。永嘉之乱大概指永嘉五年(公元311年)晋怀帝的被俘,由此可推断张嶷永嘉之乱时年龄大约在40—50岁。又据《晋书·傅敷传》记载,"敷字颖根……永嘉之乱,避地会稽,元帝引为镇东从事中郎。素有羸疾,频见敦喻,辞不获免,舆病到职。数月卒,时年四十六"。既然"吾先君与刘正舆,傅颖根,皆王氏之甥也,并少游外家",那么张嶷年龄也不会与傅敷相差很多。故与上推论相符,张嶷永嘉之乱时年龄约为40—50岁无疑。按王晓毅考证,张嶷出身名门望族,自己又位居高官,"从思想文化史角度看,张嶷应是当年的'元康放达派'分子,永嘉南渡后的第一代东晋士人"②,他这样一个人物读到竺法护公元285年译《生经》及无叉罗、竺叔兰公元291年译《放光般若经》的可能性很大。从语言来看,张嶷的语言根基可以说基本上形成于西晋,虽"《列子》新词新义中有的晚至东晋始见行用"③,但张嶷撰写《列子》的可能性也不可否定。

上引张湛序中有"先君所录书中有《列子》八篇。及至江南,

---

① 王强模(1993:17)写道:"首先他的家学渊源,是令人相信的;其次,他的家族保存有《列子》版本也并不值得奇怪……最后,东寻西找,'始得全备'也是可能的。据此,我认为《列子》仅是张湛搜集、整理、编次、补全的一部书,他还下了很大功夫为之作'注';找不到更充分的理由认为《列子》一书是张湛伪撰的。"

② 王晓毅(2004:167—168)。

③ 张永言(1991:199,1999:385)。

仅有存者。《列子》唯余《杨朱》、《说符》、目录三卷。比乱，正舆为扬州刺史，先来过江，复在其家得四卷。寻从辅嗣女婿赵季子家得六卷。参校有无，始得全备"。如果按照此序所言，那么显而易见是张湛祖父张嶷抄录了八篇①。但避难至江南后收集散逸卷本，重又抄录整理的人究竟是谁——是张湛祖父张嶷，还是张湛父亲张旷，抑或是张湛本人——甚不明了。从前后文脉看，重又抄录整理的人应是张嶷。但此序既以"湛闻之先父曰"始，所以也可能是张旷。《世说新语·任诞》注引《张氏谱》："湛祖嶷，正员郎。父旷，镇军司马。湛仕至中书郎。"② 由此可以看出，张旷是社会精英。亦可能受其父张嶷影响，读《生经》及《放光般若经》并不令人意外。不仅时间吻合，按上引张永言从语言看《列子》产生时代应在东晋的分析，使用的语言时代背景也十分一致。

张湛在《列子序》中写道："然所明往往与佛经相参。大归同于老庄，属辞引类特与庄子相似。"这句话不仅道出《列子》部分的来源，而且还让我们思考，如果一个人伪造了一本书，他会在注中如此强调在伪造书时参照了佛经吗？

综上论证，笔者的结论是：《列子·仲尼》善射者矢矢相属章的撰成应在无叉罗、竺叔兰公元 291 年译《放光般若经》之后；张湛没有伪造《列子》；《列子》的撰写者可能是张湛祖父张嶷，同时父亲张旷的可能性也不可否定。以上推论成立与否，还有待专家学者进

---

① "先君所录书中有《列子》八篇。及至江南，仅有存者"一句有很大疑点。原因在于本文上半部已证明，《列子·仲尼》善射者矢矢相属章的撰成应在无叉罗、竺叔兰公元 291 年译《放光般若经》之后。倘若是张湛祖父张嶷抄录了八篇，则应在"至江南"，即公元 311 年永嘉之乱之前。抄录时张嶷在北，《放光般若经》翻译在南。考虑到当时书籍传播远不如今日之迅速以及战乱的理由，所以张嶷是否来得及看到《放光般若经》十分令人怀疑。是否说明张嶷或张旷对张湛隐瞒了自己伪造的真相？

② 余嘉锡（1993：757）。

一步考证。有关《列子》是否受到佛教思想影响的问题，迄今为止有过各种争论。但如本文所论，《列子》抄袭《放光般若经》故事的事实证明，撰写者无疑读过《放光般若经》。因此无论是谁撰写了《列子》，他受到佛教思想的影响是不容置疑的。

参考文献

Angus Charles Graham, 1961 "The Date and Composition of Liehtzyy", *Asia Major* 8.

Barrett, T. H., 1993 "Lieh tzu 列子", in: Michael Loewe (ed.), *Early Chinese Texts: A Bibliographical Guide*, Berkeley: The Society for the Study of Early China.

Charles Graham, Angus, 1990 *The Book of Lieh-Tzu: A. Classic of the Tao* (Translations from the Oriental Classics), New York: Columbia University Press.

陈连庆，1981，《列子与佛经的因袭关系》，《社会科学战线》第 1 期。

陈三立，1917，《读列子》，《东方杂志》第 14 卷第 9 号，上海：商务印书馆。

陈文波，1924，《伪造列子者之一证》，《清华学报》第 1 卷第 1 期。

福永光司，1973，《列子》，金谷治、仓石武四郎、福永光司等译，《老子 庄子 列子 孙子 吴子》，《中国古典文学大系》4，平凡社，《列子》解说。

季羡林，1957，《〈列子〉与佛典——对于〈列子〉成书时代和著者的一个推测》，载《中印文化关系史论丛》，北京：人民出版社。

季羡林，1982，《中印文化关系史论文集》，北京：生活·读书·新知三联书店。

季羡林，1996，《季羡林文集》（第六卷），南昌：江西人民出版社。

季羡林，2010，《季羡林全集》（第十四卷），北京：外语教学与研究出版社。

刘禾，1980，《从语言的运用上看〈列子〉是伪书的补证》，《东北师大学报》第 3 期。

马达，1997，《论〈列子〉非张湛所伪作》，《湖南教育学院学报》第 1 期。

马振亚，1995，《从词的运用上揭示〈列子〉伪书的真面目》，《吉林大学社会科学学报》第 6 期。

蒙诗兴，2006，《〈列子〉中"兰""住""憾"的用法与意义辨正——兼与马振亚先生商榷》，《呼伦贝尔学院学报》第 5 期。

王东，2009，《从词汇角度看〈列子〉的成书时代补证》，《古汉语研究》第 1 期。

王东，2010，《从词汇角度看〈列子〉的成书时代再补证》，《许昌学院学报》第 4 期。

王强模，1993，《列子全译》，贵阳：贵州人民出版社。

王晓毅，2004，《张湛家世生平与所著〈列子注〉考》，《东岳论丛》第 6 期。

吴万和，2007，《从中古汉语词汇语法现象看〈列子〉是托古伪书》，载《江西省语言学会 2007 年年会论文集》。

萧登福，1982，《列子与佛经》，《成功大学学报·人文篇》。

辛岛静志，2001，《〈道行般若经〉和"异译"的对比研究》，载《汉语史研究集刊》（第四辑），成都：巴蜀书社。

辛岛静志，2010，《早期汉译佛典的语言研究——以支娄迦谶及支谦的译经对比为中心》，载《汉语史学报》（第十辑），上海：上海教育出版社。

修明，1999，《〈放光般若〉的译者及其译出》，《闽南佛学院学报》第 2 期。

杨伯峻，1956，《从汉语史的角度来鉴定中国古籍写作年代的一个实例——〈列子〉著述年代考》，《新建设》7 月号。

杨伯峻，1984，《杨伯峻学术论文集》，长沙：岳麓书社。

余嘉锡，1993，《世说新语笺疏》（修订本），上海：上海古籍出版社。

张永言，1991，《从词汇史看〈列子〉的撰写时代》，载李铮、蒋忠新（主编）《季羡林教授八十华诞纪念论文集》（上），南昌：江西人民出版社。

张永言，1999，《语文学论集》，北京：语文出版社。

张永言，2006，《从词汇史看〈列子〉的撰写时代》（修订稿），载《汉语史学报》（第六辑），上海：上海教育出版社。

姚鼐，1991，《惜抱轩全集》卷二《跋列子》，载《惜抱轩全集》，北京：中国书店。

东汉佛经语料问题举隅
——从《中本起经》"晋言"说起[*]

顾满林

一

《中本起经》历来被认定为东汉康孟详所译，南朝梁僧祐《出三藏记集》即有明确著录，且此经为唯一一部康孟详译经。

(1)《中本起经》二卷，或云《太子中本起经》。右一部，凡二卷，汉献帝建安中，康孟详译出。（南朝梁僧祐《出三藏记集》卷二，55—6c）①

后来的经录对《中本起经》的著录，与《祐录》完全一致，其译者和译出年代均无疑问。

不过，唐代智昇所撰《开元释教录》提到一个值得关注的细节：

(2)《中本起经》二卷，或云《太子中本起经》，经初题云出《长阿含》，后汉西域沙门昙果共康孟详译……又此《中本起经》，群录咸云后汉代译，其经本中有翻梵语处乃曰"晋言"，

* 本文原载《汉语史学报》第二十七辑，得到国家社科基金青年项目（编号08CYY020）、四川大学中央高校基本科研业务费研究专项（哲学社会科学）项目（编号SKJ201001）及四川大学青年学术人才基金资助。感谢匿名审稿人提出中肯的修改意见。

① 本文引用佛典主要依据《大正藏》，标明册数、页码、栏次；关键引文如有必要，则同时标注《高丽藏》及《中华藏》中引文所在的册数、页码、栏次。

未详何以。（唐智昇《开元释教录》卷十三，55—611b）

智昇注意到，东汉译经的文本中竟然出现"晋言"，实在出人意料。

其后，圆照所撰《贞元新定释教目录》卷二十三也有相同的记录（55—944c），发出同样的困惑。

照常理，"晋言"出现在西晋、东晋时期的译经中，是自然的，经录有时还以之为判定佛经翻译时代的标志。

（3）《满愿子经》一卷，僧祐失译录，中有"晋言"，故移编此，出《杂阿含》第十三卷异译。（唐智昇《开元释教录》卷三，55—510a）

圆照《贞元新定释教目录》卷五对《满愿子经》做了同样的处理（55—806c）。

此处提到的《满愿子经》，僧祐《出三藏记集》编入失译经部分，译者和译出时代均不可考；智昇和圆照根据经中出现"晋言"，附入晋录之末。《开元释教录》卷三接下来说《满愿子经》等"并是入藏见经，莫知译主，诸失译录阙而未书，似是远代之经，故编于晋末，庶无遗漏焉……并为东晋失源云"（55—510b）。

《满愿子经》，今题作《佛说满愿子经》，《高丽藏》和《赵城金藏》均有全文，前者见《大正藏》第二册、编号108，后者见《中华藏》第三十四册、编号802。智昇、圆照所言不虚，《佛说满愿子经》确实出现"晋曰"开头的注文。

（4）邠耨白佛："唯然，世尊。有一国名首那和兰（晋曰所闻欲胜），欲游彼国。"（失译附东晋录《佛说满愿子经》，2—502c，《高丽藏》38—283b，《中华藏》34—305b）

二藏文字全同，只是字体大小有别，注文"晋曰所闻欲胜"《高丽藏》《大正藏》为双行小字，《中华藏》字体与正文相同。

　　那么，历来都明确著录为东汉康孟详所译的《中本起经》出现"晋言"，到底是什么情况呢？对此有必要作一番调查。

二

　　《中本起经》有三处"A 晋言 B"注文，一是"蚍蚍晋言宝称"，二是"须达晋言善温"，三是"瞿师罗晋言美音"。其中，"蚍蚍""须达""瞿师罗"为音译人名，梵文分别是Yaśas、Sudatta、Ghoṣila，"宝称""善温""美音"为与之对应的意译形式。"晋言 B"的作用，是为译经中出现的音译词 A 注出意译形式；"晋言 B"的字体，在《高丽藏》及《大正藏》中为双行小字，《中华藏》影印的金藏本则与经文正文字体完全相同。

（一）蚍蚍晋言宝称

　　（5）于时波罗奈城中，有长者名阿具利，有一子字曰<u>蚍蚍</u>（<u>晋言宝称</u>），时年二十四。称生奇妙，有琉璃屐着足而生，父母贵异，字曰<u>宝称</u>。（东汉昙果共康孟详译《中本起经》卷上，4—149a，《高丽藏》36—52a，《中华藏》33—936b）

"蚍蚍"在《中本起经》另有一处用例。

　　（6）明旦，众女不见<u>蚍蚍</u>，周悼遍求，嘘唏并泣。大家惊怪，问其状变。（东汉昙果共康孟详译《中本起经》卷上，4—149a，《中华藏》33—936b）①

---

① 《大正藏》作"不见蚍蚍"，《中华藏》作"不见丈夫"。

上举2例之外，"虵虵"一译，全藏再无别的用例。① 该人名在后代佛典偶见，作"夜输""耶舍""夜舍"等。

"宝称"在例句（5）出现2次，《中本起经》同一段经文还出现6次。

（7）大家惊怪，问其状变。答言："不知宝称今为所在。"长者怖悸……而问佛言："我子宝称，足迹趣此，瞿昙宁见？"佛告长者："若子在斯，何忧不见？"佛为说法……宝称心解，便得罗汉……于时宝称亲友四人……并省宝称，即便俱行……是时波罗奈傍县名曰荼，有五十人因事诣国，闻宝称、富禣等皆作沙门。（东汉昙果共康孟详译《中本起经》卷上，4—149a~b）

这个人名"宝称"，接下来的用例最早见于西晋竺法护译经，其后陆续有一些用例。

（8）次有太子名曰宝称，后成佛时号曰无欺世。（西晋竺法护译《大宝积经》卷九，12—542c）

（9）时波罗棕有长者子，名曰宝称，耽荒五欲，不知非常……时长者子复有同友，其数五十，遥闻宝称厌欲出家，即共和顺，相与出家。（北凉昙无谶译《大般涅盘经》卷三十，12—542c）

南朝宋慧严等译《大般涅盘经》卷二十八经文与例句（9）相同（12—788b）。

南朝宋宝云译《佛本行经》卷四有"度宝称品第十八"，该品"宝称"出现5次（4—79c~80b）。

南朝梁宝唱等集《经律异相》卷第三十五"宝称出家见佛悟道

_____

① 南朝梁宝唱等集《经律异相》卷三十五引作"蛇陀"：波罗奈城有长者，名阿具利，子字曰蛇陀（梁言宝称，《出曜经》云夜输）。（53—187c）

一"有"宝称"7例（53—187c）。

以上材料表明，"虵虵"确为东汉康孟详译经独有的一个音译人名，其意译形式"宝称"始见于康孟详译《中本起经》，其后用例则始自西晋竺法护译经。

（二）须达晋言善温

（10）舍卫长者名曰**须达**（**晋言善温**），与主人伯勤虽未相见，每信相闻，行同德齐，遥揖为友。（东汉昙果共康孟详译《中本起经》卷下，4—156a，《高丽藏》36—61c，《中华藏》33—951b）

《中本起经》共有"须达"20例（含"须达晋言善温"），均指佛世时舍卫的"须达长者"。如：

（11）长者**须达**闻说是时，因本功德，便发净意……长者跪对曰："鄙字**须达**，侍养孤老，供给衣食，国人称我给孤独氏。"……长者**须达**承佛圣旨，进前长跪，而白世尊："余能堪任兴立精舍，唯须比丘监临处当。"……**须达**辞还，载辈送钱，园监不听，走白大家："**须达**送钱，不审内不？"（东汉昙果共康孟详译《中本起经》卷下，4—156b～c）

这个被称为给孤独氏的"须达"，在后来的译经中屡屡出现，兹不赘举。①

意译形式"善温"，《中本起经》还有4例，与音译形式"须达"

---

① 支谶所译三卷本《般舟三昧经》也有人名"须达"11例，与《中本起经》"须达"指称的并非同一人。如："尔时有长者子名**须达**，与二万人俱来至羼罗耶佛所，为佛作礼却坐一面。**须达**长者子问羼罗耶佛是三昧，羼罗耶佛知**须达**长者子心所念，便为说是三昧……长者子**须达**却后八万劫得作佛，名提和竭罗。"（东汉支谶译《般舟三昧经》卷中，13—913b～c）

交替使用。

（12）善温问曰："何谓大宾？为是婚姻、国节会耶？"答曰
……善温闻称佛声，举身毛竖，心喜交胸……善温惶恐，不知所
趣，虽有此变，心犹存佛，承其至心，恐畏消除。空中声曰：
"善哉须达，心至乃尔。"即问空声："为是何神？"便答之曰
……天放大光，照于竹园，善温寻光，遥见如来，逾于所闻，前
拜却住，微心视相，而问于佛："神尊宁安耶？"佛为须达而作
颂曰……（东汉昙果共康孟详译《中本起经》卷下，
4—156a~b）

后之译经，却都不再使用"善温"译名，其名仅见于中土撰述，
共4例，均为注释用语。南朝梁僧祐撰《释迦谱》卷三"须达齐言
善温"（50—66b），旧题南朝梁宝唱撰《翻梵语》卷六"须达经曰善
温"（54—1025c），隋灌顶撰、唐湛然再治《大般涅盘经疏》卷二十
六"须达多者是舍卫人，此翻善温"（38—188b），新罗元晓撰《弥
勒上生经宗要》："须达此云善温。"（38—303a）

以上材料表明，指称给孤独长者的"须达"音译译名由东汉康
孟详译经始创，后之译经沿用；意译形式"善温"在译经中的使用
仅见于康孟详译《中本起经》，其后用例仅4例，且限于中土撰述。

（三）瞿师罗晋言美音

（13）梵志闻偈，迷解信受，旋还舍卫。路由一国，名拘蓝
尼，国有长者，字瞿师罗（晋言美音），人民敬爱，言辄顺承。
梵志众等往造求宿，美音问曰："道士何来？今欲所之？"（东汉
昙果共康孟详译《中本起经》卷下，4—157a，《高丽藏》36—

63a,《中华藏》33—952c）①

音译形式"瞿师罗"在《中本起经》仅出现一次，见例句（13）。其后三国西晋译经不见使用，自东晋十六国起，译经多见使用，全藏有 138 例。如：

> （14）佛住俱睒弥瞿师罗园，尔时比丘僧集，作布萨断事羯磨语声高。时瞿师罗居士来入，僧默然。（东晋佛陀跋陀罗共法显译《摩诃僧祇律》卷二十七，22—449b）

> （15）一时，佛住拘睒弥国瞿师罗园。尔时，瞿师罗长者诣尊者阿难所……尊者阿难告瞿师罗长者。（南朝宋求那跋陀罗译《杂阿含经》卷十七，2—118a）

例句（13）之外，意译形式"美音"在《中本起经》同卷经文另有 4 例。

> （16）五百梵志得阿那含，便作沙门；美音宗等，逮得法眼……美音心念欲请世尊，佛知其念，而告之曰："彼无精舍，汝愿不遂。"美音悦解……礼毕而去。（东汉昙果共康孟详译《中本起经》卷下，4—157b）

> （17）尔时如来与比丘僧千二百五十人俱，从舍卫祇洹游于拘蓝尼国美音精庐。（东汉昙果共康孟详译《中本起经》卷下，4—157b）

"美音"在后来的译经中使用不多，仅西晋法炬共法立译《法句譬喻经》有 6 例、北魏慧觉译《贤愚经》卷五有 1 例。

> （18）昔佛在拘睒尼国美音精舍，与诸四辈广说大法。（西晋法炬共法立译《法句譬喻经》卷一，4—578c）

---

① 《高丽藏》《中华藏》作"晋言美音"，《大正藏》误作"晋音美言"，当以前二者为是。

（19）时狗子者，由其吠故，世世好音，<u>美音</u>长者是也。（北魏慧觉译《贤愚经》卷五，4—387a）

法炬共法立译《法句譬喻经》卷二另有"有长者名曰美音""<u>美音</u>喜踊"（4—592a）和"<u>美音</u>宗等逮得法眼""尔时长者今美音等是"（4—592b），卷四另有"俱睒弥国美音精舍"（4—603c）。

此外，指称同一人的"美音"在中土撰述有 5 例，最早为南朝梁宝唱等集《经律异相》卷三十"拘蓝尼国<u>美音</u>精舍"（53—160a），最晚为宋法云《翻译名义集》卷二"旧曰瞿师罗此译<u>美音</u>"（54—1083c）。

以上材料表明，"瞿师罗"译名由东汉康孟详译经始创，后之译经沿用；意译形式"美音"仅见于三部译经：康孟详译《中本起经》有 6 例、西晋法炬共法立译《法句譬喻经》有 6 例、北魏慧觉译《贤愚经》卷五有 1 例，另有 5 例见于中土撰述。

总之，"蚑蚑晋言宝称""须达晋言善温""瞿师罗晋言美音"提到的 3 个音译人名以及相应的 3 个意译形式，都始见于《中本起经》；而且，除"须达"外，它们后来的用例，均不早于晋代。

照常理，此经译者康孟详作为东汉时期的人，不可能在翻译经文时加上"A 晋言 B"这样的注文，"晋言宝称""晋言善温""晋言美音"注文的撰写者当为晋人或晋以后人。

借助 CBETA（2014 版）查检《大正藏》，除《中本起经》三处用例外，其他"A 晋言 B"全部见于西晋东晋及以后的佛经译文，有的"A 晋言 B"字体同于正文，有的"A 晋言 B"字体为双行小字。

那么，我们如何判定今存《中本起经》的译出年代，如何认识译经的语料属性呢？或许有以下几种可能的选择：

甲、今存《中本起经》翻译年代不早于西晋，不是东汉语料。

乙、今存《中本起经》系康孟详译本而经过后人（尤其是晋及晋以后人）修订，其中杂入一定比例的东汉后成分，不是可靠的东汉语料。

丙、今存《中本起经》正文为康孟详原本，仅三处"A晋言B"为晋人或晋以后人所加。

丁、今存《中本起经》正文和注文均为康孟详原本，"A晋言B"原为"A汉言"或"A此言B"，"晋"字系传刻致误。

哪一种选择更合理，有待更深入的探究。就学界对《中本起经》材料的运用而言，似乎大体不出丙、丁两种选择，未在意其语料会有什么问题。

那么，丙、丁两种选择是否符合实情？让我们来看看相传同为康孟详翻译的《修行本起经》，以及题名支谶译的几部经文，其中有一些"A汉言B"式注文。

三

（一）《修行本起经》的"A汉言B"

《修行本起经》今题竺大力共康孟详译，其中"A汉言B"出现8次，另外"A汉名B"出现1次。

（20）汝却后百劫当得作佛，名释迦文（汉言能仁）如来无所著至真等正觉，劫名波陀（汉言为贤），世界名沙诃（汉言恐畏国土），父名白净，母名摩耶，妻名裘夷，子名罗云。（东汉竺大力共康孟详译《修行本起经》卷上，3—462b）

（21）即名太子，号为<u>悉达</u>（<u>汉言财吉</u>）。（东汉竺大力共康孟详译《修行本起经》卷上，3—463c）

（22）有小国王名<u>须波佛</u>（<u>汉言善觉</u>），有女名裘夷，端正皎洁，天下少双（东汉竺大力共康孟详译《修行本起经》卷上，3—465b）

（23）于是诸天言："太子当去。"恐作稽留，召乌苏慢（<u>汉名厌神</u>）适来入宫，国内厌寐。（东汉竺大力共康孟详译《修行本起经》，3—467c）

（24）天晓，行四百八十里，到<u>阿奴摩国</u>（<u>汉言常满</u>），太子下马。（东汉竺大力共康孟详译《修行本起经》卷下，3—468a）

（25）魔子<u>须摩提</u>（<u>汉言贤意</u>）前谏父曰……魔王不听。（东汉竺大力共康孟详译《修行本起经》卷下，3—470c）

（26）是日夜半后，得<u>三术阇</u>（<u>三术阇者汉言三神满具足</u>），漏尽结解。（东汉竺大力共康孟详译《修行本起经》卷下，3—471b）

可是，僧祐《出三藏记集》并没有把《修行本起经》归入康孟详名下，而是列在"新集安公失译经录"。

（27）寻安录，自《修行本起》讫于《和达》，凡一百有三十四经，莫详其人。（南朝梁僧祐《出三藏记集》卷三"新集安公失译经录第二"，55—16c）

关于《修行本起经》的译出年代，美国学者那体慧（Jan. Nattier 2008：102—109）有全面而细致的论述，在她及她所引述的一些学者看来，今本《修行本起经》并非真正的东汉译经。如果其说可从，上述"A 汉言 B"的撰写年代也就不一定是汉代①。事实上，在今存大藏经中，"A 汉言 B"见于各个历史时期的佛经译文和中土撰述，三国、两晋、南北朝、隋、唐、宋各代的译撰均有用例。

（二）今题支谶译经中的"A 汉言 B"

支谶是东汉译经数量最多的译人，其中最可靠的是《道行般若经》十卷。今题支谶译经中，有《阿閦佛国经》《佛说伅真陀罗所问如来三昧经》《佛说阿阇世王经》三部经文出现"A 汉言 B"或"A 汉云 B""A 汉曰 B""A 汉解 B"这样的注释性文字。

（28）当授是众香手菩萨决，号曰<u>羞洹那洹波头摩</u>（<u>汉言金色莲华</u>）如来无所著等正觉。（东汉支谶译《阿閦佛国经》卷下，11—760c）

（29）云何当亲近于<u>迦罗蜜</u>（<u>汉云善友</u>）？云何离于恶师？云何而等住？云何而舍？"（东汉支谶译《佛说伅真陀罗所问如来三昧经》卷中，15—360a）

（30）伅真陀罗王却后七万四千八百劫当为佛，号字<u>群那罗耶波披沙</u>（<u>汉曰德王明</u>），其刹土名<u>栴陀惟摩罗</u>（<u>汉言日月明</u>），其劫名<u>罗陀那三披</u>（<u>汉言宝等有</u>）。（东汉支谶译《佛说伅真陀罗所问如来三昧经》卷下，15—362b）

（31）其菩萨名曰沤多惟授，后当作佛，号字<u>摩诃惟授</u>（<u>汉言大严</u>）。（东汉支谶译《佛说伅真陀罗所问如来三昧经》卷下，

---

① 许理和（1991）尾注 20 认为"《修行本起经》文中有不少以'汉言……'开头的注解，表明是在公元 220 年之前"［参见中译本《关于初期汉译佛经的新思考》，载四川大学汉语史研究所编：《汉语史研究集刊》（第四辑），第 312 页］。从本文揭示的材料来看，今本《修行本起经》中的"汉言……"不仅不能证明其为东汉文献，反而使该经语料的年代问题更加复杂。

15—362b）

（32）尔时有佛，号字罗陀那吱头（汉言为宝英），其刹土名曰首呵（首呵者汉言曰为净貌），其劫名波罗林（波罗林者清净貌）。（东汉支谶译《佛说伅真陀罗所问如来三昧经》卷下，15—363b）

（33）刹土名曰沤呵沙（沤呵沙者天竺语汉言名曰明开辟），其佛号茶毗罗耶（汉曰光明王），今现在。（东汉支谶译《佛说阿阇世王经》卷上，15—393a）

（34）彼刹菩萨见其光明入其身，悉得摩讹低三昧具足（三昧者天竺语汉解之名须弥光明）。（东汉支谶译《佛说阿阇世王经》卷上，15—393c）

（35）文殊师利为诸菩萨说是阿惟越致法轮时，菩萨悉得罗毗拘逮三昧（汉言者名曰日光明花）；得是三昧已，其菩萨身一毛者，放亿百千光明。（东汉支谶译《佛说阿阇世王经》卷下，15—399a）

（36）今阿阇世虽入泥犁，还上生天。上方去是五百四十五刹土，号字名惟位惟位（汉言为严净），其佛号字罗陀那鞲头（汉言宝好），亦于彼当与文殊师利相得。（东汉支谶译《佛说阿阇世王经》卷下，15—404b）

（37）其王阿阇世过如所说八阿僧祇劫以后，当得为佛，其劫当名唾曰鈚陀遍（汉言者欢喜见），其刹土名阿迦昙（汉言者为药王），其病者莫不愈。其怛萨阿竭当号字惟首陀惟沙耶（汉言者净其所部）。（东汉支谶译《佛说阿阇世王经》卷下，15—404b）

（38）应时怛萨阿竭而与决言："汝当作佛，号字须陀扇

（<u>汉言者名曰决见</u>）。"（东汉支谶译《佛说阿阇世王经》卷下，15—405b）

以上今题支谶译经中这类注释文字共 19 处，其中"汉言" 14 次，"汉曰" 2 次，"汉云" 1 次，"汉解" 1 次，另有"波罗林者清净貌"未标称"汉"。

今题支谶译经数量众多，其中有些并不可靠，学界多有论及。国内学者，如史光辉（2005）考证《佛说伅真陀罗所问如来三昧经》并非支谶所译。国外学者，如那体慧（2008：76—85）结合多重证据，一一考辨常见的 12 部"支谶译经"（其中三卷本《般舟三昧经》析为两部分），按可信度由高到低判定为 4 类：1. 最可靠的 core texts 二种；2. 可靠程度次一些的 second-tier texts 7 种；3. 更外围的 third-tier texts 2 种；4. 问题较多的 problematic or revised texts 2 种。Core texts 一是《道行般若经》，二是三卷本《般舟三昧经》未经改动的散句部分。上述出现"A 汉言 B"注文的三部译经，《阿閦佛国经》属 problematic or revised texts 之一（另一种为三卷本《般舟三昧经》的偈颂和被改动过的散句部分），《佛说伅真陀罗所问如来三昧经》和《佛说阿阇世王经》则同属 third-tier texts。

史光辉（2005）和那体慧（2008）都没有专门提到"A 汉言 B"这样的材料，巧合的是，"A 汉言 B"偏偏只见于上述不太可靠（甚至最不可靠）的 3 部"支谶译经"。而真正可靠的支谶译经《道行般若经》，恰恰没有"A 汉言 B"这样的注释，上述 core texts 和 second-tier texts 共 9 种，它们都没有"A 汉言 B"。

可见，今题支谶译经中"A 汉言 B"的撰写年代也不一定是汉代。

总之，在考虑东汉佛经语料问题时，《中本起经》的"A 晋言

B"、《修行本起经》的 "A 汉言 B"、今题支谶译经的 "A 汉言 B",
值得认真对待。问题不仅仅在于注文本身,因为注文牵涉到的音译词
A 和意译词 B 在译经正文中也出现。

四

佛经汉译历时久远,佛经译文流传情况复杂。今存汉文佛典是汉
语史研究的重要语料,但是这份语料需经细致考辨才能更好发挥其独
特价值。上文所述几部翻译佛经中的 "A 晋言 B""A 汉言 B",虽显
突兀,却并非孤立的个别现象。客观地说,利用传世的汉文佛经语
料,不得不正视影响语料年代判定的诸多复杂因素。兹略举一二。

(一)佛经翻译不是一次完成、一次定型

僧睿是鸠摩罗什译经团体主要参与者,撰有《大品经序》,叙述
了《摩诃般若波罗蜜经》和《大智度论》翻译的一些情况。

(39) 法师手执胡本,口宣秦言,两释异音,交辩文旨。秦
王躬览旧经,验其得失,咨其通途,坦其宗致……详其义旨,审
其文中,然后书之;以其年十二月十五日出尽,校正检括,明年
四月二十三日乃讫。文虽粗定,以《释论》捡之,犹多不尽。
是以随出其《论》,随而正之;《释论》既讫,尔乃文定。定之
未已,已有写而传者;又有以意增损,私以"般若波罗蜜"为
题者,致使文言舛错,前后不同;良由后生虚己怀薄,信我情笃
故也。(南朝梁僧祐《出三藏记集》卷八,55—53b,中华藏
53—938a)

结合这段文字,顾满林(2008)以"五阴—五众"等词语为例,

分析《摩诃般若波罗蜜经》和《大智度论》的用语，认为《大智度论》前后用语不一致系因翻译过程历时长久造成，而流传于世的今本《摩诃般若波罗蜜经》有可能不是鸠摩罗什最后的定本，这又使得两部经、论之间用语参差不一。

佛经翻译情况复杂，也会导致注文同正文的矛盾。谭代龙（2006：119）考察义净译著中的注文，指出"所谓的'义净译经'，其实应该是'义净译场译经'，经成众手，所以出现了前面所举的矛盾之处"。

（二）佛经注文与正文的关系不一而足

佛经注文的撰写年代是否同于经文翻译时代，注文作者是否为译经者本人，需要辨明。同样，注文用语同经文用语之间的关系，也值得关注。

有的佛经正文与注文泾渭分明，作者可确考，如谭代龙（2006：120）辨明"义净译著中的注文，确实是义净本人所作"。

有的佛经正文与注文在流传形式上即有分别，比如注文用双行小字刻印或排印，以与正文区别。当然，也有的注文，在字体上与正文无别。

有的佛经正文与注文混杂成一体，已难析离，注文作者和撰写年代均待考，如东汉安世高所译《佛说大安般守意经》。

有的佛经正文与注文关系待考，尤其是注文作者和撰写年代不明，如今题支谶译经中的"A 汉言 B"和康孟详译经中的"A 汉言 B""A 晋言 B"。由此引发的问题是，音译词 A 和意译词 B，是否都为译经原本用语，或者哪一个才是译经原本用语。如果"A 汉言 B""A 晋言 B"不是汉人所撰，相关译名的产生年代自然有待确定。

（三）佛经流传过程中用语会有调整、改动

例一，佛教大藏经诸版本之间颇多异文。自北宋《开宝藏》以来，佛教大藏经有多种版本产生和流传，如《契丹藏》《赵城藏》《崇宁藏》《毗卢藏》《圆觉藏》《资福藏》《碛砂藏》《普宁藏》《初刻南藏》《永乐南藏》《永乐北藏》《嘉兴藏》和清《龙藏》等等刻本，以及《频伽藏》《大正藏》等铅印本。不同版本的大藏经之间，异文迭出，足见佛经流传过程中会出现数量可观的语言文字变动；只要看看《大正藏》和《中华藏》的文字校勘信息，即可明白这一点。可以想见，《开宝藏》以前的唐代写本大藏经时代，以及大藏经编排体系成熟以前的汉魏两晋南北朝隋以至唐长达 500 年以上的漫长时期，佛经辗转传抄，诸多因素造成的改动和失误一定不在少数，只是具体情况今天已经无法一一确考。

例二，早期译经用语有的已消失殆尽。《出三藏记集》卷一最后一部分"前后出经异记第五"对比了 20 多组新旧译经用语的不同，其中有"旧经扶萨（亦云开士）新经菩萨"和"旧经须扶提新经须菩提"两组。借此我们知道 bodhi-sattva 旧译为"扶萨"，Subhūti 旧译为"须扶提"，二者后来分别作"菩萨"和"须菩提"。可是，这两个旧译语不见于任何一部现存的佛经译文，而只在时代较晚的中土佛教撰述有以下几处用例。

（40）菩萨，应云菩提萨埵，亦云扶萨。（旧题南朝梁宝唱《翻梵语》卷二，54—991b）

（41）开士，谓以法开道之士也，梵云扶萨。（唐慧琳《一切经音义》卷十，54—364b）

（42）苏部底，唐言善现，旧曰须扶提，或曰须菩提，译曰

善吉，皆讹也。（唐玄奘《大唐西域记》卷四，51—893b）宋法
云《翻译名义集》卷一引此条（54—1063c）

顾满林（2005）试图探究：为何今存最早的汉文佛典中"新语"
常用，而"旧语"却罕见踪迹。"笔者认为，问题的原因可能有两
个：一是《祐录》所依据的早期译经大量失传导致'旧语'的早期
用例大量消失，二是因为今存早期汉译佛典的用语已失去原貌。从现
有材料来看，后一个是最主要的原因。"（第150页）

例三，佛陀弟子Śāriputra译名"舍利曰"是汉文佛典中最古老
的译法，《大正藏》全部翻译佛经共15例，无一例外均见于东汉安
世高译经，其中《长阿含十报法经》4例、《佛说四谛经》11
例。如：

（43）闻如是，佛在舍卫国祇树给孤独园。是时贤者<u>舍利曰</u>
请诸比丘听说法……诸比丘从贤者<u>舍利曰</u>："请愿欲闻。"<u>舍利
曰</u>便说从一增起至十法。（东汉安世高译《长阿含十报法经》卷
上，1—233b~c）

（44）是<u>舍利曰</u>比丘最无有过，从邪能还；<u>舍利曰</u>比丘能令
随道，目捷连比丘能令竟道；<u>舍利曰</u>比丘如母生，目捷连比丘如
母供养。当目捷连比丘如是觉者，<u>舍利曰</u>、目捷连当可事，当为
供，当可往问。<u>舍利曰</u>比丘、目捷连比丘为同学者，致乐念令无
有他。（东汉安世高译《佛说四谛经》，1—814b~c）
安世高译经有一部《普法义经》，《出三藏记集》已有著录。

（45）《普法义经》一卷，一名《具法行》，《具法行》作
"舍利弗"，《普法义》作"舍利曰"，余并同……右三十四部，
凡四十卷，汉桓帝时，安息国沙门安世高所译出。（南朝梁僧祐
《出三藏记集》卷二，55—6a）

僧祐专门提到《普法义经》用"舍利曰",唐代智昇撰《开元释教录》和圆照撰《贞元新定释教目录》都提到这一特点。可是,今存《佛说普法义经》中该人名却都作"舍利弗",有5例。

(46)闻如是,一时佛在舍卫国祇树给孤独园。是时贤者舍利弗请比丘听说法……比丘应:"如贤者言。"从贤者舍利弗听,贤者舍利弗便说十二时聚会,能致贤者道。(东汉安世高译《佛说普法义经》,1—922b)

(47)舍利弗复谓比丘:"欲闻法者,当有十六业。"(东汉安世高译《佛说普法义经》,1—922c)

(48)贤者舍利弗说如是,比丘至心受,如是念所说。(东汉安世高译《佛说普法义经》,1—924c)

根据《出三藏记集》等经录的记载可知,今本《普法义经》中的"舍利弗"并非安世高译经原本所有。而除此5例之外,安世高所译的其他经文都不见"舍利弗",这样,"舍利弗"最早用例当见于支谶译经,该人名在支谶译经中均作"舍利弗",其《道行般若经》就使用上百次,兹不赘举。

五

我们很难仅仅因为《中本起经》有"晋言",就判定其译出年代不早于西晋;同样,不宜因为《修行本起经》有"汉言",就断定其正文和注文都一定出于汉代人之手。

某经能确考译人和译出年代,有时并不等于我们今天看到的就是其原貌。某经中出现晚于译经时代的用语,有时并不足以完全否定该经的译出年代。

参考文献

ErikZürcher, 1991 "A New Look at the Earliest Chinese Buddhist Texts", in: Koichi Shinohara and Gregory Schopen (ed.), *From Benares to Beijing: Essays on Buddhism and Chinese Religion in Honour of Prof. Jan Yun-hua*, Oakville, Ontario: Mosaic Press, pp. 277—304. ［许理和，2001，《关于初期汉译佛经的新思考》，顾满林译，载《汉语史研究集刊》（第四辑），成都：巴蜀书社。］

Nattier, Jan., 2008 *A Guide to the Earliest Chinese Buddhist Translations—Texts from the Eastern Han and Three Kingdoms Periods*, Tokyo: The International Research Institute for Advanced Buddhology, Soka University.

顾满林，2005，《今存汉文佛典用语同僧祐〈出三藏记集〉的矛盾》，《宗教学研究》第 4 期。

顾满林，2008，《从僧睿〈大品经序〉看今存汉文佛典用语》，《宗教学研究》第 1 期。

史光辉，2005，《从语言角度判定〈伅真陀罗所问如来三昧经〉非支谶所译》，载《汉语史学报》（第五辑），上海：上海教育出版社。

谭代龙，2006，《义净译著中的注文及其作者之研究》，《青海师范大学学报（哲学社会科学版）》第 1 期。

《撰集百缘经》非三国吴支谦译的语言学证据[*]

张雨薇　方一新

　　旧题三国吴支谦所译的《撰集百缘经》（下简称《撰》），作为一部时代较早、有梵文原本且口语性较强的故事类汉译佛经，对汉语史研究具有重要的语料价值，因而受到中外汉语史研究者的广泛关注。但是，关于该作品的译者与译出年代却一直存在争议，这势必会影响该作品的语料价值和利用该材料进行汉语史研究的科学性。虽然已有不少学者从语言学、文化学或故事内容等角度展开过讨论，但迄今为止，学界对《撰》是不是三国时期的译作、译者是不是支谦等问题仍未达成一致意见。综观学界已有的研究成果，目前主要有四种看法：认为是三国吴支谦译；认为非支谦所译，译出时间也在三国之后；认为非支谦所译，但时间待定；认为是否为支谦所译仍有待讨论。看来，对《撰》的译者与译出时代还要作更深入细致地考辨研究。

　　根据语言特征对存疑的汉译佛经进行考辨，是一种比较有效的手段。"就佛典鉴别而言，词汇鉴别词可以大致上分为普通语词和译名。普通语词主要指传统意义上的实词……，主要指具有历时更替变化或是反映当时口语的这两类性质的词。译名主要指佛教专有名词、

＊　本文原载《河南师范大学学报（哲学社会科学版）》2019 年第 2 期。

人名、地名等的音译词、音义结合词和意译词。"① 本文尝试在已有
研究的基础上，扩大比较范围，选取《撰》中有代表性、鉴别价值
高的词语，以支谦可靠译经为主要比较对象②，结合东汉、三国其他
译者的可靠译经和后世译经，从佛教译名词语、一般词语和常用词的
使用三个方面，分析《撰》和支谦可靠译经的用词差异，为判定
《撰》是否为支谦所译及其译出时代提供一些基本材料。

一、佛教译名词语

佛经中许多名相术语的译法会随着译者与时代的不同而发生变
化，呈现明显的个人风格与时代特点，考察译名词语的异同，对判定
佛经的译出年代具有重要的参考价值。笔者统计，在《撰》中出现
而支谦可靠译经未见用例的佛教译名词语共有 240 条，可以分为两
类：一类是一些佛教术语虽然在东汉时期和支谦译经中已见，但与
《撰》中的译名明显不同；一类是《撰》的译名在东汉、三国时期和
支谦可靠译经都未见用，后世才见使用。限于篇幅，兹择其要者分类
讨论如下。

（一）与支谦译经明显不同的译名词语

【富兰那】梵名 Pūrāṇa-kāśyapa，巴利名 Pūrāṇa-kassapa 或
Purāṇa-kassapa，为佛世时六师外道之一。又作富兰迦叶、不兰迦叶、

---

① 方一新、高列过，2012，《东汉疑伪佛经的语言学考辨研究》，北京：人民出版
社，第 77 页。
② 支谦可靠译经有哪些，学界意见不一。本文结合佛教类书和相关论著，暂将有
争议的译经排除在外，划定 18 部译经作为支谦最可靠译经（见文后附）。凡出自支谦可
靠译经的例句，朝代和译者不再标注。

老迦叶、补刺拿迦叶波、布刺拿迦叶波①。"富兰那"在《撰》中共出现5次，此人在支谦可靠译经中都译作"不兰（迦叶）"，显示出《撰》与支谦可靠译经在此译名上不同的翻译习惯。

（1）我今当请富兰那等外道六师，来至家中，令教我子。（《撰》卷一，4/204/1②）

（2）至期日，便为作十万坐床，亦复为不兰等，作十万坐床息。（《义足经》卷上，4/181/1）

通过调查"富兰那"和"不兰（迦叶）"这一所指相同、译名不同的人名在中古不同时期佛典中的出现情况，发现"不兰（迦叶）"在东汉译经已有使用，而"富兰那"在可靠的东汉、三国译经中均未见用例，可靠的用例始见于东晋译经，共2例，其后用例逐渐增多。

（3）不兰迦叶等六子辈，名称盖世，犹未得佛。（东汉昙果共康孟详译《中本起经》卷下，4/159/3）

（4）今者世间沙门婆罗门外道六师、富兰那迦叶、末伽利拘赊梨子……各各自说，是一切智，以余学者，名为邪见。（东晋法显译《大般涅槃经》卷下，1/203/3）

（5）国有六师，富兰那等，先素出世，邪见倒说，诳惑民庶。（北魏慧觉译《贤愚经》卷二，4/360/3）

【迦兰陀竹林】梵名 Veṇuvana-kalandakanivāsa，巴利名 Veḷuvana-kalandakanivāpa。迦兰陀鸟栖息之竹林，又称迦兰陀竹园，或称迦兰

---

① 文中对佛教词语的解释主要依据慈怡法师（主编），1989，《佛光大辞典》，台北：佛光山出版社。

② 文中所引汉译佛经例句均出自日本大正一切经刊行会（编纂），1988，《大正新修大藏经》，东京：大藏出版株式会社。例句后的数字依次为该例所在的册数、页码、栏数。

多竹林、迦兰那加竹林、迦陵竹林。"迦兰陀竹林"在《撰》中出现33次，在支谦可靠译经中这一地名出现过9次，7次译作"竹园"，2次译作"多鸟竹园"，而在《撰》中未见有"竹园"的译名。这显示出《撰》与支谦译经在此译名上不同的翻译习惯。

（6）佛在王舍城迦兰陀竹林。（《撰》卷二，4/208/3）

（7）与五百弟子俱出王舍大国，欲到竹园中。（《私呵昧经》，14/809/3）

（8）佛在王舍国多鸟竹园中。（《义足经》卷上，4/179/1）

"竹园"在东汉译经中已有用例，"迦兰陀竹林"可靠的用例始见于十六国时期译经。

（9）佛从本国，与比丘僧千二百五十人俱，游于王舍国竹园中。长者伯勤，承佛降尊，驰诣竹园。（东汉昙果共康孟详译《中本起经》卷下，4/156/1）

（10）迦兰陀竹林精舍有诸菩萨阿罗汉等，悉往集会王舍大城中。（北凉昙无谶译《大方等大集经》卷二十，13/141/1）

【迦楼罗】梵语 garuḍa，巴利语 garuḷa。又作加楼罗鸟、迦留罗鸟、伽娄罗鸟、揭路荼鸟，即金翅鸟、妙翅鸟。此名在《撰》中出现4次，2次译作"迦楼罗"，2次译作"金翅鸟"。在支谦可靠译经中这一名称出现过2次，都译作"迦留罗"，与《撰》明显不同。

【拘尸那】梵名 Kuśinaga，巴利名 Kusināra。中印度之都城或国名。又作拘尸那伽罗、拘夷那竭、俱尸那、拘尸那、瞿师罗、劬师罗、拘尸城。意为吉祥草之都城。"拘尸那"在《撰》中有1例，在支谦可靠译经中这一地名出现过2次，均译作"拘夷那竭"。"拘尸那"的可靠用例较早见于东晋《观佛三昧海经》中。

【毗舍离】梵名 Vaisāli。古代中印度国名。又为都城之称。"毗舍离"在《撰》中出现 3 次，在支谦译经中这一地名出现过 1 次，译作"维耶离"，且"维耶离"在东汉译经中已有用例，而"毗舍离"除《撰》之外，较早见用于东晋译经。

【王舍城】梵名 Rājagaha，巴利名 Rājagaha，音译曷罗阇姞利呬、罗阅祇。"王舍城"在《撰》中出现 39 次，在支谦译经中这一地名出现过 7 次，均译作"王舍国"，与《撰》明显不同。

【布萨】梵语 poṣadha，upavasatha，upoṣadha，upavāsa，巴利语 uposatha 或 posatha。《撰》中这一术语出现 2 次，在支谦译经中这一术语出现过 1 次，译作"说戒"。"说戒"在东汉译经中已有用例，"布萨"在旧题三国魏和旧题西晋的 2 部译经中出现 2 例，直到东晋时期用例才逐渐增多。

【涅槃】梵语 Nirvāṇa，巴利语 Nibbāna，又作泥洹、泥曰、涅槃那、涅浆盘那、抳缚南、昵缚呐。意译作灭、寂灭、灭度、寂、无生。"涅槃"在《撰》中出现 45 次，另有 2 次作"般涅槃"。在支谦可靠译经中这一术语出现过 169 次，70 次译作"泥洹"，66 次译作"灭度"，18 次译作"般泥洹"，4 次译作"泥曰"，1 次译作"般泥曰"。《撰》和支谦可靠译经在这一术语的译名选择上明显不同，且"泥洹""灭度"等译名在东汉译经中已有用例。

【授记】梵语 vyākaraṇa，巴利语 veyyākaraṇa。音译毗耶佉梨那、弊迦兰陀、和伽罗那、和罗那。又作授决、受决、受记、受莂、记别、记莂、记说、记。"授记"在《撰》中出现 3 次，在支谦可靠译经中这一术语出现 3 次，均译作"授决（受决）"，二者分用划然。

（二）可靠用例出现较晚的译名词语

【毘婆尸】梵名 Vipaśyin，巴利名 Vipassin。为过去七佛之第一

佛。又作毗钵尸佛、鞞婆尸佛、维卫佛。意译为胜观佛、净观佛、胜
见佛、种种见佛。"毘婆尸"在《撰》中出现14次，在支谦可靠译
经和东汉、三国、西晋译经中均没有用例①，东晋译经才开始出现。

（11）有佛出世，号毘婆尸，教化周讫，迁神涅槃。（《撰》
卷七，4/234/3）

（12）毘婆尸佛、如来、应供、正遍知，为寂静僧最初说波
罗提木叉。（东晋佛驮跋陀罗共法显译《摩诃僧祇律》卷二十
七，22/446/3）

【弗沙】梵名 Tiṣya。又作底砂、帝沙、提沙、补沙、底沙。"弗
沙"在《撰》中1现，在支谦可靠译经和可靠的东汉、三国译经中
均未见"弗沙"，东晋译经始见使用。

（13）波罗㮈国有佛出世，号曰弗沙，在一树下，结跏趺
坐。（《撰》卷十，4/253/3）

（14）我入此三昧时，见此世界迦叶佛……毗婆尸佛、提舍
佛、弗沙佛、无上胜佛、无上莲华佛。（东晋佛驮跋陀罗译《大
方广佛华严经》卷五十，9/717/3）

【尸毗王】梵名 Śibi，巴利名 Sivi。古代印度代鸽舍身喂鹰之圣
王，为佛陀于过去世修菩萨行时之名。又称湿鞞王、尸毗迦王。"尸
毗王"在《撰》中出现6次，在支谦可靠译经和可靠的东汉、三国
译经中均没有用例。失译附东晋录的译经中曾出现过"尸毗王"，可
靠的用例较早见于十六国译经中。

【归依】梵语 śaraṇa，巴利语 saraṇa。又作"皈依"。"归依"在

---

① 旧题西晋安法钦译的《阿育王传》中曾出现过2例，但《阿育王传》经吕澂先
生考证当为南朝梁僧伽婆罗所译。见吕澂，1991，《吕澂佛学论著选集》（三）《新编汉
文大藏经目录》，济南：齐鲁书社，第1762页。

《撰》中出现 22 次，在支谦可靠译经中未见，旧题三国魏昙谛译《羯磨》中曾出现过"归依"，在可靠的东汉、三国译经中均未见用例，可靠的用例较早见于西晋译经，东晋及以后用例逐渐增多。

【业缘】二十四缘之一。在《撰》中出现 10 次，在支谦译经和可靠的东汉、三国译经中均没有用例，可靠用例较早见于东晋，之后用例逐渐增多。

【衣钵】梵语 pātra-cīvara，巴利语 patta-cīvara。指三衣及一钵。"衣钵"在《撰》中出现 9 次，在支谦可靠译经和可靠的东汉、三国译经中均没有用例。支谦译经中有"法服持钵"及"法衣应器"等，未见将法衣和食器合称的表述。

【檀越】梵语 dāna-pati。即施与僧众衣食，或出资举行法会等之信众。音译檀越、陀那钵底、陀那婆。又作布施家。又梵汉兼举而称檀越施主、檀那主、檀主。"檀越"在《撰》中出现 5 次，在支谦译经中未见，在可靠的东汉、三国译经中均未见用例，可靠用例始见于西晋译经。

【维那】系梵汉兼举之词。维，纲维，统理之义；那，为梵语 karma-dāna（音译羯磨陀那）之略译，意译授事。维那又作都维那，旧称悦众、寺护。为寺中统理僧众杂事之职僧。"维那"在《撰》中出现 3 次，在支谦可靠译经和东汉、三国译经中均未见用，可靠的用例较早见于东晋译经中。

二、一般词语

《撰》中出现而支谦可靠译经中未见用例的一般词语共 960 例，其中，在《撰》中仅出现 1 次的词语有 496 例，出现 2 次的有 147

例。这类只出现一两次的词语虽然使用频率不高，但其数量之多也应引起重视。频繁的偶见用例或许正是译者所处时代语言特征的不自觉流露，是帮助我们判断《撰》真正译出时代的证据之一。

（一）始见于西晋译经中的词语

【懊恼】在《撰》中出现 13 次，其核心义是表达一种负面的、令人不快的情绪，具体而言，又可分为"苦恼""悲伤""怨恨"三个意义相关联的义位。

（15）尔时彼子，不果所愿，心怀懊恼，即便语母……（《撰》卷五，4/224/3）

（16）闻是制限，忧愁涕泣，悲感懊恼，感天宫殿，动摇不安。（《撰》卷二，4/210/1）

（17）见诸道士数数来往，甚怀懊恼，生厌患心。（《撰》卷五，4/224/3）

支谦译经中出现过"忧恼"（3 例）、"苦恼"（2 例）、"心恼"（2 例）和单音词"恼"等，但并未见"懊恼"。东汉、三国译经中亦不见"懊恼"，而用"忧恼""苦恼""心恼"等词。"懊恼"可靠的用例较早见于西晋竺法护译经，在与佛教有关的中土文献中，较早见于南北朝。

（18）不得见王，愁忧懊恼，问诸大臣……（西晋竺法护译《生经》卷三，3/91/3）

（19）尔时众生懊恼悲泣，各封田宅以分疆畔。（南朝梁僧祐撰《释迦谱》，50/2/1）

【作贼】在《撰》中出现 2 次，表示"抢劫、剽窃、偷东西"，支谦译经中出现过 1 例"作贼"，但意为"造反"。表"抢劫、剽窃、偷东西"义的"作贼",可靠的译经用例较早见于西晋。

（20）有一愚人，常好作贼，邪淫欺诳，伺官捉得，系缚诣
王。（《撰》卷六，4/229/2）

（21）聚会饮食专共作恶，兴兵作贼攻城格斗，劫杀截断强
夺不道。（《阿弥陀三耶三佛萨楼佛檀过度人道经》卷下，12/
314/2）

（22）放心恣意，破他门户，断人寄饷，凿人垣墙，夜行作
贼。（西晋竺法护译《所欲致患经》，17/540/1）

【调顺】在《撰》中共出现 8 次，意为"和顺"。支谦可靠译经
中出现过"和顺"，未见"调顺"；《撰》只有"调顺"而无"和
顺"，二者明显不同。在译经中，"调顺"可靠的用例较早见于西晋；
在一般中土文献中，较早见于唐代。

【贤柔】在《撰》中出现 6 次，常与"慈仁""调顺"等词并列
使用，形容人性格仁爱温和。支谦译经中出现过"仁柔""柔和"
"柔弱""软弱"，未见"贤柔"；《撰》只有"贤柔"而无"仁柔"
等词，二者明显不同。译经中"贤柔"可靠的用例较早见于西晋，
但仅见 1 例。

【豪族】在《撰》中出现 9 次，意为"豪门大族"。支谦可靠译
经中未见"豪族"，东汉、三国译经中也未见。在译经中，该词较早
见于西晋，但仅见 4 例，东晋开始用例增多；在一般中土文献中亦较
早见于西晋。

（二）始见于东晋译经中的词语

【必定】在《撰》中 1 见，表示判断或推论的确凿或必然。支谦
可靠译经中未见"必定"，东汉、三国译经也未见用。支谦译经表达

判断或推论的必然一般只用单音词"必","定"仅见 1 例。

（23）若不伏首，授我四归，必定交死。（《撰》卷三，4/216/2）

（24）譬若士女持坏瓶取水，知不久必坏。所以然者，未成故。（《大明度经》卷四，8/492/3）

（25）处国当为飞行皇帝，舍国为道行作沙门者，必得为佛。（《梵摩渝经》，1/883/2）

（26）汝定知法极无所有，汝迫复何对？（《义足经》卷上，4/178/1）

东汉、三国时期的译经也常使用单音词"必"和"定"，"必"的使用频率较高，"定"则偶见用例。语义相近的"必"和"定"凝结成双音词"必定"则较晚。旧题西晋安法钦译《阿育王传》出现过 1 例"必定"，但可靠的用例较早见于东晋佛驮跋陀罗共法显译《摩诃僧祇律》："我解一切名字，汝必定死。"

【鞭打】在《撰》中出现 5 次，意为"用鞭子打"。支谦可靠译经中未见"鞭打"，亦未见"鞭"字，"打"仅见《老女人经》中有 1 例"打鼓"。东汉译经中未见"鞭"字，三国时期仅有康僧会译《六度集经》中"鞭"字 4 见，其中 1 次单用作动词，3 次为"鞭杖"。在译经中"鞭打"可靠的用例较早见于东晋；在一般中土文献中，较早见于南北朝。

【观看】在《撰》中出现 15 次，意为"参观；观察；观赏"。在译经和一般中土文献中，"观看"的可靠用例均较早见于东晋。

【诤竞】在《撰》中出现 4 次，意为"竞争；争论"。支谦可靠译经中未见"诤竞"，东汉、三国译经中亦未见用。在表达"竞争；争论"时，支谦译经常用单音词"诤"或"违争（诤）"。"诤竞"

可靠的用例较早见于东晋译经；在一般中土文献中，较早见于南北朝时期。异形词"争竞"在东汉、三国译经及支谦可靠译经中也未见用例，旧题东晋僧伽提婆译《增一阿含经》有 1 例，可靠用例则见于东晋之后。

【渐次】在《撰》中出现 11 次，表示"逐渐，次第"。支谦可靠译经中出现过 5 例"渐"，未见"渐次"。东汉、三国译经也只用单音词"渐"。旧题西晋的 1 部译经出现过"渐次"，但可靠的用例较早见于东晋。

（三）始见于十六国及以后译经中的词语

【崩背】在《撰》中 1 见，意为"崩殂，指帝王之死"。"背"在支谦可靠译经中有"脊背""背后"和"离开，背离"三个意项。"离开"义的"背"可引申作"死亡的婉辞"，如《文选》李密《陈情事表》："生孩六月，慈父见背。"但东汉至三国时期还未出现这种用法，更无"崩背"一词。支谦可靠译经、三国译经中表达这一意义时仍用单音词"崩"。"崩背"的可靠用例较早见于十六国时期的译经；在一般中土文献中，较早见于南北朝。

【涸竭】在《撰》中出现 2 次，意为"枯竭"。在译经中"涸竭"可靠的用例较早见于十六国；在中土文献中多用"竭"来解释"涸"，直到唐代才出现了双音词"涸竭"。

【殷重】在《撰》中出现 2 次，意为"恳切深厚"。表"恳切"义的"殷重"是"殷勤"和"郑重"的省缩。支谦可靠译经中未见"殷重"，东汉、三国译经中亦未见用例。在译经和与佛教有关的中土文献中，"殷重"可靠的用例皆始见于南北朝时期。

【詶对】在《撰》中出现 3 次，意为"应对"。支谦可靠译经中未见"詶对"，东汉、三国译经中也未见用例。在译经中，可靠用例较早见于十六国；在与佛教有关的中土文献中，较早见于南北朝。在一般中土文献中"詶对"出现极少，常用的是异形词"酬对"。

【船舫】在《撰》中出现4次，泛指船。支谦可靠译经中只用单音词"船"，而不用"舫"，东汉、三国译经也未见"船舫"。"船舫"可靠的译经用例较早见于十六国时期。

【浆水】在《撰》中出现3次，意为"水或其他食物汤汁"。支谦可靠译经中有"饮浆""水浆"，无"浆水"。东汉、三国译经亦只出现了"水浆"。《撰》只用"浆水"而不用"水浆"，与支谦可靠译经和三国译经的用词明显不同。"浆水"的可靠用例较早见于十六国时期的译经。

三、常用词

从常用词的使用来考察《撰》的译者和译出时代，不仅可行，而且比较有说服力。因为"常用词使用频率高，经常出现在人们的口头和笔下，很难作伪，是从语言角度判定作品时代的一个可靠依据。早期汉译佛经中有许多译人不明的'失译'经，我们在研究中发现，从常用词的角度去推定这些经的实际翻译年代是一条有效的途径（当然还要结合其他证据）……假如我们能把一批常用词的产生时间及更替过程调查清楚，得出确凿可靠的结论，这样的成果对于考定疑伪古籍的相对年代无疑是大有帮助的"①。兹以"呼"和"唤"、"偷盗"和"盗窃"两组常用词为例，讨论其在《撰》和支谦译经中

①　汪维辉，2000，《东汉—隋常用词演变研究》，南京：南京大学出版社，第12—13页。

的使用情况及其历时演变，以帮助判断《撰》的译者及译出时代。

（一）"呼"和"唤"

"呼"和"唤"是"呼唤"概念域中的常用词，表示"呼喊、呼叫、呼唤"。在《撰》中"呼"出现 2 次，1 次存在异文；"唤"则出现 29 次。而在支谦可靠译经中"呼"共出现 9 次，"唤"仅 1 见，且存在异文。支谦可靠译经与《撰》的用词明显不同。

（27）作是念已，设诸肴膳，寻即请呼："饭食已讫。"（《撰》卷一，4/204/1）

（28）是故今者，唤卿等来，委付国土。（又，卷四，4/217/1）

（29）呼弟子曰："尔持吾名，稽首佛足下云……"（《梵摩渝经》，1/885/1）

（30）虾蟆唤曰："知为政者，弃一恶人以成一家；弃一恶家以成一乡。不知政者，民物失所，天下怨讼。"["唤"，圣语藏本作"唯"]（《孛经抄》，17/735/1）

查考中古译经，发现"呼"在东汉译经中出现 31 次，"唤"出现 5 次，其中 1 次为"唤呼"，3 次存在异文作"呼"。在三国译经中，"呼"只在康僧会译《六度集经》出现，共 47 次，其中 2 次存在异文；"唤"则未见用例。在西晋译经中，"呼"出现 251 次，其中 11 次为"唤呼"，4 次为"嚾呼（异文作'唤呼'）"；"唤"的用例有所增多，出现了 49 次，但除了有 11 次在双音词"唤呼"中以外，还有 15 次异文作"嚾"，"唤"的使用频率远低于"呼"。在东晋译经中"呼"出现 439 次，"唤"出现 297 次，其中 8 次为"唤呼"，4 次为"呼唤"。"唤"的使用频率虽逐渐接近"呼"，但还没有取代"呼"的主导地位。东晋之后"唤"的使用频次逐渐超过"呼"。从常用词"呼"和"唤"在汉译佛经中的使用及其历时演变来看,《撰》在常用词的使用上与东晋及其后的译经较为接近。

（二）"偷盗"和"盗窃"

"偷盗"和"盗窃"是"偷窃"概念域中的双音常用词。"偷盗"在《撰》中出现 3 次,"盗窃"则未见;"盗窃"在支谦可靠译经中出现 5 次,"偷盗"则未见。支谦可靠译经与《撰》在常用词"偷盗"和"盗窃"的使用上表现出明显不同的用词特点。

调查中古译经,发现"偷盗"在旧题东汉、旧题三国的 6 部译经中出现过 10 例,但可靠的译经均未见用例;"盗窃"在东汉译经中出现 2 例,三国译经中有 1 例。除了支谦译经之外,东汉、三国译经在表达"偷窃"义时使用的双音词也是"盗窃","偷盗"只用作名词,意为"小偷"。西晋译经只有旧题《菩萨逝经》有 1 例"偷盗",可靠译经未见用例,"盗窃"则出现了 21 次。东晋译经中"偷盗"出现了 12 次,"盗窃"在可靠译经未见,"偷盗"的使用频率开始超过"盗窃"。从"偷盗"和"盗窃"的使用及其历时演变来看,《撰》的用词特点接近东晋及其后的译经。

结　语

从佛教译名词语、一般词语和常用词等方面大量的用例比较来看,《撰》与支谦可靠译经呈现出迥然不同的用词特点:支谦可靠译经的用词往往在东汉、三国译经中亦能见到,而《撰》中许多词语的词形、词义在三国之后才出现;支谦译经的用词偏于保守,而

《撰》则倾向于使用口语性较强的俗语词和新词。据此，我们初步的结论是《撰》非支谦所译，译出年代当晚于三国。当然，由于"通过语法、词汇的某些用法来鉴定佛经的翻译年代，还有许多问题有待于解决……提取作鉴别用的有价值的区别性语言特征，也是十分棘手的事"①，加之佛经在传抄和刊刻过程中难免会有讹误，上述的讨论和统计数据可能会有偏差，《撰》究竟是何年代、何人所译，仍有待作进一步的探索。

附：支谦可靠译经（"T"后的数字表示该经在《大正藏》中的编号）

T54《释摩男本四子经》一卷；

T76《梵摩渝经》一卷；

T169《月明菩萨经》一卷；

T185《太子瑞应本起经》二卷；

T198《义足经》二卷；

T225《大明度经》六卷；

T281《菩萨本业经》一卷；

T362《阿弥陀三耶三佛萨楼佛檀过度人道经》二卷；

T493《阿难四事经》一卷；

T532《私呵昧经》（又作《私阿末经》）一卷；

T533《菩萨生地经》（又作《差摩竭经》）一卷；

T556《七女经》一卷；

T559《老女人经》一卷；

---

① 方一新，2003，《翻译佛经语料年代的语言学考察——以〈大方便佛报恩经〉为例》，《古汉语研究》第 3 期，第 83 页。

T581《八师经》一卷；

T632《慧印三昧经》一卷；

T735《四愿经》一卷；

T790《孛经抄》一卷；

T1011《无量门微密持经》一卷。

"奴"作自称称谓词小考
——兼谈《撰集百缘经》的译成时地*

真大成

汉魏六朝以来，"奴"作社会称谓词（对称和他称），绝大多数时候含有鄙贱轻视之义，有时又含亲昵意味，这是很常见的现象，不必赘说。蒋礼鸿（1997）依据敦煌变文及《太平广记》指出"奴（孥）""阿奴"在唐代还可作为"第一人称代词，和'我'相同，男女尊卑都可通用"①。由此看来，称谓词"奴"从中古到唐代发展出自称的新用法。那么，这种变化是什么时候开始发生的？是什么原因促成这种变化的发生②？本文主要对这两个问题铺排一些材料，提出一点假设，并略谈与之相关的《撰集百缘经》的译成时地。

一、"奴"作自称的时代

"奴"本指奴隶、奴仆，与"臣""仆""妾""婢"等为一类

　　* 本文原载《汉字汉语研究》2020 年第 4 期，是国家社科基金重大项目"汉语词汇通史"（14ZD093）的阶段性成果。初稿承蒙汪维辉教授、方一新教授、朱冠明教授、李明研究员、胡波副教授及浙大汉语史研究中心博士生戴佳文、硕士生何苏丹惠赐高见，谨致谢忱。
　　① 除蒋礼鸿（1997）外，还可参看吕叔湘著，江蓝生补（1985：13—14）。
　　② 钱大昕《十驾斋养新录》认为自称的"'奴'即'侬'之声转"，蒋礼鸿（1997）赞同其说，谓"'奴'、'侬'是一音之变"，恐不可信。

词；后者在上古汉语中均可作自称称谓词，“奴”作自称则要晚得多。调查中古文献，可见如下四例：

（1）《魏书尔朱彦伯传附尔朱世隆》：“忽有河内太守田怗家奴告省门亭长云：‘今且为令王借车牛一乘，终日于洛滨游观。至晚，王还省，将军出东掖门，始觉车上无褥，请为记识。’时世隆封王，故呼为令王。亭长以令、仆不上，西门不开，无车入省，兼无车迹。此奴固陈不已，公文列诉。尚书都令史谢远疑谓妄有假借，白世隆付曹推检。时都官郎穆子容穷究之，奴言：‘初来时至司空府西，欲向省，令王嫌迟，遣二防阁捉仪刀催车。车入，到省西门，王嫌牛小，系于阙下槐树，更将一青牛驾车。令王着白纱高顶帽，短黑色，傔从皆裙襦袴褶，握板，不似常时章服。遂遣一吏将奴送入省中厅事东阁内东厢第一屋中。’其屋先常闭钥。子容以‘西门不开，忽言从入；此屋常闭，奴言在中’诘其虚罔。奴云：‘此屋若闭，求得开看，屋中有一板床，床上无席，大有尘土，兼有一瓮米。奴拂床而坐，兼画地戏弄，瓮中之米亦握看之。定其闭者，应无事验。’”

（2）《魏书·甄琛传》：“手下苍头常令秉烛，或时睡顿，大加其杖，如此非一。奴后不胜楚痛，乃白琛曰：‘郎君辞父母，仕宦京师。若为读书执烛，奴不敢辞罪，乃以围棋，日夜不息，岂是向京之意？而赐加杖罚，不亦非理！’”

（3）萧齐求那毗地译《百喻经》卷三《奴守门喻》：“譬如有人将欲远行，勅其奴言：‘尔好守门，并看驴、索。’其主行后，时邻里家有作乐者，此奴欲听，不能自安，寻以索系门置于驴上，负至戏处，听其作乐。奴去之后，舍中财物贼尽持去。大家行还，问其奴言：‘财宝所在？’奴便答言：‘大家先付门驴及索，自是以外，非奴所知。’”

（4）隋阇那崛多译《佛本行集经》卷十九《车匿等还品中》："车匿报言：'国大夫人！<u>奴身</u>不敢弃舍太子。夫人！太子自弃舍<u>奴</u>。太子付我干陟马王及诸璎珞，教来回还，速疾向家，畏大夫人心生忧愁，令得安隐无恼患故。'"

以上四例中的"奴"显然指称说话人自身，不过由于例（1—3）说话人为"家奴""苍头"和"奴"，指称自己的"奴"还具有强烈的自示身份的作用。例（4）车匿是悉达多太子的车夫，乃其仆役，他称自己为"奴"，还是表明身份。

下例则有不同：

（5）《魏书·崔延伯传》："延伯不与其战，身自殿后，抽众东渡，转运如神，须臾济尽，徐乃自渡。贼徒夺气，相率还营。宝夤大悦，谓官属曰：'崔公，古之关、张也。今年何患不制贼！'延伯驰见宝夤曰：'此贼非<u>老奴</u>敌，公但坐看。'"

崔延伯自称"老奴"。崔虽为萧宝夤的下属，但不具有人身依属关系，"老奴"已经不再指示身份，可以看作比较成熟的自称称谓词。

据此，"奴"作下对上（卑对尊）的自称，至少在中古后期应已出现，而非晚至唐代；但文献用例较少，也足见尚未行用。

二、"奴"产生自称用法的促发因素

称谓词"奴（阿奴、老奴）"乃是中古习用的口语，本用以对称或他称，那么何以在中古后期发展出自称用法①？作为与"奴"为

---

① 称谓词由对称（或他称）发展出自称并不鲜见，如张美兰、穆涌（2015）讨论了"兄弟"从称谓对方到称谓自己的过程和原因，姜礼立等（2019）考察了"姓+某（人）"由表他称到自称的演变。称谓词从对称或他称发展出自称用法，应该从历时角度广征例子作系统研究。

同一义类的"臣""仆""妾""婢"等很早就用为自称称谓词，那么为什么"奴"偏偏先有对称或他称的用法，然后才作自称？

"奴"在中古后期产生自称用法，不仅与自身语义有关①，可能还有外在的促发因素。

从史料可见，南北朝时期北方少数民族对国君自称"奴"，相当于汉人称"臣"。

（6）《宋书·鲁爽传》："（拓跋）焘还至湖陆，爽等请曰：'奴与南有仇，每兵来，常虑祸及坟墓，乞共迎丧，还葬国都。'<u>虏群下于其主称奴，犹中国称臣也。</u>"

鲁爽原先生活在北方，"少有武艺，虏主拓跋焘知之，常置左右"，"幼染殊俗，无复华风"，是完全鲜卑化的汉人。他对拓跋焘自称"奴"，应是北地习俗，而沈约特地说明以"奴"作自称，相当于"臣"，是当时胡人（"虏"）的做法。

（7）《魏书·西域传·于阗国》："显祖末，蠕蠕寇于阗，于阗患之，遣使素目伽上表曰：'西方诸国，今皆已属蠕蠕，<u>奴</u>世奉大国，至今无异。今蠕蠕军马到城下，<u>奴</u>聚兵自固，故遣使奉献，延望救援。'"

于阗向北魏显祖上表请求援兵，自称"奴"，显然犹言"臣"。

（8）《隋书·北狄传·突厥》："庆则又遣称臣，沙钵略谓其属曰：'何名为臣？'报曰：'<u>隋国称臣，犹此称奴耳。</u>'沙钵略曰：'得作大隋天子<u>奴</u>，虞仆射之力也。'"

沙钵略为突厥可汗。据《隋书》所载可知，汉地对君主自称

① "奴"和"臣""仆""妾""婢"等具有相同的语义，完全可能具备与后者作为自称相同的语义演变路径，但"奴"作自称远晚于后者，不得不让人怀疑实际上是某种自身语义以外的因素促发的结果。

"臣"，突厥则称"奴"，"大隋天子奴"犹言大隋天子的臣子。

（9）《隋书·长孙览传附长孙晟》："大业三年，炀帝幸榆林，欲出塞外，陈兵耀武，经突厥中，指于涿郡。仍恐染干惊惧，先遣晟往喻旨，称述帝意。染干听之，因召所部诸国，奚、霫、室韦等种落数十酋长咸萃。晟以牙中草秽，欲令染干亲自除之，示诸部落，以明威重，乃指帐前草曰：'此根大香。'染干遽嗅之曰：'殊不香也。'晟曰：'天子行幸所在，诸侯躬亲洒扫，耘除御路，以表至敬之心。今牙中芜秽，谓是留香草耳。'染干乃悟曰：'<u>奴</u>罪过。<u>奴</u>之骨肉，皆天子赐也，得效筋力，岂敢有辞？特以边人不知法耳，赖将军恩泽而教导之。将军之惠，<u>奴</u>之幸也。'遂拔所佩刀，亲自芟草，其贵人及诸部争放效之。"

染干，突厥人，即例（8）沙钵略可汗的侄子，他对长孙晟自称"奴"。

例（6）（7）（9）"奴"作自称，说话者和受话者均为胡人（或胡化汉人）；例（6）（8）的解释说明性语句（划波浪线部分）更明确指出臣子自称"奴"乃胡人习俗①。由此看来，"奴"很可能源于当时鲜卑、突厥等操阿尔泰语系语言的游牧民族②。合理推测是：鲜卑、突厥人以本族语（或者阿尔泰语系诸语言）中专表奴隶、奴仆义的词作为臣下对君主的自称③，汉语则以"奴"来对译④。这种用

---

① 例（8）的听话人虽然不是国君，但长孙晟作为炀帝派出的使者，实际代表了国君，染干称"奴"也还是相当于称"臣"。

② 一般认为，于阗语属于印欧语系伊朗语族。表文上奏于北魏显祖，对译时即用符合鲜卑人语言习惯的"奴"。

③ 承浙江大学汉语史研究中心博士生戴佳文赐告，在同属阿尔泰语系的蒙古语和满文中下级对上级（包括但不限于皇帝）的自称是"bogol（蒙）/aha（满）"，均为奴隶、奴才的意思。

④ "奴"是中古时期表奴隶、奴仆义最常用的词，故以之对译。之所以不选"臣"，是因为"臣"在当时奴隶义已不行用。

法的"奴"最初只应用于特定场合，语域促狭。

北方游牧民族臣下对国君称已为"奴"，为"奴"泛化作自称称谓词提供了历史契机和条件，起到了促发作用。

三、"奴"作自称称谓词的地域性及扩展

刘知幾《史通·杂说中》谈到"王劭《齐志》多记当时鄙言"时，曾举过若干例子，"如今之所谓者，若中州名汉，关右称羌，易臣以奴，呼母云姊，主上有大家之号，师人致儿郎之说。凡如此例，其流甚多，必寻其本源，莫详所出，阅诸《齐志》，则了然可知。由斯而言，劭之所录，其为益弥多矣"，"师人致儿郎之说"下浦起龙《史通通释》云："六句皆言现在俗传口语①。"由此可见，"奴"见录于王劭《齐志》，乃是当时臣下对国君自称的"鄙言""口语"。

随着民族迁徙和语言接触，"奴"的使用主体和使用语域均得以扩展。无论胡、汉，自称"奴"大概已在北朝口语中比较通行了，而且也不再仅限于臣对君的场合〔如例（5）自称"奴"者为汉人，是属下对上级的自称〕。

从促发因素和目前所见的文献用例可以推知，汉语中"奴"作自称至晚是公元5至6世纪初以来出现于北中国的现象，整个南北朝时期应仅行用于北方，具有比较鲜明的时代性和地域性②。北朝汉语以"奴"作下对上的自称，正是《颜氏家训·音辞》所言"北杂夷

---

① "现在"犹言当时。

② 《百喻经》虽然是求那毗地在建康所译，但他于何处习得汉语，是否经西域由北地入南朝均不得而知，因而不能排除《百喻经》的"奴"仍然受北语影响的可能。与南朝文献相比，《百喻经》第二人称代词有着较多"尔"的用例，据真大成（2020），南朝口语已绝不用"尔"，反而北朝口语仍说"尔"。综合"奴""尔"这些现象，可见《百喻经》的语言性质还应进一步仔细剖析。

虏"现象的词汇证据之一。

隋唐建立统一政权，"奴"又得到进一步扩散的历史机缘。

（10）唐慧立《大唐大慈恩寺三藏法师传》卷一："（高昌王麴文泰）又以绫绢五百匹、果味两车献叶护可汗，并书称：法师者是奴弟，欲求法于婆罗门国，愿可汗怜师如怜奴，仍请勅以西诸国，给邬落马递送出境。"

玄奘西行至高昌约在贞观三年（公元 629 年）。麴文泰时为高昌王，修书于叶护可汗（西突厥可汗，沙钵略可汗之弟），二人地位相当而麴氏自称"奴"，可见它可作真正的谦称了。麴文泰作为汉人，对叶护可汗称"奴"，充分说明"奴"流行于北地，故麴文泰很自然地用以自称。当然，麴文泰作为长居西域者，必定了解胡俗，称己为"奴"也可能是遵循胡人的语言传统。

（11）《旧唐书·太宗纪》："（贞观二十年）铁勒回纥、拔野古、同罗、仆骨、多滥葛、思结、阿跌、契苾、跌结、浑、斛薛等十一姓各遣使朝贡，奏称：'延陀可汗不事大国，部落乌散，不知所之。奴等各有分地，不能逐延陀去，归命天子，乞置汉官。'"

铁勒回纥等胡人对唐太宗自称"奴"，虽然李唐皇族具有胡族血统，但仍属汉人。与上引例（6—10）不同的是，此时受话人已不再是胡人。

综合（10）（11）两例，可知唐代初年胡汉之间均可自称"奴"，也不局限于国君与臣属，这说明，"奴"已经摆脱称呼双方的族属及君臣身份的限制①。

（12）《旧唐书·宦官传·李辅国》："代宗即位，辅国与程元振

---

① 据例（5）北魏时已经突破这种限制，说明"奴"早已开始扩散。

有定策功,愈恣横。私奏曰:'大家但内里坐,外事听<u>老奴</u>处置。'……辅国欲入中书修谢表,阉吏止之曰:'尚父罢相,不合复入此门。'乃气愤而言曰:'<u>老奴</u>死罪,事郎君不了,请于地下事先帝。'"

李辅国自称"老奴",但仍与"大家""郎君"(均指唐代宗)、"先帝"(指唐肃宗)相对而言。

(13)《新唐书·阳惠元传附阳旻》:"卢从史既缚,潞军溃,有骁卒五千,从史尝以子视者,奔于旻,旻闭城不内。众皆哭曰:'<u>奴</u>失帅,今公有完城,又度支钱百万在府,少赐之,为表天子求旌节。'"

"骁卒"对长官自称"奴"。

(14)《太平广记》卷二七四"欧阳詹"条(出《闽川名士传》):"(妓)又遗之诗曰:'自从别后减容光,半是思郎半恨郎。欲识旧时云鬓样,为<u>奴</u>开取缕金箱。'绝笔而逝。"

"妓"自称"奴",可见至晚公元 8 世纪后期(欧阳詹生卒年为公元755—800 年)"奴"作自称开始用于女性,突破了说话人性别的限制。

(15)《唐诗纪事》卷二"昭宗"条:"乾宁三年,李茂贞犯阙,帝次华州,韩建迎归郡中。帝郁郁不乐,每登城西齐云楼远望。明年秋,制《菩萨蛮》二首云:'……何处是英雄,迎<u>奴</u>归故宫。'"①

如果所载《菩萨蛮》词确为昭宗所作,则当时贵为皇帝者也可

---

① 此句亦见于别书,"奴"或作"侬",当出改易,参看蒋礼鸿(1997)"奴孥阿奴"条。

自称"奴"①。本例没有明确的听话人,"奴"非面称,只起指称说话人的作用,相当于第一人称代词"我"。

至此,试作小结如下:

"奴"原本是胡人对其君主的自称,是北方游牧民族的语言传统。至晚从公元六世纪开始,汉人在下对上(卑对尊)的场合也可自称"奴"。唐代以来,无论是普通人,还是帝王朝臣,也无论男女,均可自称"奴",应该说,至少中唐以后"奴"已经扩散至全民口语、流行全境了,原先具有的北方地域色彩大概已经消泯②。

从"奴"的产生、扩散路径可以看到,这其实就是南北朝时期北方的语言新质入唐以后的进一步发展变化,也是经由"北朝出口"进入唐代的一个例证③。

四、自称称谓词"奴"与《撰集百缘经》的译成时地

在调查文献的过程中,我们发现旧题三国吴支谦译《撰集百缘经》有两例"奴"也是用作自称:

---

① 《太平广记》卷七十七"泓师"条(出《大唐新语》及《戎幕闲谈》):"太上皇召肃宗谓曰:'张均弟兄皆与逆贼作权要官,就中张垍更与贼毁阿奴家事,犬彘之不若也,其罪无赦。'"吕叔湘著,江蓝生补(1985)认为此例是帝王自称"阿奴"。《资治通鉴考异》卷十五引柳珵《常侍言旨》"阿奴"下有"三哥"二字,甚是。实际上,此例"阿奴"乃对称,是太上皇(李隆基)称呼唐肃宗,"三哥"才是李隆基自称,"阿奴三哥"犹言你父亲(唐时父可称"哥",李隆基行三,故称"三哥"),下文说"与阿奴处,张垍宜长流远恶处,竟终于岭表。张均宜弃市,更不要苦救这个也",也就是李隆基替"阿奴"(唐肃宗)作出安排。

② 刘知幾(公元661—721年)举王劭《齐志》"易臣以奴"后说"寻其本源,莫详所出",可见公元7世纪后期人已经无法辨察"奴"的来历了,这进一步说明当时"奴"已是全民俗语。

③ 关于"北朝出口",参看真大成(2020)。

（16）卷一《长者七日作王缘》："时波斯匿王及阿阇世恒共忿诤，各集四兵，象兵马兵车兵步兵，而共交战，时波斯匿王军众悉败。如是三战，军故坏败，唯王单己道入城内，甚怀忧惨，愧耻委地，忘寝不食。时有长者，多财饶宝，不可称计，闻王愁恼，来白王言：'奴家多有金银珍宝，恣王所用，可买象马赏募健儿，还与战击，可得胜彼。今者何故，忧惨如是？'王即然可。"

（17）卷八《盗贼人缘》："于是偷人，如智臣语，向王首实：'此宝珠者，奴实盗取，畏不敢出。'王复问言：'卿前醉卧，在我殿上，诸女诘问。汝在天上，以何不首？'偷臣白言：'我昔曾入僧坊之中，闻诸比丘讲四句偈，云道诸天眼瞬极迟，世人速疾。寻自忆念，是故知非生在天上，以是不首。'于是波斯匿王还得宝珠，甚怀欢喜，不问偷臣所作罪咎。时彼偷臣，既得脱已，前白王言：'愿恕罪咎，听奴出家。'"

例（16）长者与波斯匿王之间、例（17）偷人与王之间并不存在人身隶属关系，长者与偷人也非在王所从事贱役者，也就是说，长者和偷人既非奴隶也非仆役，自称为"奴"不是表明身份，而是臣民对君主的称谓①。

根据上文对"奴"行用时地的考述，可以反观《撰集百缘经》的译成年代和地域：它很可能译成于公元 6 世纪，而且极可能译成于北方。

《撰集百缘经》在经录中的最早记载见于隋法经等撰《众经目录》（公元 594 年），因而在此之前《撰集百缘经》必定已经问世。《撰集百缘经》的两例"奴"一定意义上已摆脱臣对君的限制，与例

---

① 俞理明（1993：103）已经引列这两例作自称的"奴"，归入"第一人称谦称"。

（5）的用法最为吻合，例（7）如果是口语实录，那么说话时间在北魏孝明帝正光五年（公元 524 年），即使是魏收自拟，那也在公元 6世纪中期。这样看来，《撰集百缘经》的译成，应该就在公元 6世纪初到世纪末这 100 年间。而其时"奴"仅行用于北方，可见《撰集百缘经》绝不可能译于"吴"地，反而出于北方的可能性极大。

关于《撰集百缘经》的译成年代，目前学界有不少观点，一致认为它必定译成于三国之后，本文的推论与日本出本充代博士所认为的公元 6 世纪中叶最为吻合①。至于它的译成区域，则是本文首次提出，不过未敢自必，只是提供一种可能性，尚待学界质正云尔。

参考文献

姜礼立、唐贤清、肖艳花，2019，《自称形式"姓+某（人）"的历时演变、使用规律及话语功能》，《语文研究》第 2 期。

蒋礼鸿，1997，《敦煌变文字义通释》（增补定本），上海：上海古籍出版社。

吕叔湘著，江蓝生补，1985，《近代汉语指代词》，上海：学林出版社。

辛岛静志，2006，《〈撰集百缘经〉的译出年代考证——出本充代博士的研究简介》，载《汉语史学报》（第六辑），上海：上海教育出版社。

俞理明，1993，《佛经文献语言》，成都：巴蜀书社。

张美兰、穆涌，2015，《称谓词"兄弟"历时演变及其路径》，《中国语文》第 4 期。

真大成，2020，《"你"字前夜的"尔"与"汝"——兼谈"你"的"北朝出口"假说》，《辞书研究》第 5 期。

---

① 出本充代博士的方法和材料与本文完全不同，具体参看辛岛静志（2006）。

基于语气助词的《道行般若经》文本形成探究*

高列过　孟奕辰

　　《道行般若经》，又名《般若道行品经》《摩诃般若波罗蜜道行经》《道行般若波罗蜜经》等，简称《道行经》，是我国最早译出的般若类经典。

一、关于《道行般若经》文本形成的讨论

　　目前所见的《道行般若经》文本如何形成？有学者认为其乃支娄迦谶所译，有的认为是支娄迦谶和竺朔佛合译。这两种观点的论据都是经录等文献记载。也有学者以该经出现的佛教术语为依据，认为该经后代被改动过。

（一）以经录等文献记载为考辨依据

　　方广锠（2016）考察了汤用彤、许理和、吕澂、郭朋、任继愈、姚卫群等先生的观点，考辨了相关文献记载，认为："竺朔佛的确翻译过一卷本《道行经》，已佚。十卷本《道行经》则是支谶一人所

---

　　* 基金项目：本文为 2018 年度国家社会科学基金项目"基于虚词的可疑安世高译经考辨研究"（18BYY150）的阶段成果，国家社会科学基金重大项目"佛典语言的中国化"（20&ZD304），原载于《古汉语研究》2022 年第 2 期。

译，与竺朔佛无关，现存。所谓竺朔佛参与十卷本翻译的观点乃受后代窜入《出三藏记集》的错误资料的误导。十卷本《道行经》是全本，一卷本《道行经》是抄经，两者在中国佛教史上都真实存在。"

除方文所列诸观点外，笔者所见，还有学者也对此问题发表了看法。

其一，《道行般若经》是支娄迦谶译经。

日本学者小野玄妙《佛教经典总论》（1983：27）认为："今将之就译经表言，终究根据道安之指示得称为确是支谶译者，唯有《道行般若》及《般舟三昧经》。"荷兰学者许理和所撰《最早的佛经译文中的东汉口语成分》（1984/2009）和《关于初期汉译佛经的新思考》（2001）两篇文章，均将该经归入支娄迦谶译经。任继愈《中国佛教史》（1985：466—493）附录一《东汉三国译经目录》、俞理明《佛经文献语言》（1993：50）附录一《早期（汉魏西晋）汉译佛经存经目录》、史光辉《东汉汉译佛经考论》（2007）都将《道行般若经》归入支娄迦谶译经。

其二，《道行般若经》是支娄迦谶和竺朔佛合译。

赖永海《中国佛教通史》第一卷（2010：181）认为："支娄迦谶和竺朔佛确实曾经在一起翻译佛典，现存的史料说明，《道行般若经》十卷本和《般舟三昧经》就是合作的产物。"

（二）以文本本身的语言作为考辨依据

那体慧（2008）发现《道行般若经》卷三、卷四的"声闻"（意译śrāvaka）一词，支娄迦谶译经一般译作"阿罗汉"；而"声闻"在所有汉代译经中，仅见于《文殊师利问菩萨署经》《阿阇世王经》（道安认为"似支谶出也"）；另外，卷九的第二十八品、卷十的第二十九品，把 kulaputra 翻译成"贤者"，而支娄迦谶一般译为"善男子"。据此认为，目前所见的《道行般若经》的某些章节，可能被改动过。①

（三）本文考辨的依据

曹广顺、遇笑容（2000）认为："作为一种历史文献，每一种译经都应该在语言上有其特征，反映某一时代、作者的语言习惯。"那体慧以佛教术语的译名作为依据，分析《道行般若经》文本，论证很有见地。但仅以两组术语为证，确实有些单薄。方一新、高列过（2012：166）认为，佛经考辨，"佛教经录的作用固然重要，但考察文本本身，更为重要"，系统考察《道行般若经》文本本身的语言，有助于考辨《道行般若经》的译者。

笔者系统考察了《道行般若经》的语气助词，发现其在各品的分布具有明显的、有规律的差异，表现出不同的语言习惯。可以推断，目前所见的《道行般若经》文本，不是出自一人之手。

二、《道行般若经》语气助词概貌

语气助词指位于句末、主语或短语之后，表示语气的虚词。即《马氏文通》所言之"助字"，马建忠（1983：323）指出，"凡虚字用以结煞实字与句读者，曰助字"，如"也、哉、乎"之类的词语。《道行般若经》的"也""耳""乎""耶""为""矣"等 6 个语气

---

① 本段承蒙浙江大学古籍研究所特聘副研究员卢鹭翻译惠示，谨致谢忱。

助词，共使用了 233 次。① 如表 1 所示。

表1 《道行般若经》语气助词一览表

卷次	品次	总数	也	耳	乎	耶	为	矣
卷一	《道行品》	15	9	3	1	1	1	0
	《难问品》	10	2	7	1	0	0	0
卷二	《功德品》	15	5	8	0	2	0	0
卷三	《劝助品》	0	0	0	0	0	0	0
	《泥犁品》	0	0	0	0	0	0	0
	《清净品》	0	0	0	0	0	0	0
卷四	《叹品》	0	0	0	0	0	0	0
	《持品》	6	2	2	0	2	0	0
	《觉品》	0	0	0	0	0	0	0
卷五	《照明品》	0	0	0	0	0	0	0
	《不可计品》	2	1	0	0	1	0	0
	《譬喻品》	4	4	0	0	0	0	0
	《分别品》	7	1	3	0	3	0	0
	《本无品》	29	17	5	5	2	0	0
卷六	《阿惟越致品》	17	9	5	1	2	0	0
	《怛竭优婆夷品》	30	16	7	3	3	0	1

---

① 句末的"哉"，《道行般若经》共计 47 例。基于以下两点考虑，本文不把这些"哉"视作语气助词：其一，"哉"只和"善"连用。其中"善哉善哉"连用 18 组，36 例，"善哉" 11 例。如须菩提言："善哉，舍利弗！所解法如舍利弗言无异。"（卷一《道行品》第一，8/429a）其二，"善哉"整体单独做宾语。如：谁当来语若，谁当来告若"善哉"？（卷七《远离品》第十八，8/461b）"善哉"做"语""告"的直接宾语，已经是一个完全固化的词语。

卷次	品次	总数	也	耳	乎	耶	为	矣
卷七	《守空品》	0	0	0	0	0	0	0
	《远离品》	24	15	5	4	0	0	0
	《善知识品》	9	7	0	2	0	0	0
卷八	《释提桓因品》	6	2	0	4	0	0	0
	《贡高品》	15	9	0	2	4	0	0
	《学品》	5	3	1	0	1	0	0
	《守行品》	13	7	0	5	1	0	0
	《强弱品》	6	2	0	1	3	0	0
卷九	《累教品》	1	0	1	0	0	0	0
	《不可尽品》	2	0	0	1	1	0	0
	《随品》	2	0	2	0	0	0	0
卷九	《萨陀波伦菩萨品》	7	1	2	2	2	0	0
卷十	《昙无竭菩萨品》	7	0	5	0	2	0	0
	《嘱累品》	1	0	1	0	0	0	0
合计		233	112	57	32	30	1	1

（一）也

语气助词"也"共计 112 例，有 104 例"也"表陈述语气，其中肯定陈述句 27 例，否定陈述句 77 例。详见下文第三部分第三节。

有 5 例"也"表感叹语气，如：

（1）释提桓因复白佛言："难及<u>也</u>！有学般若波罗蜜者。"

（卷二《功德品》第三，8/431b①）

"难及也"，卷四《持品》有2例，卷六《怛竭优婆夷品》有2例。

另外，有2例"也"表疑问语气，如：

（2）虽知阿罗汉法，不乐行、不学阿罗汉所作功德，云何当得也？（卷八《学品》第二十二，8/465b）

此例"也"用于特指询问。

（3）当说何等法？得也，不得乎？（卷八《守行品》第二十三，8/466a）②

此例"也"用于选择询问。

还有1例"也"用于主语后，表示舒缓语气：

（4）何以故？多瞋怒起，败人好心。是辈人也，当作是知。（卷七《远离品》第十八，8/461c）

（二）耳

语气助词"耳"57例，有52例"耳"表陈述语气，全部用于肯定陈述句，详见下文第三部分第（三）节。

另外，有5例"耳"表祈使语气，如：

（5）佛言："如是，诸天子！世间人希有信是深经者，所欲皆著，悯念是世间人故，当为说深经耳。"（卷五《分别品》第十三，8/453a）

（6）今我曹索水，了不能得，当自取身血洒之耳。（卷十

---

① 本文汉译佛经引例以日本《大正新修大藏经》为底本，笔者自行标点。"8/431b"表示《大正新修大藏经》第8册第431页第2栏。下依此类推，不再一一说明。

② 此例宋本、元本、明本、宫内省图书寮本和正仓院圣语藏本作"当说何等法得也不得乎"，《大正藏》作"当说何等法耶得不得乎"。

《昙无竭菩萨品》第二十九，8/474c）

（三）乎

语气助词"乎"32例，全部用于问句。

用于是非询问17例，如：

（7）须菩提言："云何，舍利弗！用色逮<u>乎</u>？""不也。""离色法逮<u>乎</u>？""不也。""痛痒思想生死识逮<u>乎</u>？""不也。"（卷五《本无品》第十四，8/454a）

（8）设于梦中杀人，其心喜，觉以言："我杀是人，快<u>乎</u>？"（卷六《怛竭优婆夷品》第十六，8/457b）

（9）行菩萨道者乃向佛道<u>乎</u>？（卷八《守行品》第二十三，8/465c）

用于选择询问9例，如：

（10）今使须菩提为诸菩萨说般若波罗蜜，自用力说耶？持佛威神说<u>乎</u>？（卷一《道行品》第一，8/425c）

（11）罗汉、辟支佛道为远耶？佛道为近<u>乎</u>？（卷八《守行品》第二十三，8/466b—c）

用于反问4例，如：

（12）菩萨行，十方天下人无有能过者，何况自到至佛<u>乎</u>？十方人道难得，既得寿为安隐，有一发意行佛道者难得，何况至心行佛道者<u>乎</u>？（卷八《守行品》第二十三，8/465c）

另外，用于反复询问1例，详见下文例（78），特指询问1例，详见下文例（79）。

（四）耶

语气助词"耶"30例，全部用于问句。

用于是非询问 14 例，如：

（13）若在恶道中以来大久，适今得为人，汝不当于是中思惟，不当自惠厌<u>耶</u>？（卷六《阿惟越致品》第十五，8/455a）

（14）菩萨摩诃萨行般若波罗蜜，为高行<u>耶</u>？（卷八《强弱品》第二十四，8/467a）

（15）贤者不知<u>耶</u>？（卷九《萨陀波伦菩萨品》第二十八，8/473a）

用于选择询问 6 例，如：

（16）如我所说，为随佛法教<u>耶</u>？为有增减乎？（卷八《强弱品》第二十四，8/468a）

（17）若有，无^①有<u>耶</u>？（卷八《贡高品》第二十一，8/464a）

用于反复问句 5 例，如：

（18）未至，是鸟悔，欲中道还上忉利天上，宁能复还不<u>耶</u>？（卷五《本无品》第十四，8/453c）

（19）若见不<u>耶</u>？（卷六《阿惟越致品》第十五，8/455a）

用于反问 4 例，如：

（20）用是为学，用是为写，我尚不了其事，汝能了<u>耶</u>？（卷八《贡高品》第二十一，8/464a）

（21）佛经实难得，何况乃闻<u>耶</u>？（卷九《萨陀波伦菩萨品》第二十八，8/472b）

又用于特指询问 1 例，详见下文例（74）。

---

① 《大正藏》元本、明本、正仓院圣语藏本作"是无"。

（五）为、矣

语气助词"为"和"矣"各 1 例。

（22）佛使说般若波罗蜜，及至说摩诃衍事<u>为</u>？（卷一《道行品》第一，8/428a）

（23）常行般若波罗蜜以来大久远<u>矣</u>。（卷六《怛竭优婆夷品》第十六，8/457c）

例（22）"为"用于疑问句，例（23）"矣"用于陈述句。

三、《道行般若经》语气助词的内部差异

《道行般若经》凡 10 卷，共 30 品，各品语气助词的使用面貌差异非常明显。

（一）使用语气助词和不使用语气助词之别

着眼于《道行般若经》的分卷，第三卷没有语气助词使用，这是非常值得思考的地方。

再看《道行般若经》各品，其中七品未见语气助词用例，分别是卷三《劝助品》《泥犁品》《清净品》，卷四《叹品》《觉品》，卷五《照明品》，卷七《守空品》。

具体来看，在《道行般若经》不同卷品中，相似的语境下，以上不使用语气助词的卷品具有明显的独特性和统一性，如：

（24）须菩提言："若菩萨摩诃萨护空者，为随般若波罗蜜行已。云何，拘翼！能可护响不？"释提桓因言："<u>不能</u>。"（卷三《清净品》第六，8/443b）

（25）"譬若有人年百二十岁，老极身体不安，若病寒热寝卧床褥，此人宁能自起居不？"须菩提言："不能也。何以故？是人老极无势力故，正使病愈，由不能自起居行步。"（卷五《譬喻品》第十二，8/452a）

（26）佛言："是鸟来下至阎浮利地上，欲使其身不痛，宁能使不痛不耶？"舍利弗言："不能也，是鸟来其身不得不痛，若当闷极若死。何以故？其身长大及无有翅。"（卷五《本无品》第十四，8/453c）

这三例皆为对话语境中反问语气下（能/宁能……不/不耶）的回答，第三卷《清净品》选择用"不能"回答，第五卷《譬喻品》和《本无品》选择用"不能也"回答。

（二）各品语气助词使用频率差异悬殊

使用语气助词的各品，使用频率差异悬殊，如表2所示。

表2　《道行般若经》23品语气助词使用频率

品次	语气助词总数	字数	语气助词使用频率
《累教品》	1	1631	0.000613121
《嘱累品》	1	1496	0.000668449
《萨陀波伦菩萨品》	7	5514	0.001269496
《不可计品》	2	1542	0.001297017
《功德品》	15	11489	0.001305597
《昙无竭菩萨品》	7	5297	0.001321503
《持品》	6	3749	0.001600427
《随品》	2	1171	0.001707942

续表

品次	语气助词总数	字数	语气助词使用频率
《不可尽品》	2	986	0.002028398
《道行品》	15	5660	0.002650177
《强弱品》	6	2240	0.002678571
《难问品》	10	3004	0.003328895
《学品》	5	1463	0.003417635
《善知识品》	9	2513	0.003581377
《譬喻品》	4	993	0.004028197
《分别品》	7	1598	0.004380476
《守行品》	13	2358	0.005513147
《远离品》	24	4278	0.005610098
《阿惟越致品》	17	2924	0.005813953
《释提桓因品》	6	902	0.006651885
《怛竭优婆夷品》	30	3749	0.008002134
《贡高品》	15	1151	0.013032146
《本无品》	29	1838	0.01577802
合计	233	67546	0.003449501

语气助词使用频率最低的是《累教品》，最高的是《本无品》，后者是前者的 25.7 倍。

《道行品》《功德品》《持品》《不可计品》《强弱品》《累教品》《不可尽品》《随品》《萨陀波伦菩萨品》《昙无竭菩萨品》《嘱累品》等十一品语气助词的使用频率低于二十三品语气助词的平均使用频率；《难问品》《譬喻品》《分别品》《本无品》《阿惟越致品》《怛竭优婆夷品》《远离品》《善知识品》《释提桓因品》《贡高品》《学品》

《守行品》等十二品语气助词的使用频率高于 23 品语气助词的平均使用频率。

如图 1 所示：

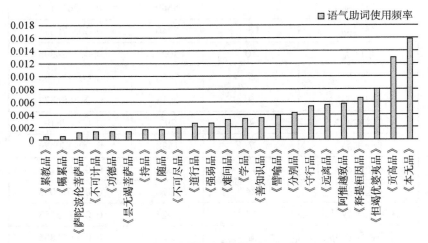

图 1　语气助词使用频率分布图

高出平均值的品主要集中在卷五、卷六、卷七、卷八。同时，若从《道行般若经》分卷来看，第一卷到第十卷语气助词的频率依次是 0.29%、0.13%、0、0.07%、0.45%、0.70%、0.40%、0.55%、0.13%、0.12%。很明显，卷五至卷八的语气助词出现频率十分高。

（三）各品陈述句句末语气助词"也""耳"的分布差异

《道行般若经》有二十二品的陈述句使用了"也""耳"。"也"既用于肯定陈述句，也用于否定陈述句；"耳"全部用于肯定陈述句。如表 3 所示。

表3 《道行般若经》22品 "也" "耳" 用例表

品次	也	耳	品次	也	耳
《累教品》	0	1	《强弱品》	2	0
《嘱累品》	0	1	《譬喻品》	4	0
《持品》	0	2	《守行品》	6	0
《随品》	0	2	《善知识品》	7	0
《昙无竭菩萨品》	0	3	《贡高品》	9	0
《难问品》	2	7	《学品》	2	1
《功德品》	4	8	《道行品》	9	3
《萨陀波伦菩萨品》	1	1	《阿惟越致品》	9	5
《分别品》	1	1	《远离品》	14	5
《不可计品》	1	0	《怛竭优婆夷品》	14	7
《释提桓因品》	2	0	《本无品》	17	5

1. 只使用 "耳"

《累教品》等五品只有 "耳",共计9例。如:

(27)虽有是,其过少<u>耳</u>。(卷九《累教品》第二十五,8/468c)

(28)我今麁演说<u>耳</u>。(卷十《嘱累品》第三十,8/478a)

(29)正使菩萨摩诃萨行者,为得字<u>耳</u>。(卷四《持品》第八,8/445c)

(30)诸经法但有字<u>耳</u>,无有处所。(卷九《随品》第二十七,8/470b)

(31)用佛般泥洹后,故作像<u>耳</u>。(卷十《昙无竭菩萨品》第二十九,8/476b)

2. "耳"的用例多于"也"

《难问品》"耳"7例;"也"2例,肯定陈述句1例,否定陈述句1例。

肯定陈述句如:

（32）无有法作是教者，亦无法作是教住置，设使有出者，但字<u>耳</u>；设有住止者，但字<u>耳</u>；但以字字著言<u>耳</u>；有所住止处，但字<u>耳</u>，了无所有，但以字字著言<u>耳</u>。（卷一《难问品》第二，8/430c）

（33）如尊者须菩提教<u>也</u>，菩萨当作是学。（卷一《难问品》第二，8/430b）

否定陈述句如:

（34）此华化华……不从树生<u>也</u>。（卷一《难问品》第二，8/430a）

《功德品》"耳"8例;"也"4例,肯定陈述句2例,否定陈述句2例。

肯定陈述句如:

（35）阎浮利人少，所信佛、信法、信比丘僧者少少<u>耳</u>，及行须陀洹、斯陀含、阿那含、阿罗汉、辟支佛，至行佛道者复少少<u>耳</u>。（卷二《功德品》第三，8/432b）

（36）善男子、善女人学般若波罗蜜者、持者诵者，其有欲害者便自亡，般若波罗蜜威神所却，般若波罗蜜力所厌<u>也</u>。（卷二《功德品》第三，8/431b）

否定陈述句如:

（37）分布诸经教人，不及菩萨摩诃萨行般若波罗蜜<u>也</u>。（卷二《功德品》第三，8/436b）

3. "耳""也"用例相等

《萨陀波伦菩萨品》《分别品》等两品"耳"各有 1 例："也"亦各有 1 例，前者用于肯定陈述句，后者用于否定陈述句。

肯定陈述句如：

（38）我是天王释提桓因，故相试<u>耳</u>。（卷九《萨陀波伦菩萨品》第二十八，8/472c）

（39）如是辈人乃晓知深般若波罗蜜<u>耳</u>。（卷五《分别品》第十三，8/452c）

（40）人索般若波罗蜜，当如是<u>也</u>。（卷九《萨陀波伦菩萨品》第二十八，8/473b）

否定陈述句如：

（41）亦不从檀波罗蜜、尸波罗蜜、羼提波罗蜜、惟逮波罗蜜、禅波罗蜜、般若波罗蜜得佛<u>也</u>。（卷五《分别品》第十三，8/453a）

4. 只使用"也"

《不可计品》等七品只有"也"。

肯定陈述句 10 例，如：

（42）譬若有人持成瓶行取水，知当安隐持水来归至<u>也</u>。（卷五《譬喻品》第十二，8/451c）

（43）若有意索佛者，为坏魔境界<u>也</u>。（卷八《守行品》第二十三，8/466a）

（44）正是我所喜师<u>也</u>。（卷八《贡高品》第二十一，8/464a）

否定陈述句 21 例，如：

（45）前世学人，今来复得深般若波罗蜜，便信乐，不远离

也。（卷五《不可计品》第十一，8/451b）

（46）菩萨摩诃萨行般若波罗蜜，不独过诸天、阿须伦、世间人民上也。（卷八《释提桓因品》第二十，8/463b）

（47）我从佛所闻事，菩萨摩诃萨行般若波罗蜜，为无高行也。（卷八《强弱品》第二十四，8/467a）

（48）须菩提言："不能也。"（卷五《譬喻品》第十二，8/452a）

（49）不得作佛也。（卷八《守行品》第二十三，8/466b）

（50）须菩提言："不见也，天中天！"（卷七《善知识品》第十九，8/463a）

（51）若有菩萨远离于善师，是菩萨所闻般若波罗蜜深事不欲闻也，亦不了也，亦不知也，何因守般若波罗蜜？（卷八《贡高品》第二十一，8/464a）

5. "也"用例多于"耳"

《学品》等六品"也"的用例多于"耳"。

《学品》"也"2例，肯定陈述句1例，否定陈述句1例；"耳"1例。

肯定陈述句如：

（52）菩萨如是学，为习法也。（卷八《学品》第二十二，8/464c）

（53）譬如地出金银，少所处出耳。（卷八《学品》第二十二，8/465a）

否定陈述句如：

（54）菩萨作是学，不离般若波罗蜜远也。（卷八《学品》第二十二，8/465b）

《道行品》"也" 9 例，肯定陈述句 2 例，否定陈述句 7 例；"耳" 3 例。

肯定陈述句如：

（55）菩萨作是学，为学般若波罗蜜也。（卷一《道行品》第一，8/427a）

（56）菩萨学欲作佛，为学幻耳。（卷一《道行品》第一，8/427a）

否定陈述句如：

（57）不可得见也。（卷一《道行品》第一，8/426c）

《阿惟越致品》"也" 9 例，肯定陈述句 1 例，否定陈述句 8 例；"耳" 5 例。

肯定陈述句如：

（58）诸世间皆欲使安隐故也。（卷六《阿惟越致品》第十五，8/455b）

（59）佛为授，若泥犁耳。（卷六《阿惟越致品》第十五，8/454c）

否定陈述句如：

（60）说深经时，未尝于中有厌极也。（卷六《阿惟越致品》第十五，8/454c—455a）

《远离品》"也" 14 例，肯定陈述句 4 例，否定陈述句 10 例；"耳" 5 例。

肯定陈述句如：

（61）是菩萨比丘成就有德人也。（卷七《远离品》第十八，8/461b）

（62）用我威神故，鬼神即去耳。（卷七《远离品》第十八，

8/460a)

否定陈述句如:

（63）是曹辈，须菩提！不当与共从事也，不当与共语言也，亦不当恭敬视也。（卷七《远离品》第十八，8/461c）

《怛竭优婆夷品》"也"14 例，肯定陈述句 2 例，否定陈述句 12 例；"耳"7 例。

肯定陈述句如:

（64）须菩提白佛言："何等为阿耨多罗三耶三菩？"佛言："本无是也。"（卷六《怛竭优婆夷品》第十六，8/457a）

（65）经本空耳。（卷六《怛竭优婆夷品》第十六，8/456c）

否定陈述句如:

（66）阿僧祇者，其数不可尽极也。（卷六《怛竭优婆夷品》第十六，8/456c）

（67）佛言："不也。"（卷六《怛竭优婆夷品》第十六，8/456c）

《本无品》"也"17 例，肯定陈述句 3 例，否定陈述句 14 例；"耳"5 例。

肯定陈述句如:

（68）般若波罗蜜难晓难了难知，欲求阿耨多罗三耶三菩，难得也。（卷五《本无品》第十四，8/453c—454a）

（69）如我念是中慧，求阿耨多罗三耶三菩易得耳。（卷五《本无品》第十四，8/454a）

否定陈述句如:

（70）须菩提言："云何，舍利弗！用色逮乎？不也。"（卷五《本无品》第十四，8/454a）

《道行般若经》22 品陈述句"也""耳"的对比如图 2 所示：

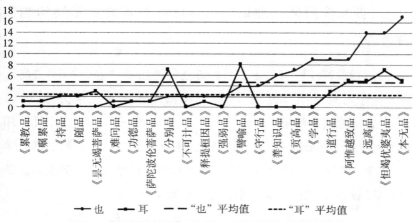

图 2　《道行般若经》22 品"也""耳"用例对比图

表 3 和对比图显示，《累教品》《嘱累品》《持品》《随品》《昙无竭菩萨品》《不可计品》《分别品》《萨陀波伦菩萨品》《难问品》《释提桓因品》《学品》《强弱品》《功德品》和《譬喻品》中"也"相对不活跃（低于自身平均值），而其中，仅有《昙无竭菩萨品》《难问品》和《功德品》中"耳"相对活跃（高于自身平均值）。同时，《守行品》《善知识品》《贡高品》《道行品》《阿惟越致品》《远离品》《怛竭优婆夷品》和《本无品》中"也"相对活跃（高于自身平均值），而其中，仅《守行品》《善知识品》和《贡高品》中"耳"相对不活跃（低于自身平均值）。

对比发现，"也"和"耳"在《昙无竭菩萨品》《难问品》《功德品》《守行品》《善知识品》和《贡高品》这六品是对立的，一方低于自身平均值时，另一方高于自身平均值，换言之，一方活跃时，另一方不活跃。而其余十六品皆表现为"也"和"耳"同时活跃

（高于自身平均值）或同时不活跃（低于自身平均值）。

（四）使用语气助词的否定陈述句与肯定陈述句的分布差异

《道行般若经》有二十二品的陈述句使用了"也""耳""矣"。否定陈述句只使用"也"，77 例［用例见本文第三部分第（三）节］；肯定陈述句使用了"也""耳""矣"，80 例［"也""耳"用例见本文第二部分第（一）节、第二部分第（二）节、第三部分第（三）节，"矣"用例见例 23］，虽然总用例相差无几，但在各品的分布呈现此消彼长的对立分布状态（如表 4 所示）。

表 4 　《道行般若经》22 品否定陈述句与肯定陈述句数量对比表

品次	否定陈述句（也）	肯定陈述句（也/耳/矣）	品次	否定陈述句（也）	肯定陈述句（也/耳/矣）
《昙无竭菩萨品》	0	3	《分别品》	1	1
《持品》	0	2	《远离品》	10	9
《随品》	0	2	《怛竭优婆夷品》	12	9
《萨陀波伦菩萨品》	0	2	《阿惟越致品》	8	6
《累教品》	0	1	《道行品》	7	5
《嘱累品》	0	1	《本无品》	14	8
《学品》	1	2	《贡高品》	6	3
《守行品》	2	4	《不可计品》	1	0
《譬喻品》	1	3	《强弱品》	2	0
《功德品》	2	10	《释提桓因品》	2	0
《难问品》	1	8	《善知识品》	7	0

表 4 和对比图显示，否定陈述句（也）和肯定陈述句（也/耳/矣）在《难问品》《功德品》《善知识品》《守行品》和《贡高品》

这五品中存在明显对立，即否定陈述句和肯定陈述句有一方活跃（高于平均值，否定陈述句平均值 3.5，肯定陈述句平均值 3.6），另一方不活跃（低于平均值）。

图 3 如下：

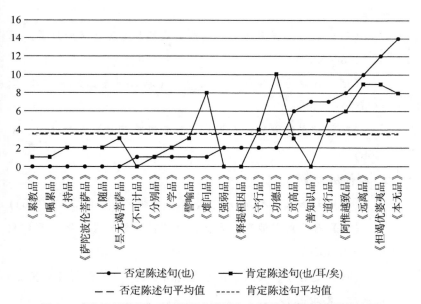

图 3　《道行般若经》22 品否定陈述句与肯定陈述句数量对比图

（五）各品疑问语气助词"乎""耶"的用例数量呈现对立分布

《道行般若经》有十九品使用了疑问语气助词"乎""耶"，"乎"共计 32 例，"耶" 30 例，数量相当，但在各品也呈现出对立分布状态。

1. 只使用"耶"

《功德品》等六品，疑问句语气助词只使用"耶"，如：

（71）是曹之人为不知其<u>尊</u>耶？（卷二《功德品》第三，8/

432a)

（72）最后世时，是般若波罗蜜当到北天竺<u>耶</u>？（卷四《持品》第八，8/446b）

（73）空处可计尽不<u>耶</u>？（卷五《不可计品》第十一，8/451a）

（74）般若波罗蜜甚深，谁当了是<u>耶</u>？（卷五《分别品》第十三，8/452c）

（75）菩萨为复学阿罗汉法<u>耶</u>？（卷八《学品》第二十二，8/465b）

（76）神在像中<u>耶</u>？（卷十《昙无竭菩萨品》第二十九，8/476b）

2. 只使用"乎"

（77）幻如人，人如幻<u>乎</u>？（卷一《难问品》第二，8/430a）

（78）如是般若波罗蜜为空行<u>乎</u>不？（卷七《善知识品》第十九，8/463a）

（79）是男子、女人，何等鬼神所取持<u>乎</u>？（卷七《远离品》第十八，8/460a）

（80）持佛威神，释提桓因所说<u>乎</u>？（卷八《释提桓因品》第二十，8/463c）

如表 5 所示。

表 5　《道行般若经》19 品疑问语气助词"乎""耶"分布表

品次	乎	耶	品次	乎	耶
《功德品》	0	2	《怛竭优婆夷品》	3	3
《持品》	0	2	《不可尽品》	1	1

续表

品次	乎	耶	品次	乎	耶
《不可计品》	0	1	《萨陀波伦菩萨品》	2	2
《分别品》	0	3	《本无品》	5	2
《学品》	0	1	《守行品》	5	1
《昙无竭菩萨品》	0	2	《难问品》	1	0
《强弱品》	1	3	《善知识品》	2	0
《阿惟越致品》	1	2	《远离品》	4	0
《贡高品》	2	4	《释提桓因品》	4	0
《道行品》	1	1			

图 4 如下：

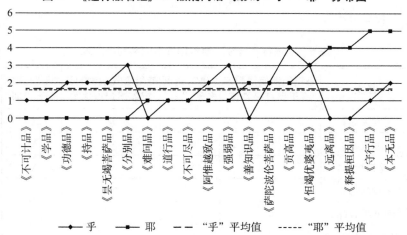

图 4 《道行般若经》19 品疑问语气助词"乎""耶"分布图

表 5 和分布图显示，《功德品》《持品》《昙无竭菩萨品》《分别品》《阿惟越致品》《强弱品》《善知识品》《远离品》《释提桓因品》

《守行品》等十品中，"乎"和"耶"存在明显对立。

四、《道行般若经》语气助词面貌的品次差异系列

归纳总结《道行般若经》语气助词的五种差异，我们发现，《道行般若经》语气助词用法的品次分布形成了三个系列。

系列一：不使用语气助词系列。

卷三的《劝助品》《泥犁品》《清净品》，卷四的《叹品》《觉品》，卷五的《照明品》，卷七的《守空品》等七品未见语气助词用例，形成一个不使用语气助词的系列。

系列二：语气助词高频系列。

具体表现为：语气助词使用频率高于自身平均值，"也"用例多于"耳"，使用语气助词的否定陈述句占优势，"乎"用例多于"耶"（如表6所示）。

表6　《道行般若经》语气助词高频系列品次表

品次	语气助词使用频率高于自身平均值	"也"用例多于"耳"	使用语气助词的否定陈述句占优势	"乎"用例多于"耶"
《本无品》	√	√	√	√
《远离品》	√	√	√	√
《善知识品》	√	√	√	√
《贡高品》	√	√	√	√
《阿惟越致品》	√	√	√	
《怛竭优婆夷品》	√	√	√	
《释提桓因品》	√	√	√	
《守行品》	√			√

表 6 显示，《本无品》《远离品》《善知识品》《贡高品》等四品语气助词的面貌大致相同，《阿惟越致品》《怛竭优婆夷品》《释提桓因品》《守行品》等四品的面貌与之比较接近。这八品形成了一个语气助词高频系列。

系列三：语气助词低频系列

具体表现为：语气助词使用频率低于自身平均值，"耳"用例多于"也"，使用语气助词的肯定陈述句占优势，"耶"用例多于"乎"（如表7所示）。

表 7　《道行般若经》语气助词低频系列品次表

品次	语气助词使用频率低于自身平均值	"耳"用例多于"也"	使用语气助词的肯定陈述句占优势	"耶"用例多于"乎"
《功德品》	√	√	√	√
《持品》	√	√	√	√
《昙无竭菩萨品》	√	√	√	√
《累教品》	√	√	√	
《随品》	√	√	√	
《嘱累品》	√	√	√	
《萨陀波伦菩萨品》	√		√	

表 7 显示，《功德品》《持品》《昙无竭菩萨品》等三品语气助词的面貌大致相同，《累教品》《随品》《嘱累品》等三品的面貌与之比较接近。《萨陀波伦菩萨品》虽然只有两项与前面六品相同，但没有一项与高频系列相同，可以与前面 6 品形成一个语气助词低频系列。

除以上二十二品形成的三个系列外，《道行品》《难问品》《不可计品》《譬喻品》《分别品》《学品》《强弱品》《不可尽品》等八品语气助词的面貌与高频、低频两个系列有交叉之处，未能形成一个具有相近特点的系列。

五、《道行般若经》文本形成探究

先秦时期，不同中土文献，语气助词多有差异。王力（2018：279）指出："'邪'（耶）字和'与'（欤）字的语法作用相同。在先秦，有的古书只用'与'不用'邪'，如《论语》《孟子》；《春秋》三传也只有《左传》用了一个'邪'字。《老子》《庄子》用'邪'很多，《荀子》也是用'邪'多于'与'。'邪'与'与'古音相近，它们的不同大概是方言不同的缘故。"

据辛岛静志（2016）所论，《道行般若经》的原典语言"很可能就是犍陀罗语"，而犍陀罗语中没有语气助词这样的词类，它是通过动词的屈折变形来表示陈述语气、祈愿语气或命令语气。而汉语中，有的语气助词所表示的语气往往不止一种。如"也"，可表示陈述、感叹、祈使、疑问等语气；同时，表示某一语气的语气助词也不止一个，如"乎""与（欤）""邪（耶）"都可用以表示疑问语气。因此，把犍陀罗语通过动词的屈折变形表示的语气对译为汉语的哪个语气助词，或者选用哪个语气助词表示疑问语气，更多取决于翻译者本身的汉语水准，而与原典关系不甚密切。

佛经汉译，是以翻译团队为基础进行的，而汉译佛经的语言面貌，往往和笔受关系密切。高列过（2016）指出，即使是同一位主译，笔受不同，不同汉译佛经的语言面貌往往也有差异，比如同为后秦鸠摩罗什主译的《摩诃般若波罗蜜经》和《小品般若波罗蜜经》，笔受有别，被动式的面貌也不尽相同。

但是，《道行般若经》这部佛经，其内部各品语气助词的面貌呈现规律性的差异，显然不是翻译者本身的汉语水准、笔受（前提是这部佛经的翻译团队中只有一位笔受）这两个因素导致的。

从语气助词的面貌看，目前所见的《道行般若经》的文本，当非成于一人之手。

我们认为，《道行般若经》文本的形成，有三种可能。

一是由不同的笔受合作完成。佛经翻译史上，一部佛经有两个或两个以上笔受的情形并不罕见。如《放光般若经》，《出三藏记集》卷七："时执胡本者，于阗沙门无罗叉，优婆塞竺叔兰口传，祝太玄、周玄明共笔受。"又如《普曜经》，《出三藏记集》卷七："菩萨沙门法护在天水寺手执胡本，口宣晋言。时笔受者，沙门康殊、帛法炬。"东汉是佛经汉译的草创阶段，汉译佛经多为短章，但《道行般若经》却有十卷之多，很可能不止一位笔受。笔受不同，语言习惯有异，从而导致各品语气助词面貌的差异。

二是几个译者合作。有的汉译佛经是由几个译者合作完成的，如《十诵律》前 58 卷是由昙摩流支与鸠摩罗什合作完成，而后又由卑摩罗叉将之整理补充为 61 卷。结合佛教经录的记载，赖永海（2010）认为《道行般若经》是支娄迦谶和竺朔佛合作的产物，是很有可能的。几个译者合作翻译，每位译者的语言风格有别，译经语言很有可能会出现内部差异。

三是经过了改写。即那体慧（2008）所言之"改写"。改写，有可能是同代之人所为，也有可能是后代之人所为。那体慧（2008）以"阿罗汉——声闻"这一组时代有差异的佛教术语为例，似乎暗示了《道行般若经》经过了后代之人的改写。同代之人的改写，如南朝宋慧严等人修治北凉昙无谶译北本《大般涅槃经》时，就对其质朴难懂的文字进行润色改写，形成了南本《大般涅槃经》。

余　论

　　《道行般若经》各品语气助词的系列差异，只是《道行般若经》内部语言差异的冰山一角（笔者初步的考察表明，《道行般若经》询问原因的疑问代词、短语，也有类似的情况）。随着研究的逐渐深入，相信能揭示《道行般若经》内部语言的复杂面貌。在此基础上，我们不仅能够比较全面、深入地认识《道行般若经》文本的形成、流传过程，也能更准确地揭示佛经汉译的历史面貌。

　　以往学界考辨可疑支娄迦谶译经时，有学者把《道行般若经》作为内部语言系统一致的典范的支娄迦谶译本，并以之作为考辨相关佛经的标准，这样的做法是需要重新考量的。

参考文献

Nattier, Jan, 2008 *A Guide to the Earliest Chinese Buddhist Translations Texts from the Eastern Han* 东汉 *and Three Kingdoms* 三国 *Periods*, The International Research Institute for Advanced Buddhology, Soka University.

曹广顺、遇笑容，2000，《从语言的角度看某些早期译经的翻译年代问题——以〈旧杂譬喻经〉为例》，载《汉语史研究集刊》（第三辑），成都：巴蜀书社。

方广锠，2016，《〈道行般若经〉译本考释》，《宗教学研究》第 3 期。

方一新、高列过，2012，《东汉疑伪佛经的语言学考辨研究》，北京：人民出版社。

高列过，2016，《笔受对汉译佛经语言面貌的影响初探——以鸠摩罗什译经被动式为考察基点》，载《汉语史学报》（第十六辑），上海：上海教育出版社。

赖永海，2010，《中国佛教通史》（第一卷），南京：江苏人民出版社。

马建忠，1983，《马氏文通》，北京：商务印书馆。

任继愈，1985，《中国佛教史》（第一卷），北京：中国社会科学出版社。

史光辉，2007，《东汉汉译佛经考论》，《阜阳师范学院学报（社会科学版）》第 1 期。

王力，2018，《古代汉语》（校订重排本）（第一册），北京：中华书局。

小野玄妙，1983，《佛教经典总论》，杨白衣译，台北：新文丰出版公司。

辛岛静志，2016，《〈八千颂般若〉是在犍陀罗以犍陀罗语产生的吗》，载辛岛静志《佛典语言及传承》，裘云青、吴蔚琳译，上海：中西书局。

许理和，1984，《最早的佛经译文中的东汉口语成分》，蒋绍愚译，载《语言学论丛》（第 14 辑），北京：商务印书馆。

许理和，2009，《最早的佛经译文中的东汉口语成分》，蒋绍愚、吴娟译，载朱庆之（编）《佛教汉语研究》，北京：商务印书馆。

许理和，2001，《关于初期汉译佛经的新思考》，顾满林译，载《汉语史研究集刊》（第四辑），成都：巴蜀书社。

俞理明，1993，《佛经文献语言》，成都：巴蜀书社。

从文献与词汇角度考辨
《辩意长者子经》的译出时代*

傅及斯

《辩意长者子经》，又名《辩意长者子所问经》《辩意长者问经》《辩意经》《长者辩意经》《长者问意经》等，诸藏经及历代经录多载为北魏（释）法场于洛阳译出，收入《大正藏》经集部第 14 卷，经号 544。全经约 5000 字，内容是佛答辩意长者子所问，说如何开度愚暗凶恶之人。该经最早见载于僧祐《出三藏记集》"新集安公失译经录"中，译者"莫详其人"。敦煌文献保存该经写卷 10 件，其中斯2925 号背卷尾题记为我们提供了宝贵的纪年信息，且各件写本从字形书风到文本样态皆反映了早期写本的形态特征。又，通过分析译文所涉及的词汇与短语，我们发现该经的语言风格有一定的时代倾向性，较贴近于两晋时期。本文将参考前贤学者的研究方法，利用敦煌写本材料，从文献和词汇的角度，论证《辩意长者子经》非"北魏法场"所译。

一、经录记载中的《辩意长者子经》

历代经录与《大藏经》多题此经为北魏法场所译。道宣《大唐

---

  * 本文原载《汉语史学报》2021 年第一辑。本文修改中承匿名评审专家及业师张小艳教授提出宝贵意见，谨致谢忱。

内典录》卷四记载《辩意长者子经》为梁武帝世天监年中北魏沙门释法场于洛阳出，见《沙门法上录》。靖迈《古今译经图纪》记载沙门释法场以魏宣武帝时于洛阳译《辩意长者子所问经》（一卷）。费长房《历代三宝纪》、彦琮《众经目录》、静泰《众经目录》、明佺等撰《大周刊定众经目录》、智昇《开元释教录》、圆照《贞元新定释教目录》皆题此经为北魏（后魏）法场所译①。此经题为法场所译，最早似可追溯到已佚《沙门法上录》（亦称《高齐众经目录》《达摩郁多罗录》），则自北齐起，即有法场译《辩意经》之说，后代藏经皆因袭之。法场译经时间，一说为梁武帝天监年间，一说为北魏宣武帝时，梁武帝天监年间为公元 502—519 年，北魏宣武帝时为公元499—515 年，二者几乎同时，据此，《辩意长者子经》在公元 6 世纪初 20 年间译出。

又，上述经录中所载北魏法场译经说，唐人已有辩驳，见于智昇《开元释教录》卷六：

> 《辩意长者子经》一卷（或云《辩意长者子所问经》，一名《长者辩意经》，见《法上录》）
>
> 右一部一卷，其本见在。
>
> 沙门释法场未详何许人也。亦以宣武帝时于洛阳译《辩意经》一部（撰录者曰：谨按《高僧》等《传》并云：晋时道安出家数载方启师求经，师创付《辩意经》一卷，可五千言，一览便诵。又《安公失译》复载其名。准此，东晋之时，《辩意》②

---

① 另有法经等撰《众经目录》卷三记载《辩意长者子经》一卷，译者为魏太安年竺法护。竺法护为西晋人，《众经目录》将西晋与北魏皆有的太安年号相混，导致译者信息错乱。

② 辩，宋、元、明时期作"辨"。

已行于世，如何至魏宣武始云法场出也?) （T55No2154,
P540a－b)①

这一则记载提供了数则关键信息：首先，"法场"不仅现在无迹可
查，唐代亦无明确记载；其次，东晋道安时《辩意经》已行于世，
绝不可能至北魏时才译出；最后，其中"五千言"的记述与今传世
本《辩意经》相符，可知所论为同一经典，非同名异译。

　　循着唐人的脚步，可知《辩意长者子经》及其作者的最早记录，
载于僧祐《出三藏记集》卷三《新集安公失译经录》中，译者"莫
详其人"，为失译经典。《新集安公失译经录》系将道安旧录中的
"无译名者"译经汇集一处而成，其中载有《辩意长者子经》说明该
经至迟在道安（公元 312—385 年）生活的东晋时期已出。而在有关
道安的传记资料中，载有他读《辩意经》一日即能"闇诵"之事，
可参僧祐《出三藏记集》、慧皎《高僧传》卷五、费长房《历代三宝纪》
卷八。现以《出三藏记集》卷十五《道安法师传》为据，引录如下：

　　　　释道安，本姓卫，常山扶柳人也。年十二出家，神性聪敏而
　　　形貌至陋，不为师之所重，驱使田舍，至于三年。执勤就劳，曾
　　　无怨色，笃性精进，斋戒无阙。数岁之后，方启师求经。师与
　　　《辩意经》一卷，可五千余言。安赍经入田，因息寻览。暮归，
　　　以经还师，复求余经。师曰："昨经不读，今复求耶?"对曰：
　　　"即已闇诵。"师虽异之，而未信也。复与《成具光明经》一卷，
　　　可减万言。赍之如初，暮复还师。师执经覆之，不差一字，师大
　　　惊，敬而异之。（T55No2145, P108a)

----

　　① 上述内容亦见于圆照《贞元新定释教目录》卷九。文中所引的佛经例句皆出自日
本大正一切经刊行会编纂的《大正新修大藏经》，括号内征引信息表示其所在册数、经号、
页码、栏数。如"T55No2154, P540a－b"表示第 55 册第 2154 号第 540 页上栏及中栏。

道安年十二出家，于田舍劳作三年，数岁之后方求得《辩意经》，以道安的生平年月来看，公元 4 世纪中期以前，《辩意长者子经》已传世。

二、敦煌写本中的《辩意长者子经》

上节我们通过经录等记载对《辩意长者子经》的作者及其译出时代作了合理的质疑，这一节我们将以敦煌文献中所存《辩意长者子经》为考察对象，讨论该经大致的译出时代。

据调查，敦煌文献中存《辩意长者子经》十号，分别为斯 2925 背、斯 9036 背、中村 153、敦研 185、敦研 254、敦博 21、俄敦 4056、俄敦 5159、俄敦 12216、朱孔阳旧藏诸号。其中俄敦三号可前后缀接，英藏二号亦可相互缀接，敦博 21 号与敦研 254 号可遥缀。除上述十号之外，另有吐鲁番柏孜克里克石窟出土残片一件①。我们将这十件写卷以缀合组为单位分作六组来讨论，分别为中村 153 号、敦研 185 号、俄藏缀合组、英藏缀合组、敦博缀合组、朱孔阳旧藏。

（一）斯 2925 号背的抄写年代

斯 2925 号背为《辩意长者子经》残卷（图 1），卷末有题记："太安元年在庚寅正月十九日写讫，伊吾南祠。比丘申宗手拙人已，难得纸墨。"历史上曾有多个政权采用太安作为年号，但是太安元年为庚寅年的则没有。中外学者大多认为此"太安"为北魏年号，为

---

① 关于敦煌本《辩意长者子经》的整理与缀合，参笔者《敦煌本〈辩意长者子经〉整理与研究》，《中国典籍与文化》2021 年第 3 期。

公元455年，如王重民等（1962：169）、梅应运（1970：158）、姜亮夫（1988：88）等。池田温（1990：86）将此太安元年判断为"西陲之失传元号"，依"庚寅"，当为公元450年。王素（2011：232—238）在池田温的基础上，进一步认为此为柔然扶植的伊吾政权，斯2925号背的抄写年代为公元450年。

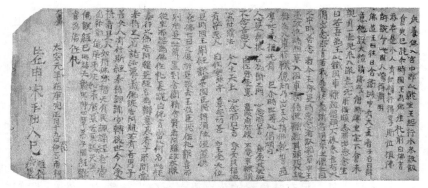

图1　斯2925背（局部）

（二）其余诸本的抄写时代

除了斯2925号背写卷尾部的题记，诸写本的卷面特征、书风体势也从侧面反映了一定的时代倾向。以敦研185号（图2）、俄敦12216号（图3）为例，我们发现诸多属于早期写经的特有格式：所有写卷均有段首墨点章节符号，这在后期写经中罕见；写经抄写随意，每行字数并不固定，非后期写经每行17字的统一格式；书风属隶书向楷书发展阶段的过渡字形，与敦煌吐鲁番出土公元4至5世纪的写经体势相近。根据我们对写卷的具体考察，其中三组敦煌写经的抄写年代也不会晚于公元5世纪中期。

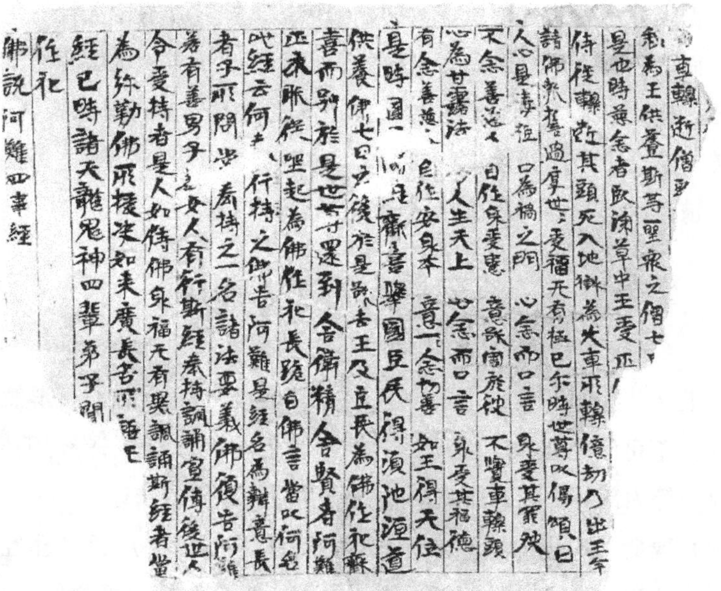

图 2　敦研 185 号（局部）

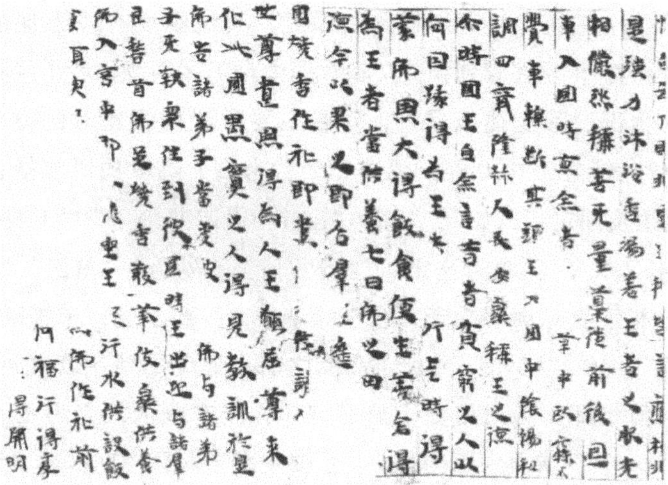

图 3　俄敦 12216 号（局部）

据英藏缀合组卷尾所保留的题记信息，知其抄写于公元 5 世纪中叶；而诸卷从字形书风到写卷样貌，也都反映了早期敦煌写卷的形态特征。据此，公元 5 世纪中期以前，敦煌地区已有《辩意长者子经》流传。结合上节对经录记载的分析，《辩意长者子经》绝不可能北魏时才被译出，其译者为法场之说恐怕也没有根据。

三、经文词语的内部考证

上文，我们已从传世经录及出土写经两方面确定了《辩意长者子经》不可能是北魏法场所译，本节我们将继续讨论译经用语、行文风格等内部特征，试图从另一个角度左证我们的结论。

张国良（2016：223—226，以下简称"张文"）通过译经用语的对比分析，判定"《辩意长者子所问经》非北魏时期译经"。他首先指出译者法场文献阙载，仅"《三宝纪》卷九载其于洛阳译《辩意长者子经》一卷，后《续僧传》袭之，其他则没有关于他的信息了"。同时，他也注意到相关文献数据中对于《辩意长者子经》译者三说的情况。除上述线索外，作者主要采取用语比对的方法，对《辩意长者子经》中译经词语进行时代考辨，选取词语包括普通词汇、俗语及固定形式，如"轹""谶书""四辈弟子""下食""福堂""长跪叉手""察众坐定""三界无上""外色""差违""尊庙"等。具体而言，"时恶念者，在于深草中，卧寐不觉，车轹断其头"中"轹"用作"碾压"义，于北凉之后在北朝的使用就几近绝迹；又"时国相师，明知相法，谶书记曰：当有贱人，应为王者"中"谶书"一词，佛典中用例极少，主要集中于两晋时期；又"佛说经已，时诸天龙鬼神、四辈弟子，闻经欢喜，为佛作礼"中把比丘、比丘尼、优婆塞、优婆夷译为"四辈弟子"之例，是姚秦以前的译法表达。其所举例证除"下食""福堂""三界无上""外色""差违"等词说服力不够应剔除外①，其余皆能佐证该经译文于北魏之前已形成。本节将在张文的研究基础上，增加"周惠""贫聚""懈休""挝骂"等词，分析开场白用语，结合已有例证系统考察《辩意长者子经》的译出时代。

（一）周惠

> 复次，长者子！又有五事，得为尊贵众人所敬。何谓为五？一者布施**周惠**普广；二者礼敬佛法三宝及诸长老……

"周惠"义为周济、施惠。该词佛经检索仅得三例，除《辩意长者子经》外，皆为西晋以前用例。如：

（1）三国吴支谦译《维摩诘经》卷下："求为世间将，宗长若帝师，辅上而怀下，以此安群黎。**周惠**诸贫民，资财无有极。因厥所布施，劝励起道德。"（T14No474，P530c）

（2）西晋竺法护译《弘道广显三昧经》卷一："又有五事致普智心。何谓为五？所行无望于生死漏用戒德故，不舍一切以大悲故，憎、爱无二身命施故，财利**周惠**供事法故。"（T15No635，P490b）

（二）贫聚

> 善哉！世尊！快说此法，乃令会者得闻其所。复使将来，济度厄难。唯愿世尊过于**贫聚**，及诸众会，明日日中，屈于舍食。

"贫聚"指穷人聚落，其构词或仿"墟聚""市聚"等形。不见

---

① "下食"等特征词汇虽然不见于北魏译经，但北魏之前及北魏之后的译经中多有袭用，故不能引以为据。

于中土传世文献，于佛经检索仅得四例，义同"贫里"。如：

（3）三国吴支谦译《维摩诘经》卷上："忆念我昔于贫聚而行乞，时维摩诘来谓我言……"（T14No474，P522a）

（4）后秦佛陀耶舍共竺佛念译《长阿含经》卷三："世尊！游化若诣波婆城，唯愿屈意过贫聚中。"（T01No1，P19b）

（5）东晋瞿昙僧伽提婆译《增一阿含经》卷三九："今如来近在不远，游贫聚园中，将千二百五十弟子，唯愿大王往问其义。"（T02No125，P762b）

值得注意的是，例（3）三国吴支谦译《维摩诘经》中"我昔于贫聚而行乞"一句，姚秦鸠摩罗什译《维摩诘所说经》同经异译即作"我昔于贫里而行乞"（T14No475，P540a）。"贫里"义为贫民聚居的里巷，佛经及中土文献常见，如姚秦鸠摩罗什译《妙法莲华经》卷二："此或是王，或是王等，非我佣力得物之处。不如往至贫里，肆力有地，衣食易得。"（T09No262，P16c）又如南朝陈徐陵《长干寺众食碑》："或次第于王城，犹栖遑于贫里。"① "贫聚"一词的使用仅见于三国至东晋的佛经，此后无用例。鸠摩罗什译经改用"贫里"，也可证"贫里"当时已成为承担此义的常用词。

（三）懈休

　　若生地狱中，铁钩钩舌出，洋铜灌其口，昼夜不懈休。

"懈休"同意复合，懈怠、休憩之义。检索佛经仅得四例，除《辩意长者子经》例外，其余三例皆是西晋时期的译经。即：

（6）西晋竺法护译《度世品经》卷二："如来精进，不懈休法，

---

① 许逸民校笺，2008，《徐陵集校笺》，北京：中华书局，第1209页。

礼仪一等。"（T10No292，P625c）

（7）西晋竺法护译《如幻三昧经》："假使族姓子、族姓女，依着吾我想人寿命，若江沙劫供养如来，承事圣众，随其所安，皆给所乏，尽其形寿而不懈休。"（T12No342，P148c）

（8）西晋聂承远译《超日明三昧经》卷上："忍辱立大力，则被大乘铠。善修大精进，未曾有懈休。"（T15No638，P533b）

"懈休"，佛经及中土文献常用"休懈"表示。"休懈"主要见于后汉支娄迦谶译《道行般若经》、西晋竺法护译《生经》《正法华经》《度世品经》、东晋佛陀跋陀罗译《大方广佛华严经》、北魏慧觉等译《贤愚经》、隋阇那崛多译《大法炬陀罗尼经》等，故"懈休""休懈"这组同素异序词中，"懈休"用例数少且集中于西晋时期，"休懈"则是此义的主要词形。《辩意长者子经》使用"懈休"，反映出一定的时代倾向。

（四）挝骂

忍辱不乱众，瞋恚不犯人。挝骂不还报，所生常端正。

挝骂，即打骂。可靠的佛经用例集中于三国至两晋时期，相关词语有"鞭挝""挝打""挝捶""毁骂""殴骂""殴詈"等。"挝骂"于后代译经罕见，传世文献中亦无用例，我们认为这是早期译经的生造词，只存在较短时间。"挝骂"可解作"鞭挝骂詈"，东晋居士郗超《奉法要》："凡斋日皆当鱼肉不御，迎中而食。既中之后，甘香美味，一不得尝。洗心念道，归命三尊，悔过自责，行四等心。远离房室，不着六欲，不得鞭挝骂詈，乘驾牛马，带持兵仗。"[1] 其中"鞭挝

---

① 严可均辑，2017，《全上古三代秦汉三国六朝文》，北京：中华书局，第2090页。

骂詈"或实时人对"挃骂"的理解，故两晋期间此义习用。如：

（9）三国吴支谦译《菩萨生地经》"挃骂不以患，轻毁亦不恨，菩萨忍如是，所问悉可得。"（T14No533，P814a）

（10）西晋竺法护译《正法华经》卷六："石打杖挃骂，怀结而恶口，若有设此凶，化人悉呵教。"（T09No263，P102b）

（11）西晋竺法护译《修行地道经》卷三："设使有人，挃骂行者，尔时修道，当作是观……"（T15No606，P200a）

（12）隋阇那崛多译《大方等大集经贤护分》："安住甚深诸法中，善能堪忍无嫉妒，虽被挃骂无恼恨，若能如是得三昧。"（T13No416，P890c）①

（13）失译《旧杂譬喻经》卷下："往说经道，言当为善，若为众诸恶，其罪难测，覆一国人，皆共挃骂，不从其教，于是复还。"（T04No206，P520b）②

《辩意长者子经》中出现"挃骂"，说明该经的译出时代很可能也是两晋时期。

（五）察众坐定、长跪叉手

于时，辩意长者子察众坐定，承佛威神，从坐起，正衣服，

---

① 《大方等大集经贤护分》在隋代之前即有同经异译多部，故"挃骂"一词出现在隋译本中，极有可能是受前代译经的影响。

② 《旧杂譬喻经》旧题吴康僧会译，学者已从语言学的角度判定该经与三国吴康僧会所译《六度集经》差异较大，当非康僧会所出，但具体的译经年代，可能比较接近。如梁晓虹（1996）称"这两部经（《六度集经》与《旧杂譬喻经》，笔者注）非同一人所译……《六度集经》所译时代较早……后者时代较后"；曹广顺、遇笑容（1998、2000）称"从语言上看，《旧杂譬喻经》与《六度集经》可能不是同一译者所译，但其翻译时间，应当相去不远""应是三国前后的另一译者所译"；贾君芳、何洪峰（2016）称"从介词结构的语序和被动表达方式来看，《旧杂譬喻经》可能属于汉代以后晋代以前中古时期的佛典译经"。故本文仍以此作为两晋以前用例列举。

俨然而前为佛作礼，长跪叉手白佛言……

"察众坐定"，张文已提及，未展开。经检索，此佛教惯用语在译经中共出现 6 次，多集中在西晋以前。我们将《辩意长者子经》与下举两部西晋译经（《诸德福田经》《须真天子经》）进行相关语句的比对，发现它们在词汇的选择与编排上有很大相似之处，皆为"察众坐定……从坐起……整（正）衣服……长跪叉手（叉手长跪）"。其中，"长跪叉手（叉手长跪）"[①]这一表达值得我们关注。李晶（2018）、顾满林（2018）对"叉手""合掌"二词在汉语史中的历时演变情况做了相关研究，据他们的统计结果，"叉手"与"合掌"皆是梵语 añjali 的对译，西晋之前的早期译经主要使用"叉手"，两晋时期"叉手"与"合掌"处于并存阶段，此后"合掌"代替了"叉手"在佛经中占据主导地位。《辩意长者子经》未出现"合掌"而使用"叉手"两次，在一定程度上反映了早期译经的用语特点。

（14）西晋竺法护译《须真天子经》卷一："须真天子察众坐定，便从坐起，整衣服、叉手长跪白佛言……"（T15No588，P96c）

（15）西晋法立法炬共译《诸德福田经》："尔时天帝察众坐定，承佛神旨，从坐而起，整服作礼，长跪叉手白世尊曰……"（T16No683，P777a）

（16）姚秦竺佛念译《中阴经》卷上："尔时，妙觉如来、至真、等正觉察众坐定，纯一无杂，应入中阴受禁戒法，多所饶益，所度无量，建立弘誓，施行佛事。"（T12No385，P1060b）

---

① 张文（2016）已指出"长跪叉手"一语可佐证《辩意长者子经》非北魏时期译经，未展开。

（六）天龙鬼神、四辈弟子

佛说经已，时诸天龙鬼神、四辈弟子，闻经欢喜，为佛作礼。

"四辈弟子"，张文（2016：225）指出"把比丘、比丘尼、优婆塞、优婆夷译为'四辈弟子'自东汉以来已有其例……而姚秦之后，北凉和北魏都不再使用此译法。就北魏而言，译经师多是把天龙鬼神或比丘、比丘尼、优婆塞、优婆夷列出来"。我们发现张文所举包含"四辈弟子"的早期译经中，"天龙鬼神"一词也常常与之并存。"天龙鬼神"即天龙八部鬼神，分别为天、龙、夜叉、乾闼婆、阿修罗、迦楼罗、紧那罗、摩侯罗伽。据方一新、高列过（2012：106、122—124、172）考证，早期译经大都将八部鬼神的名称一一列出，亦有"天龙鬼王""天世人鬼龙神""诸龙鬼神"等表达方式。"天龙""鬼神"的组合连用，始见于东汉译经《法镜经》《修行本起经》《中本起经》等。而后世佛经惯用的"天龙八部"最早的可靠用例出现于东晋，如东晋佛驮跋陀罗《观佛三昧海经》卷四："尔时亦有天龙八部，一切众生，遇此光者，闻是语者，命终之后，必生梵世。"（T15No643，P666b）通过检索，我们发现"四辈弟子"和"天龙鬼神"共同出现的辞例主要集中在早期译经中，最晚不过南朝宋时期，此后全无用例。这组佛教用语亦可佐证《辩意长者子经》非北魏时期译经。其例如下：

（17）后汉昙果共康孟详译《中本起经》卷二："尔时，世尊在舍卫国祇树给孤独园为众说法，天龙鬼神、四辈弟子严整具足。"（T04No196，P161a）

（18）三国吴康僧会译《六度集经》卷八："佛说经竟，诸菩萨四辈弟子，天龙鬼神及质谅神，靡不欢喜，作礼而去。"（T03No152，

P46b）同经卷五："佛说经竟，四辈弟子，天龙鬼神，皆大欢喜，稽首而去。"（T03No152，P32a）

（19）三国吴支谦译《阿难四事经》卷一："今佛去世，天龙鬼神，帝王人民，及四辈弟子，当何恃赖得福得度？将当复从谁得之乎？"（T14No493，P756c）

（20）东晋帛尸梨密多罗译《灌顶章句拔除过罪生死得度经》卷一："众坐诸菩萨摩诃萨无央数众，及诸应真，国王长者，大臣人民，天龙鬼神，四辈弟子，皆各默然，听佛所说，莫不欢喜，一心乐闻。"（T21No1331，P532b）

（21）南朝宋沮渠京声译《旃陀越国王经》卷一："四辈弟子，天龙鬼神，闻经欢喜，前为佛作礼而去。"（T14No518，P792b）

（七）开场白

闻如是：一时，佛在舍卫国祇树给孤独园，与千二百五十沙门俱，菩萨万人。

学者已指出"闻如是""我闻如是"是东晋晚期之前佛经的普遍译法，而"如是我闻"的译法直至鸠摩罗什时代才开始广泛应用①。

---

① 该说法最早记载见北宋天台山仁岳《楞严经熏闻记》"夫晋魏以前译经，多云'闻如是'，或曰'我闻如是'，至后秦罗什翻《法华经》云'如是我闻'，自此相沿，以为定式。"（X11No269，P705b）此外，学界亦有零星讨论，如印顺法师（2011：904）"（《辨意长者子经》）经初说'闻如是'，是支谦、竺法护的古译"，"译'如是我闻'为'闻如是'……有晋代（罗什以前）译品的特征"；许理和（2001）"译经者们最终创造出了一些表达格式，如'闻如是'到公元四世纪后期被'如是我闻'所取代"；史光辉（2009）"东汉译经中不见有译为'如是我闻'的，只译为'闻如是'。三国译经中'如是我闻'仅见一例……用'如是我闻'这种译经开头模式是从西晋开始逐渐形成的"。李欣（2014）设立三个标准系统考察了"如是我闻"的首译时代："（一）鸠师之前译为'如是我闻'的经籍，其译者时代甚至来源均有可疑之处——除了东晋竺佛念所译两经；（二）鸠师自己的译籍，凡僧祐《出三藏记集》中载录过的，均使用'如是我闻'，未使用'闻如是'的，原均系失译经本，后人臆断误题；（三）鸠师之后此语才广泛使用。……故此，'如是我闻'首译可以划定一个时间段，大致为东晋中晚期，竺佛念到鸠摩罗什之间。"

《辩意长者子经》以"闻如是"开头,虽不能以此为其断代,但至少与早期译经的某些语言特征相合,而细检北魏时期的其他译经,则多以"如是我闻"开头。仔细分析该经开场白,除了"闻如是",还有"舍卫国祇树给孤独园""千二百五十沙门""菩萨万人""与……俱"等关键词。可靠译经中同时有"闻如是""佛在(游)舍卫国祇树给孤独园""千二百五十比丘(大众比丘千二百五十)"等三项关键词的有 11 例,多集中于两晋时期,上自三国下至南朝宋,其中 4 例同时提到"菩萨万人"。如:

(22)三国吴康僧会译《六度集经》卷八:"闻如是:一时,佛在舍卫国祇树给孤独园,与千二百五十比丘俱,菩萨万人共坐。"(T03No152,P44b)

(23)西晋法立、法炬共译《诸德福田经》:"闻如是:一时,佛在舍卫国祇树给孤独园,与大比丘千二百五十,菩萨万人,大众无数围绕说法。"(T16No683,P777a)

(24)东晋帛尸梨蜜多罗译《灌顶三归五戒带佩护身咒经》卷三:"闻如是:一时,佛在舍卫国祇树给孤独园时,与千二百五十比丘,菩萨万人。"(T21No1331,P501c)

(25)东晋竺昙无兰译《陀邻尼钵经》:"闻如是:一时,佛在舍卫国祇树给孤独园,与大比丘众千二百五十人,菩萨万人俱。"(T21No1352,P865b)

综合上述讨论结果,我们认为《辩意长者子经》的特征词语反映的是两晋时期的语言风格,所举辞例以西晋时期最为典型。

结　语

本文以经录记载为线索,从文献和用语两方面考辨《辩意长者子经》的译出年代。从出土文献来看，我们在敦煌文献中共检得《辩意长者子经》10件，它们集中反映了早期写经的文本样貌，同时为该经译出年代早于北魏提供了强有力的佐证。从经文所用的语汇来看，"周惠""贫聚""懈休""挝骂""长跪叉手""天龙鬼神""四辈弟子"等词及开场白用语皆为早期译经的用语特点，较多出现于两晋时期，这与东晋道安曾读诵该经一事相吻合。汉译佛经中有诸多如《辩意长者子经》这样被误题译者的经典，它们"大多不超过三卷，基本上是单卷，可能不为当时所重，后人亦随意处置"①。虽然学界对失译佛经的考辨仍在起步阶段②，但是通过对每一部佛经的细致讨论，我们将得到一部更真实的汉语佛教译经史，同时也能对早期汉语译经的面貌有更清晰的认识，为后续的研究工作提供坚实的基础。

参考文献

曹广顺、遇笑容，1998，《也从语言上看〈六度集经〉与〈旧杂譬喻经〉的译者问题》，《古汉语研究》1998年第2期。

曹广顺、遇笑容，2000，《从语言的角度看某些早期译经的翻译年代问题——以〈旧杂譬喻经为例〉》，《汉语史研究集刊》（第三辑）。

池田温，1990，《中国古代写本识语集录》，东京：大藏出版株式会社。

大正一切经刊行会，1983，《大正新修大藏经》，台北：新文丰出版社。

方一新、高列过，2012，《东汉疑伪佛经的语言学考辨研究》，北京：人民出版社。

---

① 见卢巧琴（2011：68）。

② 方一新、高列过（2012：47—50）对"早期疑伪佛经的语言学考辨情况"进行统计，已有20多部失译或误题译者的佛经得到充分研究。

顾满林，2018，《佛教语"叉手""合掌""合十"流变考》，《汉语史学报》（第十九辑）。

贾君芳、何洪峰，2016，《从介词角度看〈六度集经〉与〈旧杂譬喻经〉的翻译时代》，《宁夏大学学报（人文社会科学版）》2016第4期。

姜亮夫，1988，《莫高窟年表》，上海：上海古籍出版社。

李晶，2018，《从梵汉对勘和同经异译再谈汉译佛典中的"叉手"与"合掌"》，《宁夏大学学报（人文社会科学版）》2018年第2期。

李欣，2014，《"如是我闻"首译时代与早期汉译佛经辨误、辨伪》，《史林》2014年第1期。

梁晓虹，1996，《从语言上判定〈旧杂譬喻经〉非康僧会所译》，《中国语文通讯》1996年第40期。

卢巧琴，2011，《东汉魏晋南北朝译经语料的鉴别》，杭州：浙江大学出版社。

吕澂，1980，《新编汉文大藏经目录》，济南：齐鲁书社。

梅应运，1970，《唐代敦煌寺院藏经之情形及其管理》，《新亚书院学术年刊》1970年第12期。

史光辉，2009，《从语言角度看〈大方便佛报恩经〉的翻译时代》，《古汉语研究》2009年第3期。

释印顺，2011，《初期大乘佛教之起源与开展》，北京：中华书局。

王素，2011，《西陲出土写经题记所见"太安"年号的归属》，载王素，《汉唐历史与出土文献》，北京：故宫出版社。

王重民、刘恕铭，1962，《敦煌遗书总目索引》，北京：商务印书馆。

许理和，2001，《关于初期汉译佛经的新思考》，载《汉语史研究集刊》（第四辑）。

许逸民校笺，2008，《徐陵集校笺》，北京：中华书局。

严可均辑，2017，《全上古三代秦汉三国六朝文》，北京：中华书局。

张国良，2016，《北魏译经异文研究》，长沙：湖南师范大学博士论文。

近十余年从语言角度考辨可疑佛经成果的回顾与展望*

方一新　卢　鹭

20世纪80年代以来，汉译佛经日益受到汉语史研究者的重视，利用佛经语料者众多，成果丰硕。但在使用佛经材料的同时，也出现了轻信藏经题署、误用可疑佛经而造成的疏失。故从20世纪90年代以来，海内外学者从语言角度对佛经语料进行了考辨、鉴别，大致判定其译者和翻译年代，迄今已经有了显著的进展。对于汉语史研究而言，语料的可靠度对研究结果往往有决定性影响，这一领域的成果值得关注。

在这一背景下，本文旨在评述2011年以来这一研究领域的新进展①，并对今后的研究进行展望。不当之处，请方家指正。

一、整体性研究②

1. Nattier J., *A Guide to the Earliest Chinese Buddhist Translations：Texts from the Eastern Han* 東漢 *and Three Kingdoms* 三國 *Periods*（2008）

　＊　本文原载《浙江大学学报（人文社会科学版）》2023年第2期。
　①　此前的相关成果在方一新、高列过《东汉疑伪佛经的语言学考辨研究》一书中已有基本介绍，故本文主要评述此后即近十余年来的相关成果。海外相关研究（尤其对东汉以后译经）在该书中提到的不多，故一并在此评述。
　②　论著对具体译经的考辨，详见后文"专人专书考辨"部分。

那体慧这部著作梳理和辨析了东汉至三国时期的译者、译经，是一部内容翔实、条理清晰、使用方便的研究指南。该书的贡献主要体现在：第一，整体上以"外部证据"和"内部证据"结合的方式对现存早期汉译佛经的篇目进行了重新审视；第二，注意到早期译经可能经过后人的修订，可靠程度存在差异，应以一部分文献记载可靠、语言风格统一的译经作为核心文本，将存疑的文本按照其偏离核心文本的程度划分为不同层级；第三，相对全面地吸纳了日本、欧美和中国学者的研究成果，反映了相关研究的最新动态；第四，编排合理，查检方便，如附录三列出了东汉至三国译经的篇目和可靠层级，便于读者对书中的结论进行整体性把握。

2. 卢巧琴《东汉魏晋南北朝译经语料的鉴别》（2011）与颜洽茂等《翻译佛经语料研究》（2019）

卢巧琴《东汉魏晋南北朝译经语料的鉴别》（2011）由作者的博士论文修订而成，对东汉魏晋南北朝译经语料的利用、价值、鉴别等问题做了较为系统的研究。该书第二章指出使用译经语料时存在的突出问题：轻信题署、忽略版本异文、轻信不当断句；第四章介绍了语料鉴别研究的三个方面，包括译经时代、译者、翻译地点；第五章探讨译经语料的鉴别方法，包括从文献学、语言学、文化学等方面进行鉴别，并综合考证了《昙无德羯磨》的年代、《五阴譬喻经》的译者和《撰集百缘经》的翻译地点。

颜洽茂等《翻译佛经语料研究》（2019）共分十章，对翻译佛经语料及相关问题做了系统研究，其中有两章涉及译经语料鉴别，即第八章"翻译佛经语料文献的整理"和第九章"翻译佛经语料研究释例"，对卢巧琴（2011）和颜洽茂、熊娟（2010）的研究进行了扩充和完善。此外，书中附录三对国内近年考辨失译、误题佛经的成果和初步结论做了归纳。

3. 方一新、高列过《东汉疑伪佛经的语言学考辨研究》（2012a）

全书分上、中、下三编。上编为"疑伪佛经考辨概说"，共四章，介绍了中古早期可疑佛经概貌及相关研究，从语言角度鉴别早期可疑佛经的方法和步骤，以及鉴别标准的选取原则。中编是"译者题署有误的译经考辨"，共四章，考辨了旧题安世高、支娄迦谶、康孟详的数部译经。下编"失译经考辨"共两章，讨论了《大方便佛报恩经》《分别功德论》的大致年代。作者从经录文献、词汇、语法、开头及结尾语等方面对上述误题、失译经做了尽可能周详的考辨。

但该书也还存在一些问题，曹婷（2013）、顾满林（2016）等已有指出，此处可以补充两点：第一，该书对语言事实的挖掘仍以举例为主，往往并不是穷尽性的。以《佛说阿难问事佛吉凶经》为例，该书发现了此经中有一批不见于安世高译经、不见于东汉乃至隋以前译经的词语，但也只涉及经中的小部分词语。第二，对可靠译经的界定。该书以许理和（2001）所列举的 31 篇译经作为"可靠的东汉译经"（方一新、高列过 2012a：405），根据当前研究，其中如安世高译《大安般守意经》《法受尘经》，支曜译《成具光明定意经》，译者及年代都有问题。

此外，有部分论文也对可疑佛经的考辨方法、标准、成果等进行过总结，如方一新《从译名演变看疑、佚佛经的翻译年代》（2008）一文归纳了利用译名的"首见例""异译例"考辨译者、时代的方法，并指出了当下研究的两点不足：一是研究多是举例性质，尚未对佛经译名做穷尽、系统的考察；二是多数研究未能利用梵文、藏文等非汉文佛典进行对勘。方一新《普通鉴别词的提取及原则——以早期汉译佛经鉴别为中心》（2009）一文指出了利用普通词语进行可疑佛经考辨的标准，即常用性、规律性、联系性和时代性。此外，方一新、高列过的《海外学者对东汉可疑佛经的考辨》（2011）对海外学者考辨东汉可疑佛经的重要成果做了综述。方一新、高列过《从语言角度鉴别早期可疑佛经的方法和步骤》一文从"比照对象的确立""语言标准的提取"两方面对早期可疑译经的考辨方法进行了总结（2012b：1—9、26）。

二、专人专书考辨

本节将以《大正藏》题署的时代和译者为纲目，依照相关成果发表的先后次序做简要介绍，重点关注东汉至隋以前的译经。由于篇幅限制，此前方一新、高列过（2012a）已做综述的研究，本文仅简述其基本结论，对于早年国内外学者（如吕澂、汤用彤、小野玄妙、许理和等）的经典论著，仅在其结论与近年研究发生关联时才略做说明。

（一）东汉

1. 迦叶摩腾（公元？—73 年）、法兰（生卒不详）

T784①《四十二章经》：学界对此经争议颇多，详见方一新、高列过（2012a：27—30）的综述。近年的研究中，船山彻认为 T784 应当是 5 世纪以后所出，其用语与 T125《增一阿含经》、T99《杂阿含经》以及《真诰》非常相似（船山彻 2013：23、152）。元文

---

① 　T 为 Taishō Tripitaka（《大正新修大藏经》）的缩写，下同。

广认为 T784 的产生时间应在西晋竺法护之后、东晋之前（元文广2016）。

2. 安世高（公元 148—170 年在洛阳译经）

整体性讨论：安世高是佛经汉译历史上第一位可靠的译者，后世有许多失译经被归入他的名下，但这类题署多不可靠。相关综述性文章可参考左冠明（2010，2019）和潘小溪（2020）。

T16《尸迦罗越六方礼经》：李妍指出该经部分佛教术语和一般词汇与安世高可靠译经有别（李妍 2012）。齐藤隆信认为 T16 的偈颂押韵比其他三种异译本更严格，且出现了"六度""天中天"等大乘术语，译出时间应相对更晚，并非东汉译经（齐藤隆信 2013：208—211）。

T91《婆罗门子命终爱念不离经》：李妍认为该经"瞿昙""优婆塞""汝/君"等不见于可靠安世高译经，"婆伽婆""游行""然可"不见于东汉译经（李妍 2013）。高列过、孟奕辰指出 T91 语气助词的用法不同于安世高译经（高列过、孟奕辰 2018）。

T105《五阴譬喻经》：林屋友次郎（1941：1323—1332）指出该经的语言风格和安世高不同，但可能是东汉或三国译经，T105 可能实为失译的"河中大聚沫经"。许理和认为 T105 是早期译经，但风格和术语不同于安世高（许理和 2001）。那体慧指出 T105 中出现了"游于""告比丘言""所以者何"等语，散文部分多作四言句，偈颂部分作五言句，不符合安世高的风格（Nattier 2008：51—52）。齐藤隆信也指出该经用"偈"翻译 gāthā，安世高一般译作"绝""缚束说"（齐藤隆信 2013：186—188）。

T109《转法轮经》：祐录题为安世高译。许理和认为"译文中有文言成分，其风格特征也不同于一般的安世高译经"（许理和 2001：

309）。那体慧指出该经的"吾""莫不""之""最正觉"等语不符合安世高的风格（Nattier 2008：52）。赵悠认为该经含有一批安世高特色用语，例如把 bhikkhave 译作"行道弟子"、把 ārya 译作"道德"等，同时也有许多不见于安世高译经的词，很可能原为安世高译，但后来经支谦等人修订（Zhao 2020）。

T150A《七处三观经》：《祐录》题为安世高译，但 T150A 的内部成分较为复杂，哈里森比照了 T150A 及其平行文本，试图重建该经的原有次第，认为其中包括了《七处三观经》《九横经》《杂经四十四篇》《积骨经》四部分（Harrison 1997）。苏锦坤则认为 T150A 中第 2—29、32—47 经未必即是安世高译"杂经四十四篇"，原因包括：这部分经文译语流畅度不一，部分佛教名相词和惯用语的译法不统一，第 43 经把偈颂译为四言四句（苏锦坤 2012）。

T167《太子慕魄经》：宇井伯寿认为该经非安世高译（宇井伯寿 1971：439—440）。方一新、高列过认为 T167 实际为竺法护译，而题为竺法护译的 T168《太子墓魄经》可能是南朝梁以后的失译经（方一新、高列过 2012a：148—171，2008）。高列过、孟奕辰指出 T167 语气助词的用法不同于安世高译经（高列过、孟奕辰 2018）。

T356《宝积三昧文殊师利菩萨问法身经》：方一新、高列过（2012a：87—100，2007）和方一新（2016a）考察了该经的行文风格、词语、疑问代词、开头及结尾语等，认为该经非东汉译出。

T397（17）《五十校计经》：《祐录》题为安世高译。境野黄洋认为该经非安世高译，其语言风格与 T760《惟曰杂难经》相近（境野黄洋 1935：66—68）。那体慧认为该经可能原为安世高的门人所译，但同时受到支娄迦谶译经的影响（Nattier 2008：56—59）。方一新指出该经"般泥洹"一词非安世高可靠译经所有（方一新 2016a）。Greene 认为该经并非译作，而是三国吴地曾经注释安世高译经的成员所撰（Greene 2017）。

T492a《阿难问事佛吉凶经》：方一新、高列过（2012a：100—120，2008）和方一新（方一新 2016a）考察认为它的译出时间可能是 5 世纪中叶前后。高列过、孟奕辰指出该经语气助词的用法不同于安世高译经（高列过、孟奕辰 2018）。

T506《犍陀国王经》：高列过、孟奕辰指出该经语气助词的用法不同于安世高译经（高列过、孟奕辰 2018）。

T525《长者子懊恼三处经》：李妍认为该经"死亡"等词不同于安世高的风格（李妍 2012）。

T526《长者子制经》：方一新考察认为其译出时间可能要晚至两晋甚至南北朝（方一新 2015）。高列过、孟奕辰指出 T526 语气助词的用法不同于安世高译经（高列过、孟奕辰 2018）。

T551《摩邓女经》：方一新、高列过认为该经中"归饭""畜妇/畜妻""作妻/作妇""作夫""担水""何等"等不符合安世高的语言习惯，译出时间当在东晋之后、南朝梁之前（方一新、高列过2015）。

T553《㮈女祇域因缘经》：方一新（2008）和方一新、高列过（2012a：121—148）指出该经的翻译时代不早于西晋。高列过、孟奕辰指出 T553 语气助词的用法不同于安世高译经（高列过、孟奕辰2018）。

T554《奈女耆婆经》：该经与 T553"㮈女祇域因缘经"行文近似但相对简略，参见上条。

T602《大安般守意经》：过去被认为是可靠安世高译经，但 1999

年大阪金刚寺中发现了两个题为"安般守意经"的写本，与 T602 差异很大，引起了学界广泛讨论。左冠明（2010）综述了落合俊典[①]（2002）、迪拉鲁（2003）、释果晖（Guohui，亦即 Hung Hunglung）（2006，2008）等研究者的意见，通过比照金刚寺写本与传世本的语言、内容和结构，验之于早期佛经注解、题跋和经录，认为康僧会时代所流传的《安般守意经》即是今天所见金刚寺本，而传世本 T602 是后人编集的对金刚寺本的"口解"。另外，高列过、孟奕辰指出 T602 语气助词的用法不同于安世高译经（高列过、孟奕辰 2018）。卢鹭考辨认为 T602 基本成型于三国至西晋之间（卢鹭 2022）。

T604《禅行三十七品经》：参见下条 T605。

T605《禅行法想经》：林屋友次郎（1941：794—799）指出 T605 和 T604《禅行三十七品经》很可能出自同一人。左冠明指出 T604 有四例助词"之"，T605 虽然篇幅比 T604 短，但二经既出自同一人，可知 T605 亦非安世高译经（Zacchetti 2010）。那体慧指出该经用语与安世高可靠译经不同，但与 T792《法受尘经》有共同点（Nattier 2008：54）。

T621《佛印三昧经》：高列过、孟奕辰指出 T621 语气助词的用法不同于安世高译经（高列过、孟奕辰 2018）。

T622《自誓三昧经》：宇井伯寿指出今 T623《如来独证自誓三昧经》题为竺法护译，与 T622 在偈颂部分一致，而散文部分略有差异（宇井伯寿 1971：444）。辛岛静志指出 T622 有竺法护的特色词"光世音"，T622 和 T623 应当一者为竺法护译，另一者是在其基础上略微改动而成（辛岛静志 2009：203—204，脚注 3）。齐藤隆信指出安

① 落合俊典：『金刚寺一切经の基础的研究と新出仏典の研究』，平成 12 年度—平成 15 年度科学研究費補助金基盤研究（A）·（1）研究成果报告书，2004 年。

世高将偈颂译作散文，可见 T622 并非安译（齐藤隆信 2013：212—213）。高列过、孟奕辰指出 T622 语气助词的用法不同于安世高译经（高列过、孟奕辰 2018）。

T684《父母恩难报经》：广兴指出该经中出现的"佛十号"有四个是鸠摩罗什以前的古译，见于后汉至东晋的译经，但安世高译经无此译名（广兴 2014）。

T729《分别善恶所起经》：林屋友次郎认为该经当是三国至西晋时期译出（林屋友次郎 1941：930—938）。牧田谛亮认为 T729 不是安世高译，而是六朝时中国人的撰述（牧田谛亮 1976：336—344）。李妍认为 T729 的词汇、俗语、句式、开头结尾语等与安世高译经差别较大，译出年代不早于三国（李妍 2013，2012，2017，2019）。

T730《处处经》：李妍指出该经部分用词有别于安世高可靠译经（李妍 2012）。方一新考察了 T730 中的佛教词语、一般词语及开头结尾惯用语，认为其译出时间不早于西晋竺法护，甚或晚至东晋十六国时期（方一新 2016a，2016b）。Greene 认为 T730 的译词未受鸠摩罗什影响，且"三十七品经"等译法不见于竺法护以后译经，翻译时间不晚于 4 世纪初（Greene 2016）。高列过、孟奕辰指出 T730 语气助词的用法不同于安世高译经（高列过、孟奕辰 2018）。

T732《骂意经》：释果晖认为 T732 有部分用语和安世高译经相仿，可能是安世高译（Hung 2007）。高列过、孟奕辰则认为该经语气助词的用法不同于安世高译经（高列过、孟奕辰 2018）。

T792《法受尘经》：《祐录》题为安世高译，胡敕瑞指出该经的用语不符合安世高的习惯（胡敕瑞 2005）。那体慧补充了"比丘受教，从佛而听""佛说是已"两条证据（Nattier 2008：54—55），又参见上文 T605。

　　T1470《大比丘三千威仪》：王毅力认为其翻译年代不早于西晋甚至东晋（王毅力 2011）。高列过、孟奕辰指出 T1470 语气助词的用法不同于安世高译经（高列过、孟奕辰 2018）。

　　T1492《舍利弗悔过经》：境野黄洋认为该经应是竺法护译（境野黄洋 1935：71—75）。Boucher 则认为该经实际译出时间晚于竺法护（Boucher 1996：281）。

　　T1557《阿毗昙五法行经》：《祐录》题为安世高译。许理和未将它收录进安世高可靠译经（许理和 2001：309），但没有说明原因。那体慧认为 T1557 的词汇和风格与安世高译经相似，但其归属仍有待进一步的研究（Nattier 2008：61）。左冠明认为该经的语言与安世高没有明显不符之处（Zacchetti 2010）。

　　T2027《迦叶结经》：境野黄洋（1935：71—75）、宇井伯寿（1971：449—450）均指出该经应归入竺法护名下。高列过、孟奕辰指出 T2027 语气助词的用法不同于安世高译经（高列过、孟奕辰 2018）。

　　3. 支娄迦谶（约公元 168—186 年在世）

　　整体性讨论：那体慧指出，《出三藏记集》所收支娄迦谶译经的可靠度存在差异，从高到低可以分为四个层级。《道行般若经》和三卷本《般舟三昧经》（散文部分）为"核心文本"；第二、第三层级被道安认为"似支谶出也"，第二层级与"核心文本"有较多共同点，如不以"闻如是"开头、没有四字格句式、将偈颂译成散文；第三层级与"核心文本"相差较大，且以"闻如是"起首；第四层级为"问题文本"（Nattier 2008：76—88）。关于支谶生平和译作概述又见哈里森（2019）。

　　T204《杂譬喻经（一卷本）》：方一新、高列过（方一新、高列过 2010a：200—229，2010）考察认为该经的译出时代不早于东晋。

T224《道行般若经》：那体慧指出，尽管 T224 是支谶的代表译作，但其中某些章节可能经人修改，如卷三、卷四"声闻"（Śrāvaka），支谶一般以"阿罗汉"替代；第 28—29 品，把 kulaputra 翻译成"贤者"，支谶一般译为"善男子"（Nattier 2008：80，note 188）。高列过、孟奕辰考察 T224 的语气词使用情况，认为其中第 4—7、9—10、17 品属于"不使用语气词"；第 14—16、18—21、23 品属于"语气助词高频"，第 3、8、25、27—30 品属于"语气助词低频"，这种内部差异可能是笔受不同、多个译者合作、被后人改写等原因造成的（高列过、孟奕辰 2022）。

T280《兜沙经》：那体慧认为该经和 T282《诸菩萨求佛本业经》（题聂道真译）、T283《菩萨十住行道品》（题竺法护译）在内容上是连贯的整体，与 T281《菩萨本业经》相对应。它们原先是一个文本，只是在流传过程中被分割成三部分，三者应当都是支谶所译（Nattier 2005）。

T313《阿閦佛国经》：那体慧认为该经的语言与支谶相差较大，例如只用"如来"不用"怛萨阿竭"、只用"正觉"不用"三耶三佛"、只用"比丘众"不用"比丘僧"等，这一点和偈颂部分的 T418《般舟三昧经》接近，可能出自同一派的修订者之手（Nattier 2008：84—86）。辛岛静志指出该经第一人称代词多次用了"吾"，而可靠的支谶译经只用"我"（辛岛静志 2010）。

T361《无量清净平等觉经》：学界多认为该经的译语习惯与支谶不同，但对其归属争议颇多，藤田宏达（1970：35—51）、香川孝雄（1990）、张雨薇（2019）和李周渊（2020：68—70）等综述过前人研究，主要有白延译、支谦译、竺法护译三种意见。近年研究中，哈

里森（1998）、那体慧（2008：86—87）赞同支谦说，认为经录误把
T361 和 T362 的译者互换了，因为 T361 对音译词、意译词的使用偏
好与支谦更为相似，且支谦曾改订支谶译经，T361 与 T362 之间的用
语差别也近似于《大明度经》和《道行般若经》之间的差别。辛岛
静志又指出：T361 出现了第一人称代词"吾"，可靠支谶译经只用
"我"；T362 中 9 例"汝"在 T361 中对应"若"，和支谦将《道行般
若经》改译为《大明度经》时的做法类似（辛岛静志 2010）。此外，
李周渊使用 TACL① 统计后认为 T361 更接近于支谦译经，但与 T362
的差别不显著（李周渊 2020：79—82）。张雨薇则认为 T361 与 T362
相异的词语多始见于西晋时期译经，尤其主要见于竺法护译经（张
雨薇 2019）。

　　T417《般舟三昧经》（一卷本）：林屋友次郎（1941：544—578）
指出一卷本是三卷本节缩改写而来。哈里森指出 T417 改写了 T418 的
部分译语，改动部分显示出净土思想的影响，改写时间可能是 4 世纪
或之后（Harrison 1990）。汪维辉从语言的角度考察认为该经非支谶
译（王维辉 2007），方一新、高列过（2012a：172—199）对汪维辉
这一观点进行了补证。又见下条 T418。

　　T418《般舟三昧经》（三卷本）：樱部建指出该经的宋元明本和
高丽藏本差异较大（樱部建 1975），哈里森认为，高丽藏本的前三品
和第四品前半部分（907c7 以前）是未经修订的较早期形态
（Harrison 1990：223—249）。那体慧指出，尽管 T418 是支谶译经的
"核心文本"，其内部也仍有"不均匀"的成分：T418 散文部分的术
语翻译与 T224《道行般若经》基本相同，而偈颂部分则有别，但和

---

　　① Text Analysis for Corpus Linguistics，即语料库语言学文本分析软件，由何书群研
究团队开发，下文均简称为 TACL。

T632《慧印三昧经》存在共同点，可能是经过支谦的修订（Nattier 2008：81—83）。方一新、高列过认为 T418 也存在一批仅见于西晋以后译经的词语，其译出时间或可再讨论（方一新、高列过 2012a：191—199）。又见上条 T417。

T624《伅真陀罗所问如来三昧经》：史光辉认为 T624 与支谶可靠译经有明显差别（史光辉 2005）。辛岛静志指出该经第一人称代词多次用了"吾"，而可靠的支谶译经只用"我"（辛岛静志 2010）。张静选取了 T624 与《道行般若经》的常用言说动词、位移动词、表完结义的"竟"、总括副词等方面进行比较，结果均显示 T624 非支谶译（张静 2016：5—12，2021）。又参见下条 T626。

T626《阿阇世王经》：宫崎展昌考察了该经与 T224《道行般若经》和 T624《伅真陀罗所问如来三昧经》在译语方面的异同，认为该经和 T224 有差别的译语多能在 T624 中找到，T624、T626 很可能是同一团队译出的（宫崎展昌 2007）。

4. 康孟详（公元 194—199 年间在洛阳译经）、竺大力（生卒不详）

T184《修行本起经》：《祐录》归为失译经。许理和认为僧祐此处的著录"很可能有误，因为后来所有的经录在谈及此经时都提到了道安的经录"（许理和 2017：104—105，注释 99）。许理和认为支谦以 T184《修行本起经》和 T196《中本起经》的前半部分为基础，辑录成 T185《太子瑞应本起经》，因此将 T184 视为汉代译经（许理和 2001）。但河野训认为 T184 比支谦译本的内容更丰富、语言更优美，今本 T184 可能是在东晋时期基于更古老的"小本起"修订而成的（河野训 1991）。白安敦（Palumbo 2003）、那体慧（Nattier 2008：104—107）亦赞同河野训的观点。顾满林指出，虽然 T184 中有"A汉言 B"的注文，但在题支谶译经中，这类注文只出现在可靠层级较低的译经中，可见"A 汉言 B"不能证明 T184 是汉代译经（顾满林 2016）。李周渊指出支谦改译前人作品常会调整关键字词，但 T184 与《法句经》有七首重合的偈颂，字句无异，可以推断是 T184 沿用了《法句经》（李周渊 2020：216—220）。

T197《兴起行经》：方一新（2003a，2008a）和方一新、高列过（2012a：230—285）考辨该经的词汇、语法，认为其译出时代可能晚至东晋。白安敦（Palumbo 2013：252）认为该经的术语翻译和竺佛念较为接近，如将Śuddhodana 译为"真淨"，stūpa 译为"偷婆"。

5. 昙果（生卒不详）、康孟详

T196《中本起经》：许理和指出今本 T196"被插入一些印度特有的译名，显示出一些后来篡改的痕迹"（许理和 2017：104—105）。方一新指出敦煌本 T196 中"母人""疾药""大夫"等语更符合文本的早期面貌（方一新 2010）。船山彻指出 T211《法句譬喻经》有部分内容与 T196 重合，这一部分的内容可能晚于昙果、康孟详的东汉译本（船山彻 2013：151）。

6. 安玄（于公元 181 年译出《法镜经》）、严佛调（生卒不详）

T1508《阿含口解十二因缘经》：林屋友次郎（1945：326—409）、吕澂（1979：284）、许理和（2001）、那体慧（Nattier 2008：63—64）、左冠明（Zacchetti 2004，2010）等研究均认为 T1508 应归入安世高名下。

7. 支曜（生卒不详，公元 185 年抵洛阳）

T46《阿那律八念经》：道安归入失译经。那体慧认为该经属于三国吴的风格（Nattier 2023）。

T630《成具光明定意经》：祐录归为支曜译，那体慧认为其中所使用的术语多是远迟于东汉才开始使用的（Nattier 2008：96—102）。

但齐藤隆信认为该经的用词比较古老，是汉代译经（齐藤隆信 2013：214—216）。

8. 失译

T156《大方便佛报恩经》：方一新（2003b，2008a）和方一新、高列过（2005，2012a：289—336，2012c）认为该经译出时间不早于东晋。胡敕瑞指出其新词用例有别于东汉译经（胡敕瑞 2005）。史光辉认为该经的词汇、语法与西晋译经相似（史光辉 2009）。船山彻指出该经杂抄了各种佛经，可能是 5 世纪时在中国编纂的（船山彻 2016）。

T373《后出阿弥陀佛偈》：齐藤隆信认为该经的押韵显示其出自汉晋之间（齐藤隆信 2006）。

T419《拔陂菩萨经》：林屋友次郎认为该经是东汉失译，其语言与支谶不同（林屋友次郎 1941：1238—1241）。许理和也认为 T419 可能是后汉译经（许理和 2017：104）。哈里森认为 T419 大约出于 3 世纪上半叶（Harrison 1990：216—220）。

T1394《安宅神咒经》：熊娟考察认为，该经的刊本、敦煌写本和金刚寺本三者差异较大，金刚寺本可能代表了较早的形态，其中部分词语仅见于西晋、东晋以后的译经（熊娟 2015：222—246）。

T1507《分别功德论》：方一新、高列过（2003）和方一新（2008a，2011）认为该经译出时间不早于三国，可能在西晋以后。王毅力认为 T1507 词语的年代可能不早于西晋（王毅力 2012）。方一新、高列过又进一步考察认为该经译出时代可能不早于东晋（方一新、高列过 2012a：337—400，2012d）。白安敦指出 T1507 是 T125《增一阿含经》的注疏，从风格和术语上看，T1507 可能是 399 年竺佛念在长安所作（Palumbo 2012：313）。白安敦认为 T1507 应当作于

383—402 年，即 T125 译出之后、鸠摩罗什译经之前，作者可能是初译《增一阿含经》的昙摩难提、竺佛念、道安和赵政等人（Palumbo 2013：255—258）。陈祥明补充了 T1507 中一批具有时代特征的词汇语法现象，推断其翻译时间上限在东晋十六国时期（陈祥明 2017）。

（二）三国

1. 维祇难（生卒不详，公元 224 年抵武昌）

T210《法句经》：今题为"维祇难等译"，境野黄洋（1935：149—151）、镰田茂雄（1982：208—211）、齐藤隆信（2001，2013：227—228）、那体慧（Nattier 2008：114—115）等研究均指出，今本 T210 的翻译（或改译）者应为支谦。

2. 支谦（约公元 193—252 年）

整体性讨论：那体慧指出，支谦译经多有修订前代译经而成者，且自身风格多变，同一个术语常有多种译法，因此很难划分出"核心文本"的范围（Nattier 2008：116—148）。那体慧推测支谦译经的风格经历了几个阶段变化：（1）洛阳时期，风格接近支娄迦谶，有丰富的音译词和复杂长句，且使用六言偈颂；（2）过渡时期，开始采用意译词；（3）受到《法镜经》的明显影响，采用大量四字句，多用中国本土的宗教术语。李周渊也综述了学界对支谦译经的考辨研究（李周渊 2020：62—145）。支谦生平和译作概述参见那体慧（Nattier 2019）。

T20《佛开解梵志阿颰经》：道安录题为失译"阿拔经"。那体慧也未将其列入支谦译经（Nattier 2008）。Greene 认为该经"沟港""频来""飞行皇帝"等译词显示它和支谦、康僧会译经关系密切，"清信士"也罕见于竺法护以后译经（Greene 2016）。那体慧认为该经属于三国吴的风格（Nattier 2023）。

T27《七知经》：境野黄洋认为该经和 T6《般泥洹经》（今题东晋失译）在术语上有共同点（境野黄洋 1935：131）。林屋友次郎认为 T27 应为西晋时期的失译经（林屋友次郎 1941：1064—1068）。那体慧认为该经和 T604、T605、T792 有联系，需要进一步研究（Nattier 2008：55）。

T68《赖咤和罗经》：境野黄洋认为该经"须陀洹""斯陀含"等语和支娄迦谶译经类似（境野黄洋 1935：134—135）。那体慧仍将该经列为支谦所译，并指出该经用"与五百沙门俱"替代"五百比丘"的译法值得关注（Nattier 2008：129）。

T153《菩萨本缘经》：颜洽茂、熊娟认为该经非支谦译，年代应晚于三国甚至西晋（颜洽茂、熊娟 2010）。陈祥明亦认为 T153 不早于西晋，甚至可能晚至东晋或东晋以降（陈祥明 2010）。王毅力认为 T153 词语有别于支谦译经，翻译时代当晚于三国，可能不早于东晋（王毅力 2011）。

T181《九色鹿经》：各刊本之间差异较大，主要分成三个系统：（1）初雕本高丽藏及金藏；（2）再雕本高丽藏；（3）宋元明诸本。同时《经律异相》也载录了"九色鹿经"，辛岛静志认为其中高丽藏再雕本最古老，可能是参照《契丹藏》做了校订（辛岛静志 2011）。

T185《太子瑞应本起经》：那体慧指出该经和 T184《修行本起经》、T196《中本起经》关系复杂，但 T185 出现了支谦的标志性用语"神不灭"（Nattier 2008：135），此外那体慧认为 T185 和 T188《异出菩萨本起经》的关系还有待证明，参见下文聂道真部分 T188。

T200《撰集百缘经》：多数学者认为 T200 非支谦译，方一新、高列过（2012a：40—41）和张雨薇（2015：2—3）进行了梳理总结：出本充代主张该经为 5 世纪以后译出（出本充代 1995），季琴认为其译出晚于三国（季琴 2004，2006，2008，2009）；陈祥明认为不早于西晋（陈祥明 2009）；卢巧琴认为其译出地点是北方或高昌（卢巧琴 2011：131—144）。此外，段改英考察了"颇……不"疑问句在 T200 中的使用情况，认为其译出时代不晚于公元 6 世纪（段改英 2011）。豁娟考察了 T200 的人称代词"我等辈""汝等辈""彼等""若""奴"的用法，认为其译出时间晚于三国（豁娟 2019）。张雨薇、方一新以 T200 中的佛教译名词语、一般词语和常用词作为鉴别标准，证明 T200 用词迥异于支谦，译出年代晚于三国（张雨薇、方一新 2019）。真大成指出"奴"至晚从中古后期开始作自称称谓词，最初流行于北朝，至唐代中晚期成为全民用语，不限性别与身份，T200"奴"的用法说明它可能译成于 6 世纪的北方（真大成 2020）。

T225《大明度经》：兰卡斯特认为 T225 第 2—27 品为安玄译，第 1 品及其夹注是他人所作（Lancaster 1969）。那体慧认为这一论断缺乏文献依据，且 T225 第 2—27 品用语的特点和翻译策略不同于安玄译经（Nattier 2010），但那体慧也吸收了兰卡斯特（Lancaster 1969）的部分结论，认为 T225 第 1 品（简称 T225A）和第 2—30 品（简称 T225B）出自不同人之手，并指出：（1）T225B 是 T224《道行般若经》的缩略，且出现了一些支谦的特色译法，如把 Śakyamuni 译作"能儒"，应当出自支谦之手；（2）T225A 则并不以 T224 为底本，且多次出现不见于支谦等人译经的用语，其译者不明。史光辉也针对兰卡斯特（Lancaster 1969）的观点，从语言角度对比了 T225 和安玄译《法镜经》，指出 T225 与支谦译经的语言更为接近（史光辉 2013）。李周渊对那体慧（Nattier 2010）的观点进行了商榷，认为 T225A 与支谦译经的联系仍很密切（李周渊 2020：94—145）。

　　T362《阿弥陀三耶三佛萨楼佛檀过度人道经（大阿弥陀经）》：境野黄洋（1935：182—183）、哈里森（Harrison 1998：556—557）、那体慧（Nattier：86—87）认为 T362 多用音译词、不译出偈颂，风格接近支娄迦谶；辛岛静志认为 T362 人称代词只用"我"，和支娄迦谶可靠译经一致（辛岛静志 2010）。也有学者持不同意见，如丘山新（1980：735，1986）、镰田茂雄（1982：214—215）、藤田宏达（2007：39—46）等认为该经仍应归为支谦所译（或支娄迦谶原译、支谦修订）。李周渊比较了 T361、T362 和支娄迦谶、支谦、竺法护译经的关联性，认为 T361 与三位译者的关系相对较近，但仅从内部证据而言，无法判断这两部经的真正译者（藤田宏达 2007：79—82）。相关综述可参见张雨薇（2019）和李周渊（2020：68—70）。

　　T427《八吉祥神咒经》：方广锠（2014）指出，该经在祐录题为失译，费长房将其归于支谦名下，今《八吉祥神咒经》中的药师佛名号及所在东方世界名称，与《佛说不思议功德诸佛所护念经》完全相同，则它的时代或与之相近，《佛说不思议功德诸佛所护念经》为抄经，时代迟于鸠摩罗什翻译的《华手经》。

　　T474《维摩诘经》：不少学者认为支谦译本在祐录时已佚，今 T474 是竺法护译（或修订），包括境野黄洋（1935：147—148）、镰田茂雄（1982：207—208）、小野玄妙（1983：35）、释果朴（1998：217—252）等等。何书群（Michael Radich）认为 T474 中包括了许多首见于竺法护译经的字串，可能经过竺法护团队的修订（何书群 2019）。也有学者认为 T474 仍应归为支谦译经，如那体慧认为竺法护继承了大量支谦译经的用语，很难仅凭术语区分二者，但 T474 将 Avalokiteśvara 翻译成"窥音"，而竺法护只译作"光世音"（Nattier 2008：140）。涂艳秋也从译经语言风格的角度对释果朴（1998）提出了商榷（涂艳秋 2013）。李周渊综述了前人对于 T474 归属问题的研究，并认为该经与竺法护译经的关联性并不显著（李周渊 2020：70—75）。

T493《阿难四事经》：那体慧指出该经有支谦的标志性用语"神不灭"（Nattier 2008：132）。

T507《未生冤经》：道安归入失译经。那体慧认为该经属于三国吴的风格（Nattier 2023）。

T511《䅪沙王五愿经》：林屋友次郎认为该经的用语属于西晋时期（林屋友次郎 1941：875—883）。那体慧指出 T1694《阴持入经注》中引用了 T511，说明 T511 很可能译出于 3 世纪中期以前（Nattier 2008：164—165）；那体慧又指出该经中有不少支谦特色词（Nattier 2023）。

T556《七女经》：境野黄洋疑今本 T556 当为失译经，因为 T556 是一部大乘经，而道安所见"七女经"出自"阿毗昙"，且 T556 的"阿耨多罗三藐三菩提心"支谦一般译作"无上正真之道"（境野黄洋 1935：112）。齐藤隆信认为《经律异相》所收"七女经"才是支谦译本（齐藤隆信 2013：206—248）。

T557《龙施女经》：齐藤隆信考察 T557 和 T558《龙施菩萨本起经》的用韵，认为 T557 题为支谦译、T558 题为竺法护译当是误倒（齐藤隆信 2003，2013：312—352）。那体慧认为这一结论值得商榷，因 T558 有大量词汇见于竺法护译经而不见于支谦译经，因此仍将 T557 保留在支谦译经当中（Nattier 2008：143—144）。又见下文西晋竺法护部分 T558。

T559《老女人经》：《祐录》题为支谦译。那体慧对比了 T559 和今题失译 T561《老母经》，指出 T559 用语较为古老，而 T561 用语和支谦译经接近，应是支谦修订 T559 而成的，此外 T1694《阴持入经注》引用的"老母经"与 T561 更接近，可佐证 T561 为支谦译（Nattier 2008：144—145，2007）。

T582《孙多耶致经》：《祐录》题为失译。那体慧认为该经属于三国吴的风格（Nattier 2023）。

T631《法律三昧经》：《祐录》题为失译。Greene 认为其中出现的"历藏"等语似乎显示该经是一部中国撰述作品，由于道安录中提到了它，这部经的出现时间应该不晚于 4 世纪中期（Greene 2014）。

T708《了本生死经》：左冠明指出，虽然《祐录》卷二将其记作支谦译经，但卷六《了本生死经序》又载此经出于汉末、支谦作注，同时 T708 风格偏于直译，与支谦相去甚远（Zacchetti 2004）。那体慧赞同此说（Nattier 2008：109—110）。李周渊认为该经与支谦译经仍有密切联系（李周渊 2020：92—94）。

T735《四愿经》：此经末尾（17/537b16－c）可能编入了其他经文，其内容和 T150A《七处三观经》第一、第三经相应。那体慧认为《祐录》所谓支谦译"四愿经"应该仅仅指 536b18—537a16 的部分（Nattier 2008：131）。

3. 康僧会（公元？—280 年，约在公元 244—260 年译经）

T152《六度集经》：Shyu 指出，祐录所载"阿难念弥经""镜面王""察微王""梵皇王经"四种译经今被编为 T152 最后四个故事，同时 T152 部分内容可能是改写自前代译经，如第 89"镜面王"与 T198《义足经》中的"镜面王经"极为相似（Shyu 2008）。

T206《旧杂譬喻经》：梁晓虹（1996），遇笑容、曹广顺（1998）和曹广顺、遇笑容（2000）均认为该经非康僧会译。陈洪认为梁代以前的《旧杂譬喻经》版本已散佚，约在唐代形成了一种带有"拾遗"性质、编辑较混乱的版本，今存本是以唐本为祖本的，T206与《六度集经》故事有重合，前者当是在后者基础上形成的（陈洪2004）。Shyu认为T206与《六度集经》译者不同，但T206可能参考了《六度集经》（Shyu 2008）。松江崇考察T206偈颂的押韵、宾语"何等"的词序和"谁"用于分裂句等语言现象，认为其中反映了公元3—4世纪汉语的特点（松江崇 2014）。贾君芳、何洪峰比较T206和《六度集经》的介词及被动句式，认为T206与《六度集经》有很多共性，应属同一时期，T206可能译出于汉以后、晋以前（贾君芳、何洪峰 2016）。

4. 康僧铠（生卒不详，公元249—254年在洛阳译经）

T310（19）《大宝积经·郁伽长者会》：那体慧指出该经"如是我闻"等用语显示其译出时代较晚，今题康僧铠译经在《祐录》均未见收录（Nattier 2008：158—159）。辛岛静志指出该经"观世音"一词的最早可靠用例见于西晋，认为该经可能是公元5世纪昙摩蜜多译出（辛岛静志 2009）。刘哲考察了该经的惯用语、佛教词语、普通词语，指出其中出现在三国西晋乃至东晋以后的词语量（不计重复）占全经的五分之一，其翻译时代应是公元4世纪末5世纪初（刘哲2016：4—9，2020）。

T360《无量寿经》：学界多赞同此经非康僧铠译，但对确切归属争议较大，香川孝雄（1993：55、66）、释德安（周睦修）（2005：2—4）、张雨薇（2019）对此进行了综述，主要有两种观点：（1）竺法护译；（2）佛陀跋陀罗与宝云译。近年研究中，释德安从文献、文体、句法、词汇考订，赞同T360为竺法护译；辛岛静志指出该经"观世音"一词最早见于西晋译经，T360可能译出于公元5世纪前半叶（即与宝云同时）（辛岛静志 2009：205，脚注 1）。后藤义乘通过计算机程序将 T360 与竺法护和佛陀跋陀罗—宝云译经对比，认为 T360 可能是后者对前者译本的修订（后藤义乘 1978，2006，2007）。

T1432《昙无德律部杂羯磨》：那体慧认为该经"如是我闻"等语显示其不是早期译经（Nattier 2008：158—159）。船山彻认为该经是从 T1428《四分律》摘抄而来（船山彻 2013：166）。

5. 白延（生卒不详）

T328《须赖经》：《祐录》归为白延译，但当时已缺。林屋友次郎认为曹魏白延是东晋帛延（译出 T329《须赖经》）之误，而 T328 应当为竺法护译（林屋友次郎 1945：83—114）。那体慧认为目前缺乏其他可靠的白延译经以供比较，只能暂时接受这一题署（Nattier 2008：155—157）。

6. 昙谛（生卒不详）

T1433《羯磨》：颜洽茂、卢巧琴认为 T1433 词汇面貌接近西晋以后译经，非曹魏"昙谛"译，而可能是刘宋"释昙谛"摘抄拼凑而成（颜洽茂、卢巧琴 2009），又见卢巧琴（2011：101—116）、颜洽茂等（2019：444—459）。船山彻指出该经抄出自 T1428《四分律》，不可能是曹魏译经（船山彻 2013：166）。

7. 失译

T445《不思议功德诸佛所护念经》：方广锠指出 T445 属于"佛名经"系统，是从《华手经》（鸠摩罗什译）等诸多经典中抄出的，并非翻译，可能出现在道安以后、僧祐以前（方广锠 2014）。

T101《杂阿含经》：林屋友次郎指出 T101 的第 11 经与安世高译"积骨经"同，第 27 经亦题为"七处三观经"，显示它与安世高译经联系密切（林屋次友郎 1937）。哈里森认为 T101 除第 9、10 经外，语言风格与安世高译经接近（Harrison 2002）。那体慧则指出 T101 除第 9、10 经以外也还存在"非安世高"的词和短语，可能不是安世高本人所译，但与他的传承者有密切联系（Nattier 2008：67）。Lin认为从词汇、语法、翻译风格上看，该经最有可能是安世高译，但其中部分内容（如第 9、10 经）可能成于众手或经他人修订（Lin 2010）。李妍考察了 T101 的文献记载、语言风格、词汇特色等方面，认为该经具有一些安世高的特色表达，译者很可能是安世高（李妍 2012，2019）。

（三）西晋

1. 竺法护（约公元 233—310 年）

整体性讨论：Boucher 对竺法护可靠译经的范围作了界定，综述了每一部经的平行文本、整理本、现代译本和相关研究成果（Boucher 1996）。梅迺文对题竺法护所译经作了整体讨论，指出部分译经在僧祐时已佚而仅存经题，今日同名译本可能存在问题（梅迺文 1996）。河野训选取了年代可考的 41 部竺法护译经作为核心语料（河野训 2006）。嵇华烨对竺法护译经的考辨成果作了综述，总结目前认为可靠的译经共计 68 部（嵇华烨 2021：9—12）。

T103《圣法印经》：高明道（1983）怀疑该经非竺法护译。

T168《太子墓魄经》：参见前文安世高部分 T167。

T182a/b《鹿母经》：梅迺文指出该经在《祐录》时已佚（梅迺文 1996）。齐藤隆信认为至少该经的偈颂部分是支谦译（齐藤隆信 2003）。裴云青认为，今存两部"鹿母经"中篇幅较长的 T182b 为竺法护原译，而 T182a 是长篇的缩略（裴云青 2019）。

T283《菩萨十住行道品》：参见前文支娄迦谶部分 T280。

T315《普门品经》：高丽藏本与宋元明本差异较大。梅迺文引述郑再发观点，指出"长的版本是注释和正文合一而使经加长了"（梅迺文 1996）。

T378《方等般泥洹经》：岩松浅夫认为 T378 是西晋失译经（岩松浅夫 1976）。

T453《弥勒下生经》：梅迺文指出该经在《祐录》时已佚（梅迺文 1996），印顺《妙云集·佛教史地考论》① 怀疑非竺法护所译。松本文三郎在 1911 年曾指出该经与《增一阿含》卷 44《十不善品第四十八》（三）重复②。

T496《大迦叶本经》：梅迺文指出该经在《祐录》时已佚（梅迺文 1996）。

T558《龙施菩萨本起经》：梅迺文指出该经在《祐录》时已佚（梅迺文 1996）。齐藤隆信（2003）认为该经的偈颂韵律显示其可能为支谦译经，但那体慧认为 T558 仍有大量词汇见于竺法护译经而不见于支谦译经（Nattier 2008：143—144）。又见前文支谦部分 T557。

T623《如来独证自誓三昧经》：齐藤隆信（2013：333）认为该经与旧题安世高译 T622《自誓三昧经》偈颂的韵律非常近似。参见前文安世高部分 T622。

T685《盂兰盆经》：岩本裕《地狱めぐりの文学》怀疑该经是在中国伪造的，但辛岛静志认为该经确是翻译而非伪经，其用语早于鸠摩罗什译经，和竺法护接近（Karashima 2013、辛岛静志 2016）。熊娟认为该经有部分词语仅见于东晋后秦以后，成立时间可能是 5 世纪

①　（台北）正闻出版社 1973 年版，第 75 页。此处转引自梅迺文：《竺法护的翻译初探》，第 49—64 页。

②　此 处 转 引 自 Chinese Buddhist Canonical Attributions database，https：//dazangthings. nz/cbc/。

上半叶（熊娟 2015：247—289）。

T1301《舍头谏太子二十八宿经》：梅酒文指出 T1301 中包含了中国姓氏、物品、南方水果等，很可能不是法护的译作（梅酒文1996）。

2. 聂承远（生卒不详）

T638《超日明三昧经》：《祐录》载竺法护译、聂承远删订。河野训归为竺法护译经（河野训 2006）。

3. 聂道真（生卒不详）

T188《异出菩萨本起经》：许理和（Zürcher 1980）、松田裕子（Matsuda 1988）、那体慧（Nattier 2008：135）等学者认为 T185《太子瑞应本起经》中采用了 T188 作为材料，亦即 T188 译出时间较早。

T282《诸菩萨求佛本业经》：见前文支娄迦谶部分 T280。

T463《文殊师利般涅槃经》：境野黄洋（1935：329—331）、许理和（2017：81）认为该经题署不可靠。Quinter 认为该经可能是 4世纪末至 5 世纪编写的（Quinter 2010）。

4. 白法祖（即帛远，约卒于公元 4 世纪初）

T5《佛般泥洹经》：岩松浅夫认为 T5 应为支谦所译（岩松浅夫1976）。福岛谦应综述了对 T5、T6（《般泥洹经》）归属问题的研究，并认为两者都是支谦译，但 T5 译出较早（福岛谦应 2004）。Park 认为 T5 可能是支谦译，而 T6 出自他的后继者（Park 2010）。那体慧不赞同 T5 是支谦译经，且认为 T5 也不太可能是 T6 的修订本，但指出这两者之间存在联系，有可能是对某个共同祖本的修订（Nattier 2008：126—128）。那体慧认为 T5 属于三国吴的风格（Nattier 2023）。又见后文东晋失译部分 T6。

T144《大爱道般泥洹经》：那体慧认为该经风格接近于支娄迦

谶，但也体现出后来修订的痕迹（Nattier 2023）。

5. 安法钦（公元 281—306 年译经）

T2042《阿育王传》：境野黄洋（1935：92—98）、镰田茂雄（1982：286）等认为所谓"安法钦"未被道安或僧祐记载，其名下译经都值得怀疑。T2042《阿育王传》和 T2043《阿育王经》题名相似，其译者和时代多有混淆，王浩垒对此作了梳理（王浩垒 2016），同时考察了 T2042 和 T2043 的词汇异同，认为《阿育王传》应是不早于东晋的北方译经（王浩垒 2012：13—25、130—132）。徐正考、黄娜比较了 T2042 和 T816《道神足无极变化经》的词汇、句法特征，认为 T2042 和 T816 均为安法钦译（徐正考、黄娜 2013）。王浩垒对此提出商榷，认为 T816 题为安法钦译不可靠，T2042 术语的译法显示该经译出于东晋以后（王浩垒 2018）。又见后文僧伽婆罗部分 T2043。

6. 法炬、法立（约公元 290—311 年译经）

T211《法句譬喻经》：林屋友次郎将 T211 和 T683《诸德福田经》当作检验法炬译经的标尺（林屋友次郎 1941：940—947）。船山彻指出该经的部分内容可能来自 T5《佛般泥洹经》、T212《出曜经》、T196《中本起经》和 T742《自爱经》（船山彻 2013：151）。

T119《鸯崛髻经》：卢巧琴、方梅梳理了 T119 的文献记录，并在人称代词、疑问词及近义词语选用等方面比较了 T119 与三部法炬译经的差异（卢巧琴、方梅 2015）。方梅、卢巧琴同样以三部法炬译经为参照，认为 T119 在散文、偈颂两个层面均与法炬译经语言有别（方梅、卢巧琴 2015）。

T500《罗云忍辱经》：祐录题为失译。那体慧认为该经属于三国吴的风格（Nattier 2023）。

7. 失译

T142a/b《玉耶女经》：林屋友次郎认为该经和 T141《阿遬达经》（题刘宋求那跋陀罗译）、T143《玉耶经》（题东晋昙无兰译）应是西晋或更早的译经（林屋友次郎 1941：685—692）。齐藤隆信认为该经和 T143 关系密切，但其产生先后尚待讨论（齐藤隆信 2013：353—393）。

T392《佛灭度后棺敛葬送经》：那体慧认为该经属于三国吴的风格（Nattier 2023）。

（四）东晋及南北朝

1. 法显（约公元 340—423 年）

T7《大般涅槃经》：岩松浅夫讨论了 T5《佛般泥洹经》、T6《般泥洹经》、T7《大般涅槃经》、T378《方等般泥洹经》的题署混乱问题，并认为 T7 应为求那跋陀罗译（岩松浅夫 1976）。何书群认为 T7 更接近求那跋陀罗的风格，且与 T189《过去现在因果经》、T383《摩诃摩耶经》、T192《佛所行赞》、T193《佛本行经》关系密切（Radich 2018，2019）。

2. 鸠摩罗什（公元 344—413 年，一说公元 350—409 年）

T201《大庄严论经》：Young（2015）指出该经没有被祐录归入鸠摩罗什名下，这一题署可能是源自《法经录》的误解，而后被吸纳到《历代三宝纪》。Loukota（2019：111—120）指出 T201 归属为鸠摩罗什不可靠，该经用语上体现为与鸠摩罗什同时期的"旧译"风格，可能译出于 5 世纪初的长安，其中用语和竺佛念相对接近，包括"诣""愚无智慧""毁、誉""偻脊""欢庆""改悔""独一己""轻蔑""愆咎""黔毗罗""伴党"等，风格也与竺佛念译 T194《僧伽罗刹所集经》、T2045《阿育王太子法益坏目因缘经》接近。

T613《禅秘要法经》：境野黄洋（1935：862—863）指出该经很可能是刘宋昙摩蜜多所译，鸠摩罗什译本可能已佚。Greene 指出T613 和 T620《治禅病秘要法》最初可能是同一部文本，后来在流传中被割裂开，它们可能并非译经，而是在中国编纂成的伪经，其材料来源可能包括 T663《金光明经》、T310（17）《大宝积经·富楼那会》、T1012《出生无量门持经》（Greene 2012：79、97—99、109—127）。

T988《孔雀王咒经》：《历代三宝纪》最早将该经归于鸠摩罗什名下，方广锠（2014）指出，在鸠摩罗什译经中均未出现过"东方药师琉璃光"之类可解释为"药师佛"的名词，T988 与伪经《天公经》风格接近，所谓鸠摩罗什译《孔雀王咒经》应为后人伪托。

T2046《马鸣菩萨传》：落合俊典（2004）指出该经的《大正藏》版本可能是《开宝藏》刊印时所作的伪本，而日本七寺古写经与可洪音义摘录一致，也较为符合僧睿的用语，当是僧睿整理鸠摩罗什所述的真本。Young（2015：255）也赞同七寺本为真本。

T2047《龙树菩萨传》：落合俊典（2004）指出该经的高丽藏本与宋元明本差异较大，前者较为详细，后者较为简略，而且高丽藏本有近 400 字的内容与 T2048《提婆菩萨传》重复，仅有人名被替换，这一改动的原因尚不明确，改动的时间可能在六朝末至隋初。Young（2015：265—273）认为 T2047 和 T2048《提婆菩萨传》都并非鸠摩罗什团队所作，而是在 T2058《付法藏因缘传》编纂几十年后创作的。

T2048《提婆菩萨传》：参见上条 T2047。

3. 昙摩密多（公元 356—442 年）

T564《转女身经》：Balkwill（2016）认为该经在《出三藏记集》中并未出现，而是首见于《法经录》，其标题出现在 T441《佛名经》中，说明 T564 可能是在 515 年到 594 年之间创作的，它的用语如"居士妇""百户虫"显示其可能是中国撰述而非翻译，它可能的引用来源包括：T625《大树紧那罗王所问经》、T563《腹中女听经》以及 T565《顺权方便经》。

4. 僧伽提婆（公元 365—398 年在华译经）

T125《增一阿含经》：境野黄洋认为应归于昙摩难提和竺佛念（境野黄洋 1935：224—228）。Anālayo 认为该经由昙摩难提诵出、竺佛念翻译（Anālayo 2006）。那体慧（Nattier 2007、2010）、林家安（2009）和 Legittimo（2010）认为该经的术语翻译和竺佛念更接近。何书群将 T125 和僧伽提婆、竺佛念译经分别进行对比，认为 T125 和竺佛念译经的重合度明显更高（Radich 2017）。此外，白安敦提到，僧伽提婆可能部分地修订了竺佛念译本，只是保留了较多的旧术语，它和今本 T125 的关系仍有待探讨（Palumbo 2013：66—82）。何书群与 Anālayo 列举出了《增一阿含经》与《中阿含经》的用语差异，认为二者并非由同一人译出（Radich、Anālayo 2017）。

5. 昙无谶（公元 385—433 年）

T40《文陀竭王经》：《祐录》列入"新集安公失译经录"，林屋友次郎认为该经产生于西晋或更早，并非昙无谶译经（林屋友次郎 1941：768—779）。何书群认为 T40 中未见一批昙无谶特色用语，可能并非可靠译经，或者与其他昙无谶译经有明显差异（Radich 2017：252—253）。

T192《佛所行赞》：周一良认为 T192 应当对应于《祐录》的

"佛本行经"，译者不详；而 T193《佛本行经》则是《祐录》的"佛所行赞"，译者是宝云（周一良 1963：339—445）。邱冰借助梵汉对勘材料，从总括副词、时间副词、复数的表达方式、完成貌句式中的完成动词、翻译风格五个方面比较了 T192 与昙无谶译 T663《金光明经》，认为 T192 非昙无谶译（邱冰 2009）。何书群认为 T192 中未见一批昙无谶特色用语，可能并非可靠译经，或者与其他昙无谶译经有明显差异（Radich 2017：252—253）。

T563《腹中女听经》：《祐录》列入"新集安公失译经录"，又题为《胎中女经》。林屋友次郎认为 T563 是西晋失译经，并非昙无谶译经（林屋友次郎 1941：775—778、788）。何书群认为 T563 中未见一批昙无谶特色用语，可能并非可靠译经，或者与其他昙无谶译经有明显差异（Radich 2017：252—253）。

T1500《菩萨戒本》：何书群认为 T1500 中未见一批昙无谶特色用语，可能并非可靠译经，或者与其他昙无谶译经有明显差异（Radich 2017：252—253）。

6. 智严（公元 350—427 年）、宝云（公元 376—449 年）：

T397《大方等大集经》：何书群认为 T397 第 12—17 品中有较多昙无谶的特色用语（Radich 2017：253—254）。

7. 求那跋摩（公元 367—431 年）

T1582《菩萨善戒经》：林岱云（小野玄妙、丸山孝雄 1933/1980：404—405）赞同智昇的观点，认为 T1582 是由 T1581《菩萨地持经》摘录、修订而成的，同时增补了序文和流通分；同时指出，一卷本的 T1583《菩萨善戒经》和九卷的 T1582 本是同一篇文献，但由于 T1583 在中国北方流行，因此被独立抽出。大野法道（1954：28—29）也认为 T1583《菩萨善戒经·优波离问菩萨受戒法》应该被包含在 T1582 的第五卷中;《出三藏记集》《高僧传》等记载"善戒经"(即 T1582 和 T1583 整体)是求那跋摩在 431 年翻译的,此说不可靠,根据《高僧传》,求那跋摩只翻译了其中 28 品,其余的《序品》《戒品》由他的门人翻译,这两章一度失落,但后来被重新找到,完整的十卷文献被称为"菩萨戒经"。大野同样认为包含 T1582 和 T1583 的"善戒经"是对 T1581《菩萨地持经》的修订。但内藤龙雄(1962)对此问题作出商榷,认为 T1582《菩萨善戒经》序品与 T325《决定毗尼经》序品在出场人物、数量等方面存在差异,T1582 与 T1581 的行文用语不同,T1582 的结构也比 T1581 混乱,因此 T1582 不应被视为 T1581 的修订本,而是另一个独立的翻译。

8. 求那跋陀罗(公元 394—468 年)

T189《过去现在因果经》:相关讨论参见前文法显 T7《大般涅槃经》部分,以及何书群(Radich 2018, 2019)的研究。Lettere (2019)在此基础上进一步说明,T189 很可能是 T192《佛所行赞》的改编,而 T189 中部分专有名词的独特译法可以证实求那跋陀罗参与了这一改编。

9. 竺佛念(公元 399—416 年在华译经)

T309《十住断结经》:那体慧认为 T309 是竺佛念杂抄编纂而成的(Nattier 2010)。白安敦对此提出了质疑,认为 T309 中"闻如是""泥洹""阿须伦"等词反映其译出于鸠摩罗什之前(Palumbo 2013:90—92)。林乾、何书群论证认为 T309 的确是杂抄众经而成的,主要来源是竺法护译经(林乾、何书群 2020)。

T656《菩萨璎珞经》:林乾、何书群通过 TACL 分析,认为 T656 并非翻译,而是杂抄支谶、竺法护等人译经而成(林乾、何书群 2020)。

10. 慧简（生卒不详，公元 457 年抄撰《灌顶经》一卷）

T145《佛母般泥洹经》：那体慧认为该经属于三国吴的风格（Nattier 2023）。

11. 沮渠京声（公元？—464 年）

T620《治禅病秘要法》：见前文鸠摩罗什部分 T613《禅秘要法经》。

12. 求那毗地（公元？—502 年）

T209《百喻经》：陈洪认为求那毗地译《百喻经》（十卷本）已佚，今 T209 实为失译本（陈洪 2003）。陈洪、赵纪彬进一步指出，《百喻经》至少在三国曹魏时期已经通过口头传入中土，在东晋时期有零星译本，十卷本《百喻经》（今佚）约于 491—492 年间译出（陈洪、赵纪彬 2012）。

13. 僧伽婆罗（公元 460—524 年）

T2043《阿育王经》：王浩垒梳理了 T2042《阿育王传》和 T2043《阿育王经》翻译和流传的文献证据，认为 T2043 是梁代僧伽婆罗译（王浩垒 2012：13—25，2016）。王浩垒又考察了两者的词汇异同，认为 T2043《阿育王经》是东晋以来的南方译经（王浩垒 2012：13—25）。徐正考、黄娜比较 T2043 和僧伽婆罗译经的词汇和句法，认为 T2043 的译者为僧伽婆罗（徐正考、黄娜 2013）。又见前文安法钦部分 T2042。

14. 吉迦夜、昙曜（生卒不详，公元 472 年左右译经）

T434《称扬诸佛功德经》：张国良认为 T434 所用词语多出现在东汉、三国吴、西晋、姚秦时期，而不出现在昙曜、吉迦夜译经，甚至在北凉、元魏译经中也鲜少使用，译出时间当在元魏之前（张国良 2016：205—211）。

T1335《大吉义神咒经》：张国良认为 T1335 非昙曜译经，而更像在鸠摩罗什、僧伽婆罗两种《孔雀王咒经》基础上修改拼凑而成，不像译经风格，更似唐人所造之伪经（张国良 2016：212—216）。

T2058《付法藏因缘传》：白安敦（Palumbo 2012：311）认为 T2058 与 T2042《阿育王传》之间存在大量相似文本，Maspéro（1911：149）① 曾主张 T2058 是 6 世纪的伪作，并从 T2042《阿育王传》中取材，但白安敦认为《阿育王传》也可能是基于 T2058 而作的，或者这两部文本都来源于一个共同的祖本。Young（2015：109—116）同样引用了 Maspéro 的观点，认为 T2058 的内容在 7 世纪中期之前得不到其他来源的证实，但佛教文献方面的证据常有互相冲突之处，在判断其年代问题时需要慎重。

15. 佛陀扇多（约公元 508—539 年在华译经）

T179《银色女经》：张国良认为虽然该经及译者在《祐录》均无记载，但语言和元魏时期译经比较接近，使用了一批仅见于西北或北朝译经的词，应当视为元魏译经（张国良 2016：234—238）。

T1015《阿难陀目佉尼呵离陀邻尼经》：张国良认为此经和 T1013《阿难陀目佉尼呵离陀经》几近完全相同，且用语和元魏译经有别，译出时间最迟不晚于姚秦（张国良 2016：226—232）。

16. 菩提流支（公元 508 年抵洛阳，公元 534—537 年间尚在）

T1512《金刚仙论》：辻森要修（小野玄妙、丸山孝雄 1933/1980：475—476）认为 T1512 不完全是翻译，而可能是菩提流支自己对金刚仙学说的解释，同时指出 T1512 在术语上不统一，可能不是菩提流支的原始版本。船山彻（Funayama 2006）认为 T1512 是对 T1511《金刚般若波罗蜜经论》的一种讲座文本，文中出现了中国佛教特有

---

① 原文题为 "Sur la date et l'authenticité du *Fou fa tsang yin yuan tchouan*"，转引自白安敦论文。

的元素（如"三十心"），以及从 T1509《大智度论》引用的段落。张国良认为 T1512 在《开元释教录》始归为菩提流支译，其用语多不见于元魏译经，而多出于隋唐之间（张国良 2016：232—234）。

17. 般若流支（公元 516 年来华，公元 538—543 年译经）

T429《八部佛名经》：张国良认为该经的用词习惯与般若流支译经有别，其翻译上可推到西晋，最迟不当晚于姚秦（张国良 2016：216—223）。

18. 法场（生卒不详）

T544《辩意长者子经》：Greene 认为该经题署不确，《祐录》中《道安法师传》提到道安年轻时曾读《辩意经》，该经至少在公元 374 年前已译出（Greene 2016）。张国良认为，虽"法场"无其他可靠作品可供对比，但 T544 的语言与元魏译经有别（张国良 2016：223—226）。傅及斯通过考察斯 2925 号等敦煌写经残卷，认为该经至少在公元 5 世纪中期已有流传，并非元魏法场译，同时认为经中词语反映了两晋时期的语言特点，与道安曾研读此经的记载相吻合（傅及斯2021）。

19. 失译

T6《般泥洹经》：《祐录》记载支谦译"大般泥洹经（二卷）"，宇井伯寿认为即是此经（宇井伯寿 1971：517—523）。岩松浅夫认为 T6 是竺法护译，同时可能受到支谦译经影响（岩松浅夫 1976）。福岛谦应认为 T5《佛般泥洹经》和 T6 都是支谦译，T6 可能参考了 T5（福岛谦应 2004）。那体慧认为 T6 包含有支谦独有的译名与标志性的"神不灭"论述，且使用了六言押韵的偈颂，T6 与 T5 的关系需再探讨（Nattier 2008：126—128）。Park 认为 T5 和 T6 都带有明显的支谦风格，T5 是支谦在公元 224 年前所译；T6 中有不见于支谦译经的词，应是其门人对

T5 的修订（Park 2010）。李周渊综述了学界对此的讨论，认为 T6 仍应归为支谦译经（李周渊 2020：65—68）。又见前文西晋白法祖部分 T5。

T100《别译杂阿含经》：水野弘元认为该经译出时间和竺佛念接近，早于 T99《杂阿含经》，但可能晚于鸠摩罗什（水野弘元 1988）。辛岛静志认为该经是由法显带回梵本、在公元 420—450 年间译出的（Karashima 2020），但苏锦坤认为此说仍缺乏足够证据（苏锦坤 2019）。

T561《老母经》：那体慧认为此经是支谦译（Nattier 2008：144—145，2007），详见前文支谦部分 T559。

T572《长者法志妻经》：齐藤隆信认为该经偈颂中阳、庚韵通押的情况在晋代译经中比较常见（齐藤隆信 2013：238—240）。

T768《三慧经》：林屋友次郎认为 T768 是经录中《三慧经》的摘录，其词汇和风格是三国时期的（林屋友次郎 1941：992—994）。元文广考察认为该经并非翻译，而是抄录、改撰众经而成的，其语言保留了较多竺法护的特色词，大致作于公元 308—385 年（元文广 2019）。

20. 疑佚佛经

T388《大云无想经》卷九：该经久佚，近代在罗振玉所藏六朝写本中发现。美浓晃顺认为该经可能并非《历代三宝纪》所载竺佛念译"或四卷或五卷"的《大云无想经》，而和 T374《大般涅槃经》联系密切，可能是在昙无谶所译 T374《大般涅槃经》和 T387《大方等无想经》的基础上改写成的（小野玄妙、丸山孝雄 1933/1980：213—214）；何书群认为该经的术语和昙无谶译经的联系最密切（文章附录二列举了 T388 中的昙无谶特色用语），可能是在昙无谶译经的基础上改编而成（Radich 2017）。

　　石井公成使用 n-gram 模型分析了日本金刚寺发现题为《四谛经》的写本，认为其中"僧伽蓝""八分圣道"等词符合真谛的语言习惯，可能是真谛所译，而今本 T1647《四谛论》是对它的注释（石井公成 2012）。

　　邵天松从语法、词汇、俗字三方面考察了敦煌写本《佛说现报当受经》，认为其翻译年代应当在南北朝之际（邵天松 2012）。

　　Chen（2013）考察指出，长期被怀疑是伪经的《净度三昧经》可能与宝云关系密切，其中的译词"天神王"也出现在宝云和智严所译 T590《四天王经》中，其编写时间可能在公元 400—450 年，但该经中可能包含了不同作译者所改写的异质内容。熊娟从词汇方面考察了三卷本《净度三昧经》的时代，认为该经可能成书于南北朝早期，但其中也有一些隋唐以后产生的新词（熊娟 2015：179—221）。

三、研究趋势及未来展望

（一）研究趋势

　　近十余年来海内外相关研究，展示了从语言学角度考辨可疑佛经的新动向、新趋势，研究日趋严谨精密，也有颇多创新之处，例如：

　　1. 意识到语料的层次性。目前的诸多研究证明，译经题署的可靠性并非简单的是非二元，而是存在程度差异，同一文本中可能包含有不同的历史层次，"可靠译经"也会有部分内容被后人修订，而实际较晚出的译经可能仍留有其祖本中较古老的成分。

　　2. 关注到刊本系统以外的材料。随着日本古写经等材料的发现，学界对以往被认为可靠的《大安般守意经》等译经产生了新的认识，也发现了《十二门经》等在刊本系统中早已佚失的译经，部分敦煌疑伪佛经的时代也得到了考察。未来应该加强对写本材料的关注，仔细考察写本、刊本佛经之间的关系。

3. 开始利用语音方面的证据考辨佛经，如齐藤隆信（2013）、松江崇（2014）通过偈颂押韵的特点考辨了一些可疑佛经的时代。此外值得进一步关注的是，近年研究对汉译佛经的源头语已有诸多发现，证明早期译经多译自中期印度俗语（而非标准梵语），未来或可结合汉语语音史方面的证据，以音译词的内部同一性和记录汉语语音的时代性作为依据，使从语音角度考辨可疑佛经成为可能。

（二）未来研究展望

尽管已经取得了较丰硕的成果，但反思过去、展望未来，这一领域的研究仍有值得重视和尚待改进之处。具体而言，以下几点值得重视：

1. 多种证据相互印证

在考察文献证据方面，需要更加仔细地对待和分析，既要全面地梳理早期经录、僧传等材料，也必须注意到文献记载可能存在的错漏矛盾、名同实异之处，需要结合不同来源、不同层面的证据加以重新审视。语言由于具有时代、地域、个人的特征，可以为早期译经的考辨提供有力的证明。

此外，汉译佛经的考辨与中土文献不同，受古代印度、中亚文化和原典语言的影响，汉译佛经具有外来、异质的特殊性。因此，从文献学、语言接触、文化学等多种角度，结合跨语言平行文本和写经文本，对比中土文献和相关佛典，是进行译经考辨的基础和前提，值得重视。

2. 以具有系统性的核心语料作为比照标准

考辨早期译经，是一项系统工程，应注意深入探究安世高、支娄迦谶等重要译者的语言风格，分层级、多角度提取语言比照标准，系统地对比、分析可疑译经与核心译经语言的"异"与"同"，方可较大程度地增加考辨的科学性和准确性。在此基础上，增强译经考辨研究方法的系统性和规律性，进一步提升考辨可疑文献的理论深度。

3. 确立完整的语言鉴别标准

以词汇、语法角度的考辨为例，一般性的实词、虚词、句法等层面，一般不会被刻意校改，是比专名译词更有说服力的鉴别证据，但这部分证据相对零散、隐蔽，不易被总结提炼。将来应当进一步总结汉语史研究的成果，从年代、作（译）者可靠的译经和中土文献中提取具有时代、地域和个人特色的语言特征，作为鉴别问题译经的"试金石"。此外，何书群等研究者开发了字串分析工具 TACL，可以作为传统鉴别方法的辅助。

4. 对鉴别标准的局限性要有充分认识

狄雍最早指出，仅以宗教术语和外来词译名作为鉴别标准是有局限性的（de Jong 1987：81—82）：其一，较晚的译者会继承前代的译名［如辛岛静志所指出的"翻版"现象（辛岛静志 2011）］。其二，旧译名容易被后人系统性地替换为新译名，一般而言，较少见的译法可能代表了文本的早期面貌。例如安世高译经中同时用"舍利曰"和"舍利弗"对译Śāriputra，前者可能是较古老的。其三，同一译者也可能会用不同的译名去对译同一个外来概念，不能机械地用"偏好音译"或"偏好意译"去断定佛经的译者。如那体慧指出"Śāriputra"，支谦可靠译经中除了有意译"秋露子"外，也有音译"舍利弗""舍利弗罗"等（Nattier 2003）。近来的研究进一步认识到，即使是非术语性质的一般词语，有时在同一译者译经内部也存在分布不均匀的现象，如陈文杰指出，鸠摩罗什翻译的《大智度论》《妙法莲华经》使用了中古特色让步连词"正使"，但《小品摩诃般若波罗蜜经》则只用"若""虽"，这三经虽然都属于可靠的鸠摩罗什译经，但内部也有个别的语言差异，可能是笔受者不同所致（陈文杰 2008）。又如方一新指出，《长阿含十报法经》虽然是可靠的安世高译经，其中也有少部分词语不见于其他安世高译经（方一新 2014）。因此，鉴别标准的数量和类型应当尽可能丰富，避免以偏概全，影响结论的可靠性。

总之，以往从语言角度考辨早期佛经，已经取得了相当可观的成绩，学者们也已经提取了较多鉴别标准，总结了不少行之有效的考辨方法和原则，这些都是我们继续从事考辨工作的基础和宝贵经验。有理由相信，几代学人共同研究探索，共同反思总结，持续创新，不断改进，一定能取得超越前人、无愧时代的更大成绩。

（本文在资料整理过程中受益于与海德堡大学何书群教授的交流，并通过他建设的数据库 Chinese Buddhist Canonical Attributions database 获知许多重要学术信息，在此谨表谢忱！本文在《浙江大学学报（人文社会科学版）》2023 年第 2 期发表时，因篇幅限制，对部分内容进行了压缩，此处对原稿进行了增补。）

参考文献

Anālayo B., 2006 "The *Ekottarika-āgama* parallel to the *Saccavibhanga-sutta* and the Four (Noble) Truths," *Buddhist Studies Review*, Vol. 23, No. 2.

Balkwill, Stephanie, 2016 "The Sūtra on Transforming the Female Form: Unpacking an Early Medieval Chinese Buddhist Text." *Journal of Chinese Religions*, Vol. 44, no. 2.

Chen, Frederick Shih-Chung, 2013 "Who Are the Eight Kings in the *Samādhi-Sūtra of Liberation through Purification*? Otherworld Bureaucrats in India and China." *Asia Major 3rd ser.*, 26, no. 1.

de Jong J. W., 1987 *A brief history of Buddhist Studies in Europe and America* (Second, revised and enlarged edition), Delhi: Sri Satguru Publications.

Deleanu F., 2003 "The newly found text of the *An Ban Shou Yi Jing* translated by An Shigao, " *Journal of the International College for Advanced Buddhist Studies*, Vol. 6.

Funayama Tōru, 2006 "Masquerading as Translation: Examples of Chinese Lectures by Indian Scholar-Monks in the Six Dynasties Period, " *Asia Major*, Vol. 19, no. 1-2.

Green, E. M., 2012 "Meditation, Repentance and Visionary Experience in Early Medieval Chinese Buddhism, " PhD dissertation, U.C. Berkeley.

Greene, E. M., 2014 "Healing Breaths and Rotting Bones: On the Relationship between Buddhist and Chinese Meditation Practices during the Eastern Han and Three Kingdoms Period." *Journal of Chinese Religion* 42, no. 2.

Greene E. M., 2016 "A reassessment of the early history of Chinese Buddhist vegetarianism, " *Asia Major*, 3rd series, Vol. 29, No. 1.

Greene E. M., 2017 "Doctrinal dispute in the earliest phase of Chinese Buddhism: anti-mahāyāna polemics in the Scripture on the Fifty Contemplations, " *Journal of the International Association of Buddhist Studies*, Vol. 40.

Guohui, 2006 "The newly found Kongō-Ji manuscript *An-Ban Shou-Yi Jing* and T602 *Fo-Shuo Da An-Ban Shou-Yi Jing*: an analysis of T602 to distinguish the original scripture from its commentary, " *Journal of Indian and Buddhist Studies*, Vol. 54, No. 3.

Guohui, 2008 「『佛説大安般守意經』における「本文」と「註」の解明」, *Dharma Drum Journal of Buddhist Studie*, Vol. 3.

Harrison P., 1990 *The Samādhi of Direct Encounter with the Buddhas of the Present: An Annotated English Translation of the Pratyutpanna – Buddha – Saṃmukhāvasthita – Samādhi – Sūtra*, Tokyo: The International Institute for Buddhist Studies.

Harrison P., 1997 "The *Ekottarikāgama* translations of An Shigao," in Kieffer – Pülz P. & Hartmann J.(eds.), *Bauddhavidyāsudhākarah: Studies in Honour of Heinz Bechert on the Occasion of His 65th Birthday*, Swisttal: Indica et Tibetica Verlag.

Harrison P., 1998 "Women in the pure land: some reflections on the textual sources," *Journal of Indian Philosophy*, Vol. 26, No. 6.

Harrison P., 2002 "Another addition to the An Shigao corpus? preliminary notes on an early Chinese *Saṃyuktāgama* translation,"『初期仏教からアビダルマへ: 櫻部建博士喜寿記念論集』, 京都: 平乐寺书店.

Harrison P., 2019 "Lokaksema," in Silk J. A. (ed.), *Brill's Encyclopedia of Buddhism*, volume II, Leiden: Brill.

Hung H., 2007 "Continued study of An Shigao's works: the terminology of the *Mayi Jing* T732 and the *Faguan Jing* T611," *Journal of Indian and Buddhist Studies*, Vol. 55, No. 3.

Karashima Seishi, 2013 "The meaning of Yulanpen 盂蘭盆: 'rice bowl' on Pravāraṇa Day," *Annual Report of the International Research Institute for Advanced Buddhology at Soka University for the Academic Year* 2012, Vol. 16.

Karashima Seishi, 2020 "The underlying languages of the three Chinese translations of the *Saṃyukta – āgamas* (Taishō nos. 99, 100 and 101) and their school affiliations," in Dhammadinnā (ed.), *Research on the Saṃyukta – āgama*, Taipei: Dharma Drum Publishing Corporation.

Lancaster L. R., 1969 "The Chinese translation of the *Aṣṭasāhasrikā – prajñā –*

pāramitā-sūtra attributed to Chih Ch'ien 支谦," *Monumenta Serica: Journal of Oriental Studies*, Vol. 28, No. 1.

Legittimo Elsa., 2010 "Reopening the Maitreya-files: two almost identical early *Maitreya Sutra* translations in the Chinese Canon: wrong attributions and text - historical entanglements," *Journal of the International Association of Buddhist Studies*, Vol. 31, No. 1-2.

Lettere, Laura. 2019 "The *Guoqu xianzai yinguo jing* as an Adaptation of the Chinese Translation of the Buddhacarita." *Journal of Chinese Religions*, Vol. 47, no. 2.

Lin Y. M., 2010 *A Study on the Anthology Za Ahan Jing (T101): Centered on its Linguistic Features, Translation Style, Authorship and School Affiliation*, Saarbrücken: Lambert Academic Publishing.

Loukuta Sandemente, D., 2019 "The Goods that Cannot Be Stolen: Mercantile Faith in Kumāralāta's Garland of Examples Adorned by Poetic Fancy," PhD dissertation, UCLA.

Matsuda Yūko, 1988 "Chinese versions of the Buddha's biography," *Journal of Indian and Buddhist Studies*, Vol. 37, No. 1.

Nattier J., 2003 "The Ten Epithets of the Buddha in the translations of Zhi qian 支谦," *Annual Report of the International Research Institute for Advanced Buddhology at Soka University for the Academic Year* 2002, Vol. 6.

Nattier J., 2005 "The proto-history of the *Buddhāvataṃsaka*: the *Pusa benye jing* 菩萨本业经 and the *Dousha jing* 兜沙经," *Annual Report of the International Research Institute for Advanced Buddhology at Soka University for the Academic Year* 2004, Vol. 8.

Nattier J., 2007 "A reassessment of the dates and translator attributions of the *Laonüren Jing* 老女人經 (T559) and the *Laomu Jing* 老母經 (T561)," *Annual Report of the International Research Institute for Advanced Buddhology at Soka University for the Academic Year* 2006, Vol. 10.

Nattier J., 2007 "One Vehicle (一乘) in the Chinese Āgamas: new light on an old problem in Pāli," *Annual Report of the International Research Institute for Advanced Buddhology at Soka University for the Academic Year* 2006, Vol. 10.

Nattier J., 2008 *A Guide to the Earliest Chinese Buddhist Translations: Texts from the Eastern Han* 東漢 *and Three Kingdoms* 三國 *Periods*, Tokyo: The International Research Institute for Advanced Buddhology, Soka University.

Nattier J., 2010 "Re-evaluating Zhu Fonian's *Shizhu duanjie jing* (T309): translation or forgery?" *Annual Report of the International Research Institute for Advanced Buddhology at Soka University for the Academic Year* 2009, Vol. 13.

Nattier J., 2010 "Who produced the *Da Mingdu Jing* 大明度經 (T225)? a reassessment of the evidence," *Journal of the International Association of Buddhist Studies*, Vol. 31, No. 1-2.

Nattier J., 2019 "Zhi Qian," in Silk J. A. (ed.), *Brill's Encyclopedia of Buddhism*, volume II, Leiden: Brill.

Nattier J., 2023 "The 'Missing Majority': Dao'an's anonymous scriptures revisited," in Silk J. A. & Zacchetti S. (eds.), *Chinese Buddhism and the Scholarship of Erik Zürcher*, Leiden: Brill.

Palumbo A., 2003 "Dharmarakṣa and Kaṇṭhaka: white horse monasteries in early medieval China," in Verardi G. & Vita S. (eds.), *Buddhist Asia* 1: *Papers from the First Conference of Buddhist Studies Held in Naples in May* 2001, Kyoto: Italian School of East Asian Studies.

Palumbo A., 2012 "Models of Buddhist Kingship in Early Medieval China," 载余欣主编：《中古时代的礼仪、宗教与制度》，上海：上海古籍出版社。

Palumbo A., 2013 *An Early Chinese Commentary on the Ekottarika-āgama: The Fenbie gongde lun* 分別功德論 *and the History of the Translation of the Zengyi ahan jing* 增一阿含經, Taipei: Dharma Drum Publishing Co..

Park J., 2010 "A new attribution of the authorship of T5 and T6 *Mahāparinirvāṇa-*

sūtra," *Journal of the International Association of Buddhist Studies*, Vol. 31, No. 1-2.

Quinter D., 2010 "Visualizing the *Mañjuśrī Parinirvāṇa Sūtra* as a Contemplation Sutra," *Asia Major*, 3rd series, Vol. 23, No. 2.

Radich M. &Anālayo., 2017 "Were the *Ekottarika-āgama* 增壹阿含經 T125 and the *Madhyama-āgama* 中阿含經 T26 translated by the same person? an assessment on the basis of translation style," in Dhammadinnā (ed.), *Research on the Madhyama-āgama*, Taipei: Dharma Drum Publishing Corporation.

Radich M., 2017 "On the *Ekottarikāgama* 增壹阿含經 T125 as a work of Zhu Fonian 竺佛念," *Journal of Chinese Buddhist Studies*, Vol. 30.

Radich M., 2017 "Problems of Attribution, Style, and Dating Relating to the 'Great Cloud Sūtras' in the Chinese Buddhist Canon (T 387, T 388/S. 6916)," In *Buddhist Transformations and Interactions: Papers in Honor of Antonino Forte*, edited by Victor H. Mair, Amherst, NY: Cambria Press.

Radich M. 2018 "A triad of texts from fifth - century southern China: the *Mahāmāyā-sūtra*, the *Guoqu xianzai yinguo jing*, and a Mahāparinirvāṇa-sūtra ascribed to Faxian," *Journal of Chinese Religions*, Vol. 46, No. 1.

Radich M., 2019 "Was the *Mahāparinirvāṇa-sūtra* 大般涅槃經 T7 translated by 'Faxian'? an exercise in the computer-assisted assessment of attributions in the Chinese Buddhist Canon," *Hualin International Journal of Buddhist Studies*, Vol. 2, No. 1.

Shyu, 2008 "A few good women: a study of the Liudujijing(a scripture on the collection of the six perfections) from literary, artistic and gender perspectives," PhD. dissertation, Cornell University.

Young, Stuart., 2015 *Conceiving the Indian Buddhist Patriarchs in China*, Honolulu: University of Hawai'i Press.

Zacchetti S., 2004 "Teaching Buddhism in Han China: a study of the *Ahan Koujie Shi'er Yinyuan Jing* T 1508 attributed to An Shigao," *Annual Report of the In-*

ternational Research Institute for Advanced Buddhology at Soka University for the Academic Year 2003, Vol. 7.

Zacchetti S., 2010 "A ' new' early Chinese Buddhist commentary: the nature of the Da Anban Shouyi Jing 大安般守意經 T 602 reconsidered, " Journal of the International Association of Buddhist Studies, Vol. 31, No. 1/2.

Zacchetti S., 2010 "Defining An Shigao's 安世高 translation corpus: the state of the art in relevant research, "载沈卫荣主编:《西域历史语言研究集刊》（第三辑），北京：科学出版社。

Zacchetti S., 2019 "An Shigao, " in Silk J. A. (ed.), Brill's Encyclopedia of Buddhism, volume II, Leiden: Brill.

Zhao Y., 2020 "The wheel unturned: a study of the Zhuan Falun Jing (T109) , " Journal of the International Association of Buddhist Studies, Vol. 43.

Zürcher E., 1980 "Buddhist influence on early Taoism, " T'oung Pao, Vol. 66, No. 1–3.

曹广顺、遇笑容，2000，《从语言的角度看某些早期译经的翻译年代问题——以〈旧杂譬喻经〉为例》，载《汉语史研究集刊》（第三辑），成都：巴蜀书社。

曹婷，2013，《读方一新、高列过〈东汉疑伪佛经的语言学考辨研究〉》，《浙江社会科学》第 10 期。

陈洪、赵纪彬，2012，《原文本〈百喻经〉成书时代以及传译诸况略考》，《古籍整理研究学刊》第 2 期。

陈洪，2003，《〈百喻经〉版本校勘佚文等问题考论》，《佛学研究》第 1 期。

陈洪，2004，《〈旧杂譬喻经〉研究》，《宗教学研究》第 2 期。

陈文杰，2008，《同经异译语言研究价值新探》，《古汉语研究》第 1 期。

陈祥明，2009，《从语言角度看〈撰集百缘经〉的译者及翻译年代》，《语言研究》第 1 期。

陈祥明，2010，《从语言角度看〈菩萨本缘经〉的译者及翻译年代》，《长江学术》第 2 期。

陈祥明，2017，《汉文佛典失译经语言时代考辨——以〈分别功德论〉为例兼及其译作者》，《泰山学院学报》第 4 期。

出本充代，1995，「『撰集百缘経』の訳出年代について」，『パーリ学仏教文化学』第 8 号。

船山彻，2013，『仏典はどう漢訳されたのか：スートラが経典になるとき』，东京：岩波书店。

船山彻，2016，《〈大方便佛报恩经〉编纂所引用的汉译经典》，王招国（定源）译，载方广锠主编：《佛教文献研究》（第二辑），桂林：广西师范大学出版社。

大野法道，1954，『大乗戒経の研究』，东京：理想社。

段改英，2011，《对“颇……不”疑问句的历史考察——兼论〈撰集百缘经〉的翻译年代》，《西南科技大学学报（哲学社会科学版）》第 4 期。

方广锠，2014，《药师佛探源——对“药师佛”汉译佛典的文献学考察》，《宗教学研究》第 4 期。

方梅、卢巧琴，2015，《汉魏六朝失译、误题之经与同时期确切译经文体之比较——以〈莺崛髻经〉与法炬确切译经比较为例》，《长江大学学报（社科版）》第 10 期。

方一新、高列过，2003，《〈分别功德论〉翻译年代初探》，《浙江大学学报（人文社会科学版）》第 5 期。

方一新、高列过，2005，《从疑问句看〈大方便佛报恩经〉的翻译年代》，《语言研究》第 3 期。

方一新、高列过，2007，《题安世高译〈佛说宝积三昧文殊师利菩萨问法身经〉考辨》，载《汉语史研究集刊》（第十辑），成都：巴蜀书社。

方一新、高列过，2008a，《旧题安世高译〈太子慕魄经〉翻译年代考辨——兼论题竺法护译〈太子墓魄经〉的年代问题》，《文史》第 3 期。

方一新、高列过，2008b，《旧题东汉安世高译〈阿难问事佛吉凶经〉考辨》，载《中国典籍与文化论丛》（第十辑），北京：北京大学出版社。

方一新、高列过，2010，《从词语替换看一卷本〈杂譬喻经〉的翻译年代》，载《语言学论丛》（第四十一辑），北京：商务印书馆。

方一新、高列过，2011，《海外学者对东汉可疑佛经的考辨》，《浙江外国语学院学报》第 2 期。

方一新、高列过，2012a，《东汉疑伪佛经的语言学考辨研究》，北京：人民出版社。

方一新、高列过，2012b，《从语言角度鉴别早期可疑佛经的方法和步骤》，《宁波大学学报（人文科学版）》第 2 期。

方一新、高列过，2012c，《从文献记载看〈分别功德论〉的翻译年代》，载《中国典籍与文化论丛》（第十四辑），南京：凤凰出版社。

方一新、高列过，2012d，《从佛教词语考辨〈大方便佛报恩经〉的时代》，《浙江大学学报（人文社会科学版）》第 3 期。

方一新、高列过，2015，《〈摩邓女经〉翻译年代蠡测》，载光泉主编：《吴越佛教》（第十卷），北京：人民出版社。

方一新，2003a，《〈兴起行经〉翻译年代初探》，《中国语言学报》第 11 期。

方一新，2003b，《翻译佛经语料年代的语言学考察——以〈大方便佛报恩经〉为例》，《古汉语研究》第 3 期。

方一新，2008a，《从译名演变看疑、佚佛经的翻译年代》，载《历史语言学研究》（第一辑），北京：商务印书馆。

方一新，2008b，《〈佛说㮈女祇域因缘经〉翻译年代考辨》，载《汉语史学报》（第七辑），上海：上海教育出版社。

方一新，2009，《普通鉴别词的提取及原则——以早期汉译佛经鉴别为中心》，《语文研究》第 2 期。

方一新，2010，《敦煌写卷〈中本起经〉校读札记》，载《汉语史学报》（第九辑），上海：上海教育出版社。

方一新，2011，《从部分佛教惯用语看〈分别功德论〉的翻译年代》，载

《汉文佛典语言学第三届佛典语言学国际研讨会论文集》，台北：法鼓文化事业股份有限公司。

方一新，2014，《从佛教词语和一般词语看〈长阿含十报法经〉》，《古汉语研究》第 1 期。

方一新，2015，《从〈长者子制经〉用词特点看其译者年代》，载周碧香主编：《语言之旅——竺家宁先生七秩寿庆论文集》，台北：五南出版公司。

方一新，2016a，《佛教词语的始见年代与可疑佛经的鉴别》，《合肥师范学院学报》第 4 期。

方一新，2016b，《旧题安世高译〈处处经〉译经年代考》，载方广锠主编：《佛教文献研究》（第二辑），桂林：广西师范大学出版社。

福岛谦应，2004，「訳語からみた『佛般泥洹経』と『般泥洹経』の訳経者」，『東洋文化研究所所報』第 8 号。

傅及斯，2021，《从文献与词汇角度考辨〈辩意长者子经〉的译出时代》，载《汉语史学报》（第二十四辑），上海：上海教育出版社。

高明道，1983，《如来智印三昧经翻译研究》，台北市：中国文化大学硕士论文。

高列过、孟奕辰，2018，《基于语气助词的可疑安世高译经考辨》，载雷汉卿编：《汉语史研究集刊》（第二十五辑），成都：四川大学出版社。

高列过、孟奕辰，2022，《基于语气助词的〈道行般若经〉文本形成探究》，《古汉语研究》第 2 期。

宫崎展昌，2007，「『阿闍世王經』の漢訳者について」，『インド哲学仏教学研究』第 14 号。

顾满林，2016a，《佛经语言研究与佛经的语言学考辨——读〈东汉疑伪佛经的语言学考辨研究〉》，《合肥师范学院学报》第 1 期。

顾满林，2016b，《东汉佛经语料问题举隅——从〈中本起经〉“晋言”说起》，载《汉语史学报》（第十六辑），上海：上海教育出版社。

广兴，2014，《〈父母恩难报经〉与〈父母恩重经〉的研究》，《宗教研究》

第 2 期。

何书群，2019，《竺法护是否修订过 T474?》，《佛光学报》第 2 期。

河野训，1991，「初期中国仏教の仏伝をめぐる諸問題——『修行本起経』に関連して」，『東洋文化研究所紀要』第 130 册，东京：东京大学东洋文化研究所。

河野训，2006，『初期漢訳仏典の研究——竺法護を中心として』，伊势：皇学馆大学出版部。

后藤义乘，1978「数理文献学的方法による無量寿経類漢訳者の推定」，*Journal of Indian and Buddhist Studies*，Vol. 26，No. 2.

后藤义乘，2006，「竺法護の訳語と宝雲・ブッダバドラの訳語」，『宗教研究』第 4 号。

后藤义乘，2007，「竺法護訳の無量寿経と覚賢、宝雲による改訂」，『宗教研究』第 4 号。

胡敕瑞，2005，《中古汉语语料鉴别述要》，载《汉语史学报》（第五辑），上海：上海教育出版社。

豁娟，2019，《从人称代词看〈撰集百缘经〉的译者和翻译时代》，《宁波广播电视大学学报》第 4 期。

嵇华烨，2021，《竺法护译经词汇研究》，杭州：浙江大学博士论文。

季琴，2004，《三国支谦译经词汇研究》，杭州：浙江大学博士论文。

季琴，2006，《从词汇的角度看〈撰集百缘经〉的译者及成书年代》，《宗教学研究》第 4 期。

季琴，2008，《从词语的角度看〈撰集百缘经〉的译者及成书年代》，《中国典籍与文化》第 1 期。

季琴，2009，《从语法角度看〈撰集百缘经〉的译者及成书年代》，《语言研究》第 1 期。

贾君芳、何洪峰，2019，《从介词角度看〈六度集经〉与〈旧杂譬喻经〉的翻译时代》，《宁夏大学学报（人文社会科学版）》第 4 期。

境野黄洋，1935，『支那佛教精史』，东京：境野黄洋博士遗稿刊行会。

李周渊，2020，《三国支谦译经研究》，新北市：法鼓文理学院博士论士。

李妍，2012，《从佛教术语看疑伪经辨别》，《淮北师范大学学报（社会科学版）》第 4 期。

李妍，2013，《安世高译经词汇研究》，杭州：浙江大学博士论文。

李妍，2017，《〈分别善恶所起经〉翻译年代考》，《沈阳大学学报（社会科学版）》第 2 期。

李妍，2019，《东汉译经语言研究概述及意义——以东汉安世高译经为例》，《青年文学家》第 32 期。

镰田茂雄，1982，『中国仏教史』第一卷，东京：东京大学出版会。

梁晓虹，1996，《从语言上判定〈旧杂譬喻经〉非康僧会所译》，《中国语文通讯》第 40 期。

林家安，2009，《现存汉译〈增一阿含经〉之译者考》，桃园市：圆光佛学研究所硕士论文。

林乾、何书群，2020，《竺佛念所"译"大乘经典的计算机辅助文本分析研究》，《世界宗教文化》第 6 期。

林屋友次郎，1937，「安世高譯の雜阿含と增一阿含」，『仏教研究』第 2 号。

林屋友次郎，1941，『經錄研究（前篇）』，东京：岩波书店。

林屋友次郎，1945，『異譯經類の研究』，东京：东洋文库。

刘哲，2016，《〈法镜经〉同经异译词语研究》，杭州：浙江大学博士论文。

刘哲，2020，《从词语角度看〈郁伽长者会〉的翻译时代》，《现代语文》第 9 期。

卢鹭，2022，《〈安般守意经〉传世本与古写经的关系补说》，《中国训诂学报》（第六辑），北京：商务印书馆。

卢巧琴、方梅，2015，《汉魏六朝失译语料的利用原则与鉴别方法——以〈鸯崛髻经〉为中心的探讨》，《长沙大学学报（哲学社会科学版）》第 6 期。

卢巧琴，2011，《东汉魏晋南北朝译经语料的鉴别》，杭州：浙江大学出版社。

落合俊典，2002「大安般経と小安般経」，*Journal of Indian and Buddhist Studies*，Vol. 51，No. 1.

落合俊典（著），杨曾文（译），2004，《“三菩萨传”罗什译质疑》，《佛学研究》总第 13 期。

吕澂，1979，《中国佛学源流略讲》，北京：中华书局。

梅迺文，1996，《竺法护的翻译初探》，《中华佛学学报》第 9 期。

牧田谛亮，1976，『疑経研究』，京都：京都大学人文科学研究所。

内藤龙雄，1962，「菩薩善戒經における二三の問題」，*Journal of Indian and Buddhist Studies*，Vol. 10，No 1.

潘小溪，2020，《近 20 年安世高相关问题研究综述》，《世界宗教研究》第 1 期。

齐藤隆信，2001，《支谦所译经典中偈颂的研究——四部经典中的汉译者》，《法源（中国佛学院学报）》第 19 期。

齐藤隆信，2003，「漢語仏典における偈の研究——竺法護訳『龍施菩薩本起経』の詩律をめぐって」，*Journal of Indian and Buddhist Studies*，Vol. 52，No. 1.

齐藤隆信，2006，「『後出阿弥陀仏偈』とその用途」，『佛教大学総合研究所紀要別冊「浄土教典籍の研究」』，京都：佛教大学綜合研究所。

齐藤隆信，2013，『漢語仏典における偈の研究』，京都：法藏馆。

丘山新，1980，「『大阿弥陀経』訳者に関する一仮説」，*Journal of Indian and Buddhist Studies*，Vol. 28，No. 2.

丘山新，1986，「『阿弥陀過度人道経』：経題とその思想」，*Journal of Indian and Buddhist Studies*，Vol. 35，No. 1.

邱冰，2009，《从语言上看〈佛所行赞〉的译者》，《语文知识》第 1 期。

裘云青，2019，《〈鹿母经〉真伪考》，载《汉语史学报》（第二十一辑），上海：上海教育出版社。

邵天松，2012，《敦煌疑伪经语料年代考察——以〈佛说现报当受经〉为例》，载《汉语史学报》（第十二辑），上海：上海教育出版社。

石井公成，「真諦關與文獻の用語と語法—NGSMによる比較分析」，载船
　　山彻编『真諦三藏研究論集』，京都大学人文科学研究所研究报告。

史光辉，2005，《从语言角度判定〈他真陀罗所问如来三昧经〉非支谶所
　　译》，载《汉语史学报》（第五辑），上海：上海教育出版社。

史光辉，2009，《从语言角度看〈大方便佛报恩经〉的翻译时代》，《古汉
　　语研究》第 3 期。

史光辉，2013，《〈大明度经〉译者考》，《湖南科技大学学报（社会科学
　　版）》第 2 期。

释果朴，1998，《敦煌写卷 P. 3006 支谦本〈维摩诘经〉注解考》，台北：
　　法鼓文化事业股份有限公司。

释德安（周睦修），2005，《〈无量寿经〉译者考——以佛经语言学为研究
　　主轴》，嘉义市：南华大学硕士论文。

水野弘元，1988，「『雜阿含経』の研究と出版」，『仏教研究』第 17 号。

松江崇，2014，《谈〈旧杂譬喻经〉在佛教汉语发展史上的定位》，载《中
　　文学术前沿》（第十七辑），杭州：浙江大学出版社。

苏锦坤，2012，《〈七处三观经〉的结构与译者——兼对 Paul Harrison 论文
　　（1997）的回应》，《正观》总第 62 期。

苏锦坤，2019，《写本与默诵——〈别译杂阿含经〉的翻译议题》，《新加
　　坡佛学研究学刊》第 5 期。

藤田宏达，1970，『原始净土思想の研究』，东京：岩波书店。

藤田宏达，2007，『净土三部経の研究』，东京：岩波书店。

涂艳秋，2013，《从支谦与竺法护的译经风格厘测敦煌写卷 P. 3006 经文之
　　译者》，《汉学研究》第 1 期。

汪维辉，2007，《从语言角度论一卷本〈般舟三昧经〉非支谶所译》，载
　　《语言学论丛》（第三十五辑），北京：商务印书馆。

王浩垒，2012，《同本异译〈阿育王传〉与〈阿育王经〉词汇比较研究》，
　　杭州：浙江大学博士论文。

王浩垒，2016，《文献特征的多元考察与误题译经译者的确定——以同本异译〈阿育王传〉〈阿育王经〉为例》，《浙江师范大学学报（社会科学版）》第 6 期。

王浩垒，2018，《译名的规律性与误题经译者的判定——"〈阿育王传〉为西晋安法钦译"献疑》，载《汉语史学报》（第二十辑），上海：上海教育出版社。

王毅力，2011，《从词汇角度看〈大比丘三千威仪〉的翻译年代》，《西南交通大学学报（社会科学版）》第 5 期。

王毅力，2011，《从词语角度看〈菩萨本缘经〉之译者译年》，《五邑大学学报（社会科学版）》第 2 期。

王毅力，2012，《从词汇角度看〈分别功德论〉的翻译年代》，《宗教学研究》第 1 期。

香川孝雄，1990，《〈无量清净平等觉经〉汉译考》，《佛教文化》第 2 期。

香川孝雄，1993，『净土教の成立史の研究』，东京：山喜房私书林。

小野玄妙、丸山孝雄编，1933 年（1980 年重版），《佛书解说大辞典》第九卷，上海：大东出版社。

小野玄妙，1983，《佛教经典总论》，杨白衣译，台北：新文丰出版公司。

辛岛静志，2009，《〈法华经〉的文献学研究——观音的语义解释》，载《中华文史论丛》，上海：上海古籍出版社。

辛岛静志，2010，《早期汉译佛典的语言研究——以支娄迦谶及支谦的译经对比为中心》，载《汉语史学报》（第十辑），上海：上海教育出版社。

辛岛静志，2011，《利用"翻版"研究中古汉语演变：以〈道行般若经〉"异译"与〈九色鹿经〉为例》，《中正大学中文学术年刊》第 18 期。

辛岛静志，2016，《何为判断疑伪经之根据——以〈盂兰盆经〉与〈舍利弗问经〉为例》，载方广锠主编：《佛教文献研究》（第一辑），桂林：广西师范大学出版社。

熊娟，2015，《汉文佛典疑伪经研究》，上海：上海古籍出版社。

徐正考、黄娜，2013，《语言特征的考察与"误题"译经译者的确定——

以〈阿育王经〉和〈阿育王传〉为例》，《吉林大学社会科学学报》第 1 期。

许理和，2001，《关于初期汉译佛经的新思考》，顾满林译，载《汉语史研究集刊》（第四辑），成都：巴蜀书社。

许理和，2017，《佛教征服中国：佛教在中国中古早期的传播与适应》，李四龙、裴勇等译，南京：江苏人民出版社。

岩松浅夫，1976「涅槃経小本の翻訳者」，*Journal of Indian and Buddhist Studies*，Vol. 25，No. 1.

颜洽茂、卢巧琴，2009，《失译、误题之经年代的考证——以误题曹魏昙谛译〈昙无德羯磨〉为例》，《浙江大学学报（人文社会科学版）》第 5 期。

颜洽茂、熊娟，2010，《〈菩萨本缘经〉撰集者和译者之考辨》，《浙江大学学报（人文社会科学版）》第 5 期。

颜洽茂等，2019，《翻译佛经语料研究》，杭州：浙江大学出版社。

樱部建，1975，「般舟三昧経管見——一卷本と三卷本との関連について」，『仏教研究論集』，大阪：清水堂。

宇井伯寿，1971，『訳経史研究』东京：岩波书店。

遇笑容、曹广顺，1998，《也从语言上看〈六度集经〉与〈旧杂譬喻经〉的译者问题》，《古汉语研究》第 2 期。

元文广，2016，《从语言学角度考证〈四十二章经〉的成书年代》，《图书馆学研究》第 10 期。

元文广，2019，《〈三慧经〉的抄撰与成书年代考》，《宗教学研究》第 4 期。

张静，2016，《东汉译经动词专题研究》，杭州：浙江大学博士论文。

张静，2021，《〈伅真陀罗所问如来三昧经〉非支谶译新证》，《现代语文》第 9 期。

张雨薇，2015，《〈撰集百缘经〉译者、时代之考辨——以词汇为中心》，杭州：浙江大学硕士论文。

张雨薇、方一新，2019，《〈撰集百缘经〉非三国吴支谦译的语言学证据》，《河南师范大学学报（哲学社会科学版）》第 2 期。

张国良，2016，《元魏译经异文研究》，长沙：湖南师范大学博士论文。

张雨薇，2019，《〈无量寿经〉同经异译语言与文献研究》，杭州：浙江大学博士论文。

真大成，2020，《"奴"作自称称谓词小考——兼谈〈撰集百缘经〉的译成时地》，《汉字汉语研究》第 4 期。

周一良，1963，《魏晋南北朝史论集》，北京：中华书局。